中小学校
执行新政府会计准则制度的
实务解析

杜莉／编著

立信会计 出版社
LIXIN ACCOUNTING PUBLISHING HOUSE

图书在版编目(CIP)数据

中小学校执行新政府会计准则制度的实务解析/ 杜莉编著. —上海：立信会计出版社,2019.9
ISBN 978 - 7 - 5429 - 6275 - 1

Ⅰ.①中… Ⅱ.①杜… Ⅲ.①中小学—会计制度—中国 Ⅳ.①G637.5

中国版本图书馆 CIP 数据核字(2019)第 205964 号

策划编辑　　张巧玲
责任编辑　　方士华
封面设计　　南房间

中小学校执行新政府会计准则制度的实务解析

出版发行	立信会计出版社				
地　　址	上海市中山西路 2230 号		邮政编码	200235	
电　　话	(021)64411389		传　　真	(021)64411325	
网　　址	www.lixinaph.com		电子邮箱	lixinaph2019@126.com	
网上书店	http://lixin.jd.com		http://lxkjcbs.tmall.com		
经　　销	各地新华书店				
印　　刷	上海盛通时代印刷有限公司				
开　　本	787 毫米×1092 毫米		1/16		
印　　张	25		插　　页	1	
字　　数	623 千字				
版　　次	2019 年 9 月第 1 版				
印　　次	2019 年 9 月第 1 次				
书　　号	ISBN 978 - 7 - 5429 - 6275 - 1/G				
定　　价	89.00 元				

如有印订差错,请与本社联系调换

前　言

　　2013 年 11 月,中共十八届三中全会审议通过了《中共中央关于全面深化改革若干重大问题的决定》,提出了"建立权责发生制政府综合财务报告"的重大改革举措。2014 年年底,国务院批转财政部的《权责发生制政府综合财务报告制度改革方案》正式拉开了政府会计改革的序幕。

　　为了适应权责发生制政府综合财务报告制度改革需要,规范行政事业单位会计核算,提高会计信息质量,自 2015 年 10 月,财政部先后发布了《政府会计准则——基本准则》,《政府会计准则第 1 号——存货》《政府会计准则第 2 号——投资》《政府会计准则第 3 号——固定资产》《政府会计准则第 4 号——无形资产》《政府会计准则第 5 号——公共基础设施》《政府会计准则第 6 号——政府储备物资》《政府会计准则第 7 号——会计调整》《政府会计准则第 8 号——负债》《政府会计准则第 9 号——财务报表编制和列报》等一系列政府会计准则,《〈政府会计准则第 3 号——固定资产〉应用指南》等准则应用指南以及一系列政府会计准则制度解释公告;2017 年 10 月,财政部发布了《政府会计制度——行政事业单位会计科目和报表》。新政府会计准则制度体系的确立,满足了新形势下加强政府资产负债管理、防范财政风险、促进政府财务管理水平提高的需要,为全面深化财税体制改革,更好地发挥财政在国家治理中的基础和重要支柱作用,促进国家治理体系和治理能力现代化奠定了基础。新政府会计准则制度,系统引入了权责发生制核算原则,全面反映了政府会计主体的资产负债、收入费用、运行成本、现金流量等信息,有利于进一步规范政府会计主体的财务管理行为,也为主管部门提供了科学决策的依据。

　　自 2019 年 1 月 1 日,新政府会计准则制度在全国正式执行。各级人民政府和接受国家经常性资助并由社会力量举办的幼儿园、普通中小学校、中等职业学校、特殊教育学校、工读教育学校、成人中学和成人初等学校(以下简称"学校""中小学校"),也从 2019 年 1 月 1 日开始执行新政府会计准则制度。为了确保新政府会计准则制度在中小学校的贯彻实施,财政部于 2018 年 8 月发布了《关于中小学校执行〈政府会计制度——行政事业单位会计科目和报表〉的补充规定》《关于中小学校执行〈政府会计制度——行政事业单位会计科目和报表〉的衔接规定》。

　　新政府会计准则制度重构了政府会计核算模式,也给中小学校财务会计工作提出新的要求和新的挑战。为扎实推进新政府准则制度在中小学校的落地实施,帮助中小学校会计管理和实务工作者理解和应用新政府会计准则制度,《中小学校执行新政府会计准则制度的实务解析》结合中小学校的实际,对相关会计核算进行全面解析。

《中小学校执行新政府会计准则制度的实务解析》具有以下特点：

（1）编写依据明确。本书严格按照已发布的政府会计基本准则、具体准则、应用指引和解释公告，以及行政事业单位会计科目和报表的有关要求进行编写。

（2）适用对象有针对性。本书以执行新政府会计准则制度的中小学校为中心，所有的业务描述和核算举例等都以中小学校的经济活动为参照。

（3）紧扣经济活动。会计核算和报表编制是对经济活动情况的反映，本书以业务描述为起点，会计科目的核算解析以业务分类、业务过程为主线，对有关业务进行财务会计和预算会计的并行分析，帮助本书的使用者理解和应用并行核算；通过业务辨析、财务会计的收入费用与预算会计的收入支出的比较分析，帮助本书的使用者准确把握有关科目核算的本质。

（4）核算示例丰富多样。本书提供了丰富的举例，以帮助本书的使用者对具体核算的理解和应用。

本书由上海立信会计金融学院杜莉博士编著。在编写过程中，来自教育部、上海市教育委员会、浙江省教育厅、山东省教育厅、山西省教育厅、福建省教育厅等主管部门以及高等学校、基层学校的专家和学者，参与了中小学校应用新政府会计准则制度过程中难点问题的讨论，并提出了宝贵意见，在此表示衷心感谢！

编　者

2019 年 9 月

目　录

第1章

中小学校执行新政府会计准则制度概述

1.1 学校会计核算的总体要求

【解析1】 适用范围

《政府会计准则——基本准则》明确指出,政府会计准则适用于各级政府、各部门、各单位。其中,部门、单位是指与本级政府财政部门直接或者间接发生预算拨款关系的国家机关、军队、政党组织、社会团体、事业单位和其他单位。军队、已纳入企业财务管理体系的单位和执行《民间非营利组织会计制度》的社会团体,不适用政府会计准则。

就教育系统而言,各级人民政府和接受国家经常性资助并由社会力量举办的幼儿园、普通中小学校、中等职业学校、特殊教育学校、工读教育学校、成人中学和成人初等学校(以下简称"学校""中小学校"),均执行新政府会计准则制度。其他社会力量举办的上述学校可以参照新政府会计准则制度执行。

【解析2】 会计核算的依据

学校应当根据政府会计基本准则、具体准则、应用指南和解释公告、《政府会计制度——行政事业单位会计科目和报表》的要求,对学校发生的各项经济业务或事项进行会计核算。同时,学校的会计核算还应符合新《中华人民共和国预算法》、现行的预算和决算制度、财务制度、国有资产管理制度等有关制度的规定。

政府会计准则制度体系中的基本准则主要对政府会计目标、会计主体、会计信息质量要求、会计核算基础,以及会计要素定义、确认和计量原则、列报要求等作出规定;具体准则主要规定政府会计主体发生的特定经济业务或事项的会计处理原则,对特定经济业务或事项引起的会计要素变动的确认、计量和报告作出具体规定;应用指南主要对具体准则的实际应用作出操作性规定;解释公告对执行政府会计准则制度的有关问题进行解释,确保政府会计准则制度有效实施。政府会计制度主要规定政府会计科目及其使用说明、会计报表格式及其编制说明等。

【解析3】 新政府会计准则制度的主要特点

新政府会计准则制度是编制政府综合财务报告的重要基础,也是全面反映各类行政事业单位(包括中小学校)运行成本的核算基础。学校执行新政府会计准则制度时,应关注新政府会计准则制度的主要特点。

1. 引入了财务会计和预算会计的双重功能

新政府会计准则制度下的会计核算具备财务会计与预算会计的双重功能,实现财务会计与预算会计适度分离并相互衔接,全面、清晰地反映单位财务信息和预算执行信息。财务会计核算实行权责发生制,预算会计核算实行收付实现制,国务院另有规定的,依照其规定实行。新政府会计准则制度,全面引入了权责发生制核算原则,充分体现了财政预算改革的新要求。

学校对于纳入部门预算管理的现金收支业务,在财务会计核算的同时应当进行预算会计核算;对于其他业务,仅需进行财务会计核算。

2. 需兼顾通用性或共性业务、特殊业务的会计处理

新政府会计准则制度对行政事业单位通用性或共性业务的会计处理,以及财务报告和决算报告的编制进行了统一,从而加强了行政事业单位会计信息的可比性。除了通用或共性业务外,行政单位和事业单位的部分业务内容上存在差异,通过部分科目加以区分。同时,财政部通过补充规定和衔接规定对中小学校的部分特殊业务加以明确。因而,学校既要关注通用性或共性业务的会计处理,也要注意特殊业务的会计处理。

3. 强化了财务会计功能

新政府会计准则制度强化了权责发生制下财务会计的功能,如增加收入和费用两个财务会计要素的核算、细化了资产和负债要素的核算内容、增设收入费用表、要求"实提"固定资产折旧和无形资产摊销、引入应收账款坏账准备等减值概念、确认预计负债、确认待摊费用和预提费用等。学校需关注权责发生制下财务会计的科目设置和账务处理。

由于引入财务会计增加了会计核算的复杂性,新政府会计准则制度在科目设置、核算口径、计量标准以及账务处理等方面,力求做到简便易行。例如,对财务会计各科目,不要求进行多级明细核算;对同级财政性拨款资金,在财务会计收入和预算收入的确认时点上尽可能保持一致;对折旧、摊销、坏账准备等计提要求,均采用简便易行的方法。

【解析4】 会计核算基本要求

1)政府会计主体应当对其自身发生的经济业务或者事项进行会计核算。

2)政府会计核算应当以政府会计主体持续运行为前提。

3)政府会计核算应当划分会计期间,分期结算账目,按规定编制决算报告和财务报告。会计期间至少分为年度和月度,会计年度、月度等会计期间的起讫日期采用公历日期。

4)政府会计核算应当以人民币作为记账本位币。发生外币业务时,应当将有关外币金额折算为人民币金额计量,同时登记外币金额。

5)政府会计核算应当采用借贷记账法记账。

6)政府会计信息质量要求:

(1)政府会计主体应当以实际发生的经济业务或者事项为依据进行会计核算,如实反映各项会计要素的情况和结果,保证会计信息真实可靠。

(2)政府会计主体应当将发生的各项经济业务或者事项统一纳入会计核算,确保会计信息能够全面反映政府会计主体预算执行情况和财务状况、运行情况、现金流量等。

(3)政府会计主体提供的会计信息,应当与反映政府会计主体公共受托责任履行情

况以及报告使用者决策或者监督、管理的需要相关,有助于报告使用者对政府会计主体过去、现在或者未来的情况作出评价或者预测。

(4) 政府会计主体对已经发生的经济业务或者事项,应当及时进行会计核算,不得提前或者延后。

(5) 政府会计主体提供的会计信息应当具有可比性。同一政府会计主体不同时期发生的相同或者相似的经济业务或者事项,应当采用一致的会计政策,不得随意变更。确需变更的,应当将变更的内容、理由及其影响在附注中予以说明。

7) 政府会计的会计要素包括财务会计要素和预算会计要素。财务会计要素包括资产、负债、净资产、收入和费用。预算会计要素包括预算收入、预算支出和预算结余。

1.2 政府财务会计要素的确认和计量

1.2.1 政府财务会计要素的确认

政府财务会计有 5 个要素,包括资产、负债、净资产、收入和费用。

1. 资产

资产是指政府会计主体过去的经济业务或者事项形成的,由政府会计主体控制的,预期能够产生服务潜力或者带来经济利益流入的经济资源。服务潜力是指政府会计主体利用资产提供公共产品和服务以履行政府职能的潜在能力。经济利益流入表现为现金及现金等价物的流入,或者现金及现金等价物流出的减少。

2. 负债

负债是指政府会计主体过去的经济业务或者事项形成的,预期会导致经济资源流出政府会计主体的现时义务。现时义务是指政府会计主体在现行条件下已承担的义务。未来发生的经济业务或者事项形成的义务不属于现时义务,不应当确认为负债。

3. 净资产

净资产是指政府会计主体资产扣除负债后的净额。

4. 收入

收入是指报告期内导致政府会计主体净资产增加的、含有服务潜力或者经济利益的经济资源的流入。收入的确认应当同时满足以下条件:①与收入相关的含有服务潜力或者经济利益的经济资源很可能流入政府会计主体;②含有服务潜力或者经济利益的经济资源流入会导致政府会计主体资产增加或者负债减少;③流入金额能够可靠地计量。

5. 费用

费用是指报告期内导致政府会计主体净资产减少的、含有服务潜力或者经济利益的经济资源的流出。费用的确认应当同时满足以下条件:①与费用相关的含有服务潜力或者经济利益的经济资源很可能流出政府会计主体;②含有服务潜力或者经济利益的经济资源流出会导致政府会计主体资产减少或者负债增加;③流出金额能够可靠地计量。

财务会计要素的确认,是根据一项经济业务或者事项,作为资产、负债、净资产、收入和费用列入财务报告的过程。财务会计要素的确认,需要解决是否应该在财务报告中记录,以及在财务会计要素中如何分类等问题。

总体而言,将一项经济业务或者事项确认为财务会计的要素,需同时符合3个条件:

(1) 符合财务会计要素的定义。政府财务会计的5个要素——资产、负债、净资产、收入和费用,每个要素都有明确的定义。一项资源只有符合资产的定义,一项义务只有符合负债的定义,一项资源或义务的变动只有符合净资产的定义,一项经济资源的流入只有符合收入的定义,一项经济资源的流出只有符合费用的定义,才能作为财务会计的要素。

(2) 与该经济业务或事项有关、含有服务潜力或者经济利益的经济资源很可能流入或流出会计主体。"很可能"表明经济活动具有一定不确定性,如应收账款、其他应收款等。但在对经济业务或事项进行会计核算时,经济业务或事项的合同、发票、银行的到账通知等提供了经济资源流入或流出的证据。如果经济资源流入或流出的可能性下降,则需要对流入或流出经济资源进行调整,甚至对有关业务或事项进行转销。例如,有证据表明应收账款回收的可能性降低或无法收回,就需要计提坏账准备和坏账损失。

(3) 该经济业务或事项的成本或价值能够可靠计量。通常,经济业务或事项的合同、发票、银行的到账通知等,明确了业务相关方的权利和义务,为业务或事项的计量提供了可靠的依据。但由于经济业务或事项的多样性,在不降低财务报表可靠性的前提下,通过价值评估、合理估计等方式确定计量金额,也是会计核算过程中必不可少的。

1.2.2 政府财务会计要素的计量

财务会计要素的计量,是根据一项业务、交易或事项,列报在财务报告中具体货币金额的过程。财务会计要素的计量,需要解决用什么方法对具体金额进行认定等问题。计量属性反映的是会计要素金额确定的基础,主要包括历史成本、重置成本、现值、公允价值等。

1. 历史成本

历史成本是会计计量的基本属性之一。在历史成本计量下,资产按照取得时支付的现金金额或者支付对价的公允价值计量。在历史成本计量下,负债按照因承担现时义务而实际收到的款项或者资产的金额,或者承担现时义务的合同金额,或者按照为偿还负债预期需要支付的现金计量。

2. 重置成本

重置成本是指在当前条件下,重新取得同样一项资产所需支付的现金或现金等价物金额。在重置成本计量下,资产按照现在购买相同或者相似资产所需支付的现金金额计量。

3. 现值

现值是指对未来现金流量以恰当的折现率进行折现后的价值,是考虑货币时间价值因素等的一种计量属性。在现值计量下,资产按照预计从其持续使用和最终处置中所产生的未来净现金流入量的折现金额计量。在现值计量下,负债按照预计期限内需要偿还的未来净现金流出量的折现金额计量。

4. 公允价值

公允价值是指市场参与者在计量日发生的有序交易中,出售一项资产所能收到或者转移一项负债所需支付的价格。在公允价值计量下,资产按照市场参与者在计量日发生的有序交易中,出售资产所能收到的价格计量。在公允价值计量下,负债按照市场参与者在计量日发生的有序交易中,转移负债所需支付的价格计量。

政府会计主体在对资产进行计量时,一般应当采用历史成本;采用重置成本、现值、公允价值计量的,应当保证所确定的资产金额能够持续、可靠计量;无法采用上述计量属性的,采用名义金额(即人民币 1 元)计量。政府会计主体采用的资产计量属性,主要包括历史成本、重置成本、现值、公允价值。在对负债进行计量时,政府会计主体一般应当采用历史成本;采用现值、公允价值计量的,应当保证所确定的负债金额能够持续、可靠计量。

1.3 政府预算会计要素的确认和计量

1.3.1 政府预算会计要素的确认

政府预算会计有 3 个要素,包括预算收入、预算支出与预算结余。

1. 预算收入

预算收入是指政府会计主体在预算年度内依法取得的并纳入预算管理的现金流入。

2. 预算支出

预算支出是指政府会计主体在预算年度内依法发生的并纳入预算管理的现金流出。

3. 预算结余

预算结余是指政府会计主体在预算年度内预算收入扣除预算支出后的资金余额,以及历年滚存的资金余额,包括结余资金和结转资金。结余资金是指年度预算执行终了,预算收入实际完成数扣除预算支出和结转资金后剩余的资金。结转资金是指预算安排项目的支出年终尚未执行完毕或者因故未执行,且下年需要按原用途继续使用的资金。

预算会计要反映预算收支、预算执行情况。预算会计核算的对象,是政府会计主体在预算年度内依法取得的并纳入预算管理的现金。预算会计核算的主要内容,是反映预算资金的"收—支—存"的情况。预算会计要素的确认,是根据一项经济业务或者事项相关的预算资金,作为预算收入、预算支出与预算结余列入决算报告的过程。预算会计要素的确认,需要解决是否纳入预算会计核算,以及在预算会计要素中如何分类等问题。

总体而言,将一项经济业务或者事项确认为预算会计的要素,需具有以下共同特征:

(1)该项经济业务或者事项导致预算资金流入或流出。预算会计将非现金业务排除在外,如果发生的经济业务或者事项不涉及现金收支,则无需进行预算会计核算,同时该业务或者事项满足财务会计要素确认和计量条件,那只需要进行财务会计核算。预算会计也不包括未纳入部门预算管理的资金业务,如代管资金的收支、应上缴国库或上缴财政专户的资金收支,无需进行预算会计核算。

(2)体现预算资金的管理要求。预算资金的管理要符合我国预算法规、财政管理的有关要求。例如,根据预算指标的归属年度,区分本预算年度的预算指标、以前年度的预算指标、下年度预算指标。根据财政资金的来源,区分同级财政拨款、非财政拨款等。根据预算安排项目资金的使用情况,区分结转资金和结余资金。

1.3.2　政府预算会计要素的计量

预算会计要素的计量,是根据一项业务、交易或事项,将预算年度内依法取得的并纳入预算管理的现金金额列报在决算报告中的过程。预算会计核算的对象,是政府会计主体在预算年度内依法取得的并纳入预算管理的现金,因而预算金额的变化主要与收到预算资金和支付预算资金有关。

1. 预算收入的计量

预算收入一般在实际收到时予以确认,以实际收到的金额计量。

2. 预算支出的计量

预算支出一般在实际支付时予以确认,以实际支付的金额计量。

3. 预算结余的计量

预算结余是预算年度内的预算收入扣除预算支出的资金余额,以及历年滚存的资金余额,其金额取决于预算收入和预算支出的计量。

1.4　财务报告和决算报告

财务报告的目标是向财务报告使用者提供与政府的财务状况、运行情况(含运行成本,下同)和现金流量等有关的信息,反映政府会计主体公共受托责任履行情况,有助于财务报告使用者作出决策或者进行监督和管理。政府财务报告使用者包括各级人民代表大会常务委员会、债权人、各级政府及其有关部门、政府会计主体自身和其他利益相关者。

决算报告的目标是向决算报告使用者提供与政府预算执行情况有关的信息,综合反映政府会计主体预算收支的年度执行结果,有助于决算报告使用者进行监督和管理,并为编制后续年度预算提供参考和依据。政府决算报告使用者包括各级人民代表大会及其常务委员会、各级政府及其有关部门、政府会计主体自身、社会公众和其他利益相关者。

1.5　中小学校的财务活动

中小学校要严格按照《中华人民共和国会计法》的规定,建立健全财务管理工作机构,加强对本校财务机构、财务人员的领导和管理,健全财务管理相关规章制度,严格财务人员的职责权限、工作程序和工作纪律,保证财务管理工作规范有序进行。

中小学校要严格执行国家有关法律法规和各级财政部门与教育主管部门的政策规定,合法合规开展经济业务和事项,规范财务管理。中小学校应当合理编制学校预算,严格预算执行,完整、准确编制学校决算;加强收入管理,规范中小学服务性收费和代收费管理;加强支出管理,严格控制一切不合理支出;加强资金管理,各级各类教育专项资金,严格按照规定用途进行管理和使用,严禁挤占或挪作他用;加强资产管理,健全资产购置、验收、保管、使用、清查等内部管理制度。

义务教育阶段学校不得对外投资。非义务教育阶段学校在保证学校正常运转和事业发展的前提下,按照国家有关规定可以对外投资的,应当履行相关审批程序。非义务教育阶段学校应当严格控制对外投资,不得使用财政拨款及其结余进行对外投资,不得从事股票、期货、基金、企业债券等投资,国家另有规定的除外。非义务教育阶段学校以实物、无形资产等非货币性资产对外投资的,应当按照国家有关规定进行资产评估,合理确定资产价值。

义务教育阶段学校按照国家有关规定不得从事经营活动。非义务教育阶段学校开展非独立核算经营活动,应当以不影响正常教育教学活动为前提。在开展非独立核算经营活动中,应当加强经济核算,正确归集实际发生的各项费用;不能直接归集的,应当按照规定的比例合理分摊。

非义务教育阶段学校经批准,可以从银行等金融机构借入的短期或者长期借款,不得违反规定举借债务。严禁义务教育阶段学校举借债务。

1.6　中小学校的会计核算

【解析5】　会计科目的运用

中小学校必须根据实际发生的经济业务或事项进行会计核算,填制会计凭证,登记会计账簿,编制决算报告和财务报告;不得以虚假的经济业务事项或者资料进行会计核算。

学校应当按照下列规定运用会计科目:

(1) 学校应当按照《政府会计制度——行政事业单位会计科目和报表》制度和中小学校执行该制度的补充规定和衔接规定设置和使用会计科目。在不影响会计处理和编制报表的前提下,可以根据实际情况自行增设或减少某些会计科目。

(2) 学校应当执行《政府会计制度——行政事业单位会计科目和报表》制度统一规定的会计科目编号,以便于填制会计凭证、登记账簿、查阅账目,实行会计信息化管理。

(3) 学校在填制会计凭证、登记会计账簿时,应当填列会计科目的名称,或者同时填列会计科目的名称和编号,不得只填列会计科目编号、不填列会计科目名称。

(4) 学校设置明细科目或进行明细核算,除遵循《政府会计制度——行政事业单位会计科目和报表》制度、中小学校执行新政府会计准则制度的补充规定和衔接规定外,还应当满足权责发生制政府部门财务报告和政府综合财务报告编制的其他要求。

【解析6】　会计报表编制

学校应当按照下列规定编制财务报表和预算会计报表:

(1) 财务报表的编制主要以权责发生制为基础,以学校财务会计核算生成的数据为准;预算会计报表的编制主要以收付实现制为基础,以学校预算会计核算生成的数据为准。

（2）财务报表由会计报表及其附注构成。会计报表一般包括资产负债表、收入费用表和净资产变动表。学校可根据实际情况自行选择编制现金流量表。

（3）预算会计报表至少包括预算收入支出表、预算结转结余变动表和财政拨款预算收入支出表。

（4）学校应当至少按照年度编制财务报表和预算会计报表。

（5）学校应当根据政府会计准则制度规定编制真实、完整的财务报表和预算会计报表，不得违反新政府会计准则制度规定随意改变财务报表和预算会计报表的编制基础、编制依据、编制原则和方法，不得随意改变新政府会计准则制度规定的财务报表和预算会计报表有关数据的会计口径。

（6）财务报表和预算会计报表应当根据登记完整、核对无误的账簿记录和其他有关资料编制，做到数字真实、计算准确、内容完整、编报及时。

（7）财务报表和预算会计报表应当由学校负责人和主管会计工作的负责人、会计机构负责人（会计主管人员）签名并盖章。

【解析7】 会计管理和信息化建设

执行新政府会计准则制度，学校需强化会计管理，为学校的决策提供有力的支撑，为教育政策的制定提供坚实的保障。因此，应重点关注以下方面的内容。

1. 符合财政资金的支出功能分类和经济分类管理的要求

执行政府会计准则制度的学校，财政资金是办学投入的主要来源。财政资金需要根据国家财政管理的要求，区分财政资金的支出功能分类和经济分类。

2. 符合各级财政资金管理的要求

学校在办学过程中，可能取得来自不同层级财政部门的经费支持，会计核算要反映各级财政资金管理的需要。一是反映学校取得的不同层级的财政资金，按照新制度分别通过"财政拨款预算收入"和"非同级财政拨款预算收入""财政拨款收入"和"非同级财政拨款收入"来核算。二是反映财政资金的结构，例如，同级财政拨款中有基金收入的，还需要根据财政拨款的具体来源，进行一般公共预算财政拨款、政府性基金预算财政拨款等明细核算。三是反映非同级财政拨款的层级，如中央财政资金、省级财政资金、市级财政资金等。

3. 满足各类项目资金管理的需要

学校取得的项目资金具有专门用途，要专款专用。学校从不同来源取得的项目资金在按照规定用途使用过程中，要做好项目资金的管理和核算，清晰地反映项目资金的取得、使用和结存情况。如果资金提供者、管理部门需要了解项目资金的使用情况，应当按照有关要求提供项目资金使用信息；需要进行公开的，如社会捐赠资金，应按有关规定进行信息公开。

4. 加强成本费用核算

学校的成本费用核算有利于准确反映学校运行成本费用，科学评价运行管理绩效。做好成本费用核算，需要识别耗用经济资源的受益对象；不能混淆开展教育教学活动的成本费用与经营活动的成本费用，两类活动共同耗用了场地、设备等资源，需要及时将各项成本费用按照受益对象进行分配。

5. 加强经济合同管理

新政府会计准则制度下,会计核算要关注预算资金收到和支出的时点。学校在办学过程中,对按照规定须签订合同的经济业务或事项,应签订经济合同。学校签订了经济合同,就明确了合同双方的权利义务,这也成为按照权责发生制进行会计核算的起点。在经济合同执行过程中,学校因收款权利或产生付款义务等引起经济资源的变化,都需通过会计核算来反映。因而,对于政府会计主体而言,会计核算与合同管理紧密相关。

政府会计准则制度对会计管理和会计核算提出了更高的要求,学校应当重视并不断推进会计信息化建设和应用。学校开展会计信息化工作,应当符合财政部制定的相关会计信息化工作规范和标准,确保利用现代信息技术手段开展的会计核算及生成的会计信息符合政府会计准则制度的规定。

第 2 章

会计科目的设置

2.1 财务会计科目设置

【解析8】 学校的财务会计科目设置(见表2-1)

(1)部分科目限非义务教育阶段学校使用,用△标明。

(2)部分科目为行政单位使用,用※表明,学校不涉及有关核算。

表 2-1　学校的财务会计科目设置

序号	科目编号	科目名称	明细科目
(一)资产类				
1	1001	库存现金	
2	1002	银行存款	
3	1011	零余额账户用款额度	
4	1021	其他货币资金	
5	1101	短期投资△	
6	1201	财政应返还额度	——财政直接支付 ——财政授权支付
7	1211	应收票据△	
8	1212	应收账款	
9	1214	预付账款	——财政补助预付款 ——非财政补助预付款
10	1215	应收股利△	
11	1216	应收利息△	
12	1218	其他应收款	
13	1219	坏账准备	
14	1301	在途物品	
15	1302	库存物品	
16	1303	加工物品	
17	1401	待摊费用	

序号	科目编号	科目名称	明细科目
18	1501	长期股权投资△	
19	1502	长期债券投资△	
20	1601	固定资产	
21	1602	固定资产累计折旧	
22	1611	工程物资	
23	1613	在建工程	
24	1701	无形资产	
25	1702	无形资产累计摊销	
26	1703	研发支出	
27	1801	公共基础设施	
28	1802	公共基础设施累计折旧（摊销）	
29	1811	政府储备物资	
30	1821	文物文化资产	
31	1831	保障性住房	
32	1832	保障性住房累计折旧	
33	1891	受托代理资产	
34	1901	长期待摊费用	
35	1902	待处理财产损溢	——待处理财产价值 ——处理净收入

（二）负债类

序号	科目编号	科目名称	明细科目
36	2001	短期借款△	
37	2101	应交增值税	
38	2102	其他应交税费	
39	2103	应缴财政款	——应缴国库款 ——应缴财政专户款
40	2201	应付职工薪酬	
41	2301	应付票据	
42	2302	应付账款	
43	2303	应付政府补贴款※	
44	2304	应付利息△	
45	2305	预收账款	

序号	科目编号	科目名称	明细科目
46	2307	其他应付款	
47	2401	预提费用	
48	2501	长期借款△	
49	2502	长期应付款	
50	2601	预计负债	
51	2901	受托代理负债	
\multicolumn{4}{c}{（三）净资产}			
52	3001	累计盈余	
53	3101	专用基金	——修购基金△ ——职工福利基金 ——奖助学基金 ——其他专用基金
54	3201	权益法调整△	
55	3301	本期盈余	
56	3302	本年盈余分配	
57	3401	无偿调拨净资产	
58	3501	以前年度盈余调整	
\multicolumn{4}{c}{（四）收入类}			
59	4001	财政拨款收入	——一般公共预算财政拨款 ——政府性基金预算财政拨款
60	4101	事业收入	
61	4201	上级补助收入	
62	4301	附属单位上缴收入	
63	4401	经营收入	
64	4601	非同级财政拨款收入	
65	4602	投资收益	
66	4603	捐赠收入	
67	4604	利息收入	
68	4605	租金收入	
69	4609	其他收入	

序号	科目编号	科目名称	明细科目
（五）费用类			
70	5001	业务活动费用	——教育费用 ——科研费用
71	5101	单位管理费用	——行政管理费用 ——后勤保障费用 ——离退休费用
72	5201	经营费用	
73	5301	资产处置费用	
74	5401	上缴上级费用	
75	5501	对附属单位补助费用	
76	5801	所得税费用	
77	5901	其他费用	

2.2 预算会计科目设置

【解析9】 学校的预算会计科目设置（见表2-2）

（1）部分科目限非义务教育阶段学校使用，用△标明。

（2）部分科目为行政单位使用，用※表明，学校不涉及有关核算。

表2-2 学校的预算会计科目设置

序号	科目编号	科目名称	明细科目
（一）预算收入类			
1	6001	财政拨款预算收入	
2	6101	事业预算收入	
3	6201	上级补助预算收入	
4	6301	附属单位上缴预算收入	
5	6401	经营预算收入	
6	6501	债务预算收入	
7	6601	非同级财政拨款预算收入	

序号	科目编号	科目名称	明细科目
8	6602	投资预算收益	
9	6609	其他预算收入	

（二）预算支出类

序号	科目编号	科目名称	明细科目
10	7101	行政支出※	
11	7201	事业支出	按照补充规定设置明细科目
12	7301	经营支出	
13	7401	上缴上级支出	
14	7501	对附属单位补助支出	
15	7601	投资支出	
16	7701	债务还本支出	
17	7901	其他支出	

（三）预算结余类

序号	科目编号	科目名称	明细科目
18	8001	资金结存	——零余额账户用款额度 ——货币资金 ——财政应返还额度
19	8101	财政拨款结转	
20	8102	财政拨款结余	
21	8201	非财政拨款结转	
22	8202	非财政拨款结余	
23	8301	专用结余	
24	8401	经营结余	
25	8501	其他结余	
26	8701	非财政拨款结余分配	

【解析10】 学校事业支出的科目设置

中小学校执行政府会计制度时，除了应遵循新制度的要求外，还需要根据财政部发布的《关于中小学校执行〈政府会计制度——行政事业单位会计科目和报表〉的补充规定》对"事业支出"科目进行如下明细核算（见表2-3）。

表 2-3　中小学校事业支出明细表核算

项目	事业支出(按照经费来源划分)												
	合计	同级财政拨款			事业收入			非同级财政拨款			其他资金		
		小计	基本支出	项目支出	小计	基本支出	项目支出	小计	基本支出	项目支出	小计	基本支出	项目支出
一、工资福利支出													
基本工资													
津贴补贴													
奖金													
伙食补助费													
绩效工资													
基本养老保险缴费													
职业年金缴费													
基本医疗保险缴费													
其他社会保障缴费													
住房公积金													
医疗费													
外聘教职工工资													
外聘教职工社会保障缴费													
其他工资福利支出													
二、商品和服务支出													
办公费													
印刷费													
咨询费													
手续费													
水费													
电费													
邮电费													
取暖费													
学校安保费													
校园保洁费													
校园绿化费													

项目	事业支出（按照经费来源划分）											
	合计	同级财政拨款			事业收入			非同级财政拨款			其他资金		
		小计	基本支出	项目支出	小计	基本支出	项目支出	小计	基本支出	项目支出	小计	基本支出	项目支出
其他物业管理费													
市内差旅费													
国内差旅费													
教师出国（境）培训费													
其他教职工出国（境）培训费													
教职工出国（境）考察费													
仪器设备维修（护）费													
信息系统维修（护）费													
房屋建筑物维修（护）费													
其他维修（护）费													
租赁费													
会议费													
教师培训费													
其他培训费													
公务接待费													
实验耗材费													
体育耗材费													
其他材料费													
劳务费													
委托业务费													
工会经费													
福利费													
校车运行维护费													
公务用车运行维护费													
其他交通费													
学生活动费													

项目	事业支出(按照经费来源划分)												
	合计	同级财政拨款			事业收入			非同级财政拨款			其他资金		
		小计	基本支出	项目支出	小计	基本支出	项目支出	小计	基本支出	项目支出	小计	基本支出	项目支出
学生出国(境)活动费													
教师工会和党团活动													
学校财产和责任保险费用													
税费和附加费													
财务及审计费													
诉讼费													
其他商品和服务支出													
三、对个人和家庭补助支出													
离休费													
退休费													
退职费													
抚恤金													
生活补助													
医疗费补助													
其中: (1) 学生医疗费													
(2) 教职工医疗费													
助学金													
其中: (1) 助学金													
(2) 奖学金													
(3) 书本费													
(4) 伙食补贴													
(5) 学生校外践习津贴													
奖励金													
其他对个人和家庭补助支出													
四、资本性支出													

项目	事业支出(按照经费来源划分)												
	合计	同级财政拨款			事业收入			非同级财政拨款			其他资金		
		小计	基本支出	项目支出	小计	基本支出	项目支出	小计	基本支出	项目支出	小计	基本支出	项目支出
房屋建筑物购建													
办公设备购置													
专用设备购置													
仪器设备大型修缮													
房屋建筑物大型修缮													
信息网络及软件购置更新													
文物和陈列品购置													
图书购置													
无形资产购置													
其他资本性支出													
合计													

中小学校应结合经济业务的特点,根据《关于中小学校执行〈政府会计制度——行政事业单位会计科目和报表〉的补充规定》,按照以下内容对事业支出进行明细核算(见表2-4)。

表2-4 中小学校事业支出明细核算内容

科目编码		科目名称	核算内容
类	款		
301		**一、工资福利支出**	反映学校开支的在职教职工和编制外长期聘用人员的各类劳动报酬,以及为上述人员缴纳的各项社会保险费等
	01	基本工资	反映按规定发放的基本工资,包括教职工的岗位工资、薪级工资;各类学校毕业生试用期(见习期)工资等
	02	津贴补贴	反映按规定发放的津贴、补贴,包括工作性津贴、生活性补贴、地区附加津贴、岗位津贴,以及按规定发放的特殊岗位津贴补贴、提租补贴、购房补贴、采暖补贴、物业服务补贴等
	03	奖金	反映按规定发放的奖金,包括年终一次性奖金等
	06	伙食补助费	反映按规定发放的伙食补助费,因公负伤等住院治疗、住疗养院期间的伙食补助费等
	07	绩效工资	反映教职工的绩效工资
	08	基本养老保险缴费	反映学校为教职工缴纳的基本养老保险费。由学校代扣的工作人员基本养老保险缴费,不在此科目反映

科目编码		科目名称	核算内容
类	款		
	09	职业年金缴费	反映学校为教职工实际缴纳的职业年金(含职业年金补记支出)。由学校代扣的工作人员职业年金缴费,不在此科目反映
	11	基本医疗保险缴费	反映学校为教职工缴纳的基本医疗保险费
	12	其他社会保障缴费	反映学校为教职工缴纳的失业、工伤、生育等社会保险费,残疾人就业保障金。生育保险和职工基本医疗保险合并实施的地区,相关缴费不在此科目反映
	13	住房公积金	反映学校按规定为教职工缴纳的住房公积金
	14	医疗费	反映学校按规定为教职工支出的其他医疗费用
	99	其他工资福利支出	反映上述科目未包括的工资福利支出,如各种加班工资、病假两个月以上期间的人员工资,职工探亲旅费,困难职工生活补助,编制外长期聘用人员(不包括劳务派遣人员)劳务报酬及社保缴费等
		其中: (1)外聘教职工工资	反映学校为编制外长期聘用人员发放的基本工资
		(2)外聘教职工社会保障缴费	反映学校为编制外长期聘用人员缴纳的养老、基本医疗、失业、工伤、生育等社会保险费
301		**二、商品和服务支出**	反映学校购买商品和服务的支出,不包括购置固定资产等资本性支出
	01	办公费	反映学校购买日常办公用品、书报杂志等支出
	02	印刷费	反映学校的印刷费支出,教学成果出版支出
	03	咨询费	反映学校咨询方面的支出
	04	手续费	反映学校的各类手续费支出
	05	水费	反映学校的水费、污水处理费等支出
	06	电费	反映学校的电费支出
	07	邮电费	反映学校开支的信函、包裹、货物等物品的邮寄费及电话费、电报费、传真费、网络通讯费等
	08	取暖费	反映学校取暖用燃料费、热力费、炉具购置费、锅炉临时工的工资、节煤奖以及由学校支付的未实行职工住房采暖补贴改革的在职职工和离退休人员宿舍取暖费
	09	物业管理费	反映学校的教学、办公用房和辅助设施、学生宿舍以及未实行职工住宅物业服务改革的在职职工和离退休人员宿舍等的物业管理费,包括综合治理、绿化、卫生等方面的支出
		其中: (1)学校安保费	反映学校开支的物业安保支出
		(2)校园保洁费	反映学校开支的物业保洁支出

科目编码		科目名称	核算内容
类	款		
		（3）校园绿化费	反映学校开支的校园绿化支出
		（4）其他物业管理费	反映未包括在上述科目的物业管理费
	11	差旅费	反映学校教职工国（境）内出差发生的城市间交通费、住宿费、伙食补助费和市内交通费
		其中：（1）市内差旅费	反映学校教职工因公务发生的市内交通费
		（2）国内差旅费	反映学校教职工国（境）内出差发生的城市间交通费、住宿费、伙食补助费
	12	因公出国（境）费用	反映学校教职工公务出国（境）的国际旅费、国外城市间交通费、住宿费、伙食费、培训费、公杂费等支出
		其中：（1）教师出国（境）培训费	反映学校教师因出国（境）参加培训、学术交流发生的国际旅费、国外城市间交通费、住宿费、伙食费、培训费、会议费、公杂费等支出
		（2）其他教职工出国（境）培训费	反映学校职工因出国（境）参加培训发生的国际旅费、国外城市间交通费、住宿费、伙食费、培训费、公杂费等支出
		（3）教职工出国（境）考察费	反映学校教职工因出国（境）考察发生的国际旅费、国外城市间交通费、住宿费、伙食费、公杂费等支出
	13	维修（护）费	反映学校日常开支的固定资产（不包括车船等交通工具）修理和维护费用，网络信息系统运行与维护费用，以及按规定提取的修购基金
		其中：（1）仪器设备维修（护）费	反映学校日常开支的仪器设备（不包括车船等交通工具）修理和维护费用
		（2）信息系统维修（护）费	反映学校日常开支的网络信息系统运行与维护费用
		（3）房屋建筑物维修（护）费	反映学校日常开支的房屋建筑物修理和维护费用
		（4）其他维修（护）费	反映未包括在上述科目的维修费和维护费
	14	租赁费	反映学校租赁办公用房、宿舍、专用通讯网以及其他设备等方面的费用
	15	会议费	反映学校在会议期间按规定开支的住宿费、伙食费、会议场地租金、交通费、文件印刷费、医药费等
	16	培训费	反映除因公出国（境）培训费以外的，在培训期间发生的师资费、住宿费、伙食费、培训场地费、培训资料费、交通费等各类培训费用
		其中：（1）教师培训费	反映除因公出国（境）培训费以外的，在培训期间发生的师资费、住宿费、伙食费、培训场地费、培训资料费、交通费等各类培训费用

科目编码		科目名称	核算内容
类	款		
		（2）其他培训费	反映未包括在上述科目的培训费
	17	公务接待费	反映学校按规定开支的各类公务接待（含外宾接待）费用
	18	专用材料费	反映学校购买日常专用材料的支出。具体包括实验室用品、体育用品、文艺用品、药品及医疗耗材等教育教学材料方面的支出
		其中：（1）实验耗材费	反映学校购买用于实验教学的材料和用品支出
		（2）体育耗材费	反映学校购买用于体育教学的材料和用品支出
		（3）其他材料费	反映未包括在上述科目的专用材料费
	26	劳务费	反映支付给外单位和个人的劳务费用，如临时聘用人员、钟点工工资，稿费、翻译费，评审费等
	27	委托业务费	反映因委托外学校办理业务而支付的委托业务费
	28	工会经费	反映学校按规定提取或安排的工会经费
	29	福利费	反映学校按规定提取的职工福利费
	31	公务用车运行维护费	反映学校按规定保留的公务用车（校车）燃料费、维修费、过桥过路费、保险费、安全奖励费用等支出
		其中：（1）校车运行维护费	反映学校开展校车运营发生的燃料费、维修费、过桥过路费、保险费、安全奖励费用等支出
		（2）公务用车运行维护费	反映未包括在上述科目的公务用车运行维护费
	39	其他交通费	反映学校除公务用车运行维护费以外的其他交通费用。如公务交通补贴，租车费用、出租车费用，飞机、船舶等的燃料费、维修费、保险费等
	99	其他商品和服务支出	反映上述科目未包括的日常公用支出。如学生活动费、学生出国（境）活动费、教师工会和党团活动费、学校财产和责任保险费用、税费和附加费、财务及审计费、诉讼费等
		其中：（1）学生活动费	反映用于支持学生参加国内竞赛、文体交流等活动的费用
		（2）学生出国（境）活动费	反映用于支持出国（境）开展竞赛、文体交流等活动的费用
		（3）教师工会和党团活动	反映用于教师开展工会和党团活动等的费用
		（4）学校财产和责任保险费用	反映学校用于购买财产保险、责任保险等费用
		（5）税费和附加费	反映学校发生的税费和附加费
		（6）财务及审计费	反映学校发生的财务及审计费
		（7）诉讼费	反映学校发生的诉讼费

科目编码		科目名称	核算内容
类	款		
		（8）其他商品和服务支出	反映未包括在上述科目的其他商品和服务支出
303		**三、对个人和家庭补助支出**	反映政府用于对个人和家庭的补助支出
	01	离休费	反映学校承担的离休人员的离休费、护理费以及提租补贴、购房补贴、采暖补贴、物业服务补贴等补贴
	02	退休费	反映学校承担的退休人员的退休费以及提租补贴、购房补贴、采暖补贴、物业服务补贴等补贴
	03	退职费	反映学校承担的退职人员的生活补贴、一次性支付给职工的退职补助
	04	抚恤金	反映按规定开支的烈士遗属、牺牲病故人员遗属的一次性和定期抚恤金,伤残人员的抚恤金,离退休人员等其他人员的各项抚恤金,以及按规定开支的单位职工和离退休人员丧葬费
	05	生活补助	反映按规定开支的优抚对象定期定量生活补助费,退役军人生活补助费,单位职工遗属生活补助,长期赡养人员补助费等
	07	医疗费补助	反映学校负担的离退休人员的医疗费,学生医疗费,优抚对象医疗费补助等
		其中:（1）学生医疗费	反映学校负担的学生医疗费
		（2）教职工医疗费	反映学校负担的教职工医疗费
	08	助学金	反映学校学生助学金、奖学金、学生贷款、出国留学（实习）人员生活费,青少年业余体校学员伙食补助费和生活费补贴,按照协议由我方负担或享受我方奖学金的来华留学生、进修生的生活费等
		其中:（1）助学金	反映学校用于学生助学金的支出
		（2）奖学金	反映学校用于学生奖学金的支出
		（3）书本费	反映学校用于购置学生免费书本费的支出
		（4）伙食补贴	反映用于学生食补助费和生活费补贴支出
		（5）学生校外践习津贴	反映学校用于资助学生校外践习的津贴支出
	09	奖励金	反映独生子女父母奖励等
	99	其他对个人和家庭补助支出	反映未包括在上述科目的对个人和家庭的补助支出等
309		**四、资本性支出**	反映切块由发展改革部门安排的基本建设支出

科目编码		科目名称	核算内容
类	款		
	01	房屋建筑物购建	反映用于购买、自行建造教学科研用房、学生宿舍、食堂等建筑物(含附属设施,如电梯、通讯线路、水气管道等)的支出
	02	办公设备购置	反映用于购置并按财务会计制度规定纳入固定资产核算范围的办公家具和办公设备的支出,以及按规定提取的修购基金
	03	专用设备购置	反映用于购置具有专门用途,并按财务会计制度规定纳入固定资产核算范围的各类专用设备的支出。如仪器仪表、电教设备、文体设备、医疗设备、印刷设备、公安专用设备等,以及按规定提取的修购基金
	06	大型修缮	反映按财务会计制度规定允许资本化的各类设备、建筑物等大型修缮的支出
		其中: (1) 仪器设备大型修缮	反映按财务会计制度规定允许资本化的各类仪器设备的大型修缮的支出
		(2) 房屋建筑物大型修缮	反映按财务会计制度规定允许资本化的各类房屋建筑物的大型修缮的支出
	07	信息网络及软件购置更新	反映用于信息网络和软件方面的支出。如服务器购置、软件购置、开发、应用支出等,如果购置的相关硬件、软件等不符合财务会计制度规定的固定资产确认标准的,不在此科目反映
	21	文物和陈列品购置	反映文物和陈列品购置支出
	22	无形资产购置	反映著作权、商标权、专利权、土地使用权等无形资产购置支出。软件购置、开发、应用支出不在此科目反映
	99	其他资本性支出	反映上述科目中未包括的资本性支出(不含对企业补助)
		其中: (1) 图书购置	反映购置纸质图书的图书。购置电子图书的支出,不在此科目反映
		(2) 家具、用具和装具购置	反映购置的家具、用具和装具
		(3) 动植物购置	反映购置的动植物

注:在后续章节中,本书将根据解析需要细化业务举例中的明细科目。

第 3 章

资 产 的 核 算

3.1 资产的特征和分类

资产是指政府会计主体过去的经济业务或者事项形成的,由政府会计主体控制的,预期能够产生服务潜力或者带来经济利益流入的经济资源。资产具有如下特征:

(1)与该经济资源相关的服务潜力很可能实现或者经济利益很可能流入政府会计主体。服务潜力是指政府会计主体利用资产提供公共产品和服务以履行政府职能的潜在能力。经济利益流入表现为现金及现金等价物的流入,或者现金及现金等价物流出的减少。

(2)该经济资源的成本或者价值能够可靠地计量。

政府会计主体的资产按照流动性,分为流动资产和非流动资产。流动资产是指预计在 1 年内(含 1 年)耗用或者可以变现的资产,包括货币资金、短期投资、应收及预付款项、存货等。非流动资产是指流动资产以外的资产,包括固定资产、在建工程、无形资产、长期投资等。

会计分录是对业务的描述,资产增加或资产减少都是发生不同业务的结果,因而学校需要结合不同类型业务的特点来进行会计核算。学校取得资产有多种方式,包括购入资产、置换换入资产、融资租入资产、接受捐赠取得资产、无偿调入资产、受托代理取得资产等;也可以通过不同方式处置资产,如出售、出让资产,置换而换出资产、捐出资产、无偿调出资产等。

3.2 流动资产的分类核算

【解析 11】 1001 库存现金

一、业务描述

学校开展业务活动过程中,部分业务会使用到现金。现金是学校的流动资产。根据我国现金管理的有关规定,学校可以在下列范围内使用现金:①职工工资、津贴;②个人劳务报酬;③根据国家规定颁发给个人的科学技术、文化艺术、体育等各种奖金;④各种劳保、福利费用以及国家规定的对个人的其他支出;⑤向个人收购农副产品和其他物资的价款;⑥出差人员必须随身携带的差旅费;⑦结算起点以下的零星支出;⑧中国人民银行确定需要支付现金的其他支出。

现金结算起点为 1 000 元,超过结算起点的业务需通过银行存款等转账方式。学校应当建立健全现金账目,逐笔记载现金支付。账目应当日清月结,账款相符。开户银行应当根据学校的实际需要,核定学校可以保持3天至5天的日常零星开支所需的库存现金限额。

二、科目设置

"库存现金"科目是财务会计使用的资产类科目,核算学校的库存现金。"库存现金"科目可以根据人民币和外币种类等设置明细科目。学校受托代理、代管现金的,"库存现金"科目应当设置"受托代理资产"明细科目。"库存现金"科目期末借方余额,反映学校实际持有的库存现金。

学校应当设置"库存现金日记账",由出纳人员根据收付款凭证,按照业务发生顺序逐笔登记。每日终了,应当计算当日的现金收入合计数、现金支出合计数和结余数,并将结余数与实际库存数相核对,做到账款相符。学校有外币现金的,应当分别按照人民币、外币种类设置"库存现金日记账"进行明细核算。

学校应当严格按照国家有关现金管理的规定收支现金,并按照制度规定核算现金的各项收支业务。学校对于纳入部门预算管理的现金收支业务,在财务会计核算的同时应当进行预算会计核算。

三、典型业务

(一) 从银行和零余额账户提取和存入现金

1. 从银行等金融机构提取和存入现金

从银行等金融机构提取现金,在财务会计部分,按照提取的金额,借记"库存现金"科目,贷记"银行存款"科目。如果从银行等金融机构提取现金,属于部门预算管理的现金收支业务,还应在预算会计部分进行核算,在预算会计部分,按照提取的金额,借记"资金结存——货币资金——库存现金"科目,贷记"资金结存——货币资金——银行存款"科目。

将现金存入银行等金融机构,在财务会计部分,按照存入金额,借记"银行存款"科目,贷记"库存现金"科目。如果将现金存入银行等金融机构,属于部门预算管理的现金收支业务,还应在预算会计部分进行核算,在预算会计部分,按照存入的金额,借记"资金结存——货币资金——银行存款"科目,贷记"资金结存——货币资金——库存现金"科目。

例1 【从银行提取和存入现金】学校根据业务需要开展纳入预算的现金收支业务:本年1月5日,从银行提取现金20 000元;本年1月9日,将8 000元存入银行。学校编制如下会计分录:

财务会计(1001 库存现金)	预算会计
(1)本年1月5日,从银行提取现金	
借:库存现金　　　　20 000 　贷:银行存款　　　　　20 000	借:资金结存——货币资金——库存现金　20 000 　贷:资金结存——货币资金——银行存款　20 000
(2)本年1月9日,将现金存入银行	
借:银行存款　　　　8 000 　贷:库存现金　　　　　8 000	借:资金结存——货币资金——银行存款　8 000 　贷:资金结存——货币资金——库存现金　8 000

2. 从零余额账户提取和退回现金

从零余额账户提取和退回现金,属于部门预算管理的现金收支业务,需同时进行财务会计核算和预算会计核算。

根据规定从学校零余额账户提取现金,在财务会计部分,按照实际提取的金额,借记"库存现金"科目,贷记"零余额账户用款额度"科目;在预算会计部分,按照实际提取的金额,借记"资金结存——货币资金——库存现金"科目,贷记"资金结存——零余额账户用款额度"科目。

因发生现金退回零余额账户的事项,经财政部门(国库支付中心)或代理银行审核,将现金退回学校零余额账户,在财务会计部分,按照实际退回的金额,借记"零余额账户用款额度"科目,贷记"库存现金"科目;在预算会计部分,按照实际退回的金额,借记"资金结存——零余额账户用款额度"科目,贷记"资金结存——货币资金——库存现金"科目。

例 2 【从零余额账户提取和退回现金】学校根据业务需要开展纳入预算管理的现金收支业务:本年 1 月 15 日,从零余额账户提取现金 24 000 元。本年 1 月 27 日,因收款单位的账户名称错误、账号错误导致 1 月初授权支付的现金发生退款,学校填写《国库集中支付零余额账户支付退款通知书》到银行办理退款,代理银行将 6 300 元退回零余额账户。学校编制如下会计分录:

财务会计(1001 库存现金)	预算会计
(1) 本年 1 月 15 日,从零余额账户提取现金	
借:库存现金　　　　　　　24 000 　贷:零余额账户用款额度　　24 000	借:资金结存——货币资金——库存现金　24 000 　贷:资金结存——零余额账户用款额度　24 000
(2) 本年 1 月 27 日,将现金退回零余额账户	
借:零余额账户用款额度　　　6 300 　贷:库存现金　　　　　　　6 300	借:资金结存——零余额账户用款额度　6 300 　贷:资金结存——货币资金——库存现金　6 300

(二) 出借现金和报销现金

因教职工出差等原因借出的现金,在财务会计部分,按照实际借出的现金金额,借记"其他应收款"科目,贷记"库存现金"科目。在临时借出款项时,使用该款项开展的业务活动未开始,未形成实际预算支出,因而在临时借出款项时无需进行预算会计部分核算,在实际报销时再进行预算会计部分核算。

出差人员报销差旅费时,在财务会计部分,按照实际报销的金额,借记"业务活动费用""单位管理费用"等科目,按照实际借出的现金金额,贷记"其他应收款"科目,按照其差额,借记或贷记"库存现金"科目。属于纳入部门预算管理的现金收支业务,同时在预算会计部分,按照实际报销的金额,借记"事业支出"等科目,贷记"资金结存——货币资金——库存现金"科目。

例 3 【借出差旅费以及报销的现金支出】本年 5 月 19 日,学校教师因到本市其他学校调研出差借出 800 元。5 月 25 日,教师进行了差旅费报销:①教师报销差旅费 700 元,退回借款报销剩余的 100 元。②教师报销差旅费 920 元,扣除借款后支付借款和实际报销的差额 120 元给教师。学校编制如下会计分录：

财务会计（1001 库存现金）	预算会计
■ 教职工差旅报销使用现金	
（1）本年 5 月 19 日，教职工出差借出现金	
借：其他应收款 800 　　贷：库存现金 800	——
（2）本年 5 月 25 日，教职工报销差旅费	
① 有借款，实际报销金额比借款金额小	
借：业务活动费用——商品和服务支出——差 旅费——市内差旅费[实际报销金额] 　　　　　　　　　　　　　　　　700 　　库存现金[退回现金的差额] 100 　　贷：其他应收款 800	借：事业支出——商品和服务支出——差旅费—— 市内差旅费[实际报销金额] 700 　　贷：资金结存——货币资金——库存现金 700
② 有借款，实际报销金额比借款金额大	
借：业务活动费用——商品和服务支出——差 旅费——市内差旅费[实际报销金额] 　　　　　　　　　　　　　　　　920 　　贷：其他应收款 800 　　库存现金[借款和实际报销差额] 120	借：事业支出——商品和服务支出——差旅费—— 市内差旅费[实际报销金额] 920 　　贷：资金结存——货币资金——库存现金 920

（三）因提供服务、物品或者其他事项收到和支付现金

1. 收到和支付现金

因提供服务、物品或者其他事项收到现金，在财务会计部分，按照实际收到的金额，借记"库存现金"科目，贷记"事业收入""应收账款"等相关科目。涉及增值税业务的，相关账务处理参见"应交增值税"科目。属于纳入部门预算管理的现金收支业务，同时在预算会计部分，按照实际收到的金额，借记"资金结存——货币资金——库存现金"科目，贷记"经营预算收入""其他预算收入"等科目。

因购买服务、物品或者其他事项支付现金，在财务会计部分，按照实际支付的金额，借记"业务活动费用""单位管理费用""库存物品""经营费用"等相关科目，贷记"库存现金"科目。涉及增值税业务的，相关账务处理参见"应交增值税"科目。属于纳入部门预算管理的现金收支业务，同时在预算会计部分，按照实际支付的金额，借记"事业支出""其他支出"等科目，贷记"资金结存——货币资金——库存现金"科目。

例 4【现金支付业务活动支出】本年 4 月 23 日，学校教师因参加专业培训，报销培训费 850 元，用现金支付。学校编制如下会计分录：

财务会计（1001 库存现金）	预算会计
■ 使用现金开展业务活动	
本年 4 月 23 日，教职工报销培训费	
借：业务活动费用——商品和服务费——培训 费——教师培训费 850 　　贷：库存现金 850	借：事业支出——商品和服务支出——培训费—— 教师培训费 850 　　贷：资金结存——货币资金——库存现金 850

例 5 【报销现金业务】本年 6 月 16 日,学校某教师报销零星购买的文具用品 240 元。6 月 18 日,现金支付学生报名参加本市创新竞赛的材料快递费 45 元。学校编制如下会计分录:

财务会计(1001 库存现金)	预算会计
■ 购买商品、服务或其他事项支出现金	
(1) 本年 6 月 16 日,报销零星文具用品现金支出	
借:业务活动费用——商品和服务费——办公费 　　　　　　　　　　　　　　　　　　240 　贷:库存现金　　　　　　　　　　　240	借:事业支出——商品和服务支出——办公费 　　　　　　　　　　　　　　　　240 　贷:资金结存——货币资金——库存现金　240
(2) 本年 6 月 18 日,现金支付学生报名参加本市创新竞赛的材料快递费	
借:业务活动费用　　　　　　45 　——商品和服务费 　——邮电费 　——邮费 　贷:库存现金　　　　　　　45	借:事业支出——商品和服务支出——邮电费 　　邮费 　　　　　　　　　　　　　　　45 　贷:资金结存——货币资金——库存现金　45

2. 以库存现金对外捐赠

按规定准予以库存现金对外捐赠的,在财务会计部分,按照实际捐出的金额,借记"其他费用"科目,贷记"库存现金"科目。属于纳入部门预算管理的现金收支业务,同时在预算会计部分,按照实际捐出的金额,借记"其他支出"等科目,贷记"资金结存——货币资金——库存现金"科目。

(四) 收付受托代理、代管现金

收到受托代理、代管的现金,在财务会计部分,按照实际收到的金额,借记"库存现金——受托代理资产"科目,贷记"受托代理负债"科目;支付受托代理、代管的现金,按照实际支付的金额,借记"受托代理负债"科目,贷记"库存现金——受托代理资产"科目。代收、代管的现金,不属于纳入部门预算管理的现金收支业务,无需进行预算会计核算。

例 6 【收付受托代理、代管现金】学校根据服务性收费和代收费管理规定,代收学生保险费。本年 9 月 5 日,收到部分学生以现金方式缴纳的代收保险费 4 000 元。同日,将代收的现金支付给保险公司。学校编制如下会计分录:

财务会计(1001 库存现金)	预算会计
■ 收付受托代理、代管现金	
(1) 本年 9 月 5 日,收到代理、代管现金	
借:库存现金——受托代理资产　4 000 　贷:受托代理负债　　　　　　4 000	——
(2) 本年 9 月 5 日,支付代理、代管现金	
借:受托代理负债　　　　　　4 000 　贷:库存现金——受托代理资产　4 000	——

（五）现金盘点溢余和短缺

每日账款核对中发现有待查明原因的现金短缺或溢余的，应当通过"待处理财产损溢"科目核算。待查明原因后及时进行账务处理。

1. 现金盘点溢余

现金盘点溢余，在财务会计部分，按照溢余现金的金额，借记"库存现金"科目，贷记"待处理财产损溢"科目。在预算会计部分，按照溢余现金的金额，借记"资金结存——货币资金——库存现金"科目，贷记"其他预算收入"科目。

查明原因报经批准后，应将现金盘点的溢余资金应支付给个人和单位的，在财务会计部分，按应支付（或实际支付）现金的金额，借记"待处理财产损溢"科目，贷记"其他应付款"科目（或贷记"库存现金"科目）。将溢余资金支付给个人和单位时，在预算会计部分，按照实际支付溢余现金的金额，借记"其他预算收入"科目，贷记"资金结存——货币资金——库存现金"科目。

例 7 【现金盘点溢余业务】本年 12 月 10 日，学校进行盘点现金，发现现金溢余 600 元。经查后，根据不同情况进行处理：①12 月 13 日，经查溢余现金应支付给某职工；报经批准后，12 月 16 日将溢余现金支付给某职工。②现金溢余无法查明原因，12 月 18 日报经批准后处理。学校编制如下会计分录：

财务会计（1001 库存现金）	预算会计
■ 现金盘点溢余	
（1）本年 12 月 10 日，现金盘点过程中发现溢余资金	
借：库存现金　　　　　　　　　600　　　　　贷：待处理财产损溢　　　　　600	借：资金结存——货币资金——库存现金　600　　　　　贷：其他预算收入　　　　　　　　　　600
（2）报经批准后，对现金溢余进行处理	
① 本年 12 月 13 日，查明原因，应将现金盘点的溢余现金支付给某职工	
借：待处理财产损溢　　　　　　600　　　　　贷：其他应付款　　　　　　　600	—
本年 12 月 16 日，报经批准后，将现金盘点的溢余现金应支付给某职工	
借：其他应付款　　　　　　　　600　　　　　贷：库存现金　　　　　　　　600	借：其他预算收入　　　　　　　　　　　　600　　　　　贷：资金结存——货币资金——库存现金　600
② 本年 12 月 18 日，无法查明原因，报经批准后处理现金盘点的溢余现金	
借：待处理财产损溢　　　　　　600　　　　　贷：其他收入　　　　　　　　600	—

2. 现金盘点短缺

现金盘点短缺，在财务会计部分，按照短缺现金的金额，借记"待处理财产损溢"科目，贷记"库存现金"科目。在预算会计部分，按照短缺现金的金额，借记"其他支出"科目，贷记"资金结存——货币资金——库存现金"科目。

查明原因报经批准后，应将现金盘点的短缺资金向个人和单位收取的，在财务会计部分,按应收取(或实际收取)现金的金额,借记"其他应收款"(或"库存现金")科目,贷记"待处理财产损溢"科目;无法查明原因的,报经批准后,在财务会计部分,按短缺现金的金额,借记"资产处置费用"科目,贷记"待处理财产损溢"科目。在预算会计部分,按照收到现金的金额,借记"资金结存——货币资金——库存现金"科目,贷记"其他支出"科目。

例8 【现金盘点短缺业务】本年12月12日,学校进行盘点现金,发现现金短缺600元。经查后,根据不同情况进行处理:①12月17日,经查短缺现金应为某职工补交;报经批准后,12月20日该职工缴纳现金。②现金短缺无法查明原因,12月23日报经批准后处理。学校编制如下会计分录:

财务会计(1001 库存现金)	预算会计
■ 现金盘点短缺	
(1) 本年12月12日,现金盘点过程中发现现金短缺	

借:待处理财产损溢   600
  贷:库存现金   600
	借:其他支出 600
	  贷:资金结存——货币资金——库存现金 600

(2) 报经批准后,对现金短缺进行处理	
① 本年12月17日,查明原因,现金盘点的短缺现金应为某职工上交	
借:其他应收款 600 贷:待处理财产损溢 600	——
本年12月20日,报经批准后,某职工将短缺现金上交给学校	

借:库存现金   600
  贷:其他应收款   600
	借:资金结存——货币资金——库存现金 600
	  贷:其他支出 600

② 本年12月23日,无法查明原因,报经批准后处理现金盘点的短缺现金	
借:资产处置费用 600 贷:待处理财产损溢 600	——

【解析12】 1002 银行存款

一、业务描述

银行存款是学校的流动资产。学校开展业务活动过程中,会因部分业务收到或支付银行存款。业务的影响分为增加银行存款、减少银行存款。收到银行存款需要关注款项的来源、形成原因、管理方式和币种等;支付银行存款,需要关注用途、结算方式。从业务形式来看,主要分为以下几类:①从银行等金融机构提取和存入现金;②因物品、服务或者其他事项的收付银行存款;③收付受托代理、代管银行存款;④外币银行存款业务;⑤结息日取得银行存款利息。

学校因提供服务、物品或者其他事项取得银行存款,在财务会计部分,符合收入确认条件的,按提供因提供服务、物品或者其他事项应确认收入的金额,在收到银行存款的同时应确认为收入,记入"事业收入""经营收入""其他收入"等科目;在预算会计部分,按实际收到因提供服务、物品或者其他事项应确认收入的金额,确认"资金结存"的同时,确认"事业预算收入""经营预算收入""其他预算收入"等科目。

二、科目设置

"银行存款"科目是财务会计使用的科目,核算学校存入银行或者其他金融机构的各种存款。"银行存款"科目可以根据人民币和外币种类等设置明细科目。学校受托代理、代管银行存款的,"银行存款"科目应当设置"受托代理资产"明细科目。"银行存款"科目期末借方余额,反映学校实际存放在银行或其他金融机构的款项。

学校应当按照开户银行或其他金融机构、存款种类及币种等,分别设置"银行存款日记账",由出纳人员根据收付款凭证,按照业务的发生顺序逐笔登记,每日终了应结出余额。"银行存款日记账"应定期与"银行对账单"核对,至少每月核对一次。月度终了,学校银行存款日记账账面余额与银行对账单余额之间如有差额,应当逐笔查明原因并进行处理,按月编制"银行存款余额调节表",调节相符。

学校应当严格按照国家有关支付结算办法的规定办理银行存款收支业务,并按照政府会计准则制度规定核算银行存款的各项收支业务。学校对于纳入部门预算管理的现金收支业务,在进行财务会计核算的同时应当进行预算会计核算。

三、典型业务

(一)从银行等金融机构提取和存入现金

1. 将现金存入银行等金融机构

将现金存入银行等金融机构,在财务会计部分,按照存入的金额,借记"银行存款"科目,贷记"库存现金"科目。属于部门预算管理的银行存款收支业务,还应在预算会计部分进行核算,按照存入的金额,借记"资金结存——货币资金——银行存款"科目,贷记"资金结存——货币资金——库存现金"科目。

例 9【存入银行存款】本年 10 月 18 日,学校将组织学生举办的书画作品义卖活动收到的现金 7 820 元存入银行。学校编制如下会计分录:

财务会计(1002 银行存款)	预算会计
本年 10 月 18 日,将书画作品义卖款存入银行	

借:银行存款   7 820
  贷:库存现金   7 820
	借:资金结存——货币资金——银行存款 7 820
	  贷:资金结存——货币资金——库存现金 7 820

2. 从银行等金融机构提取现金

从银行等金融机构提取现金,在财务会计部分,按照提取的金额,借记"库存现金"科目,贷记"银行存款"科目。属于部门预算管理的银行存款收支业务,还应在预算会计部分进行核算,从银行账户提取现金,按照提取的金额,借记"资金结存——货币资金——库存现金"科目,贷记"资金结存——货币资金——银行存款"科目。

(二)因物品、服务或者其他事项的收付银行存款

1. 因提供服务、物品或者其他事项取得银行存款

在银行等金融机构存入银行存款,在财务会计部分,按照实际存入的金额,借记"银行存款"科目,根据银行存款取得原因或业务,贷记"应收账款""事业收入""应缴财政款"

等科目。涉及增值税业务的,相关账务处理参见"应交增值税"科目。收到需上缴财政的银行存款,不应确认为学校的收入。

其他属于部门预算管理的现金收支业务,还应在预算会计部分进行核算,按照实际存入的金额,借记"资金结存——货币资金——银行存款"科目,贷记"事业预算收入""经营预算收入""其他预算收入"等科目。

例10 【存入银行存款】本年9月5日,学校收到学生缴纳的学费1 826 000元;9月8日,学校将学费上缴财政专户。学校编制如下会计分录:

财务会计(1002 银行存款)	预算会计
(1) 本年9月5日,收到学费	
借:银行存款 1 826 000 贷:应缴财政款——应缴财政专户款 1 826 000	——
(2) 本年9月8日,将学费上缴财政专户	
借:应缴财政款——应缴财政专户款 1 826 000 贷:银行存款 1 826 000	

2. 因购买服务、物品或者其他事项支付银行存款

因购买服务、物品或者其他事项支付银行存款,在财务会计部分,按照实际支付的金额,借记"业务活动费用""单位管理费用""库存物品""经营费用"等科目,贷记"银行存款"科目。涉及增值税业务的,相关账务处理参见"应交增值税"科目。属于纳入部门预算管理的银行存款支付业务,同时在预算会计部分,按照实际支付的金额,借记"事业支出""其他支出"等科目,贷记"资金结存——货币资金——银行存款"科目。

例11 【报销差旅费的银行存款支出】本年5月21日,学校教师因参加专业培训报销公务卡支付课程培训费和差旅费4 350元,用银行存款归还公务卡欠款。学校编制如下会计分录:

财务会计(1002 银行存款)	预算会计
■ 教职工报销公务卡支付培训费和差旅费	
本年5月21日,教师报销培训费和差旅费	

借:业务活动费用——商品和服务费——培训
  费——教师培训费   4 350
  贷:银行存款   4 350
	借:事业支出——商品和服务支出——培训费——
	  教师培训费 4 350
	  贷:资金结存——货币资金——银行存款 4 350

例12 【借出差旅费以及报销银行存款】本年6月9日,学校教师因出差其他城市的学校交流需要借出5 000元。教师差旅业务发生后,根据不同情况进行报销处理:①6月15日,教师报销差旅费4 800元,退回借款报销剩余的200元。②6月17日,教师报销差旅费5 300元,扣除借款后,将实际报销的差额300元支付给教师。学校编制如下会计分录:

财务会计（1002 银行存款）	预算会计
■ 教职工差旅报销使用银行存款	
（1）本年6月9日，教师出差借出银行存款	
借：其他应收款　　　　　5 000 　贷：银行存款　　　　　　　5 000	—
（2）本年6月15日，教师报销差旅费	
① 有借款，实际报销金额比借款金额小	
借：业务活动费用——商品和服务费——差旅 费——国内差旅费　　4 800 　库存现金　　　　　　　200 　贷：其他应收款　　　　　5 000	借：事业支出——商品和服务支出——差旅费—— 国内差旅费［实际报销金额］　　4 800 　资金结存——货币资金——库存现金　200 　贷：资金结存——货币资金——银行存款 5 000
② 有借款，实际报销金额比借款金额大	
借：业务活动费用——商品和服务费——差旅 费——国内差旅费［实际报销金额］ 　　　　　　　　5 300 　贷：其他应收款　　　　　5 000 　　银行存款［支付借款和实际报销差额］ 　　　　　　　　300	借：事业支出——商品和服务支出——差旅费—— 国内差旅费［实际报销金额］　　5 300 　贷：资金结存——货币资金——银行存款 5 300

例13 【银行存款支付购买商品和服务费】本年2月27日，学校用银行存款支付本月的水费6 700元、电费8 300元。3月5日，用银行存款支付财政调拨调出设备的运费2 600元。学校编制如下会计分录：

财务会计（1002 银行存款）	预算会计
■ 购买商品、服务或其他事项支出现金	
（1）本年2月27日，用银行存款支付水电费	
借：业务活动费用——商品和服务费——水费 　　　　　　　　6 700 　业务活动费用——商品和服务费——电费 　　　　　　　　8 300 　贷：银行存款　　　　　15 000	借：事业支出——商品和服务支出——水费 　　　　　　　　6 700 　事业支出——商品和服务支出——电费 　　　　　　　　8 300 　贷：资金结存——货币资金——银行存款 　　　　　　　　15 000
（2）本年3月5日，用银行存款支付财政调拨调出设备的运费	
借：其他费用——无偿调拨资产运费 2 600 　贷：银行存款　　　　　2 600	借：其他支出　　　　　　2 600 　贷：资金结存——货币资金——银行存款 2 600

3. 以银行存款对外捐赠

报经批准后以银行存款对外捐赠，在财务会计部分，按照实际捐出的金额，借记"其他费用"科目,贷记"银行存款"科目。属于纳入部门预算管理的现金收支业务,同时在预算会计部分,按照实际捐赠的金额,借记"其他支出"等科目,贷记"资金结存——货币资金——银行存款"科目。

(三) 收付受托代理、代管银行存款

收到受托代理、代管的银行存款,在财务会计部分,按照实际收到的金额,借记"银行存款——受托代理资产"科目,贷记"受托代理负债"科目;支付受托代理、代管的现金,按照实际支付的金额,借记"受托代理负债"科目,贷记"银行存款——受托代理资产"科目。代收、代管的银行存款,不属于纳入部门预算管理的现金收支业务,不需进行预算会计核算。

例 14 【收付受托代理、代管银行存款】学校根据主管部门发布的服务性收费和代收费管理规定,代收学生校服费。本年 9 月 15 日,收到学生以银行存款方式缴纳的代收学生校服费 105 000 元。9 月 20 日,将代收校服费转发给供应商。学校编制如下会计分录:

财务会计(1002 银行存款)		预算会计
■ 收付受托代理、代管银行存款		
(1) 本年 9 月 15 日,收到代理、代管银行存款		
借:银行存款——受托代理资产　105 000 　贷:受托代理负债　　　　　　　105 000		—
(2) 本年 9 月 20 日,支付代理、代管银行存款		
借:受托代理负债　　　　　　　105 000 　贷:银行存款——受托代理资产　105 000		—

(四) 外币银行存款业务

学校发生外币业务的,应当按照业务发生当日的即期汇率,将外币金额折算为人民币金额记账,并登记外币金额和汇率。期末,各种外币账户的期末余额,应当按照期末的即期汇率折算为人民币,作为外币账户期末人民币余额。调整后的各种外币账户人民币余额与原账面余额的差额,作为汇兑损益计入当期费用。

1. 销售物品、提供服务收取的外币款项

销售物品、提供服务以外币收取相关款项等,在财务会计部分,按照收入确认当日的即期汇率将收取的外币或应收取的外币折算为人民币金额,借记"银行存款""应收账款"等科目的外币账户,贷记"事业收入"等科目。属于纳入部门预算管理的现金收支业务,同时在预算会计部分,借记"资金结存——货币资金——银行存款"科目的外币明细科目,贷记"事业预算收入"等科目。

例 15 【外币银行存款业务】学校经主管部门推荐,参加国际教学项目,本年 12 月 16 日,收到国际教育组织资助 20 000 美元,当日汇率为 1 美元兑 6.5 元人民币。本年 12 月 31 日,汇率为 1 美元兑 6.4 元人民币。学校编制如下会计分录:

财务会计(1002 银行存款)	预算会计

■ 外币银行存款业务

(1) 本年 12 月 16 日,收到外币银行存款,当日汇率 1 美元兑 6.5 元人民币

财务会计	预算会计
借:银行存款——美元　　130 000 　　贷:事业收入　　　　　　130 000	借:资金结存——货币资金——银行存款——美元 　　　　　　　　　　　　　　130 000 　　贷:事业预算收入　　　　　　130 000

(2) 本年 12 月 31 日,调整外币银行存款汇兑损益,期末汇率为 1 美元兑 6.4 元人民币

财务会计	预算会计
借:业务活动费用——商品和服务费——其他 商品和服务费——其他　　　2 000 　　贷:银行存款——美元　　　　2 000	借:事业支出——商品和服务支出——其他商品和 服务支出——其他　　　　　2 000 　　贷:资金结存——货币资金——银行存款—— 美元　　　　　　　　　　2 000

2. 购买物资、设备等支付外币款项

以外币购买物资、设备,在财务会计部分,按照购入当日的即期汇率将支付的外币或应支付的外币折算为人民币金额,借记"库存物品"等科目,贷记"银行存款""应付账款"等科目的外币明细科目。涉及增值税业务的,相关账务处理参见"应交增值税"科目。属于纳入部门预算管理的现金收支业务,同时在预算会计部分,借"事业支出"等科目,贷记"资金结存——货币资金——银行存款"科目的外币明细科目。

例 16 【支付外币银行存款业务】某音乐学院附属中学购置专用文艺设备:本年 11 月 15 日,学校用银行存款支付专用文艺设备订金 20 000 美元,当日汇率 1 美元兑 6.5 元人民币。12 月 31 日,汇率为 1 美元兑 6.6 元人民币。学校除本项业务外,无其他外币交易。学校编制如下会计分录:

财务会计(1002 银行存款)	预算会计

■ 外币银行存款业务

(1) 本年 11 月 15 日,支付购置资产的外币订金,当日汇率为 1 美元兑 6.5 元人民币

财务会计	预算会计
借:预付账款——美元　　130 000 　　贷:银行存款——美元　　130 000	借:事业支出——资本性支出——专用设备购 置——文艺设备——美元　　130 000 　　贷:资金结存——货币资金——银行存款—— 美元　　　　　　　　　　130 000

(2) 本年 12 月 31 日,调整外币账户汇兑损益,期末汇率为 1 美元兑 6.6 元人民币

财务会计	预算会计
借:预付账款——美元　　　2 000 　　贷:业务活动费用——资本性支出——专 用设备购置——文艺设备——汇兑损益 　　　　　　　　　　　　2 000	借:事业支出——资本性支出——专用设备购 置——文艺设备——汇兑损益　2 000 　　贷:资金结存——货币资金——银行存款—— 美元　　　　　　　　　　2 000

例 17 【支付外币银行存款业务】本年 7 月 17 日,某职业技术学校用美元银行存款支付参加国际职业技能大赛的报名费 1 000 美元,当日汇率 1 美元兑 6.3 元人民币。学校编制如下会计分录:

财务会计（1002 银行存款）	预算会计
■ 外币银行存款业务	
本年7月17日,用外币银行存款,当日汇率为1美元兑6.3元人民币	

借:业务活动费用——商品和服务费——其他商品和服务费——学生活动费 6 300
  贷:银行存款——美元 6 300
	借:事业支出——商品和服务支出——其他商品和服务支出——学生活动费 6 300
	  贷:资金结存——货币资金——银行存款——美元 6 300

3. 期末,调整汇兑损益

期末,调整外币银行存款的汇兑损益,在财务会计部分,根据各外币银行存款账户按照期末汇率调整后的人民币余额与原账面人民币余额的差额,作为汇兑损益,借记或贷记"银行存款"科目,贷记或借记"业务活动费用""单位管理费用"等科目。决算报表的记账本位币为人民币,因而在预算会计部分,调整外币银行存款的汇兑损益的影响,根据各外币银行存款账户按照期末汇率调整后的人民币余额与原账面人民币余额的差额,作为汇兑收支,借记或贷记"资金结存——货币资金——银行存款"科目的外币明细科目,按照外币的用途分别贷记或借记"事业支出""经营支出""其他支出"等科目。

"应收账款""应付账款"等科目有关外币账户期末汇率调整损益业务的账务处理,可以参照"银行存款"科目的财务会计部分的账务处理。

(五)结息日取得银行存款利息

结息日收到银行存款的利息,在财务会计部分,按照实际收到利息的金额,借记"银行存款"科目,贷记"利息收入"科目。属于部门预算管理的现金收支业务,还应在预算会计部分进行核算,按照实际收到利息的金额,借记"资金结存——货币资金——银行存款"科目,贷记"其他预算收入"科目。

例 18 【存入银行存款和取得利息】本年10月20日,银行存款结息,收到存款利息18 000元。学校编制如下会计分录:

财务会计（1002 银行存款）	预算会计
本年10月20日,银行存款结息	

借:银行存款 18 000
  贷:利息收入 18 000
	借:资金结存——货币资金——银行存款 18 000
	  贷:其他预算收入——利息收入 18 000

【解析 13】 1011 零余额账户用款额度

一、业务描述

根据财政部的规定,除依照法律法规和国务院、财政部的规定纳入财政专户管理的资金外,预算安排的资金应全部实行国库集中支付制度,政府的财政性资金都纳入国库单一账户体系管理,收入直接缴入国库或财政专户,支出通过国库单一账户体系支付到商品和劳务供应者或用款单位。

零余额账户是按照财政部门要求在代理银行开设,用于财政授权支付,并与国库单一账户清算,做到日终零余额管理。实行财政授权支付的财政资金,通过财政零余额账户办理。零余额账户用款额度,是预算年度取得的可用于授权支付方式使用的来自财政拨款的资金。学校对零余额账户的主要核算,包括收到额度、支付额度和年末对额度的调整、退货退款对额度的影响。

为适应预算单位支付结算管理需要,我国的公务卡制度体系也逐步完善。我国大力推广公务卡制度改革,根据实际情况为有用卡需要的公职人员办理公务卡、单位公务卡,在预算单位的公务支出中逐步以公务卡支付替代现金支付。条件成熟的地区实施公务卡强制结算目录制度,对目录规定的项目严格使用公务卡或转账结算,切实减少现金提取和使用。目前,公务卡制度已成为规范公务消费支出、打造"阳光财政"的一项基础性财政财务管理制度。

二、科目设置

"零余额账户用款额度"科目是财务会计使用的科目,核算实行国库集中支付的学校根据财政部门批复的用款计划收到和支用的零余额账户用款额度。"零余额账户用款额度"科目期末借方余额,反映学校尚未支用的零余额账户用款额度。年末注销学校零余额账户用款额度后,"零余额账户用款额度"科目应无余额。

学校对于纳入部门预算管理的现金收支业务,在财务会计核算的同时应当进行预算会计核算。

三、典型业务

(一)收到零余额账户用款额度

学校收到"财政授权支付到账通知书"时,在财务会计部分,根据通知书所列金额,借记"零余额账户用款额度"科目,贷记"财政拨款收入"科目。在预算会计部分,根据通知书所列金额,借记"资金结存——零余额账户用款额度"科目,贷记"财政拨款预算收入"科目。

例19 【收到零余额账户用款额度】本年1月5日,学校收到代理银行的授权支付到账通知书显示,收到额度为1 450 000元。学校编制如下会计分录:

财务会计(1011 零余额账户用款额度)	预算会计
本年1月5日,确认零余额账户用款额度	
借:零余额账户用款额度　　　　1 450 000 　　贷:财政拨款收入　　　　　　　1 450 000	借:资金结存——零余额账户用款额度 　　　　　　　　　　　　　　　1 450 000 　　贷:财政拨款预算收入　　　　　1 450 000

(二)使用零余额账户用款额度

1. 支付日常活动费用

支付日常活动费用时,按照支付的金额,在财务会计部分,借记"业务活动费用""单位管理费用"等科目,贷记"零余额账户用款额度"科目。在预算会计部分,根据支付的金额,借记"事业支出""其他支出"等科目,贷记"资金结存——零余额账户用款额度"科目。

例20 【通过零余额账户支付日常活动费用】本年1月5日,学校通过零余额账户支付订阅本年度报刊费1 100元;1月8日,向印刷厂支付教学资料印刷费6 512元。学校编制如下会计分录:

财务会计（1011 零余额账户用款额度）	预算会计
（1）本年1月5日，通过零余额账户支付本年度报刊费	

借：待摊费用   1 100
   贷：零余额账户用款额度   1 100
	借：事业支出——商品和服务支出——办公费
	                               1 100
	   贷：资金结存——零余额账户用款额度 1 100

（2）本年1月8日，通过零余额账户支付教学资料印刷费	

借：业务活动费用——商品和服务支出——印
     刷费   6 512
   贷：零余额账户用款额度   6 512
	借：事业支出——商品和服务支出——印刷费
	                               6 512
	   贷：资金结存——零余额账户用款额度 6 512

例21 【通过零余额账户支付开展业务活动的各类款项】本年6月，学校通过国库集中授权支付方式支付完成以下业务：6月5日，购置一批活页夹、订书钉等办公用品共3 500元，购入的文具当日验收合格后入库；6月20日，向某科技公司支付软件开发服务费用9 600元；6月26日，支付本月电费16 000元。学校编制如下会计分录：

财务会计（1011 零余额账户用款额度）	预算会计
（1）本年6月5日，通过零余额账户购置文具	

借：库存物品   3 500
   贷：零余额账户用款额度   3 500
	借：事业支出——商品和服务支出——办公费
	                               3 500
	   贷：资金结存——零余额账户用款额度 3 500

（2）本年6月20日，通过零余额账户支付技术服务费用	

借：业务活动费用——商品和服务费——委托
     业务费   9 600
   贷：零余额账户用款额度   9 600
	借：事业支出——商品和服务支出——委托业务费
	                               9 600
	   贷：资金结存——零余额账户用款额度 9 600

（3）本年6月26日，通过零余额账户支付水电费	

借：业务活动费用——商品和服务费——水费
               16 000
   贷：零余额账户用款额度 16 000
	借：事业支出——商品和服务支出——水费
	                           16 000
	   贷：资金结存——零余额账户用款额度 16 000

2. 购买库存物品或购建固定资产等

购买库存物品或购建固定资产，按照实际发生的成本，借记"库存物品""固定资产""在建工程"等科目，按照实际支付或应付的金额，贷记"零余额账户用款额度""应付账款"等科目。涉及增值税业务的，相关账务处理参见"应交增值税"科目。

通过零余额账户实际支付时，在预算会计部分，按照实际支付的金额，借记"事业支出""其他支出"等科目，贷记"资金结存——零余额账户用款额度"科目。

例22 【通过零余额账户支付商品和服务款】本年1月11日，学校通过零余额账户支付购买美术教学用品款8 100元；物品当日收到，并验收合格后入库。1月12日，根据合同按20%的比例通过零余额账户向施工企业支付创新实验室改造款260 000元。学校编制如下会计分录：

财务会计（1011 零余额账户用款额度）	预算会计
（1）本年1月11日，通过零余额账户支付商品款	
借：库存物品　　　　　　　　　8 100 　　贷：零余额账户用款额度　　　　8 100	借：事业支出——商品和服务支出——专用材料 　　费——其他材料费　　　　　8 100 　　贷：资金结存——零余额账户用款额度　8 100
（2）本年1月12日，通过零余额账户支付创新实验室改造款	
借：预付账款　　　　　　　　260 000 　　贷：零余额账户用款额度　　260 000	借：事业支出——资本性支出——房屋建筑物购建 　　　　　　　　　　　　　　　260 000 　　贷：资金结存——零余额账户用款额度　260 000

3. 从零余额账户提取和退回现金

根据规定从学校零余额账户提取现金，按照实际提取的金额，借记"库存现金"科目，贷记"零余额账户用款额度"科目。在预算会计部分，按照实际提取的金额，借记"资金结存——货币资金——库存现金"科目，贷记"资金结存——零余额账户用款额度"科目。

实行国库集中支付，零余额账户用于业务结算或提取现金。因发生现金退回零余额账户的事项，经财政部门（国库支付中心）或代理银行审核，将现金退回学校零余额账户，按照实际退回的金额，借记"零余额账户用款额度"科目，贷记"库存现金"科目。在预算会计部分，按照实际存入金额，借记"资金结存——零余额账户用款额度"科目，贷记"资金结存——货币资金——库存现金"科目。

（三）因购货退回、业务退款等发生零余额账户用款额度退回

学校采用财政直接支付方式，可能因收款单位的账户名称错误、账号错误、开户行错误、账号户名不符、账户状态不正常、连接异常等原因而发生资金全额退回财政零余额账户，或者因预付款结算、商品折让等原因而发生资金部分退回财政零余额账户的款项，或者因发生购货退回退款而退回零余额用款额度。学校因发生上述事项而退回零余额用款额度的，需按照有关审批程序经财政部门（国库集中支付中心）或代理银行审核后进行账务处理。

1. 因本年购货退回、业务退款等发生本年财政授权支付额度退回

因本年购货退回等发生本年财政授权支付额度退回的，在财务会计部分，按照退回的金额，借记"零余额账户用款额度"科目，贷记"库存物品"等科目。在预算会计部分，按照退回的金额，借记"资金结存——零余额账户用款额度"科目，贷记"事业支出""其他支出"等科目。

例23 【因购货退回、业务退款等发生本年财政授权支付额度退回】本年4月末，学校购进一批书画教学材料，经验收合格后入库，款项已经支付。5月初，在使用过程中发现产品质量问题。联系供应商协商后，供应商同意退货或退款。5月10日，学校将有质量问题的教学材料退货给供应商，并联系退款事宜；被退货教学材料的金额为6 700元，退货前有一半被教研室领用。报经批准后，5月20日收到代理银行的授权支付到账通知书显示，收到退款恢复的额度为6 700元。学校编制如下会计分录：

财务会计（1011 零余额账户用款额度）	预算会计
（1）本年 5 月 10 日，将有质量问题的教学材料退回给供应商	

借：应收账款   6 700
 贷：库存物品   3 350
  业务活动费用——商品和服务费——
  专用材料费——其他材料费 3 350
	—

（2）本年 5 月 20 日，收到退货退款恢复的零余额账户用款额度	
借：零余额账户用款额度 6 700 贷：应收账款 6 700	借：资金结存——零余额账户用款额度 6 700 贷：事业支出——商品和服务支出——专用材 料费——其他材料费 6 700

注：在财务会计核算时，因教学用品被领用，贷方应冲销"业务活动费用"，对教学用品未被领用的，贷方应冲销"库存物品"

2. 因以前年度购货退回、业务退款等发生本年财政授权支付额度退回

因以前年度购货退回退款等发生本年财政授权支付额度退回的，在财务会计部分，按照退回的金额，借记"零余额账户用款额度"科目，贷记"库存物品""以前年度盈余调整"等科目。在预算会计部分，按照退回的金额，借记"资金结存——零余额账户用款额度"科目，贷记"财政拨款结转""财政拨款结余"等科目。

例 24 【因以前年度购货退回、业务退款等发生本年财政授权支付额度退回】上年 12 月 5 日，学校通过财政拨款项目经费预付本年 1 月举办活动的场地租金 4 500 元；该预算安排项目的支出年终尚未执行完毕，下年度继续执行。本年 1 月 4 日，场地管理方联系学校因场地音响设备故障，无法保障学校活动开展。经协商，场地管理方将场地租金退回给学校。报经批准后，1 月 10 日收到代理银行的授权支付到账通知书显示，收到退款恢复的额度为 4 500 元。学校编制如下会计分录：

财务会计（1011 零余额账户用款额度）	预算会计
本年 1 月 10 日，收到以前年度退货退款恢复的零余额账户用款额度	
借：零余额账户用款额度 4 500 贷：预付账款 4 500	借：资金结存——零余额账户用款额度 4 500 贷：财政拨款结转——年初余额调整 4 500

（四）年末和年初零余额账户用款额度调整

1. 年末，注销零余额账户用款额度

年末，根据代理银行提供的对账单作注销额度的相关账务处理，在财务会计部分，借记"财政应返还额度——财政授权支付"科目，贷记"零余额账户用款额度"科目。在预算会计部分，借记"资金结存——财政应返还额度——财政授权支付"科目，贷记"资金结存——零余额账户用款额度"科目。

2. 年末，确认未下达的零余额账户用款额度

年末，学校本年度财政授权支付预算指标数大于零余额账户用款额度下达数的，在财务会计部分，根据未下达的用款额度，借记"财政应返还额度——财政授权支付"科目，贷记"财政拨款收入"科目。在预算会计部分，根据未下达的用款额度，借记"资金结存——财政应返还额度——财政授权支付"科目,贷记"财政拨款预算收入"科目。

例 25 【年末零余额账户用款额度调整】本年 12 月 25 日,学校根据代理银行提供的对账单,将未使用的零余额账户用款额度 570 000 元注销。学校编制如下会计分录:

财务会计(1011 零余额账户用款额度)	预算会计
本年 12 月 25 日,注销零余额账户用款额度	
借:财政应返还额度——财政授权支付 　　　　　　　　　　　　　　570 000 　　贷:零余额账户用款额度　　570 000	借:资金结存——财政应返还额度——财政授权支付 　　　　　　　　　　　　　　570 000 　　贷:资金结存——零余额账户用款额度 570 000

3. 年初,恢复上年度已注销的零余额账户用款额度

(1) 年初,学校根据代理银行提供的上年度注销额度恢复到账通知书作恢复额度的相关账务处理,在财务会计部分,根据恢复的额度,借记"零余额账户用款额度"科目,贷记"财政应返还额度——财政授权支付"科目。在预算会计部分,根据恢复的额度,借记"资金结存——零余额账户用款额度"科目,贷记"资金结存——财政应返还额度——财政授权支付"科目。

例 26 【年初恢复零余额账户用款额度】本年 1 月 5 日,学校根据代理银行提供的上年度注销额度恢复到账通知书显示的金额,恢复上年注销的额度 570 000 元。学校编制如下会计分录:

财务会计(1011 零余额账户用款额度)	预算会计
本年 1 月 5 日,恢复上年度注销的零余额账户用款额度	
借:零余额账户用款额度　　　　570 000 　　贷:财政应返还额度——财政授权支付 　　　　　　　　　　　　　　570 000	借:资金结存——零余额账户用款额度 570 000 　　贷:资金结存——财政应返还额度——财政授 　　　　权支付　　　　　　　　570 000

(2) 年初,学校收到财政部门批复的上年未下达零余额账户用款额度,在财务会计部分,借记"零余额账户用款额度"科目,贷记"财政应返还额度——财政授权支付"科目。在预算会计部分,借记"资金结存——零余额账户用款额度"科目,贷记"资金结存——财政应返还额度——财政授权支付"科目。

例 27 【年初恢复零余额账户用款额度】本年 1 月 8 日,学校根据代理银行提供的财政部门批复的到账通知书显示的金额,上年未下达零余额账户用款额度 213 000 元到账。学校编制如下会计分录:

财务会计(1011 零余额账户用款额度)	预算会计
本年 1 月 8 日,恢复零余额账户用款额度	
借:零余额账户用款额度　　　　213 000 　　贷:财政应返还额度——财政授权支付 　　　　　　　　　　　　　　213 000	借:资金结存——零余额账户用款额度 213 000 　　贷:资金结存——财政应返还额度——财政授 　　　　权支付　　　　　　　　213 000

【解析14】 1021 其他货币资金

一、业务描述

学校在办学过程中,除银行存款之外,因特定业务或结算方式需要,而设定特定用途的银行存款,或者暂存于在支付宝、微信收付款等第三方支付平台账户中的款项。例如,在异地开立账户进行采购,通过银行本票、汇票以及信用卡的方式结算。为了反映这些特定业务,设置"其他货币资金"科目,并根据结算方式和资金使用目的设置明细科目。其他货币资金的主要核算,包括取得不同形式的其他货币资金、使用其他货币资金、余款退回或补充资金。

二、科目设置

"其他货币资金"科目是财务会计使用的科目,核算学校的外埠存款、银行本票存款、银行汇票存款、信用卡存款等各种其他货币资金。"其他货币资金"科目应当设置"外埠存款""银行本票存款""银行汇票存款""信用卡存款"等明细科目,进行明细核算:

(1)"外埠存款"明细科目,核算学校按照有关规定在异地开立银行账户,将款项委托本地银行汇往异地开立账户,并进行采购等有关业务。

(2)"银行本票存款"明细科目,核算学校取得银行本票,并使用银行本票购买库存物品等资产的业务。

(3)"银行汇票存款"明细科目,核算学校将款项交存银行,取得银行汇票,并使用银行汇票购买库存物品等资产的业务。

(4)"信用卡存款"明细科目,核算学校将款项交存银行,取得信用卡,并用信用卡购物或支付有关费用的业务。

(5)"第三方支付平台款"明细科目,核算学校在支付宝、微信收付款等第三方支付平台账户中的款项。

学校应当加强对其他货币资金的管理,及时办理结算,对于逾期尚未办理结算的银行汇票、银行本票等,应当按照规定及时转回,并按照规定进行相应账务处理。学校对于纳入部门预算管理的现金收支业务,在财务会计核算的同时应当进行预算会计核算。

三、典型业务

(一)设立和使用外埠存款

1. 设立外埠存款

学校按照有关规定需要在异地开立银行账户,将款项委托本地银行汇往异地开立账户时,在财务会计部分,按照汇至异地开立账户的金额,借记"其他货币资金——外埠存款"科目,贷记"银行存款"科目。在预算会计部分,按照汇至异地开立账户的金额,借记"资金结存——货币资金——其他货币资金"科目,贷记"资金结存——货币资金——银行存款"科目。

2. 使用外埠存款

收到采购员交来供应学校发票账单等报销凭证时,在财务会计部分,按照支付金额,借记"库存物品"等科目,贷记"其他货币资金——外埠存款"科目。在预算会计部分,按照支付的金额,借记"事业支出"等科目,贷记"资金结存——货币资金——其他货币资金"科目。

3. 多余外埠存款转回银行

将多余的外埠存款转回本地银行时,根据银行的收款到账通知,在财务会计部分,按照转回的金额,借记"银行存款"科目,贷记"其他货币资金——外埠存款"科目。在预算会计部分,按照转回的金额,借记"资金结存——货币资金——银行存款"科目,贷记"资金结存——货币资金——其他货币资金"科目。

(二) 取得和使用银行本票存款、银行汇票存款

1. 取得银行本票存款、银行汇票存款

将款项交存银行取得银行本票、银行汇票,在财务会计部分,按照取得的银行本票、银行汇票金额,借记"其他货币资金——银行本票存款"科目或者"其他货币资金——银行汇票存款"科目,贷记"银行存款"科目。在预算会计部分,按照取得的银行本票、银行汇票金额,借记"资金结存——货币资金——其他货币资金"科目,贷记"资金结存——货币资金——银行存款"科目。

2. 使用银行本票存款、银行汇票存款

使用银行本票、银行汇票购买库存物品等资产时,在财务会计部分,按照实际支付的金额,借记"库存物品"等科目,贷记"其他货币资金——银行本票存款"科目或者"其他货币资金——银行汇票存款"科目。在预算会计部分,借记"事业支出"等科目,贷记"资金结存——货币资金——其他货币资金——银行本票存款"科目或者"资金结存——货币资金——其他货币资金——银行汇票存款"科目。

3. 银行本票存款、银行汇票存款的余款转回

如有余款或因本票、汇票超过付款期等原因而退回款项,在财务会计部分,按照退款金额,借记"银行存款"科目,贷记"其他货币资金——银行本票存款"科目或者"其他货币资金——银行汇票存款"科目。在预算会计部分,按照退款金额,借记"资金结存——货币资金——银行存款"科目,贷记"资金结存——货币资金——其他货币资金——银行本票存款"科目或者"资金结存——货币资金——其他货币资金——银行汇票存款"科目。

例28 【取得和使用银行本票存款、银行汇票存款】本年4月3日,学校将20 000元交存银行取得银行本票。后续按以下情况处理:①4月10日,用银行本票支付购买专项体育耗材支付20 000元。②本票超过付款期限,取得银行本票的款项转回。学校编制如下会计分录:

财务会计(1021 其他货币资金)	预算会计
(1) 本年4月3日,将款项交存银行取得银行本票	
借:其他货币资金——银行本票存款 　　　　　　　　　　　　20 000 　贷:银行存款　　　　　20 000	借:资金结存——货币资金——其他货币资金—— 　　银行本票存款　　　　　20 000 　贷:资金结存——货币资金——银行存款 　　　　　　　　　　　　20 000
(2) 后续处理	
① 本年4月10日,用银行本票进行结算	

财务会计（1021 其他货币资金）	预算会计

借：库存物品   20 000
 贷：其他货币资金——银行本票存款
      20 000
	借：事业支出——商品和服务支出——专用材料
	 费——体育耗材费 20 000
	 贷：资金结存——货币资金——其他货币资
	  金——银行本票存款 20 000

② 本票超过付款期限，退回款项	

借：银行存款   20 000
 贷：其他货币资金——银行本票存款
      20 000
	借：资金结存——货币资金——银行存款
	      20 000
	 贷：资金结存——货币资金——其他货币资
	  金——银行本票存款 20 000

（三）取得和使用信用卡存款

1. 取得信用卡存款

将款项交存银行取得信用卡，在财务会计部分，按照交存金额，借记"其他货币资金——信用卡存款"科目，贷记"银行存款"科目。在预算会计部分，按照交存金额，借记"资金结存——货币资金——其他货币资金"科目，贷记"资金结存——货币资金——银行存款"科目。

2. 使用信用卡支付

用信用卡购物或支付有关费用，在财务会计部分，按照实际支付的金额，借记"业务活动费用""库存物品"等科目，贷记"其他货币资金——信用卡存款"科目。在预算会计部分，按照实际支付的金额，借记"事业支出"等科目，贷记"资金结存——货币资金——其他货币资金"科目。

3. 向信用卡账户续存资金

学校信用卡在使用过程中，需向其账户续存资金的，在财务会计部分，按照续存金额，借记"其他货币资金——信用卡存款"科目，贷记"银行存款"科目。在预算会计部分，按照续存金额，借记"资金结存——货币资金——其他货币资金"科目，贷记"资金结存——货币资金——银行存款"科目。

例 29 【取得和使用信用卡存款】本年 5 月 5 日，学校将 100 000 元交存银行取得单位信用卡；5 月 18 日，经办人报销用单位信用卡支付购买美术教学材料款 178 000 元，材料当日验收入库。5 月 25 日，学校财务部门统一归还公务卡欠款，支付银行存款 78 000元。学校编制如下会计分录：

财务会计（1021 其他货币资金）	预算会计
（1）本年 5 月 5 日，将款项交存银行取得信用卡	

借：其他货币资金——信用卡存款 100 000
 贷：银行存款   100 000
	借：资金结存——货币资金——其他货币资金
	      100 000
	 贷：资金结存——货币资金——银行存款
	      100 000

（2）本年 5 月 18 日，报销单位公务卡购入教学材料款	

财务会计（1021 其他货币资金）	预算会计
借：库存物品　　　　　　　178 000 　　贷：其他货币资金——信用卡存款 100 000 　　　　其他应付款——单位公务卡　78 000	借：借：事业支出——商品和服务支出——专用材料费——其他材料费　　　　　100 000 　　贷：资金结存——货币资金——其他货币资金 　　　　　　　　　　　　　　　　　　100 000
（3）本年 5 月 25 日，统一归还公务卡欠款	
借：其他应付款——单位公务卡　78 000 　　贷：银行存款　　　　　　　　78 000	借：事业支出——商品和服务支出——专用材料费——其他材料费　　　　　　78 000 　　贷：资金结存——货币资金——银行存款 　　　　　　　　　　　　　　　　　　78 000

（四）转入第三方支付平台款和进行结算

1. 转入第三方支付平台款

通过电商平台购物等，将款项支付到微信、支付宝等第三方平台，在财务会计部分，按照支付的金额，借记"其他货币资金——第三方支付平台款"科目，贷记"银行存款"科目。在预算会计部分，按照交存金额，借记"资金结存——货币资金——其他货币资金"科目，贷记"资金结存——货币资金——银行存款"科目。

2. 通过第三方支付平台款进行结算

用信用卡购物或支付有关费用，在财务会计部分，按照实际支付的金额，借记"业务活动费用""库存物品"等科目，贷记"其他货币资金——第三方支付平台款"科目。在预算会计部分，按照实际支付的金额，借记"事业支出"等科目，贷记"资金结存——货币资金——其他货币资金"科目。

例 30　【转入第三方支付平台款和进行结算】本年 12 月 18 日，学校课程组通过电商平台购买教学材料，申请将 7 230 元转入第三方购物平台。12 月 26 日，课程组收到物品和票据后，到财务部门进行财务结算。学校编制如下会计分录：

财务会计（1021 其他货币资金）	预算会计
（1）本年 12 月 18 日，将款项转入第三方平台	
借：其他货币资金——第三方支付平台款 　　　　　　　　　　　　　　　　7 230 　　贷：银行存款　　　　　　　　7 230	借：资金结存——货币资金——其他货币资金 　　　　　　　　　　　　　　　　7 230 　　贷：资金结存——货币资金——银行存款 7 230
（2）本年 12 月 26 日，进行第三平台的款项结算	
借：库存物品　　　　　　　　7 230 　　贷：其他货币资金——第三方支付平台款 　　　　　　　　　　　　　　　　7 230	借：事业支出——商品和服务支出——专用材料费——其他材料费　　　　　　7 230 　　贷：资金结存——货币资金——其他货币资金 　　　　　　　　　　　　　　　　7 230

【解析 15】 1101 短期投资△

一、业务描述

义务教育阶段学校不得对外投资。非义务教育阶段学校的对外投资,是指学校依法利用货币资金、实物、无形资产等方式向其他单位的投资。非义务教育阶段学校应当严格控制对外投资,在保证学校正常运转和事业发展的前提下,按照国家有关规定可以对外投资的,应当履行相关审批程序;不得使用财政拨款及其结余进行对外投资,不得从事股票、期货、基金、企业债券等投资,国家另有规定的除外;学校以实物、无形资产等非货币性资产对外投资的,应当按照国家有关规定进行资产评估,合理确定资产价值。

非义务教育阶段学校的对外投资,按投资期限分为短期投资和长期投资,按投资形式分为债权投资和权益投资。短期投资的持有时间为 1 年及以下,主要核算包括取得短期投资、持有期间收到利息、处置短期投资。

二、科目设置

"短期投资"科目是财务会计使用的科目,核算非义务教育阶段学校按照规定取得的,持有时间不超过 1 年(含 1 年)的投资。"短期投资"科目应当按照投资的种类等进行明细核算。"短期投资"科目期末借方余额,反映学校持有短期投资的成本。

三、典型业务

(一)取得短期投资

短期投资在取得时,应当按照实际成本(包括购买价款和相关税费,下同)作为初始投资成本。实际支付价款中包含的已到付息期但尚未领取的利息,应于收到时冲减短期投资成本。

1. 通过货币资金取得短期投资

1)通过货币资金取得的短期投资

通过货币资金取得的短期投资,在财务会计部分,按照确定的投资成本,借记"短期投资"科目,如实际支付价款中包含的已到付息期但尚未领取的利息,按应收利息的金额,借记"应收利息"科目,按照取得投资支付的金额,贷记"银行存款"等科目。

通过货币资金取得的短期投资,在预算会计部分,按照取得投资支付的金额(如有已到付息期但尚未领取的利息,包含该金额),借记"投资支出"科目,贷记"资金结存——货币资金——银行存款"等科目。

2)收到支付价款中包含的已到付息期但尚未领取的利息

收到取得投资时实际支付价款中包含的已到付息期但尚未领取的利息,在财务会计部分,按照实际收到的金额,借记"银行存款"科目,贷记"应收利息"科目。在预算会计部分,按照实际收到的金额,借记"资金结存——货币资金——银行存款"科目,贷记"投资支出"科目。

例 31 【取得短期债券投资】本年 1 月 1 日,非义务教育阶段学校利用经营结余资金购买 1 年期面值为 500 000 元的政府债券,利率 2.38%,到期一次还本付息。12 月 31 日,学校持有短期政府债券到期收回。学校编制如下会计分录:

财务会计(1101 短期投资)	预算会计
(1) 本年 1 月 1 日,取得短期政府债券投资	

借:短期投资   500 000
  贷:银行存款   500 000
	借:投资支出 500 000
	  贷:资金结存——货币资金——银行存款
	    500 000

(2) 本年 12 月 31 日,短期政府债券投资到期收回	

借:银行存款   511 900
  贷:短期投资   500 000
    投资收益   11 900
	借:资金结存——货币资金——银行存款
	    511 900
	  贷:投资支出[本年购买本年到期(出售)短期投
	    资的投资成本] 500 000
	    投资预算收益 11 900

2. 其他方式取得短期投资

通过货币资金购入以外的其他方式,如资产置换、接受捐赠取得等,取得短期投资,根据相关具体要求进行核算。

(二) 收到短期投资持有期间的利息

收到短期投资持有期间的利息,在财务会计部分,按照实际收到的金额,借记"银行存款"科目,贷记"投资收益"科目。在预算会计部分,按照实际收到的金额,借记"资金结存——货币资金——银行存款"科目,贷记"投资预算收益"科目。

(三) 出售短期投资或到期收回短期投资本息

按规定出售或到期收回短期投资,应当将收到的价款扣除短期投资账面余额和相关税费后的差额计入投资损益。

出售短期投资或到期收回短期投资本息,在财务会计部分,按照实际收到的金额,借记"银行存款"科目,按照出售或收回短期投资的账面余额,贷记"短期投资"科目,按照其差额,借记或贷记"投资收益"科目。涉及增值税业务的,相关账务处理参见"应交增值税"科目。

在预算会计部分,按照实际收到的金额,借记"资金结存——货币资金——银行存款",按照通过货币资金取得该投资的支出,贷记"投资支出"[本年度出售本年度购入的短期投资]科目或者"其他结余"[本年度出售上年度购入的短期投资]科目,借方或贷方差额记入"投资预算收益"科目。

例 32 【取得短期债券投资】本年 3 月,非义务教育阶段学校利用经营结余资金支购买 1 年期面值为 400 000 元的政府债券,利率 2.72%,到期一次还本付息。因业务需要,本年 10 月 25 日学校将政府债券出售,收回资金 403 808 元。学校编制如下会计分录:

财务会计(1101 短期投资)	预算会计
(1) 本年 3 月,取得短期政府债券投资	

借:短期投资   400 000
  贷:银行存款   400 000
	借:投资支出 400 000
	  贷:资金结存——货币资金——银行存款
	    400 000

财务会计（1101 短期投资）	预算会计

（2）本年10月25日，提前将短期政府债券出售

借：银行存款　　　　　　403 808 　　贷：短期投资　　　　　400 000 　　　　投资收益　　　　　　3 808	借：资金结存——货币资金——银行存款 　　　　　　　　　　　　　　　　403 808 　　贷：投资支出［本年购买本年到期（出售）短期 　　　　投资的投资成本］　　　　　400 000 　　　　投资预算收益　　　　　　　　3 808

【解析16】　1201 财政应返还额度

一、业务描述

预算安排的资金实行国库集中支付制度。预算单位的预算指标按年度审批，为了加强预算管理，主管部门和预算单位需要对不同年度的预算资金进行管理。财政资金设定本年度预算指标，包括财政直接支付和财政授权支付两种方式。本年度财政授权支付的财政资金在"零余额账户用款额度"科目中核算。年末，如果预算指标未完成或未足额下达，结转至下一个预算年度，应于下一个年度的预算指标加以区分。因而设定"财政应返还额度"，用以核算本年度使用的属于以前年度预算指标的预算资金。学校对财政应返还额度的主要核算，包括收到额度、支付额度和年末对额度的调整、退货退款对额度的影响。

二、科目设置

"财政应返还额度"科目是财务会计使用的科目，核算实行国库集中支付的学校应收财政返还的资金额度，包括可以使用的以前年度财政直接支付资金额度和财政应返还的财政授权支付资金额度。"财政应返还额度"科目应当设置"财政直接支付""财政授权支付"两个明细科目进行明细核算。"财政应返还额度"科目期末借方余额，反映学校应收财政返还的资金额度。

学校对于纳入部门预算管理的现金收支业务，在财务会计核算的同时应当进行预算会计核算。

三、典型业务

（一）年末和年初财政应返还额度的调整

年末和年初财政应返还额度的调整反映了不同年度预算指标的调整，也反映了预算指标数与实际发生数的调整。财政拨款有财政直接支付和财政授权支付两种支付方式，因而财政应返还额度按照支付方式进行明细核算。

1. 年末，因调整财政直接支付而取得财政应返还额度

年末，学校根据本年度财政直接支付预算指标数大于当年财政直接支付实际发生数的差额，在财务会计部分，根据差额，借记"财政应返还额度——财政直接支付"科目，贷记"财政拨款收入"科目。在预算会计部分，根据差额，借记"资金结存——财政应返还额度——财政直接支付"科目，贷记"财政拨款预算收入"科目。

2. 年末,注销零余额账户用款额度而取得财政应返还额度

年末,根据代理银行提供的对账单作注销额度的相关账务处理,在财务会计部分,按照注销的额度,借记"财政应返还额度——财政授权支付"科目,贷记"零余额账户用款额度"科目。在预算会计部分,按照注销的额度,借记"资金结存——财政应返还额度——财政授权支付"科目,贷记"资金结存——零余额账户用款额度"科目。

3. 年末,确认未下达的零余额账户用款额度而取得财政应返还额度

年末,学校本年度财政授权支付预算指标数大于零余额账户用款额度下达数的,在财务会计部分,根据未下达的用款额度,借记"财政应返还额度——财政授权支付"科目,贷记"财政拨款收入"科目。在预算会计部分,根据未下达的用款额度,借记"资金结存——财政应返还额度——财政授权支付"科目,贷记"财政拨款预算收入"科目。

例33 【年末确认财政应返还额度】学校本年度预算指标数大于额度下达数,本年12月31日经教育(财政)主管部门审批,未下达额度 200 000 元下年通过财政直接支付方式拨付。学校编制如下会计分录:

财务会计(1201 财政应返还额度)	预算会计
本年 12 月 31 日,确认下年用款额度	
借:财政应返还额度——财政直接支付 　　　　　　　　　　　　　　　200 000 　贷:财政拨款收入　　　　200 000	借:资金结存——财政应返还额度——财政直接支付 　　　　　　　　　　　　　　　200 000 　贷:财政拨款预算收入　　　200 000

4. 年初,恢复注销零余额账户用款额度

(1) 年初,学校根据代理银行提供的上年度注销额度恢复到账通知书作恢复额度的相关账务处理。在财务会计部分,根据恢复的额度,借记"零余额账户用款额度"科目,贷记"财政应返还额度——财政授权支付"科目。在预算会计部分,根据恢复的额度,借记"资金结存——零余额账户用款额度"科目,贷记"资金结存——财政应返还额度——财政授权支付"科目。

(2) 年初,学校收到财政部门批复的上年未下达零余额账户用款额度。在财务会计部分,按照下达的额度,借记"零余额账户用款额度"科目,贷记"财政应返还额度——财政授权支付"科目。在预算会计部分,按照下达的额度,借记"资金结存——零余额账户用款额度"科目,贷记"资金结存——财政应返还额度——财政授权支付"科目。

(二) 使用财政应返还额度

学校使用以前年度财政直接支付额度支付款项时,在财务会计部分,按照实际支付的金额,借记"业务活动费用""单位管理费用"等科目,贷记"财政应返还额度"科目。在预算会计部分,按照实际支付的金额,借记"事业支出""其他支出"等科目,贷记"资金结存——财政应返还额度"科目。

例34 【使用财政应返还额度支付款项】本年 1 月 12 日,学校使用以前年度财政直接支付额度支付带领学生开展户外活动的租车费 3 600 元。学校编制如下会计分录:

财务会计(1201 财政应返还额度)	预算会计
本年 1 月 12 日,使用以前年度用款额度支付业务活动费用	
借:业务活动费用——商品和服务费——租赁费 3 600 贷:财政应返还额度——财政直接支付 3 600	借:事业支出——商品和服务支出——租赁费 3 600 贷:资金结存——财政应返还额度——财政直接支付 3 600

(三)因购货退回、业务退款等退回财政应返还额度

财政应返还额度反映了学校本年使用的以前年度的预算指标,故因购货退回、业务退款而恢复的财政应返还额度,发生的业务是以前年度的业务。

因以前年度购货退回、业务退款等退回财政应返还额度的,在财务会计部分,按照退回的金额,借记"财政应返还额度"科目,贷记"库存物品""以前年度盈余调整"等科目。如有购货退回、业务退款等而恢复的额度,在预算会计部分,按照退回的金额,借记"资金结存——财政应返还额度"科目,借记"财政拨款结转""财政拨款结余"等科目。

例 35 【因以前年度购货退回、业务退款等退回财政应返还额度】本年 1 月 6 日,学校将通过同级财政拨款基本支出经费以财政直接支付方式购置的体育用品,退回给厂家;该项退货经报经批准后,1 月 15 日收到代理银行通知,学校的财政应返还额度已恢复。本次退回的体育用品是学校上年 12 月 10 日购置,价值 4 800 元;本年 1 月初,教师领用该批次体育用品时发现质量问题严重而进行全面检查,经学校联系厂家后退货。学校编制如下会计分录:

财务会计(1201 财政应返还额度)	预算会计
(1)本年 1 月 6 日,将上年度购入有质量问题的商品退回给供应商	
借:其他应收款 4 800 贷:库存物品 4 800	—
(2)本年 1 月 15 日,因以前年度购货退回等退回财政应返还额度	
借:财政应返还额度 4 800 贷:其他应收款 4 800	借:资金结存——财政应返还额度 4 800 贷:财政拨款结余 4 800

注:在财务会计核算时,如果体育用品没有被领用,则贷方应冲销"库存物品";如果体育用品被领用,则贷方应冲销"以前年度盈余调整"。

在预算会计核算时,如果学校使用的是同级财政拨款的基本支出经费,则贷方应冲销"财政拨款结余——年初余额调整";如果学校使用的是同级财政拨款的项目支出经费,则贷方应冲销"财政拨款结转——年初余额调整"

【解析 17】 1211 应收票据

一、业务描述

学校在办学活动中因开展经营活动销售产品、提供有偿服务等而收到商业汇票,是结算商业活动的一种结算方式。应收票据的主要核算,包括取得商业汇票、持未到期的商业汇票向银行贴现、将持有的商业汇票背书转让、商业汇票到期收回。

二、科目设置

"应收票据"科目是财务会计使用的科目,核算学校因开展经营活动销售产品、提供有偿服务等而收到的商业汇票,包括银行承兑汇票和商业承兑汇票。"应收票据"科目可以按照开出、承兑商业汇票的学校等进行明细核算。"应收票据"科目期末借方余额,反映学校持有的商业汇票票面金额。

学校应当设置"应收票据备查簿",逐笔登记每一应收票据的种类、号数、出票日期、到期日、票面金额、交易合同号和付款人、承兑人、背书人姓名或学校名称、背书转让日、贴现日期、贴现率和贴现净额、收款日期、收回金额和退票情况等。应收票据到期结清票款或退票后,应当在备查簿内逐笔注销。

三、典型业务

(一)因销售产品、提供有偿服务等收到商业汇票

因销售产品、提供有偿服务等收到商业汇票,在财务会计部分,按照商业汇票的票面金额,借记"应收票据"科目,贷记"经营收入"等科目。涉及增值税业务的,相关账务处理参见"应交增值税"科目。

例36 【因销售产品、提供有偿服务等收到商业汇票】某职业技术学校销售一批产品,不含税价格为 8 000 元,本年 3 月 12 日收到商业承兑汇票。学校被认定为增值税小规模纳税人,税率为 3%。3 月 20 日,学校收到款项。学校编制如下会计分录:

财务会计(1211 应收票据)	预算会计
(1) 本年 3 月 12 日,销售商品收到商业汇票	
借:应收票据　　　　　　　8 240 　贷:经营收入　　　　　　　8 000 　　应交增值税　　　　　　　240	—
(2) 本年 3 月 20 日,收到款项	
借:银行存款　　　　　　　8 240 　贷:应收票据　　　　　　　8 240	借:资金结存——货币资金——银行存款 8 240 　贷:经营预算收入　　　　　　　8 240

(二)持未到期的商业汇票向银行贴现

持未到期的商业汇票向银行贴现,在财务会计部分,按照实际收到的金额(即扣除贴现息后的净额),借记"银行存款"科目,按照贴现息金额,借记"经营费用"科目,按照商业汇票的票面金额,贷记"应收票据"(不附追索权)或"短期借款"(附追索权)科目。附追索权的商业汇票到期未发生追索事项的,按照商业汇票的票面金额,借记"短期借款"科目,贷记"应收票据"科目。

在预算会计部分,按照实际收到的金额(即扣除贴现息后的净额),借记"资金结存——货币资金——银行存款"科目,贷记"经营预算收入"科目。

例37 【持未到期的商业汇票向银行贴现】本年 3 月,某职业技术学校销售一批产品取得商业承兑汇票面值为 10 000 元,期限为 6 个月,票面利率为 3%。7 月,学校将未到期的商业票据到银行贴现,贴现期为 2 个月,贴现率为 3.5%。同时,贴现票据分以下情况:①贴现票据不附追索权。②贴现票据附追索权,但票据到期未发生追索事项。学校编制如下会计分录:

财务会计(1211 应收票据)	预算会计
(1) 本年7月,持未到期的商业汇票向银行贴现	
① 贴现票据不附追索权	
借:银行存款[贴现净额]　　　　10 091 　　经营费用[贴现利息]　　　　　　59 　　贷:应收票据[不附追索权]　　　10 150	借:资金结存——货币资金——银行存款 　　　　　　　　　　　　　　　　10 091 　　贷:经营预算收入[贴现净额]　　　　10 091
② 贴现票据附追索权	
借:银行存款[贴现净额]　　　　10 091 　　经营费用[贴现利息]　　　　　　59 　　贷:短期借款[附追索权]　　　　10 150	借:资金结存——货币资金——银行存款 　　　　　　　　　　　　　　　　10 091 　　贷:经营预算收入[贴现净额]　　　　10 091
(2) 本年9月,附追索权的商业汇票到期未发生追索事项	
借:短期借款　　　　　　　　10 150 　　贷:应收票据　　　　　　　10 150	
注:商业票据到期值=10 000×3‰×(6÷12)=10 150(元);贴现息=10 150×3.5‰×(2÷12)=59(元); 贴现净额=10 150-59=10 091(元)	

(三)将持有的商业汇票背书转让

将持有的商业汇票背书转让以取得所需物资时,在财务会计部分,按照取得物资的成本,借记"库存物品"等科目,按照商业汇票的票面金额,贷记"应收票据"科目,如有差额,借记或贷记"银行存款"等科目。涉及增值税业务的,相关账务处理参见"应交增值税"科目。

在预算会计部分,按照实际支付的差额,借记或贷记"资金结存——货币资金——银行存款"科目,贷记"经营预算收入"等科目或借记"经营支出"等科目。

例38【将持有的商业汇票背书转让】本年9月15日,某中等职业技术学校开展经营活动购置一批制作材料,与供应商协商,将未到期面额为8 000元不带息商业承兑票据背书转让给供应商,并再支付750元以取得材料。学校编制如下会计分录:

财务会计(1211 应收票据)	预算会计
本年9月15日,将持有的商业汇票背书转让以取得所需物资	
借:库存物品　　　　　　　　8 750 　　贷:应收票据　　　　　　　8 000 　　　　银行存款[支付的金额]　　750	借:经营支出　　　　　　　　　　　750 　　贷:资金结存——货币资金——银行存款　750

(四)商业汇票到期

1. 收回商业票据款项

收回票款时,在财务会计部分,按照实际收到的商业汇票金额,借记"银行存款"科目,按商业汇票票面金额,贷记"应收票据"科目,如存在贷差,表明带息票据有尚未入账的利息,还应贷记"经营费用"科目。在预算会计部分,按照实际收到的商业汇票金额,借记"资金结存——货币资金——银行存款"科目,贷记"经营预算收入"科目。

例39【收回商业票据款项】本年10月18日,某职业技术学校开展经营活动销售商品取得的带息商业承兑汇票到期。该票据面额为 12 000 元,已计提利息 160 元,到期收回 12 240 元。学校编制如下会计分录:

财务会计(1211 应收票据)	预算会计
本年 10 月 18 日,将持有的商业汇票到期收回款项	

借:银行存款   12 240
  贷:应收票据   12 160
    经营费用   80
	借:资金结存——货币资金——银行存款
	                                 12 240
	  贷:经营预算收入 12 240

2. 商业票据到期无法承兑

因付款人无力支付票款,收到银行退回的商业承兑汇票、委托收款凭证、未付票款通知书或拒付款证明等,在财务会计部分,按照商业汇票的票面金额,借记"应收账款"科目,贷记"应收票据"科目。

例 40　【商业票据到期无法承兑】本年 7 月 20 日,某职业技术学校开展经营活动销售商品取得的不带息商业承兑汇票到期,付款人无力支付票据款项。该票据面额为 14 000 元。学校编制如下会计分录:

财务会计(1211 应收票据)	预算会计
本年 7 月 20 日,商业汇票到期付款人无法承兑	
借:应收账款 14 000 贷:应收票据 14 000	——

【解析 18】　1212 应收账款

一、业务描述

学校因提供服务、销售产品、出租资产、出售物资等活动,取得应收款权,并应在 1 年及 1 年内收取,这类业务属于应收账款。按照预算管理的要求,应收账款收回后需要上缴财政的,在财务会计部分不确认收入,不涉及预算会计核算;应收账款收回后不需上缴财政的,在财务会计部分确认收入,并只有收到款项时涉及预算会计的核算。应收账款核算,要对款项收回后是否上缴财政的两种情况加以区分,并关注两种情况下会计核算的差异。从主要业务环节来看,包括取得应收账款、收回应收账款、年末进行全面检查等。

二、科目设置

"应收账款"科目是财务会计使用的科目,核算学校提供服务、销售产品等应收取的款项,以及学校因出租资产、出售物资等应收取的款项。"应收账款"科目应当按照债务单位(或债务人)进行明细核算。"应收账款"科目期末借方余额,反映学校尚未收回的应收账款。

三、典型业务

(一)应收账款收回后不需上缴财政

应收账款收回后不需上缴财政,在实际收到款项的时候,需要进行预算会计的核算。

年末,在财务会计部分,对收回后不需上缴财政的应收账款进行减值测试,对无法收回的,报经批准后,需要计提坏账准备。

1. 取得收回后不需上缴财政的应收账款

学校发生应收账款时,在财务会计部分,按照应收未收金额,借记"应收账款"科目,贷记"事业收入""经营收入""租金收入""其他收入"等科目。涉及增值税业务的,相关账务处理参见"应交增值税"科目。

2. 收回不需上缴财政的应收账款

收回应收账款时,在财务会计部分,按照实际收到的金额,借记"银行存款"等科目,贷记"应收账款"科目。在预算会计部分,按照实际收到的金额,借记"资金结存——货币资金——银行存款"科目,贷记"事业预算收入""经营预算收入""其他预算收入"等科目。

例41 【取得和收回不需上缴财政的应收账款】本年3月12日,学校将操场出租给一家企业举办运动会,两天不含税租金为12 000元。根据规定,学校出租操场的租金不需上缴财政。3月20日,学校收到款项。学校被认定为增值税小规模纳税人,税率为3%。学校编制如下会计分录:

财务会计(1212 应收账款)	预算会计
(1) 本年3月12日,出租场地租金	
借:应收账款　　　　　12 360 　贷:租金收入　　　　　12 000 　　　应交增值税　　　　　360	——
(2) 本年3月20日,收到场地租金	
借:银行存款　　　　　12 360 　贷:应收账款　　　　　12 360	借:资金结存——货币资金——银行存款 　　　　　　　　　　　　　　12 360 　贷:其他预算收入　　　　　12 360

3. 年末进行减值测试

学校应当于每年年末,对收回后不需上缴财政的应收账款进行全面检查,如发生不能收回的迹象,在财务会计部分,应当计提坏账准备。

(1) 对收回后不需上缴财政的应收账款,如账龄超过规定年限、确认无法收回的,按照规定报经批准后予以核销。在财务会计部分,按照核销金额,借记"坏账准备"科目,贷记"应收账款"科目。核销的应收账款应在备查簿中保留登记。

例42 【年末对不需上缴财政的应收账款进行减值测试】本年11月,学校获知某债务人已经破产,无法支付本年2月取得的应收账款,该应收账款的账面余额为134 000元。11月20日,学校按照规定报经批准后予以全额核销。根据主管部门有关规定,学校的应收账款无需上缴财政。学校编制如下会计分录:

财务会计(1212 应收账款)	预算会计
本年11月20日,核销不需上缴财政的应收账款	
借:坏账准备　　　　　134 000 　贷:应收账款　　　　　134 000	——

（2）已核销的不需上缴财政的应收账款，在以后期间又收回的，在财务会计部分，按照实际收回金额，借记"应收账款"科目，贷记"坏账准备"科目；同时，借记"银行存款"等科目，贷记"应收账款"科目。收回款项的，在预算会计部分，按照实际收回金额，借记"资金结存——货币资金"科目，贷记"非财政拨款结余"[跨年度收回]等科目。

例 43 【收回上年度已核销的不需上缴财政的应收账款】本年 2 月 22 日，学校收回上年度已核销的不需上缴财政的应收账款 5 000 元。本年末，学校对不需上缴财政的应收账款进行全面检查，对账龄超过规定期限无法支付的应收账款账面余额为 18 000 元，按照规定报经批准后予以全额核销。学校编制如下会计分录：

财务会计（1212 应收账款）	预算会计
（1）本年 2 月 22 日，收回上年度已核销不需上缴财政的应收账款	
借：应收账款　　　　　　5 000 　　贷：坏账准备　　　　　　　　5 000 同时： 借：银行存款　　　　　　5 000 　　贷：应收账款　　　　　　　　5 000	借：资金结存——货币资金——银行存款 5 000 　　贷：非财政拨款结余[跨年度收回]　　5 000
（2）本年末，对不需上缴财政且账龄超过规定期限无法支付的应收账款进行核销	
借：坏账准备　　　　　　18 000 　　贷：应收账款　　　　　　　　18 000	

（二）应收账款收回后需上缴财政

应收账款收回后需上缴财政，在实际收到款项的时候，不需要进行预算会计的核算。年末，对收回后需要上缴财政的应收账款进行全面检查，如确无法收回的，报经批准后予以核销。

1. 发生收回后需上缴财政的应收账款

学校因出租资产、出售资产发生应收未收租金款项时，在财务会计部分，按照应收未收金额，借记"应收账款"科目，贷记"应缴财政款"科目。涉及增值税业务的，相关账务处理参见"应交增值税"科目。

2. 收回需上缴财政的应收账款

收回应收账款时，在财务会计部分，按照实际收到的金额，借记"银行存款"科目，贷记"应收账款"科目。

将收回款项上缴财政时，在财务会计部分，按照实际上缴的金额，借记"应缴财政款"科目，贷记"银行存款"科目。

例 44 【发生和收回需上缴财政的应收账款】本年 3 月 12 日，学校将操场出租给某企业举办运动会，两天不含税租金为 12 600 元。根据主管部门的有关规定，学校出租操场的租金应上缴财政。3 月 20 日，学校收到款项，并于收到当日上缴财政。学校编制如下会计分录：

财务会计（1212 应收账款）		预算会计
（1）本年 3 月 12 日，出租场地租金		
借：应收账款	12 600	
贷：应缴财政款——应缴国库款	12 600	—
（2）本年 3 月 20 日，收到款项并上缴财政		
借：银行存款	12 600	
贷：应收账款	12 600	
当日上缴财政：		
借：应缴财政款——应缴国库款	12 600	
贷：银行存款	12 600	—

3. 年末全面检查

学校应当于每年年末，在财务会计部分，对收回后应当上缴财政的应收账款进行全面检查。

（1）对于需上缴财政的应收账款，如果账龄超过规定年限、确认无法收回的，按照规定报经批准后予以核销。在财务会计部分，按照核销金额，借记"应缴财政款"科目，贷记"应收账款"科目。核销的应收账款应当在备查簿中保留登记。

（2）已核销的需上缴财政的应收账款在以后期间又收回的，在财务会计部分，按照实际收回金额，借记"银行存款"等科目，贷记"应缴财政款"科目。在将收回款项上缴财政时，在财务会计部分，按照实际上缴的金额，借记"应缴财政款"科目，贷记"银行存款"科目。

例 45 【年末对需上缴财政的应收账款进行全面检查】本年 4 月 2 日，学校收回已核销需上缴财政的应收账款 6 000 元。4 月 4 日，将款项上缴财政。本年末，学校对需上缴财政的应收账款进行全面检查，对账龄超过规定期限而无法支付的应收账款账面余额为 13 000 元，按照规定报经批准后予以全额核销。学校编制如下会计分录：

财务会计（1212 应收账款）		预算会计
（1）本年 4 月 2 日，收回将已核销的需上缴财政的应收账款		
借：银行存款	6 000	
贷：应缴财政款	6 000	—
（2）本年 4 月 4 日，将收回的已核销的应收账款上缴财政		
借：应缴财政款	6 000	
贷：银行存款	6 000	—
（3）本年末，对需上缴财政的应收账款报批后予以核销		
借：应缴财政款	13 000	
贷：应收账款	13 000	—

【解析 19】　1214 预付账款

一、业务描述

学校因采购商品、服务、工程等活动与供应商（个人）签订协议，预先支付的款项；后续期间,根据相关协议预付款项,再根据收货或者服务完工进度、工程完工进度进行结算。根据预付账款的主要业务环节,预付账款的主要核算包括预付款项、收到所购资产或服务进行结算、预付账款退回、转入其他应收款等。

二、科目设置

"预付账款"科目是财务会计使用的科目,核算学校按照购货、服务合同或协议规定预付给供应商(或个人)的款项,以及按照合同规定向承包工程的施工企业预付的备料款和工程款。

"预付账款"科目根据预付款的资金来源按照"财政补助预付款""非财政补助预付款"进行明细核算;并按照供应商(或个人)及具体项目进行进一步的明细核算。对于基本建设项目发生的预付账款,还应当在本科目所属基建项目明细科目下设置"预付备料款""预付工程款""其他预付款"等明细科目,进行明细核算。

"预付账款"科目期末借方余额,反映学校实际预付但尚未结算的款项。

三、典型业务

(一)预付款项

根据购货、服务合同或协议规定预付款项时,在财务会计部分,按照预付金额,借记"预付账款"科目,贷记"财政拨款收入""零余额账户用款额度""银行存款"等科目。在预算会计部分,按照预付金额,借记"事业支出""经营支出"等科目,贷记"财政拨款预算收入""资金结存"科目。

例46 【预付商品和服务款】本年3月5日,学校根据采购合同通过零余额账户向某公司预付购买一批办公用品款2 400元。3月20日,收到教学用品,验收合格后入库,并通过零余额账户支付余款4 800元。学校编制如下会计分录:

财务会计(1214 预付账款)	预算会计
(1) 本年3月5日,通过零余额账户预付办公用品款	
借:预付账款　　　　　　　2 400　　　贷:零余额账户用款额度　　　　2 400	借:事业支出——商品和服务支出——办公费　　　　　　　　　　　　　　　2 400　　贷:资金结存——零余额账户用款额度　2 400
(2) 本年3月20日,通过零余额账户支付办公用品购置余款	
借:库存物品　　　　　　　7 200　　　贷:预付账款　　　　　　　2 400　　　　零余额账户用款额度　　4 800	借:事业支出——商品和服务支出——办公费　　　　　　　　　　　　　　　4 800　　贷:资金结存——零余额账户用款额度　4 800

(二)收到所购资产或服务进行结算

1. 收到所购资产或服务时进行结算

收到所购资产或服务时,按照购入资产或服务的成本,借记"库存物品""固定资产""无形资产""业务活动费用"等相关科目,按照相关预付账款的账面余额,贷记"预付账款"科目,按照实际补付的金额,贷记"财政拨款收入""零余额账户用款额度""银行存款"等科目。涉及增值税业务的,相关账务处理参见"应交增值税"科目。

存在补付金额的,在预算会计部分,按照实际补付的金额,借记"事业支出""经营支出"等科目,贷记"财政拨款预算收入""资金结存"科目。

例 47 【预付商品和服务款】本年 6 月 8 日,通过财政直接支付方式预付组织学生社会实践活动用租车费 5 000 元。7 月 15 日,学校学生社会实践活动如期举行,按租车协议使用租赁车辆。学校编制如下会计分录:

财务会计(1214 预付账款)	预算会计
(1) 本年 6 月 8 日,通过零余额账户预付租车款	

借:预付账款   5 000
   贷:零余额账户用款额度   5 000
	借:事业支出——商品和服务支出——租赁费
	                    5 000
	   贷:资金结存——零余额账户用款额度 5 000

(2) 本年 7 月 15 日,举行学生实践活动使用租赁车辆	
借:业务活动费用 5 000 贷:预付账款 5 000	——

2. 根据工程进度结算

根据工程进度结算工程价款及备料款时,按照结算金额,借记"在建工程"等科目,按照相关预付账款的账面余额,贷记"预付账款"科目,按照实际补付的金额,贷记"财政拨款收入""零余额账户用款额度""银行存款"等科目。

存在补付金额的,在预算会计部分,按照实际补付的金额,借记"事业支出""经营支出"等科目,贷记"财政拨款预算收入""资金结存"科目。

例 48 【预付工程款,按工程进度进行结算】本年 3 月,学校通过招投标方式与某建筑工程服务企业签订教学楼大型修缮合同,双方约定学校在签订合同后的 15 日内预付部分修缮款,修缮工程完工经验收后,支付剩余的款项;修缮工程的合同金额为 5 800 000 元。4 月 5 日,学校根据合同通过财政直接支付方式向某建筑工程服务企业预付教学楼大型修缮费 580 000 元。企业于 5 月开始施工,11 月底完工。8 月 26 日,经监理公司的工程结算单显示,修缮工程完工 60%。11 月 28 日,学校组织修缮工程完工的工程验收工作,经检查后通过验收。12 月 10 日,通过财政直接支付方式支付剩余款项 5 220 000 元。学校编制如下会计分录:

财务会计(1214 预付账款)	预算会计
(1) 本年 4 月 5 日,通过财政直接支付方式预付教学楼大型修缮费	

借:预付账款   580 000
   贷:财政拨款收入   580 000
	借:事业支出——资本性支出——大型修缮
	                  580 000
	   贷:财政拨款预算收入 580 000

(2) 本年 8 月 26 日,进行工程结算	

借:在建工程   3 480 000
   贷:预付账款   580 000
     应付账款   2 900 000
	——

财务会计（1214 预付账款）	预算会计
（3）本年11月28日，工程验收结算	
借：在建工程　　　　　2 320 000 　贷：应付账款　　　　　　2 320 000 同时： 借：固定资产　　　　　5 800 000 　贷：在建工程　　　　　　5 800 000	——
（4）本年12月10日，通过财政直接支付方式支付教学楼大型修缮的剩余款项	
借：应付账款　　　　　5 220 000 　贷：财政拨款收入　　　　5 220 000	借：事业支出——资本性支出——大型修缮 　　　　　　　　　　　　　5 220 000 　贷：财政拨款预算收入　　5 220 000

（三）预付账款退回

1. 本年度预付款本年度退回

发生本年度预付账款本年度退回的，在财务会计部分，按照实际退回金额，借记"财政拨款收入"[本年直接支付]、"零余额账户用款额度""银行存款"等科目，贷记"预付账款"科目。在预算会计部分，按照实际退回金额，借记"财政拨款预算收入""资金结存"科目，贷记"事业支出""经营支出"等科目。

例49【本年度预付款本年度退回】本年9月5日，学校收到本年7月预付账款的退款8 510元。如按以下两种方式退款：①该款项是通过财政直接支付方式支付，款项退回后恢复本年度预算指标。②该款项是通过零余额账户用款额度支付，款项退回后恢复本年度财政授权支付的额度。报经批准后，学校编制如下会计分录：

财务会计（1214 预付账款）	预算会计
（1）本年9月5日，收到通过财政直接支付方式预付账款的退款，恢复本年度预算指标	
借：财政拨款收入　　　　8 510 　贷：预付账款　　　　　　8 510	借：财政拨款预算收入　　8 510 　贷：事业支出　　　　　　8 510
（2）本年9月5日，收到通过零余额账户用款额度支付的预付账款退款，恢复本年度财政授权支付的额度	
借：零余额账户用款额度　8 510 　贷：预付账款　　　　　　8 510	借：资金结存——零余额账户用款额度　8 510 　贷：事业支出　　　　　　8 510

2. 上年度预付款本年度退回

发生上年度预付账款本年度退回的，在财务会计部分，按照实际退回金额，借记"财政应返还额度"[以前年度直接支付]、"零余额账户用款额度""银行存款"等科目，贷记"预付账款"科目。在预算会计部分，按照实际退回金额，借记"资金结存"科目，贷记"财政拨款结转""财政拨款结余"等科目。

例50 【上年度预付款本年度退回】本年2月5日，学校收到上年度12月预付账款的退款9 510元。如按以下两种方式退款：①该款项是上年度用同级财政拨款的专项经费通过财政直接支付方式支付，该项目本年度仍然持续；退回款项经批准恢复财政直接支付方式的财政应返还额度。②该款项是上年度事业预算收入的专项经费通过零余额账户支付，该项目本年度仍然持续；退回款项经批准恢复财政授权支付方式的财政应返回额度。学校编制如下会计分录：

财务会计（1214 预付账款）	预算会计
(1) 本年2月5日，收到上年度用同级财政拨款的专项经费通过财政直接支付方式的预付账款退款	
借：财政应返还额度——财政直接支付 　　　　　　　　　　　　　　9 510 　　贷：预付账款　　　　　　9 510	借：资金结存——财政应返还额度——财政直接支付 　　　　　　　　　　　　　　9 510 　　贷：财政拨款结转——年初余额调整　9 510
(2) 本年2月5日，收到上年度通过零余额账户用款额度支付的预付账款退款	
借：财政应返还额度—财政授权支付9 510 　　贷：预付账款　　　　　　9 510	借：资金结存——财政应返还额度——财政授权支付 　　　　　　　　　　　　　　9 510 　　贷：非财政拨款结转——年初余额调整　9 510

例51 【上年度预付款发生退款】上年度9月，因购置信息技术服务需要，学校根据合同通过财政拨款直接支付方式向供应商支付112 000元。12月，供应商告知学校，因完成合同存在困难提出终止合同，并同意向学校支付10%的违约金；学校与供应商协商，于12月16日完成有关退款手续，并报主管部门审批。本年1月18日，学校收到主管部门通知，供应商的退款已经由财政预算收回统筹。学校编制如下会计分录：

财务会计（1214 预付账款）	预算会计
(1) 本年1月18日，学校预付信息技术服务供应商的款项退回后由财政统筹	
借：累计盈余　　　　　　112 000 　　贷：预付账款　　　　　112 000	—

（四）转入其他应收款

每年年末，学校应当对预付账款进行全面检查。如果有确凿证据表明预付账款不再符合预付款项性质，或者因供应单位破产、撤销等原因可能无法收到所购货物、服务的，仅需在财务会计部分，先将其转入其他应收款，再按照计提坏账的有关规定进行处理。将预付账款账面余额转入其他应收款时，在财务会计部，按照转入的金额，借记"其他应收款"科目，贷记"预付账款"科目。

例52 【转入其他应收款】本年末，学校对预付账款进行全面检查，发现因供应单位破产可能无法收回的预付账款余额为7 200元。报经批准后处理，学校编制如下会计分录：

财务会计（1214 预付账款）	预算会计
本年末，无法收到货物或服务的预付账款转入其他应收款	
借：其他应收账款　　　　　7 200 　　贷：预付账款　　　　　　　　7 200	—

【解析20】　1215　应收股利△

一、业务描述

非义务教育阶段学校按规定进行长期股权投资，因被投资单位分派现金股利或分配的利润，而获得的收取现金股利和分得利润的权利通过应收股利反映。长期股权业务分为取得投资、持有投资、处置投资几个阶段，学校可能在不同的阶段取得应收股利。此外，长期股权投资在持有期间可以采用成本法或者权益法来核算，两种方式也反映了学校对被投资单位的不同影响。这也导致学校收到被投资单位分派现金股利或利润，在两种投资方式下确认投资收益的差异。应收股利的主要核算，一是需要关注长期股权投资的投资方式，二是需要关注与应收股利相关的主要业务环节，如取得投资时可收取的被投资单位分派的现金股利或利润、收到所分派的现金股利或利润、持有投资期间被投资单位分派的现金股利或分配利润等。

二、科目设置

"应收股利"科目是财务会计使用的科目，核算非义务教育阶段学校持有长期股权投资应当收取的现金股利或应当分得的利润。"应收股利"科目应当按照被投资单位等进行明细核算。"应收股利"科目期末借方余额，反映学校应当收取但尚未收到的现金股利或利润。

三、典型业务

（一）取得投资时支付价款中包含的已宣告但尚未发放的现金股利和分配利润

取得投资时支付价款中包含的已宣告但尚未发放的现金股利和分配利润，在财务会计部分，按照支付的价款中所包含的已宣告但尚未发放的现金股利和分配利润的金额，借记"应收股利"科目，按照确定的长期股权投资成本，借记"长期股权投资"科目，按照实际支付的金额，贷记"银行存款"等科目。在预算会计部分，按照支付的价款，借"投资支出"科目，贷记"资金结存——货币资金"科目。

收到取得投资时在实际支付价款中所包含的已宣告但尚未发放的现金股利和分配利润时，在财务会计部分，按照收到的金额，借记"银行存款"科目，贷记"应收股利"科目。在预算会计部分，按照收到的金额，借"资金结存——货币资金"科目，贷记"投资支出"科目。

例53　【取得投资时支付价款中包含的已宣告但尚未发放的现金股利】本年3月21日，非义务教育阶段学校取得被投资单位权益投资，准备长期持有，支付价款380 000元，价款中包含被投资单位已宣告但尚未发放的现金股利30 000元。4月26日，学校收到现金股利。学校编制如下会计分录：

财务会计(1215 应收股利)	预算会计
(1) 本年 3 月 21 日,取得投资时,支付价款含有投资单位分派的现金股利或分配利润	
借:长期股权投资　　　　　350 000　 　　应收股利　　　　　　　 30 000　 　　贷:银行存款　　　　　　　 380 000	借:投资支出　　　　　　　　　　380 000　 　　贷:资金结存——货币资金——银行存款　 　　　　　　　　　　　　　　　 380 000
(2) 本年 4 月 26 日,收到取得投资时,支付价款含有投资单位分派现金股利或分配股利	
借:银行存款　　　　　　　 30 000　 　　贷:应收股利　　　　　　 30 000	借:资金结存——货币资金——银行存款　 　　　　　　　　　　　　　　　 30 000　 　　贷:投资支出　　　　　　　　　 30 000

(二) 持有长期股权投资期间取得被投资单位分派的现金股利和分配利润

取得长期股权投资后,根据长期股权投资的持股比例和影响,在长期股权投资持有期间的核算方法分为成本法和权益法。两种核算方式下,学校作为投资方在被投资单位分派现金股利或分派利润时的处理方式不同。

1. 成本法核算的长期股权投资

(1) 持有期间采用成本法核算的长期股权投资,被投资单位宣告分派现金股利或分配利润时,在财务会计部分,借记"应收股利"科目,贷记"投资收益"科目。

(2) 实际收到分派的现金股利或分配利润时,在财务会计部分,按照收到的金额,借记"银行存款"科目,贷记"应收股利"科目。在预算会计部分,按照收到的金额,借记"资金结存——货币资金"等科目,贷记"投资预算收益"科目。

例 54 【持有期间采用成本法核算的长期股权投资,被投资单位分派现金股利或分配利润】本年 6 月 5 日,非义务教育阶段学校持有期间采用成本法核算长期股权投资,被投资单位宣告发放现金股利,学校应获得 42 000 元。7 月 15 日,学校收到现金股利。学校编制如下会计分录:

财务会计(1215 应收股利)	预算会计
(1) 本年 6 月 5 日,持有期间采用成本法核算的长期股权投资,被投资单位宣告分派现金股利或分配利润	
借:应收股利　　　　　　　 42 000　 　　贷:投资收益　　　　　　 42 000	——
(2) 本年 7 月 15 日,持有期间采用成本法核算的长期股权投资,收到被投资单位分派的现金股利或分配利润	
借:银行存款　　　　　　　 42 000　 　　贷:应收股利　　　　　　 42 000	借:资金结存——货币资金——银行存款　 　　　　　　　　　　　　　　　 42 000　 　　贷:投资预算收益　　　　　　　 42 000

2. 权益法核算的长期股权投资

(1) 持有期间采用权益法核算的长期股权投资,被投资单位宣告分派现金股利或分配利润时,在财务会计部分,按照应享有的份额,借记"应收股利"科目,贷记"长期股权投资——损益调整"科目。

(2) 实际收到分派的现金股利或分配利润时,在财务会计部分,按照收到的金额,借记"银行存款"科目,贷记"应收股利"科目。在预算会计部分,按照收到的金额,借记"资金结存——货币资金"等科目,贷记"投资预算收益"科目。

例 55 【持有期间采用权益法核算的长期股权投资,被投资单位分派现金股利或分配利润】本年 7 月 8 日,非义务教育阶段学校持有期间采用权益法核算长期股权投资,被投资单位宣告发放现金股利,学校应获得 56 000 元。8 月 18 日,学校收到现金股利。学校编制如下会计分录:

财务会计(1215 应收股利)	预算会计
(1) 本年 7 月 8 日,持有期间采用权益法核算的长期股权投资,被投资单位宣告分派现金股利或分配利润	
借:应收股利　　　　　56 000 　　贷:长期股权投资——损益调整　56 000	—
(2) 本年 8 月 18 日,持有期间采用权益法核算的长期股权投资,收到被投资单位分派现金股利或分配利润	
借:银行存款　　　　　56 000 　　贷:应收股利　　　　　56 000	借:资金结存——货币资金——银行存款 　　　　　　　　　　　　　　56 000 　　贷:投资预算收益　　　　56 000

【解析 21】　1216 应收利息△

一、业务描述

非义务教育阶段学校按规定进行长期债券投资,按期取得利息获得收益。长期债券投资的计息方式有分期计息到期还本、一次还本付息等方式。分期计息到期还本的长期债券投资,在计息期计提利息,通过应收利息核算。应收利息的主要核算,涉及取得投资时支付价款中包含的已到付息期但尚未领取的利息、按期计提利息、收到利息等。

二、科目设置

"应收利息"科目是财务会计使用的科目,核算学校分期计息到期还本长期债券投资应当收取的利息。"应收利息"科目应当按照被投资单位等进行明细核算。"应收利息"科目期末借方余额,反映学校应收未收的长期债券投资利息。

学校购入的到期一次还本付息的长期债券投资持有期间的利息,应当通过"长期债券投资——应计利息"科目核算,不通过"应收利息"科目核算。

三、典型业务

(一) 取得投资时支付价款中包含的已到付息期但尚未领取的利息

取得长期债券投资,按照确定的投资成本,借记"长期债券投资"科目,按照支付价款中包含的已到付息期但尚未领取的利息,借记"应收利息"科目,按照实际支付的金额,贷记"银行存款"等科目。在预算会计部分,按照支付的价款,借记"投资支出"科目,贷记"资金结存——货币资金"科目。

收到取得投资时实际支付价款中所包含的已到付息期但尚未领取的利息,在财务会计部分,按照收到的金额,借记"银行存款"等科目,贷记"应收利息"科目。在预算会计部分,按照收到的金额,借记"资金结存——货币资金"等科目,贷记"投资预算收益"科目。

例 56 【取得投资时支付价款中包含的已到付息期但尚未领取的利息】本年 4 月 10 日,非义务教育阶段学校购买上一年度 4 月 5 日发行、期限为 3 年、到期还本分期付息的政府债券,支付价款 525 000 元;支付价款中所包含的已到付息期但尚未领取的利息 25 000 元。4 月 10 日,学校收到利息。学校编制如下会计分录:

财务会计(1216 应收利息)	预算会计
(1) 本年 4 月 5 日,取得投资时支付价款中包含的已到付息期但尚未领取的利息	
借:长期债券投资　　　　　500 000 　　应收利息　　　　　　　　25 000 　　贷:银行存款　　　　　　　　525 000	借:投资支出　　　　　　　　525 000 　　贷:资金结存——货币资金——银行存款 　　　　　　　　　　　　　　525 000
(2) 本年 4 月 10 日,收到取得投资时支付价款中包含的已到付息期但尚未领取的利息	
借:银行存款　　　　　　　25 000 　　贷:应收利息　　　　　　　　25 000	借:资金结存——货币资金——银行存款 　　　　　　　　　　　　　　25 000 　　贷:投资支出　　　　　　　　25 000

(二) 按期计算分期计息到期还本长期债券投资利息收入

1. 计提债券投资利息

对于分期计息到期还本长期债券投资,按期计算确认长期债券投资利息收入时,在财务会计部分,按照票面金额和票面利率计算确定应收未收利息金额,借记"应收利息"科目,贷记"投资收益"科目。

2. 实际收到利息

实际收到债券利息时,在财务会计部分,按照收到的金额,借记"银行存款"科目,贷记"应收利息"科目。在预算会计部分,按照收到的金额,借记"资金结存——货币资金"等科目,贷记"投资预算收益"科目。

例 57 【按期计提分期计息到期还本长期债券投资利息收入】本年 1 月,非义务教育阶段学校购买 3 年期政府债券,面值 500 000 元,利率 4.2%,按半年计息,7 月到期还本。持有期间计提和收到利息,学校编制如下会计分录:

财务会计(1216 应收利息)	预算会计
(1) 本年 7 月,持有长期债券投资期间,按期计提利息	
借:应收利息　　　　　　　10 500 　　贷:投资收益　　　　　　　　10 500	—
(2) 本年 7 月,持有长期债券投资期间,实际收到利息	
借:银行存款　　　　　　　10 500 　　贷:应收利息　　　　　　　　10 500	借:资金结存——货币资金——银行存款 　　　　　　　　　　　　　　10 500 　　贷:投资预算收益　　　　　　10 500

【解析 22】　1218 其他应收款

一、业务描述

学校的业务多样,库存现金、银行存款、零余额账户用款额度、其他货币资金、财政应返还额度、应收票据、应收账款、预付账款、应收股利、应收利息明确界定了学校取得的主要款项,但除此之外,还有其他业务形成的应收款项,通过其他应收款来反映。其他应收款的主要核算,包括发生和收回其他各种应收及暂付款项、拨付和报销备用金、偿还尚未报销的本学校公务卡欠款、预付账款转入、年末减值测试等。

二、科目设置

"其他应收款"科目是财务会计使用的科目,核算学校除财政应返还额度、应收票据、应收账款、预付账款、应收股利、应收利息以外的其他各项应收及暂付款项,如职工预借的差旅费、已经偿还银行尚未报销的本校公务卡欠款、拨付给内部有关部门的备用金、应向职工收取的各种垫付款项、支付的可以收回的订金或押金、应收的上级补助和附属单位上缴款项等。"其他应收款"科目应当按照其他应收款的类别以及债务单位(或个人)进行明细核算。"其他应收款"科目期末借方余额,反映学校尚未收回的其他应收款。

三、典型业务

(一) 发生和收回其他各种应收及暂付款项

1. 发生其他各种应收及暂付款项

发生其他各种应收及暂付款项时,在财务会计部分,按照实际发生金额,借记"其他应收款"科目,贷记"零余额账户用款额度""银行存款""库存现金"等科目。涉及增值税业务的,相关账务处理参见"应交增值税"科目。由于暂付款项未形成实际业务活动,在付款时无需进行预算会计核算。

2. 收回其他各种应收及暂付款项

收回其他各种应收及暂付款项时,在财务会计部分,按照收回的金额,借记"库存现金""银行存款"等科目,贷记"其他应收款"科目。

例 58 【暂付和收回押金】学校筹备一场音乐会,向某企业租借仪器设备。本年 4 月 26 日,学校通过零余额账户向企业支付仪器设备租金 15 000 元、暂付押金 30 000 元。6 月 1 日,校园音乐会如期举行。6 月 3 日,学校将仪器设备返回给公司,办理押金收回手续;6 月 6 日,学校收到代理银行的通知,零余额账户额度恢复 30 000 元。学校编制如下会计分录:

财务会计(1218 其他应收款)		预算会计
(1) 本年 4 月 26 日,支付仪器设备租金和押金		
借:预付账款	15 000	借:事业支出——商品和服务支出——租赁费
贷:零余额账户用款额度	15 000	15 000
同时:		贷:资金结存——零余额账户用款额度　15 000
借:其他应收款	30 000	
贷:零余额账户用款额度	30 000	
(2) 本年 6 月 1 日,校园音乐会举行		
借:业务活动费用	15 000	——
贷:预付账款	15 000	
(3) 本年 6 月 6 日,收回暂付押金		
借:零余额账户用款额度	30 000	——
贷:其他应收款	30 000	

(二) 拨付和报销备用金

学校内部实行备用金制度的,有关部门使用备用金以后应当及时到财务部门报销并补足备用金。

1. 财务部门核定并发放备用金

财务部门核定并发放备用金时,在财务会计部分,按照实际发放金额,借记"其他应收款"科目,贷记"库存现金"等科目。

2. 使用备用金

根据报销金额用现金补足备用金定额时,在财务会计部分,借记"业务活动费用""单位管理费用"等科目,贷记"库存现金"等科目,报销数和拨补数都不再通过"其他应收款"科目核算。在预算会计部分,根据报销金额用现金补足差额,借记"事业支出"等科目,贷记"资金结存——货币资金"等科目。

例59 【拨付和报销备用金】本年3月1日,学校给分校总务部门核定并发放备用金8 000元。3月16日,分校总务部门报销备用金使用情况,用于支付分校区教师参加学术交流活动的差旅费7 420元。学校编制如下会计分录:

财务会计(1218 其他应收款)	预算会计
(1) 本年3月1日,财务部门核定并发放备用金	
借:其他应收款　　　　　　　8 000 　贷:库存现金　　　　　　　　8 000	—
(2) 本年3月16日,根据报销数用现金补足差额	
借:业务活动费用　　　　　　7 420 　贷:库存现金　　　　　　　　7 420	借:事业支出——商品和服务支出——差旅费 　　　　　　　　　　　　　　7 420 　贷:资金结存——货币资金　　　7 420

(三) 偿还尚未报销的本学校公务卡欠款、报销公务卡欠款

1. 偿还尚未报销的本学校公务卡欠款

偿还尚未报销的本学校公务卡欠款时,在财务会计部分,按照偿还的金额,借记"其他应收款"科目,贷记"零余额账户用款额度""银行存款"等科目。

2. 报销公务卡欠款

持卡人报销时,在财务会计部分,按照报销金额,借记"业务活动费用""单位管理费用"等科目,贷记"其他应收款"科目。在预算会计部分,按照报销金额,借记"事业支出"等科目,贷记"资金结存"等科目。

例60 【偿还尚未报销的本学校公务卡欠款】本年4月24日,学校偿还还款日到期的单位公务卡欠款32 000元。4月28日,持卡人收到公务卡支付购买数据库1年使用权发票,进行财务报销。学校编制如下会计分录:

财务会计(1218 其他应收款)	预算会计
(1) 本年4月24日,偿还尚未报销的本学校公务卡欠款	
借:其他应收款　　　　　　32 000 　贷:零余额账户用款额度　　　32 000	—
(2) 本年4月28日,报销公务卡欠款	
借:业务活动费用　　　　　32 000 　贷:其他应收款　　　　　　　32 000	借:事业支出——商品和服务支出——办公费 　　　　　　　　　　　　　　32 000 　贷:资金结存——零余额账户用款额度　32 000

（四）预付账款转入

将预付账款账面余额转入其他应收款时，借记"其他应收款"科目，贷记"预付账款"科目。具体说明参见"预付账款"科目。

（五）年末减值测试

学校应当于每年年末，对其他应收款进行全面检查，如发生不能收回的迹象，应当计提坏账准备。

1. 核销其他应收账款的坏账

对于账龄超过规定年限、确认无法收回的其他应收款，按照规定报经批准后予以核销。按照核销金额，借记"坏账准备"科目，贷记"其他应收款"科目。核销的其他应收款应当在备查簿中保留登记。

2. 已核销的其他应收款在以后期间又收回

已核销的其他应收款在以后期间又收回的，在财务会计部分，按照实际收回金额，借记"其他应收款"科目，贷记"坏账准备"科目；同时，按照实际收回金额，借记"银行存款"等科目，贷记"其他应收款"。在预算会计部分，借记"资金结存——货币资金"等科目，贷记"其他预算收入"[本年核销后本年收回]科目、"非财政拨款结余"[以前年度核销后本年收回]科目。

例61 【年末对其他收账款进行减值测试】本年 9 月 22 日，学校收回本年 5 月已核销的其他应收账款 7 100 元。本年末，学校对其他应收账款进行全面检查，对账龄超过规定期限、债务人已经破产无法支付的其他应收账款账面余额为 12 000 元，按照规定报经批准后予以全额核销。学校编制如下会计分录：

财务会计（1218 其他应收款）	预算会计
（1）本年 9 月 22 日，已核销的其他应收款在以后期间收回	
借：其他应收款 7 100 　　贷：坏账准备 7 100 同时： 借：银行存款 7 100 　　贷：其他应收款 7 100	借：资金结存——货币资金 7 100 　　贷：其他预算收入 7 100
（2）本年末，报经批准全额核销其他应收款	
借：坏账准备 12 000 　　贷：其他应收款 12 000	—

四、业务辨析

其他应收款与应收账款的辨析：

其他应收款与应收账款都是应收的债权，但形成债权的业务形式不同。"应收账款"科目核算学校因提供服务、销售产品等业务活动产生的债权。"其他应收款"科目核算的是除应收账款、财政应返还额度、应收票据、预付账款、应收股利、应收利息以外，其他各种应收及暂付款项。其他应收款是对各种确定来源并设定科目核算的债权的补充。

在业务活动发生后，应先考虑是否通过"应收账款"科目核算，不属于"应收账款"科目核算范围的,再考虑是否应通过"其他应收款"科目核算。

【解析 23】 1219 坏账准备

一、业务描述

学校取得的应收账款、其他应收款,通常在 1 年内收回款项。款项收回的情况,受债务人财务状况的影响。如果债务人破产、死亡等,会导致坏账的产生;债务人发生财务困难,可能导致款项全额收回的可能性降低。因而,对收回后不需上缴财政的应收账款和其他应收款计提坏账准备。

二、科目设置

"坏账准备"科目是财务会计使用的科目,核算学校对收回后不需上缴财政的应收账款和其他应收款提取的坏账准备。"坏账准备"科目应当分别根据应收账款和其他应收款进行明细核算。"坏账准备"科目期末贷方余额,反映学校提取的坏账准备金额。

三、典型业务

(一) 计提坏账准备

1. 年末计提和冲减坏账准备的金额

学校应当于每年年末,对收回后不需上缴财政的应收账款和其他应收款进行全面检查,分析其可收回性,对预计可能产生的坏账损失计提坏账准备、确认坏账损失。

学校可以采用应收款项余额百分比法、账龄分析法、个别认定法等计提坏账准备。坏账准备计提方法一经确定,不得随意变更。如需变更,应当按照规定报经批准,并在财务报表附注中予以说明。

$$
\begin{array}{l}\text{当期应补提或冲}\\ \text{减的坏账准备}\end{array} = \begin{array}{l}\text{按照期末应收账款和其他应收}\\ \text{款计算应计提的坏账准备金额}\end{array} - \begin{array}{l}\text{本科目期末}\\ \text{贷方余额}\end{array} \left(\text{或} + \begin{array}{l}\text{本科目期末}\\ \text{借方余额}\end{array}\right)
$$

2. 年末计提和冲减坏账准备账务处理

(1)计提坏账准备时,在财务会计部分,按照应该补提坏账准备的金额,借记"其他费用"科目,贷记"坏账准备"科目。

(2)冲减坏账准备时,在财务会计部分,按照应该冲减坏账准备的金额,借记"坏账准备"科目,贷记"其他费用"科目。

例 62 【年末计提和冲减坏账】本年度,学校不需上缴财政的应收账款年初余额为 100 000 元、年末余额为 300 000 元,不需上缴财政的其他应收款年初余额为 50 000 元、年末余额为 20 000 元。学校按照余额百分比法计提坏账准备,计提比率为 10%。学校编制如下会计分录:

财务会计(1219 坏账准备)	预算会计
(1)年末,计提应收账款的坏账准备	
借:其他费用　　　　　　　20 000　　　　　　　　　　贷:坏账准备——应收账款　　20 000	——

财务会计（1219 坏账准备）	预算会计
（2）年末，冲减其他应收款的坏账准备	
借：坏账准备——其他应收款　　3 000 　　贷：其他费用　　　　　　　　　　　3 000	—

注：应收账款应计提坏账准备＝（300 000—20 000）×10%＝20 000 元
其他应收账款应计提坏账准备＝（20 000—50 000）×10%＝—3 000 元，负值应冲减

例 63　【年末计提和冲减坏账】本年度，学校不需上缴财政的应收账款年初余额为400 000 元、年末余额为 150 000 元。本年 4 月 8 日，学校收到法院通知，其债务人无法偿还 3 年前欠款 8 000 元，原计入应收账款。6 月 27 日，收回以前年度确认在应收账款中确认的坏账损失 2 300 元。学校按照余额百分比法计提坏账准备，计提比率为 10%。年末计提或冲减坏账，学校编制如下会计分录：

财务会计（1219 坏账准备）	预算会计
年末，对应收账款冲减坏账准备	
借：坏账准备——应收账款　　19 300 　　贷：其他费用　　　　　　　　　19 300	—

注：应计提坏账准备＝150 000×10%—400 000×10%—2 300＋8 000＝—19 300（元）

（二）确认坏账损失和收回已确认坏账

1. 确认坏账损失

对于账龄超过规定年限并确认无法收回的应收账款、其他应收款，应当按照有关规定报经批准后，在财务会计部分，在按照无法收回的金额，借记"坏账准备"科目，贷记"应收账款""其他应收款"科目。

2. 收回已确认坏账

已核销的应收账款、其他应收款在以后期间又收回的，在财务会计部分，按照实际收回金额，借记"应收账款""其他应收款"科目，贷记"坏账准备"科目；同时，借记"银行存款"等科目，贷记"应收账款""其他应收款"科目。在预算会计部分，按照实际收回金额，借记"资金结存——货币资金"等科目，贷记"其他预算收入"科目。

例 64　【收回已确认坏账】本年 4 月 8 日，学校收到法院通知，其债务人无法偿还 3 年前欠款 8 000 元，原计入应收账款。6 月 27 日，收回以前年度确认在其他应收款中确认的坏账损失 4 500 元。学校编制如下会计分录：

财务会计（1219 坏账准备）	预算会计
（1）本年 4 月 8 日，确认坏账损失	
借：坏账准备　　　　　　8 000 　　贷：应收账款　　　　　　8 000	—

财务会计（1219 坏账准备）		预算会计	
（2）本年 6 月 27 日，收回以前期间确认坏账			
借：其他应收款	4 500	借：资金结存——货币资金	4 500
贷：坏账准备	4 500	贷：其他预算收入	4 500
同时：			
借：银行存款	4 500		
贷：其他应收款	4 500		

【解析 24】　1301 在途物品

一、业务描述

学校在办学过程中因业务需要购买材料等物品，对货款已付或已开出商业汇票但尚未验收合格入库的计入在途物品。尽管尚未收到购置的材料物资，但在途物品也属于学校购置的资产。按规定需通过政府采购方式购入的材料和物资，应通过政府采购的方式进行购置。

二、科目设置

"在途物品"科目是财务会计使用的科目，核算学校采购材料等物资时货款已付或已开出商业汇票但尚未验收合格入库的在途物品的采购成本。"在途物品"科目可以按照供应单位和物品种类进行明细核算。"在途物品"科目期末借方余额，反映学校在途物品的采购成本。

"在途物品"科目核算学校货款已付或已开出商业汇票但尚未验收合格入库的物品，若所购材料等物品验收合格后入库，应通过"库存物品"科目核算。

三、典型业务

（一）购入材料等在途物品

学校购入材料等物品，在财务会计部分，按照确定的物品采购成本的金额，借记"在途物品"科目，按照实际支付或开出商业汇票的金额，贷记"财政拨款收入""零余额账户用款额度""银行存款""应付票据"等科目。涉及增值税业务的，相关账务处理参见"应交增值税"科目。

支付购置材料等物品款项，在预算会计部分，按照支付的金额，借记"事业支出""经营支出""其他支出"等科目，贷记"财政拨款预算收入""资金结存"等科目。

例 65 【购入材料等在途物品】本年 5 月 29 日，学校通过财政直接支付的方式购置教学材料支付 6 900 元，取得发票，材料由供应商发货。6 月 7 日，收到所购置材料，验收合格后入库。学校编制如下会计分录：

财务会计（1301 在途物品）		预算会计	
（1）本年 5 月 29 日，购入教学材料，款项已付，收到结算凭证，货未到			
借：在途物品	6 900	借：事业支出——商品和服务支出——专用材料费	
贷：财政拨款收入	6 900		6 900
		贷：财政拨款预算收入	6 900

财务会计（1301 在途物品）	预算会计
（2）本年 6 月 7 日，收到所购置的材料，经验收合格后入库	
借：库存物品　　　　　　6 900 　　贷：在途物品　　　　　　　6 900	——

（二）收到在途物品

所购材料等在途物品到达学校，经验收合格后入库，在财务会计部分，按照确定的库存物品成本金额，借记"库存物品"科目，按照物品采购成本金额，贷记"在途物品"科目，按照使得入库物品达到目前场所和状态所发生的其他支出金额，贷记"银行存款"等科目。

在预算会计部分，按使得入库物品达到目前场所和状态所发生的其他支出金额，借记"事业支出""经营支出""其他支出"等科目，贷记"财政拨款预算收入""资金结存"等科目。

四、业务辨析

在途物品与预付账款的辨析：

"在途物品"科目核算的是学校在采购材料等物品时，已付货款或已开出商业汇票，取得结算凭据，但尚未验收合格入库的在途物品。

"预付账款"科目核算的是学校因采购材料等物品、服务或工程与供应单位（个人）签订协议，安装协议的规定预先支付给供应单位（个人）的款项。

两者相比，在途物品与预付账款的相同之处都是预先支付了款项，但不同之处在于：

（1）从支付对象来看，"在途物品"科目核算的只是预先支付款项的材料等物品，属于流动资产。预付账款预付的不仅包括材料等物品，还有服务或者工程款。如果只是支付购入材料等物资的部分款项，那么在"预付账款"科目中核算。

（2）从支付金额来看，"在途物品"基本包括了材料等物品的全部价款。而预付账款可能只是采购物品、服务或工程的部分款项，需要根据交易双方协议中约定的时间和比例进行支付。

（3）从业务的程序来看，在途物品表明支付了购置材料等物品的全部款项，但商品尚未到达；在商品到达并验收合格后，转入库存物品。预付账款只体现了按比例支付的款项，后续还要根据购入商品、服务或工程等业务的形式进行结算。

【解析 25】　1302 库存物品

一、业务描述

学校在办学过程中，因课堂教学、实验教学、文体活动、办公等消耗和使用多种材料和物资，如打印纸、白板笔、记事簿、羽毛球等，这些材料和物资的单位价值低、使用期限在 1 年以内，数量众多，也是学校办学不可或缺的。按规定需通过政府采购方式购入的材料等物品，应通过政府采购的方式进行购置。学校通过库存物品反映这类材料和物资。

从库存物品管理的环节来看，包括取得库存物品、发出库存物品和定期盘点。学校应根据取得库存物品的方式，包括外购、自制、委托外单位加工、置换换入、接受捐赠、无偿调入等进行核算。学校应根据发出库存物品的方式,包括领用、经批准置换换出、对外捐赠、无偿调出、经批准对外出售等进行核算。

二、科目设置

"库存物品"科目是财务会计使用的科目,核算学校在开展业务活动及其他活动中为耗用或出售而储存的各种材料、产品、包装物、低值易耗品,以及达不到固定资产标准的用具、装具、动植物等的成本。已完成的测绘、地质勘察、设计成果等的成本,也通过"库存物品"科目核算。

"库存物品"科目应当按照库存物品的种类、规格、保管地点等进行明细核算。学校储存的低值易耗品、包装物较多的,可以在"库存物品——低值易耗品、包装物"科目下按照"在库""在用"和"摊销"等进行明细核算。"库存物品"科目期末借方余额,反映学校库存物品的实际成本。

以下情形不通过"库存物品"科目核算:

(1)学校随买随用的零星办公用品,可以在购进时直接列作费用,不通过"库存物品"科目核算。

(2)学校支付货款或已开出商业汇票但尚未验收合格后入库的物资,通过"在途物品"科目核算,不通过"库存物品"科目核算。

(3)学校受托存储保管的物资和受托转赠的物资,应当通过"受托代理资产"科目核算,不通过"库存物品"科目核算。

(4)学校为在建工程购买和使用的材料物资,应当通过"工程物资"科目核算,不通过"库存物品"科目核算。

三、典型业务

(一)取得库存物品

1. 外购的库存物品

政府会计主体购入的存货,其成本包括购买价款、相关税费、运输费、装卸费、保险费以及使得存货达到目前场所和状态所发生的归属于存货成本的其他支出。

收到外购库存物品并验收合格后入库,在财务会计部分,按照确定的成本,借记"库存物品"科目,贷记"财政拨款收入""零余额账户用款额度""银行存款""应付账款""在途物品"等科目。涉及增值税业务的,相关账务处理参见"应交增值税"科目。

以资金支付购入库存物品的成本,在预算会计部分,按照实际支付的金额,借记"事业支出""经营支出"等科目,贷记"政府拨款预算收入""资金结存"等科目。

例66 【收到外购库存物品并验收合格后入库,已支付】本年2月26日,学校通过财政直接支付方式向某公司付款6 800元,购入了一批粉笔、白板笔等教学物资,经仓库保管员验收登记后入库。学校编制如下会计分录:

财务会计(1302 库存物品)	预算会计
本年2月26日,通过财政直接支付方式购入库存物品	
借:库存物品　　　　　6 800 　　贷:财政拨款收入　　　　6 800	借:事业支出——商品和服务支出——专用材料费——其他材料费　　　　6 800 　　贷:财政拨款预算收入　　　6 800

例 67 【收到外购库存物品并验收合格后入库，未支付】本年 2 月 18 日，学校从某公司购入一批美术教学用材料 8 300 元，经仓库保管员验收登记后入库，款项尚未支付。学校编制如下会计分录：

财务会计（1302 库存物品）	预算会计
本年 2 月 18 日，外购库存物品，款项尚未支付	
借：库存物品 8 300 贷：应付账款 8 300	—

2. 自制的库存物品完工

自制库存物品完工并验收合格后入库，在财务会计部分，按照确定的成本，借记"库存物品"科目，贷记"加工物品——自制物品"科目。

例 68 【自制库存物品完工并验收合格后入库】学校教师自行设计、制作一批科学实验用具，本年 3 月 11 日完工，成本为 4 700 元。学校编制如下会计分录：

财务会计（1302 库存物品）	预算会计
本年 3 月 11 日，自制库存物品完工并验收合格后入库	
借：库存物品 4 700 贷：加工物品——自制物品 4 700	—

3. 收回委托外单位加工的库存物品

委托外单位加工收回的库存物品验收合格后入库，在财务会计部分，按照确定的成本，借记"库存物品"科目，贷记"加工物品——委托加工物品"等科目。

例 69 【收回委托外单位加工的库存物品，验收合格后入库】学校委托某企业制作一批美术教学辅助材料，本年 3 月 15 日收到企业交付的材料并验收合格后入库，该批材料的成本为 5 600 元。学校编制如下会计分录：

财务会计（1302 库存物品）	预算会计
本年 3 月 15 日，委托加工库存物品完工，验收合格后入库	
借：库存物品 5 600 贷：加工物品——委托加工物品 5 600	—

4. 接受捐赠的库存物品

政府会计主体接受捐赠的存货，其成本按照有关凭据注明的金额加上相关税费、运输费等确定。学校接受捐赠的库存物品验收合格后入库，在财务会计部分，按照确定的成本，借记"库存物品"科目，按照发生的相关税费、运输费等，贷记"银行存款"等科目，按照其差额，贷记"捐赠收入"科目。由受赠学校承担的相关税费、运输费等，在预算会计部分，按照支付的金额，借记"其他支出"科目，贷记"资金结存"等科目。

政府会计主体接受捐赠的存货，没有相关凭据可供取得，但按规定经过资产评估的，其成本按照评估价值加上相关税费、运输费等确定；没有相关凭据可供取得，也未经资产评估的，其成本比照同类或类似资产的市场价格加上相关税费、运输费等确定；没有相关凭据且未经资产评估、同类或类似资产的市场价格也无法可靠取得的,按照名义金额入账,相关税费、运输费等计入当期费用。

接受捐赠的库存物品按照名义金额入账的,该受赠物品验收合格后入库时,在财务会计部分,按照名义金额,借记"库存物品"科目,贷记"捐赠收入"科目;同时,按照发生的相关税费、运输费等,借记"其他费用"科目,贷记"银行存款"等科目。由学校支付的受赠物品相关税费、运输费等,在预算会计部分,按照支付的金额,借记"其他支出"科目,贷记"资金结存"科目。

例 70 【接受捐赠库存物品】本年 2 月 25 日,学校接受某文具厂商捐赠的一批文具用品,发票显示价税合计金额为 50 000 元,经仓库保管员验收登记后入库,并支付运费600 元。学校编制如下会计分录:

财务会计(1302 库存物品)	预算会计
本年 2 月 25 日,接受捐赠的库存物品验收合格后入库	
借:库存物品　　　　　　　　　50 600 　贷:银行存款　　　　　　　　　　600 　　　捐赠收入　　　　　　　　　50 000	借:其他支出　　　　　　　　　　600 　贷:资金结存　　　　　　　　　　600

例 71 【接受捐赠库存物品,以名义金额入账】本年 2 月 24 日,学校接受一位非遗传承人向学校捐赠的一幅大型剪纸画,作为教学教具,未获得票据,经仓库保管员验收登记后入库;学校通过银行存款支付捐赠品运费 515 元。学校编制如下会计分录:

财务会计(1302 库存物品)	预算会计
本年 2 月 24 日,接受捐赠库存物品,以名义金额入账	
借:库存物品[名义金额]　　　　　　1 　贷:捐赠收入　　　　　　　　　　　1 同时: 借:其他费用　　　　　　　　　　515 　贷:银行存款　　　　　　　　　515	 借:其他支出　　　　　　　　　　515 　贷:资金结存　　　　　　　　　515

5. 无偿调入的库存物品

政府会计主体无偿调入的存货,其成本按照调出方账面价值加上相关税费、运输费等确定。学校取得无偿调入的库存物品验收合格后入库,在财务会计部分,按照确定的成本,借记"库存物品"科目,按照发生的相关税费、运输费等,贷记"银行存款"等科目,按照其差额,贷记"无偿调拨净资产"科目。由调入学校支付的相关税费、运输费等,在预算会计部分,按照支付的金额,借记"其他支出"科目,贷记"资金结存"等科目。

例 72 【无偿调入的库存物品】本年 1 月 25 日,学校接受从其他学校调拨进来的教学用品,资产调转凭据表明调出学校的教学用品账面价值为 60 000 元,经仓库保管员验收登记后入库。学校通过零余额账户支付调拨教学用品的运费 1 200 元。学校编制如下会计分录:

财务会计（1302 库存物品）	预算会计
本年 1 月 25 日，无偿调入的库存物品验收合格后入库	
借：库存物品　　　　　　　　　　61 200 　贷：零余额账户用款额度　　　　　1 200 　　　无偿调拨净资产　　　　　　60 000	借：其他支出　　　　　　　　　　　1 200 　贷：资金结存——零余额账户用款额度　1 200

6. 置换换入的库存物品

学校根据实际情况报经批准后与其他单位置换资产，涉及资产换入方和换出方的核算。双方对所置换资产的价值进行评估，作为账务处理的依据。

资产置换不涉及补价的，置换换入的库存物品经验收合格后入库，在财务会计部分，按照确定的成本，借记"库存物品"科目，按照换出资产的账面余额，贷记相关资产科目（换出资产为固定资产、无形资产的，还应当借记"固定资产累计折旧""无形资产累计摊销"科目），按照置换过程中发生的其他相关支出，贷记"银行存款"等科目，按照借贷方差额，借记"资产处置费用"科目或贷记"其他收入"科目。置换过程中涉及支付交易相关的税费、运输费等，在预算会计部分，按照支付的金额，借记"其他支出"科目，贷记"资金结存"等科目。

例 73【置换换入库存物品，不涉及补价】本年 4 月 3 日，为了提高闲置资产的使用效率，学校经批准与其他学校进行资产置换。学校换出资产是一批课桌椅，资产原值为 18 000 元，已计提折旧为 6 000 元；换入资产是一批教学用品；本次资产置换不涉及补价。当日，学校对换入教学用品验收合格后入库，通过银行存款支付了换出资产的运费 860 元。本次资产置换中，换出资产的价值分为 3 种情况：①换出课桌椅评估价值为 12 000 元。②换出教学系统的评估价值为 13 100 元。③换出教学系统的评估价值为 10 000 元。学校编制如下会计分录：

财务会计（1302 库存物品）	预算会计
本年 4 月 3 日，置换换入的库存物品	
（1）置换换入的库存物品，不涉及补价，换出资产评估价值 12 000 元	
借：库存物品　　　　　　　12 860 　　固定资产累计折旧　　　6 000 　贷：固定资产　　　　　　18 000 　　　银行存款　　　　　　　860	借：其他支出　　　　　　　　　　　860 　贷：资金结存　　　　　　　　　　860
（2）置换换入的库存物品，不涉及补价，换出资产评估价值 13 100 元	
借：库存物品　　　　　　　13 960 　　固定资产累计折旧　　　6 000 　贷：固定资产　　　　　　18 000 　　　银行存款　　　　　　　860 　　　其他收入　　　　　　1 100	借：其他支出　　　　　　　　　　　860 　贷：资金结存　　　　　　　　　　860
（3）置换换入的库存物品，不涉及补价，换出资产评估价值 10 000 元	
借：库存物品　　　　　　　10 860 　　固定资产累计折旧　　　6 000 　　资产处置费用　　　　　2 000 　贷：固定资产　　　　　　18 000 　　　银行存款　　　　　　　860	借：其他支出　　　　　　　　　　　860 　贷：资金结存　　　　　　　　　　860

资产置换过程中涉及补价的,分别进行以下情况处理:

(1)支付补价的,按照确定的成本,借记"库存物品"科目,按照换出资产的账面余额,贷记相关资产科目(换出资产为固定资产、无形资产的,还应当借记"固定资产累计折旧""无形资产累计摊销"科目),按照支付补价和置换过程中发生其他相关支出的金额,贷记"银行存款"等科目,按照借贷方差额,借记"资产处置费用"科目或贷记"其他收入"科目。在预算会计部分,按照支付补价的金额,借记"事业支出""经营支出"等科目,按照支付的其他相关支出,借记"其他支出"科目,贷记"资金结存"等科目。

(2)收到补价的,按照确定的成本,借记"库存物品"科目,按照收到补价的金额,借记"银行存款"等科目,按照换出资产的账面余额,贷记相关资产科目(换出资产为固定资产、无形资产的,还应当借记"固定资产累计折旧""无形资产累计摊销"科目),按照置换过程中发生的其他相关支出,贷记"银行存款"等科目,按照补价扣减其他相关支出后的净收入,贷记"应缴财政款"科目,按照借贷方差额,借记"资产处置费用"科目或贷记"其他收入"科目。

如果收到的补价扣除运费等其他相关支出后为净付款额,在预算会计部分,按照净支付的金额,借记"其他支出"科目,贷记"资金结存"等科目。

如果收到的补价扣除运费等其他相关支出后为净收款额,如上缴财政,不需进行预算会计的核算。

例74 【置换换入库存物品,支付补价,收款净额不需上缴财政】本年4月28日,为了提高闲置资产的使用效率,学校经批准与其他学校进行资产置换。学校换出资产是一套教学系统,资产原值为20 000元,已计提摊销金额为6 000元;换入资产是一批教学用品。当日,学校对换入教学用品验收合格后入库,通过银行存款支付了补价1 000元和换入资产的运费600元。本次资产置换中,换出资产的价值分为3种情况:①换出教学系统的评估价值为15 000元。②换出教学系统的评估价值为13 200元。③换出课桌椅评估价值为17 000元。学校编制如下会计分录:

财务会计(1302 库存物品)		预算会计	
本年4月28日,置换换入的库存物品			
(1)置换换入的库存物品,支付补价,换出资产评估价值15 000元			
借:库存物品	15 600	借:事业支出	1 000
无形资产累计摊销	6 000	其他支出	600
贷:无形资产	20 000	贷:资金结存	1 600
银行存款	1 600		
(2)置换换入的库存物品,支付补价,换出资产评估价值13 200元			
借:库存物品	13 800	借:事业支出	1 000
无形资产累计摊销	6 000	其他支出	600
资产处置费用	1 800	贷:资金结存	1 600
贷:无形资产	20 000		
银行存款	1 600		

财务会计（1302 库存物品）	预算会计

（3）置换换入的库存物品，支付补价，换出资产评估价值 17 000 元

财务会计（1302 库存物品）	预算会计
借：库存物品 17 600 　　无形资产累计摊销 6 000 　　贷：无形资产 20 000 　　　　银行存款 1 600 　　　　其他收入 2 000	借：事业支出 1 000 　　其他支出 600 　　贷：资金结存 1 600

例 75 【置换换入库存物品，收到补价，净收款额需上缴财政】本年 5 月 10 日，为了提高闲置资产的使用效率，学校经批准与其他学校进行资产置换。学校换出资产是一套教学系统，资产原值为 20 000 元，已计提摊销金额为 6 000 元；换入资产是一批教学用品；本次资产置换中，学校收到补价 3 000 元。当日，学校对换入教学用品验收合格后入库，通过银行存款支付了换出资产的运费 700 元。本次资产置换中，换出资产的价值分为以下几种情况：①换出教学系统的评估价值为 14 000 元。②换出教学系统的评估价值为 19 000 元。学校编制如下会计分录：

财务会计（1302 库存物品）	预算会计

本年 5 月 10 日，置换换入的库存物品

（1）置换换入的库存物品，收到补价，净收款额需上缴财政，换出资产评估价值 14 000 元

财务会计（1302 库存物品）	预算会计
借：库存物品 11 700 　　无形资产累计摊销 6 000 　　银行存款 2 300 　　资产处置费用 2 300 　　贷：无形资产 20 000 　　　　应缴财政款 2 300	—

（2）置换换入的库存物品，收到补价，净收款额需上缴财政，换出资产评估价值 19 000 元

财务会计（1302 库存物品）	预算会计
借：库存物品［换出资产评估价＋支付的其他支出－补价］ 16 700 　　无形资产累计摊销 6 000 　　银行存款［补价－其他银行存款支付的支出］ 2 300 　　贷：无形资产 20 000 　　　　应缴财政款［补价－运费等支出］ 2 300 　　　　其他收入［贷差］ 2 700	—

（二）发出库存物品

政府会计主体应当根据实际情况采用先进先出法、加权平均法或者个别计价法确定发出存货的实际成本。计价方法一经确定，不得随意变更。对于性质和用途相似的存货，应当采用相同的成本计价方法确定发出存货的成本。对于不能替代使用的存货、为特定项目专门购入或加工的存货，通常采用个别计价法确定发出存货的成本。

1. 开展业务活动等领用、发出库存物品

学校开展业务活动等领用、按照规定自主出售发出或加工发出库存物品,在财务会计部分,按照领用、出售等发出物品的实际成本,借记"业务活动费用""单位管理费用""经营费用""加工物品"等科目,贷记"库存物品"科目。

例76 【开展业务活动领用库存物品】本年 4 月 15 日,学校教师从仓库领用一批实验教学用材料,成本 350 元。学校编制如下会计分录:

财务会计(1302 库存物品)	预算会计
本年 4 月 15 日,开展教学活动领用库存物品	
借:业务活动费用　　　　　350 　贷:库存物品　　　　　　　　350	—

例77 【开展经营活动发出库存物品】本年 4 月 20 日,非义务教育阶段学校将一批产品对外出售,成本 6 200 元。学校编制如下会计分录:

财务会计(1302 库存物品)	预算会计
本年 4 月 20 日,开展经营活动发出库存物品	
借:经营费用　　　　　　6 200 　贷:库存物品　　　　　　　6 200	—

2. 领用低值易耗品、包装物

学校应当采用一次转销法摊销低值易耗品、包装物,在首次领用时将其账面余额一次性摊销计入有关成本费用,借记"业务活动费用""单位管理费用""经营费用"等科目,贷记"库存物品"科目。采用五五摊销法摊销低值易耗品、包装物的,首次领用时,将其账面余额的50%摊销计入有关成本费用,借记"业务活动费用""单位管理费用""经营费用"等科目,贷记"库存物品"科目;使用完时,将剩余的账面余额转销计入有关成本费用,借记"业务活动费用""单位管理费用""经营费用"等科目,贷记"库存物品"科目。

(三)处置库存物品

1. 对外处置库存物品

对于发生的存货毁损,应当将存货账面余额转销计入当期费用,并将毁损存货处置收入扣除相关处置税费后的差额按规定作应缴款项处理(差额为净收益时)或计入当期费用(差额为净损失时)。

经批准对外处置的库存物品(不含可自主出售的库存物品)发出时,在财务会计部分,按照库存物品的账面余额,借记"资产处置费用"科目,贷记"库存物品"科目;同时,处置库存物品收到的价款扣除处置过程中发生的相关费用,如为净收款,按照净收款的金额,借记"银行存款"等科目,贷记"应缴财政款"科目;如为净付款,按照净付款的金额,借记"其他费用"科目,贷记"银行存款"等科目。

处置库存物品收到的价款扣除处置过程中发生的相关费用,如果为净付款,在预算会计部分,还应按照净付款的金额,借记"其他支出"科目,贷记"资金结存"等科目。

例 78 【对外处置库存物品】学校经批准将一批若干年前购进的不需用的库存物品对外出售,库存物品的账面余额为 13 800 元,经评估后售价为 7 800 元,本年 4 月 24 日收到款项。学校出售库存物品的价款应上缴财政。学校编制如下会计分录:

财务会计(1302 库存物品)		预算会计
本年 4 月 24 日,开展业务活动领用库存物品		
借:资产处置费用	13 800	
贷:库存物品	13 800	
同时:		—
借:银行存款	7 800	
贷:应缴财政款	7 800	

2. 对外捐赠库存物品

经批准对外捐赠的库存物品发出时,在财务会计部分,按照库存物品的账面余额和对外捐赠过程中发生的归属于捐出方的相关费用合计数,借记"资产处置费用"科目,按照库存物品账面余额,贷记"库存物品"科目,按照对外捐赠过程中发生的归属于捐出方的相关费用,贷记"银行存款"等科目。对外捐赠库存物品过程中,归属于捐出方的相关费用以资金方式支付时,在预算会计部分,按照实际支付的相关费用,借记"其他支出"科目,贷记"资金结存"等科目。

例 79 【对外捐赠库存物品】本年 5 月 4 日,学校经批准向遭受自然灾害的结对学校捐赠一批教学用品,库存物品的账面余额为 50 000 元;当日用银行存款支付运费 890 元。学校编制如下会计分录:

财务会计(1302 库存物品)		预算会计	
本年 5 月 4 日,对外捐赠库存物品			
借:资产处置费用	50 890	借:其他支出	890
贷:库存物品	50 000	贷:资金结存	890
银行存款	890		

3. 无偿调出库存物品

经批准无偿调出的库存物品发出时,在财务会计部分,按照库存物品的账面余额,借记"无偿调拨净资产"科目,贷记"库存物品"科目;同时,按照无偿调出过程中发生的归属于调出方的相关费用,借记"资产处置费用"科目,贷记"银行存款"等科目。无偿调出库存物品过程中,归属于调出方的相关费用以资金方式支付时,在预算会计部分,按照实际支付的相关费用,借记"其他支出"科目,贷记"资金结存"等科目。

例 80 【对外调拨库存物品】本年 5 月 12 日,学校经批准将一批库存物品调拨给其他学校,库存物品的账面余额为 12 000 元;同日,通过银行存款支付运费 780 元。学校编制如下会计分录:

财务会计(1302 库存物品)	预算会计
本年 5 月 12 日,对外调出库存物品	
借:无偿调拨净资产　　12 000 　　贷:库存物品　　　　　12 000 同时: 借:资产处置费用　　　780 　　贷:银行存款　　　　　780	借:其他支出　　　　　780 　　贷:资金结存　　　　　780

4. 经批准置换出的库存物品

经批准置换而换出的库存物品,参照本科目有关置换换入库存物品的规定进行账务处理。

(四) 定期盘点库存物品

学校应当定期对库存物品进行清查盘点,每年至少盘点一次。对于发生的库存物品盘盈、盘亏或者报废、毁损,仅需在财务会计部分,先记入"待处理财产损溢"科目,按照规定报经批准后及时进行后续账务处理。

1. 盘盈的库存物品

盘盈的库存物品,其成本按照有关凭证注明的金额确定;没有相关凭证、但按照规定经过资产评估的,其成本按照评估价值确定;没有相关凭证,也未经过评估的,其成本按照重置成本确定。如无法采用上述方法确定盘盈的库存物品成本的,按照名义金额入账。

盘盈的库存物品,在财务会计部分,按照确定的入账成本,借记"库存物品"科目,贷记"待处理财产损溢"科目。

例 81　【盘盈库存物品】本年 10 月 25 日,学校在库存物品盘点过程中,盘盈一批库存物品,按重置成本确定的成本为 2 800 元。报经批准后处理,学校编制如下会计分录:

财务会计(1302 库存物品)	预算会计
本年 10 月 25 日,盘盈库存物品	
借:库存物品　　　　　2 800 　　贷:待处理财产损溢　　2 800	——

2. 盘亏或者毁损、报废的库存物品

盘亏或者毁损、报废的库存物品,在财务会计部分,按照待处理库存物品的账面余额,借记"待处理财产损溢"科目,贷记"库存物品"科目。

属于增值税一般纳税人的学校,若因非正常原因导致的库存物品盘亏或毁损,还应当将与该库存物品相关的增值税进项税额转出,按照其增值税进项税额,借记"待处理财产损溢"科目,贷记"应交增值税——应交税金(进项税额转出)"科目。

例 82　【盘亏库存物品】本年 11 月 25 日,学校在库存物品盘点过程中,盘亏一批库存物品,其账面余额为 3 450 元。报经批准后处理,学校编制如下会计分录:

财务会计（1302 库存物品）	预算会计
本年 11 月 25 日，盘亏或者毁损、报废的库存物品转入待处理资产	
借：待处理财产损溢　　　　　　3 450 　　贷：库存物品［账面余额］　　　3 450	——

【解析 26】　1303 加工物品

一、业务描述

学校在办学过程中因业务需要，组织教职工自制教学用具和物品，以及委托其他单位制作教学用具和物品，这些教学用具和物品不满足固定资产的确认条件，因而通过加工物品反映这类业务。按照加工物品的组织方式，分为学校自制和委托其他单位加工。自制加工物品的主要业务环节包括：消耗直接材料、支付加工人员薪酬、分摊加工物品消耗的其他直接费用，以及分摊与加工物品有关的间接费用，完工后验收合格入库。委托其他单位加工物品的业务，按照委托方式分为受托方包工包料和受托方包工不包料，主要业务环节包括：发给外单位加工的材料等，支付加工费、运输费等费用，收回委托加工完成的材料等验收合格后入库。

二、科目设置

"加工物品"科目是财务会计使用的科目，核算学校自制或委托外单位加工的各种物品的实际成本。"加工物品"科目应当设置"自制物品""委托加工物品"两个一级明细科目，并按照物品类别、品种、项目等设置明细账，进行明细核算。

"加工物品"科目在"自制物品"一级明细科目下应当设置"直接材料""直接人工""其他直接费用"等二级明细科目归集自制物品发生的直接材料、直接人工（专门从事物品制造人员的人工费）等直接费用；对于自制物品发生的间接费用，应当在本科目"自制物品"一级明细科目下单独设置"间接费用"二级明细科目予以归集，期末，再按照一定的分配标准和方法，分配计入有关物品的成本。

"加工物品"科目核算学校自制或委托其他单位加工的物品，完成加工后，经学校验收合格后入库可记入"库存物品"科目。"在途物品""加工物品"和"库存物品"反映了学校取得材料等物资的不同状态。

三、典型业务

（一）自制物品

政府会计主体自行加工的存货，其成本包括耗用的直接材料费用、发生的直接人工费用和按照一定方法分配的与存货加工有关的间接费用。

1. 为自制物品领用材料等

为自制物品领用材料等，在财务会计部分，按照材料成本，借记"加工物品——自制物品——直接材料"科目，贷记"库存物品"科目。

2. 专门从事物品制造的人员发生的直接人工费用

专门从事物品制造的人员发生的直接人工费用，在财务会计部分，按照实际发生的金额，借记"加工物品——自制物品——直接人工"科目，贷记"应付职工薪酬"科目。

3. 为自制物品发生的其他直接费用

为自制物品发生的其他直接费用,在财务会计部分,按照实际发生的金额,借记"加工物品——自制物品——其他直接费用"科目,贷记"零余额账户用款额度""银行存款"等科目。其他直接费用以资金支付时,在预算会计部分,按照实际支付的金额,借记"事业支出"等科目,贷记"财政拨款预算收入""资金结存"科目。

4. 为自制物品发生的间接费用

为自制物品发生的间接费用,在财务会计部分,按照实际发生的金额,借记"加工物品——自制物品——间接费用"科目,贷记"零余额账户用款额度""银行存款""应付职工薪酬""固定资产累计折旧""无形资产累计摊销"等科目。自制物品发生的间接费用以资金支付时,在预算会计部分,按照实际支付的金额,借记"事业支出"等科目,贷记"财政拨款预算收入""资金结存"科目。

间接费用一般按照生产人员工资、生产人员工时、机器工时、耗用材料的数量或成本、直接费用(直接材料和直接人工)或产品产量等进行分配。学校可根据具体情况自行选择间接费用的分配方法。分配方法一经确定,不得随意变更。

5. 已经制造完成并验收合格后入库的物品

已经制造完成并验收合格后入库的物品,在财务会计部分,按照所发生的实际成本(包括耗用的直接材料费用、直接人工费用、其他直接费用和分配的间接费用),借记"库存物品"科目,贷记"加工物品——自制物品"科目。

例83 【自制物品】本年7月,学校教师在科研机构专家的指导下自制一批科学实验用具和材料。本年7月1日,领用材料成本3 800元;7月10日,通过财政直接支付方式向科研机构支付设计费4 200元;7月25日,分配2名实验教师当月薪酬12 000元,计提7月使用设备的折旧1 400元;7月29日,自制实验用具和材料完工验收后入库。自制实验用具和材料不符合固定资产确认条件。学校编制如下会计分录:

财务会计(1303 加工物品)	预算会计
(1) 本年7月1日,自制物品领用材料	
借:加工物品——自制物品——直接材料 3 800 　　贷:库存物品　　　　　　　　　　 3 800	—
(2) 本年7月10日,支付自制物品设计费	
借:加工物品——自制物品——其他直接费用 　　　　　　　　　　　　　　　　 4 200 　　贷:财政拨款收入　　　　　　　　 4 200	借:事业支出——商品和服务支出——委托业务费　　　　　　　　　　　　 4 200 　　贷:财政拨款预算收入　　　　　　 4 200
(3) 本年7月25日,支付自制物品直接人工费	
借:加工物品——自制物品——直接人工 　　　　　　　　　　　　　　　　12 000 　　贷:应付职工薪酬　　　　　　　　12 000	—

财务会计（1303 加工物品）	预算会计
（4）本年 7 月 25 日，计提自制物品间接费用	
借：加工物品——自制物品——间接费用 1 400 　　贷：累计折旧　　　　　　　　　　　　 1 400	—
（5）本年 7 月 29 日，自制物品加工完成、验收合格后入库	
借：库存物品　　　　　　　　　　21 400 　　贷：加工物品——自制物品　　　　　21 400	—

（二）委托加工物品

政府会计主体委托加工的存货，其成本包括委托加工前存货成本、委托加工的成本（如委托加工费以及按规定应计入委托加工存货成本的相关税费等）以及使存货达到目前场所和状态所发生的归属于存货成本的其他支出。

1. 发给外单位加工的材料等

发给外单位加工的材料等，在财务会计部分，按照材料的实际成本，借记"加工物品——委托加工物品"科目，贷记"库存物品"科目。

2. 支付加工费、运输费等费用

支付加工费、运输费等费用，在财务会计部分，按照实际支付的金额，借记"加工物品——委托加工物品"科目，贷记"应付账款""零余额账户用款额度""银行存款"等科目。涉及增值税业务的，相关账务处理参见"应交增值税"科目。以资金支付加工费、运输费等费用时，在预算会计部分，按照支付的金额，借记"事业支出"科目，贷记"财政拨款预算收入""资金结存"科目。

3. 收回委托加工完成的材料等，经验收合格后入库

收回委托加工完成的材料等验收合格后入库，在财务会计部分，按照加工前发出材料的成本和加工、运输成本等，借记"库存物品"等科目，贷记"加工物品——委托加工物品"科目。

例 84 【委托加工物品】本年 8 月，某职业学校委托一家企业加工教学用具。8 月 4 日，将材料发给企业进行加工，材料成本 7 000 元；8 月 25 日，通过财政直接支付的方式向公司支付加工费 15 000 元；9 月 2 日，收回委托加工完成的教学用具，完工验收后入库，收回的教学用具不符合固定资产确认条件。学校编制如下会计分录：

财务会计（1303 加工物品）	预算会计
（1）本年 8 月 4 日，发给外单位加工的材料	
借：加工物品——委托加工物品　　7 000 　　贷：库存物品　　　　　　　　　　　 7 000	—
（2）本年 8 月 25 日，支付委托加工的加工费	
借：加工物品——委托加工物品　 15 000 　　贷：财政拨款收入　　　　　　　　 15 000	借：事业支出——商品和服务支出——委托业务费 　　　　　　　　　　　　　　　　　 15 000 　　贷：财政拨款预算收入　　　　　　　 15 000

财务会计（1303 加工物品）	预算会计
（3）本年 9 月 2 日，收回委托加工物品，完工并验收合格后入库	
借：库存物品（相关明细科目）　　22 000 　　贷：加工物品——委托加工物品　22 000	—

例 85　【委托加工物品】某职业技术学校，委托一家企业加工一批材料，双方约定：学校先预付 25 000 元；企业根据学校提供的要求购置材料，并进行加工；加工完成后，经学校验收后支付剩余款项。本年 6 月 12 日，学校通过零余额账户预付 25 000 元。8 月 25 日，学校对委托加工材料进行收回，验收合格后入库；学校通过零余额账户将剩余款项 60 000 元支付给该企业。学校编制以下会计分录：

财务会计（1303 加工物品）	预算会计
（1）本年 6 月 12 日，支付委托加工材料定金	
借：加工物品——委托加工物品　　25 000 　　贷：零余额账户用款额度　　　　25 000	借：事业支出——商品和服务支出——委托业务费 　　　　　　　　　　　　　　　　　25 000 　　贷：资金结存　　　　　　　　　25 000
（2）本年 8 月 25 日，将委托加工物品验收合格后入库，并支付剩余款项	
借：加工物品——委托加工物品　　60 000 　　贷：零余额账户用款额度　　　　60 000 同时： 借：库存物品　　　　　　　　　　85 000 　　贷：加工物品——委托加工物品　85 000	借：事业支出——商品和服务支出——委托业务费 　　　　　　　　　　　　　　　　　60 000 　　贷：资金结存　　　　　　　　　60 000

【解析 27】　1401 待摊费用

一、业务描述

学校因办学活动需要发生预付航空保险费、预付租金等业务，这些业务的共同特点是业务款项已经支付，支付的是与期间相关的费用性支出，且业务活动在付款后 1 年以内（含 1 年）发生。这类业务通过待摊费用来反映。根据业务环节，待摊费用的核算包括：发生待摊费用，按照受益期限分期平均摊销，将已经不能使学校受益的待摊费用余额转入当期费用等。

二、科目设置

"待摊费用"科目是财务会计使用的科目，核算学校已经支付，但应当由本期和以后各期分别负担的分摊期在 1 年以内（含 1 年）的各项费用，如预付航空保险费、预付租金等。"待摊费用"科目应当按照待摊费用种类进行明细核算。待摊费用应当在其受益期限内分期平均摊销，如预付航空保险费应在保险期的有效期内、预付租金应在租赁期内分期平均摊销，计入当期费用。"待摊费用"科目期末借方余额，反映学校各种已支付但尚未摊销的分摊期在 1 年以内（含 1 年）的费用。

摊销期限在 1 年以上的租入固定资产改良支出和其他费用，应当通过"长期待摊费用"科目核算,而不通过"待摊费用"科目核算。

三、典型业务

(一) 发生待摊费用

发生待摊费用时,在财务会计部分,按照实际预付的金额,借记"待摊费用"科目,贷记"财政拨款收入""零余额账户用款额度""银行存款"等科目。在预算会计部分,按照实际预付的金额,借记"事业支出""经营支出"等科目,贷记"财政拨款预算收入""资金结存"等科目。

例 86 【发生待摊费用】本年 5 月 20 日,学校通过零余额账户支付的方式预付本年 6 月至 11 月的 6 个月活动场地的租金 48 000 元。学校编制如下会计分录:

财务会计(1401 待摊费用)	预算会计
(1) 本年 5 月 20 日,发生待摊费用	

借:待摊费用   48 000
  贷:零余额账户用款额度 48 000
	借:事业支出——商品和服务支出——租赁费
	              48 000
	  贷:资金结存——零余额账户用款额度 48 000

(2) 本年 6 月 19 日,分摊 1 个月的租金	
借:业务活动费用 8 000 贷:待摊费用 8 000	—

(二) 按照受益期限分期平均摊销

对已入账的待摊费用按照受益期限分期平均摊销时,在财务会计部分,按照需摊销金额,借记"业务活动费用""单位管理费用""经营费用"等科目,贷记"待摊费用"科目。

例 87 【在受益期分摊待摊费用】本年 4 月 25 日,学校通过财政直接支付的方式预付 7 月和 8 月为期 2 个月的实习期保险费 48 690 元。学校编制如下会计分录:

财务会计(1401 待摊费用)	预算会计
(1) 本年 4 月 25 日,发生待摊费用	

借:待摊费用   48 690
  贷:财政拨款收入   48 690
	借:事业支出——商品和服务支出——其他商品和
	服务支出——学生活动费 48 690
	  贷:财政拨款预算收入 48 690

(2) 本年 7 月末,分摊 1 个月保险费	
借:业务活动费用 24 345 贷:待摊费用 24 345	—
(3) 本年 8 月末,分摊 1 个月保险费	
借:业务活动费用 24 345 贷:待摊费用 24 345	—

(三) 将已经不能使学校受益的待摊费用余额转入当期费用

如果某项待摊费用已经不能使学校受益,应当将其摊余金额一次全部转入当期费用。在财务会计部分,按照摊余金额,借记"业务活动费用""单位管理费用""经营费用"

等科目,贷记"待摊费用"科目。

四、业务辨析

待摊费用与预付账款的辨析:

"待摊费用"科目和"预付账款"科目都是财务会计核算中使用的资产类科目,但两者的使用存在差异。

1)"待摊费用"科目与"预付账款"科目的核算范围不同

"待摊费用"科目核算的是业务款项已经支付,支付的是与期间相关的费用性支出,且业务活动在付款后1年以内(含1年)发生的业务。

"预付账款"科目通常核算因采购商品、服务、工程等活动与供应商(个人)签订协议,而预先支付的款项;后续期间,根据相关协议预付款项,再按照收货或者服务完工进度、工程完工进度进行结算。

因而,待摊费用预付的是与期间有关的费用化款项。预付账款预付的可能是费用化款项,也可能是形成资产的预付款项;而预付的费用化款项,可能与期间相关,也可能与期间不相关。

2)"待摊费用"科目与"预付账款"科目的核算环节不同

"待摊费用"科目进行确认和初始计量后,后续期间应在款项的收益期间内平均分摊,按照分摊的金额计入相关费用。如果某项待摊费用已经不能使学校受益,应当将其摊余金额一次全部转入当期费用。

"预付账款"科目进行确认和初始计量后,后续期间再按照相关协议根据收货或者服务完工进度、工程完工进度进行结算,并进行有关资产、费用等核算。

3.3 非流动资产的分类核算

【解析28】 1501 长期股权投资△

一、业务描述

非义务教育阶段学校进行对外投资,应该符合国家有关规定;按照国家有关规定可以对外投资的,应当履行相关审批程序。非义务教育阶段学校的长期股权投资是对外投资的一种方式,是指学校依法利用货币资金、实物、无形资产等方式直接投资于其他单位取得股权,且投资期限超过1年的股权投资。长期股权投资的最终目的是为了获得经济利益,这种经济利益主要来自被投资单位分派现金股利或分配利润。

非义务教育阶段学校进行对外投资,不得影响学校正常运转和事业发展,应当严格控制对外投资,不得使用财政拨款及其结余进行对外投资,不得从事股票、期货、基金、企业债券等投资,国家另有规定的除外。非义务教育阶段学校以实物、无形资产等非货币性资产对外投资的,应当按照国家有关规定进行资产评估,合理确定资产价值。

非义务教育阶段学校的长期股权投资,是学校作为投资方,按照规定取得的,持有时间超过1年(不含1年)的股权性质的投资。长期股权投资的核算需要关注以下要点:

(1)长期股权投资的交易方式,包括现金购入和处置的长期股权投资,接受捐赠取得的长期股权投资,调拨调入和调拨调出的长期股权投资,通过存货、固定资产等非现金资产换入或换出的长期股权投资。

（2）投资方对被投资单位的影响。长期股权投资在持有期间，通常应当采用权益法进行核算。作为投资方无权决定被投资单位的财务和经营政策或无权参与被投资单位的财务和经营政策决策的，应当采用成本法进行核算。

（3）长期股权投资的业务环节，包括取得长期股权投资、持有长期股权投资、处置长期股权投资、长期股权投资的股权变动等。

（4）被投资单位净资产变动对投资方的影响。例如，持有长期股权投资过程中，被投资单位实现净利润、分派现金股利和分配利润，以及被投资单位发生除净损益和利润分配以外的所有者权益变动等对投资方的影响。

二、科目设置

"长期股权投资"科目是财务会计使用的科目，核算非义务教育阶段学校按照规定取得的，持有时间超过 1 年（不含 1 年）的股权性质的投资。学校的长期股权投资科目应当按照被投资单位和长期股权投资取得方式等进行明细核算。长期股权投资持有期间，应当按照规定采用成本法或权益法进行核算"长期股权投资"科目期末借方余额，反映学校持有的长期股权投资的价值。

学校应根据长期股权投资持有期间采用的核算方式设置明细科目。采用权益法核算的长期股权投资，还应当设置"成本""损益调整""其他权益变动"明细科目，进行明细核算。各明细科目的核算范围包括：

（1）"成本"明细科目，核算取得权益法长期股权投资的投资成本。

（2）"损益调整"明细科目，核算因被投资单位实现净损益和进行利润分配，投资方按照持有权益法长期股权投资应享有或应分担的比例进行调整的部分。

（3）"其他权益变动"明细科目，核算因被投资单位除实现净损益和进行利润分配外其他所有者权益变动，投资方按照持有权益法长期股权投资应享有或应分担的比例进行调整的部分。

三、典型业务

（一）取得长期股权投资

长期股权投资在取得时，应当按照实际成本作为初始投资成本。学校可以通过多种方式取得长期股权投资，包括以支付现金方式取得、以支付现金以外的其他资产置换取得、以未入账的无形资产取得、以接受捐赠方式取得、以无偿调入方式取得等。

1. 以支付现金取得长期股权投资

以支付现金取得的长期股权投资，按照实际支付的全部价款（包括购买价款和相关税费）作为实际成本。实际支付价款中包含的已宣告但尚未发放的现金股利，应当单独确认为应收股利，不计入长期股权投资初始投资成本。

在财务会计部分，按照确定的投资成本，借记"长期股权投资"科目［成本法核算长期股权投资］或"长期股权投资——成本"科目［权益法核算长期股权投资］，按照支付价款中包含的已宣告但尚未发放的现金股利，借记"应收股利"科目，按照实际支付的全部价款，贷记"银行存款""应付账款"等科目。以资金支付全部价款时，在预算会计部分，按照实际支付的全部价款，借记"投资支出"科目，贷记"资金结存"科目。

实际收到取得投资时所支付价款中包含的已宣告但尚未发放的现金股利时，借记

"银行存款"科目,贷记"应收股利"科目。在预算会计部分,按照实际收到的现金股利,借记"资金结存"科目,贷记"投资支出"科目。

例88 【取得长期股权投资】本年5月7日,非义务教育阶段学校通过非财政性资金支付180 000元取得某企业的股权,拟持有期间超过1年;支付价款中含有被投资企业已经宣告发放的利润10 000元;学校按成本法核算。5月30日,学校收到分得的现金股利。学校编制如下会计分录:

财务会计(1501 长期股权投资△)	预算会计
(1)本年5月7日,以支付现金方式取得长期股权投资,按照成本法核算	

借:长期股权投资   170 000
    应收股利   10 000
  贷:银行存款   180 000
	借:投资支出 180 000
	  贷:资金结存——货币资金 180 000

(2)本年5月30日,持有成本法核算的长期股权投资,收到现金股利	

借:银行存款   10 000
  贷:应收股利   10 000
	借:资金结存——货币资金 10 000
	  贷:投资支出 10 000

2. 以支付现金以外的其他资产置换取得长期股权投资

以支付现金以外的其他资产置换取得的长期股权投资,其成本按照换出资产的评估价值加上支付的补价或减去收到的补价,加上换入长期股权投资发生的其他相关支出确定。

以支付现金以外的其他资产置换取得的长期股权投资,参照"库存物品"科目中置换取得库存物品的相关规定进行账务处理。

3. 以未入账的无形资产取得长期股权投资

以未入账的无形资产取得的长期股权投资,在财务会计部分,按照评估价值加相关税费作为投资成本,借记"长期股权投资"科目,按照发生的相关税费,贷记"银行存款""其他应交税费"等科目,按贷方差额,贷记"其他收入"科目。以资金支付发生的相关税费时,在预算会计部分,按照实际支付的相关税费,借记"其他支出"科目,贷记"资金结存"科目。

4. 以接受捐赠方式取得长期股权投资

以接受捐赠方式取得长期股权投资,在财务会计部分,按照确定的投资成本,借记"长期股权投资"科目[成本法核算长期股权投资]或"长期股权投资——成本"科目[权益法核算长期股权投资],按照发生的相关税费,贷记"银行存款"等科目,按照其差额,贷记"捐赠收入"科目。以资金支付发生的相关税费时,在预算会计部分,按照实际支付的相关税费,借记"其他支出"科目,贷记"资金结存"科目。

例89 【接受捐赠取得长期股权投资】本年6月7日,非义务教育阶段学校接受校友捐赠的5 000 000股某科技企业的股票,评估价值为6 000 000元,以非财政资金支付相关税费60 000元;学校按成本法核算。学校编制如下会计分录:

财务会计(1501 长期股权投资△)	预算会计
本年 6 月 7 日,以接受捐赠方式取得长期股权投资,按成本法核算	
借:长期股权投资　　　　　6 000 000 　贷:银行存款　　　　　　　　60 000 　　捐赠收入　　　　　　　5 940 000	借:其他支出　　　　　　　　60 000 　贷:资金结存——货币资金　　　60 000

5. 以无偿调入方式取得的长期股权投资

以无偿调入方式取得的长期股权投资,在财务会计部分,按照确定的投资成本,借记"长期股权投资"科目[成本法核算长期股权投资]或"长期股权投资——成本"科目[权益法核算长期股权投资],按照发生的相关税费,贷记"银行存款"等科目,按照其差额,贷记"无偿调拨净资产"科目。以资金支付发生的相关税费时,在预算会计部分,按照实际支付的相关税费,借记"其他支出"科目,贷记"资金结存"科目。

例 90 【无偿调入取得的长期股权投资】本年 6 月 7 日,非义务教育阶段学校接受无偿调拨调入的 500 000 股某科技企业的股票,确定的成本为 720 000 元,以非财政资金支付相关税费 5 000 元;学校按权益法核算。学校编制如下会计分录:

财务会计(1501 长期股权投资△)	预算会计
本年 6 月 7 日,取得无偿调入长期股权投资,按权益法核算	
借:长期股权投资——成本　　720 000 　贷:无偿调拨净资产　　　　715 000 　　银行存款　　　　　　　　5 000	借:其他支出　　　　　　　　5 000 　贷:资金结存——货币资金　　　5 000

(二) 持有长期股权投资

长期股权投资持有期间,应当按照规定采用成本法或权益法进行核算。成本法,是指投资按照投资成本计量的方法。权益法,是指投资最初以投资成本计量,以后根据投资方在被投资单位所享有的所有者权益份额的变动对投资的账面余额进行调整的方法。

1. 采用成本法核算

(1) 被投资单位宣告发放现金股利或分配利润时,在财务会计部分,按照应收的金额,借记"应收股利"科目,贷记"投资收益"科目。

(2) 收到现金股利或利润时,在财务会计部分,按照实际收到的金额,借记"银行存款"等科目,贷记"应收股利"科目。在预算会计部分,按照实际收到的金额,借记"资金结存"等科目,贷记"投资预算收益"科目。

例 91 【成本法核算长期股权投资,持有期间取得现金股利】非义务教育阶段学校持有某公司股权,按成本法核算。本年 4 月 25 日,被投资企业宣告分派现金股利,根据学校应分享的比例可收到 27 000 元。5 月 12 日,学校收到被投资企业发放的现金股利。学校编制如下会计分录:

财务会计(1501 长期股权投资△)	预算会计
(1) 本年 4 月 25 日,持有成本法核算的长期股权投资,被投资企业宣告分派现金股利	
借:应收股利　　　　　27 000 　　贷:投资收益　　　　　　　27 000	
(2) 本年 5 月 12 日,取得被投资企业分派的现金股利	
借:银行存款　　　　　27 000 　　贷:应收股利　　　　　　　27 000	借:资金结存——货币资金　　　27 000 　　贷:投资预算收益　　　　　　27 000

2. 采用权益法核算

（1）被投资单位实现净利润的,在财务会计部分,按照应享有的份额,借记"长期股权投资——损益调整"科目,贷记"投资收益"科目。被投资单位发生净亏损的,在财务会计部分,按照应分担的份额,借记"投资收益"科目,贷记"长期股权投资——损益调整"科目,但以本科目的账面余额减记至零为限。发生亏损的被投资单位以后年度又实现净利润的,在财务会计部分,按照收益分享额弥补未确认的亏损分担额等后的金额,借记"长期股权投资——损益调整"科目,贷记"投资收益"科目。

（2）被投资单位宣告分派现金股利或分配利润时,在财务会计部分,按照应享有的份额,借记"应收股利"科目,贷记"长期股权投资——损益调整"科目。

（3）收到被投资单位分派现金股利或利润时,在财务会计部分,按照应享有的份额,借记"银行存款"科目,贷记"应收股利"科目;在预算会计部分,按照实际收到的金额,借记"资金结存"等科目,贷记"投资预算收益"科目。

　　例 92　【权益法核算长期股权投资,持有期间被投资单位实现净利润】非义务教育阶段学校持有某企业股权,持股比例为 30%,按照权益法核算。本年 3 月 5 日,收到被投资企业的年度财务报表显示,上年度被投资企业实现净利润 4 000 000 元。4 月 5 日,被投资企业宣告分派现金股利 3 000 000 元。4 月 25 日,学校收到现金股利。学校编制如下会计分录:

财务会计(1501 长期股权投资△)	预算会计
(1) 本年 3 月 5 日,持有权益法核算的长期股权投资,被投资企业实现净利润	
借:长期股权投资——损益调整 1 200 000 　　贷:投资收益　　　　　　1 200 000	—
(2) 本年 4 月 5 日,持有权益法核算的长期股权投资,被投资企业宣告分派现金股利	
借:应收股利　　　　　900 000 　　贷:长期股权投资——损益调整　900 000	—
(3) 本年 4 月 25 日,持有权益法核算的长期股权投资,收到被投资企业分派的现金股利	
借:银行存款　　　　　900 000 　　贷:应收股利　　　　　　　900 000	借:资金结存——货币资金　　　900 000 　　贷:投资预算收益　　　　　　900 000

　　例 93　【权益法核算长期股权投资,持有期间被投资企业亏损】非义务教育阶段学校持有某企业股权,持股比例为 20%,按照权益法核算。本年 3 月 15 日,长期股权投资账

面余额为 600 000 元,如果当日收到被投资企业的年度财务报表显示:①上年度被投资企业亏损 1 500 000 元。②上年度被投资企业亏损 3 500 000 元。学校编制如下会计分录:

财务会计(1501 长期股权投资△)	预算会计
(1) 本年 3 月 15 日,持有权益法核算的长期股权投资,被投资企业亏损 1 500 000 元	
借:投资收益　　　　　　　　　 300 000 　贷:长期股权投资——损益调整　　　300 000	—
(2) 本年 3 月 15 日,持有权益法核算的长期股权投资,被投资企业亏损 3 500 000 元	
借:投资收益　　　　　　　　　 600 000 　贷:长期股权投资——损益调整　　　600 000	—

注:被投资单位亏损 3 500 000 元,根据分享比例学校应分摊亏损 700 000 元,而长期股权投资在计提亏损之前的账面余额为 600 000 元,因此以长期股权投资账面余额减记至零为限,冲减权益调整明细科目金额 600 000 元,尚未入账的 100 000 元,在备查账簿中记录。在被投资企业实现利润后,先把未入账的亏损转回后,再确认权益调整明细科目借方金额和投资收益

(4) 被投资单位发生除净损益和利润分配以外的所有者权益变动的,在财务会计部分,按照应享有或应分担的份额,借记或贷记"权益法调整"科目,贷记或借记"长期股权投资——其他权益变动"科目。

例 94 【权益法核算长期股权投资,持有期间被投资企业发生除净损益和利润分配以外的所有者权益变动】非义务教育阶段学校持有某企业股权,由于被投资企业引入新股东,经股东协商后,本年 9 月 15 日完成股东变更:学校的持股比例从 40%,调整为 30%。引入新股东前,被投资企业所有者权益为 10 000 000 元,引入新股东后,被投资企业所有者权益变为 14 000 000 元。学校编制如下会计分录:

财务会计(1501 长期股权投资△)	预算会计
本年 9 月 15 日,持有权益法核算的长期股权投资,持有期间被投资企业发生除净损益和利润分配以外的所有者权益变动	
借:长期股权投资——其他权益变动　 200 000 　贷:权益法调整　　　　　　　　　200 000	—

3. 成本法与权益法的转换

(1) 因处置部分长期股权投资导致成本法与权益法的转换。政府会计主体因处置部分长期股权投资等原因无权再决定被投资单位的财务和经营政策或者参与被投资单位的财务和经营政策决策时,应当对处置后的剩余股权投资改按成本法核算,并以该剩余股权投资在权益法下的账面余额作为按照成本法核算的初始投资成本。学校因处置部分长期股权投资等原因导致剩余股权投资由权益法改按成本法核算时,在财务会计部分,应当按照权益法下"长期股权投资"科目账面余额作为成本法下"长期股权投资——成本"科目账面余额。其后,被投资单位宣告分派现金股利或利润时,属于学校已计入投资账面余额的部分,作为成本法下长期股权投资成本的收回,冲减长期股权投资的账面余额。因而,在财务会计部分,按照应分得的现金股利或利润份额,借记"应收股利"科

目,贷记"长期股权投资"科目。

（2）因追加投资等原因导致成本法与权益法的转换。政府会计主体因追加投资等原因导致有权决定被投资单位的财务和经营政策或者参与被投资单位的财务和经营政策决策时,对长期股权投资的核算应当从成本法改为权益法。因追加投资等原因从成本法改为权益法时,按成本法下长期股权投资的账面余额加上追加投资的成本作为按照权益法核算的初始投资成本,在财务会计部分,应当按照成本法下本科目账面余额与追加投资成本的合计金额,借记"长期股权投资——成本"科目,按照成本法下本科目账面余额,贷记"长期股权投资"科目,按照追加投资的成本,贷记"银行存款"等科目。

（三）按照规定报经批准处置长期股权投资

按照规定报经批准出售（转让）长期股权投资时,应当区分长期股权投资取得方式分别进行处理。学校按规定报经批准处置长期股权投资,应当冲减长期股权投资的账面余额。结合长期股权投资的取得方式,按规定需上缴财政的,按规定将处置价款扣除相关税费后的余额作应缴款项处理。如果纳入预算管理,按规定将处置价款扣除相关税费后的余额与长期股权投资账面余额的差额计入当期投资损益。

1. 按照规定报经批准出售（转让）长期股权投资

按照规定报经批准出售（转让）长期股权投资时,应当区分长期股权投资取得方式并分别进行处理。

（1）处置以支付现金方式取得的长期股权投资。在财务会计部分,按照实际取得的价款,借记"银行存款"等科目,按照被处置长期股权投资的账面余额,贷记"长期股权投资"科目,按照尚未领取的现金股利或利润,贷记"应收股利"科目,按照发生的相关税费等支出,贷记"银行存款"等科目,按照借贷方差额,借记或贷记"投资收益"科目。处置投资收回价款时,在预算会计部分,按照实际收到的金额,借记"资金结存"等科目,按投资成本,贷记"其他结余"[本年度出售以前年度取得的长期股权投资]等科目,按借差或贷差,借记或贷记"投资预算收益"科目。

（2）处置以支付现金以外的其他资产取得的长期股权投资。属于处置收款净额需上缴财政的,在财务会计部分,按照被处置长期股权投资的账面余额,借记"资产处置费用"科目,贷记"长期股权投资"科目;同时,按照实际取得的价款,借记"银行存款"等科目,按照尚未领取的现金股利或利润,贷记"应收股利"科目,按照发生的相关税费等支出,贷记"银行存款"等科目,按照贷方差额,贷记"应缴财政款"科目。

处置以支付现金以外的其他资产取得的长期股权投资,按照规定将处置时取得的投资收益纳入学校预算管理的,在财务会计部分,按照处置价款,借记"银行存款"科目,按照被处置长期股权投资的账面余额,贷记"长期股权投资"科目,按照尚未领取的现金股利或利润,贷记"应收股利"科目,按照发生的相关税费等支出,贷记"银行存款"等科目,应当按照所取得价款大于被处置长期股权投资账面余额、应收股利账面余额和相关税费支出合计的差额,贷记"投资收益"科目。在预算会计部分,在处置以支付现金以外的其他资产取得的长期股权投资过程中收到将处置价款扣除相关税费后净收款额时,在预算会计部分,按照实际收到的金额,借记"资金结存"等科目,贷记"投资预算收益"科目;若为净付款,在预算会计部分,按照实际收到的金额,借记"其他支出"等科目,贷记"资金结存"科目。

例 95 【出售成本法核算的长期股权投资】本年 10 月 27 日,非义务教育阶段学校出售所持有某企业股权,取得银行存款 400 000 元。学校持有该企业股权的比例为 10%,按成本法核算。出售前长期股权投资的账面余额为 380 000 元,尚有未收到的应收股利 26 000 元;该股权投资为学校两年前通过现金购入,初始投资成本为 380 000 元。学校编制如下会计分录:

财务会计(1501 长期股权投资△)		预算会计	
本年 10 月 27 日,出售成本法核算的长期股权投资			
借:银行存款	400 000	借:资金结存	400 000
投资收益	6 000	贷:其他结余	380 000
贷:长期股权投资	380 000	投资预算收益	20 000
应收股利	26 000		

例 96 【出售权益法核算长期股权投资】本年 11 月 11 日,非义务教育阶段学校出售所持有某企业股权,取得银行存款 1 100 000 元。学校持有该企业股权的比例为 30%,按权益法核算。出售前长期股权投资的"成本"明细科目余额为 400 000 元,"损益调整"明细科目借方余额为 150 000 元,"其他权益变动"明细科目贷方余额为 250 000 元,与该项投资有关的应收股利 26 000 元尚未收到;该股权投资为学校两年前通过现金购入,初始投资成本为 400 000 元。学校编制如下会计分录:

财务会计(1501 长期股权投资△)		预算会计	
本年 11 月 11 日,出售成本法核算长期股权投资			
借:银行存款	1 100 000		
贷:长期股权投资——成本	400 000		
长期股权投资——损益调整	150 000		
长期股权投资——其他权益变动	250 000	借:资金结存	1 100 000
应收股利	26 000	贷:其他结余	400 000
投资收益	274 000	投资预算收益	700 000
同时:			
借:权益法调整	250 000		
贷:投资收益	250 000		

2. 按照规定报经批准后予以核销长期股权投资

因被投资单位破产清算等原因,在财务会计部分,有确凿证据表明长期股权投资发生损失,按照规定报经批准后予以核销时,按照予以核销的长期股权投资的账面余额,借记"资产处置费用"科目,贷记"长期股权投资"科目。

3. 报经批准置换转出长期股权投资

报经批准置换转出长期股权投资时,参照"库存物品"科目中置换换入库存物品的规定进行账务处理。

4. 处置采用权益法核算的长期股权投资,结转原直接计入净资产的相关金额

采用权益法核算的长期股权投资的处置,除进行上述账务处理外,在财务会计部分,还应结转原直接计入净资产的相关金额,借记或贷记"权益法调整"科目,贷记或借记"投资收益"科目。

【解析 29】 1502 长期债券投资△

一、业务描述

非义务教育阶段学校的对外投资应符合国家有关规定。非义务教育阶段学校的长期债券投资,是学校按照规定取得的,持有时间超过 1 年(不含 1 年)的债券性质的投资。长期债券投资的主要核算,包括取得长期债券投资、取得利息、到期收回投资或处置收回投资。

二、科目设置

"长期债券投资"科目是财务会计使用的科目,核算非义务教育阶段学校按照规定取得的,持有时间超过 1 年(不含 1 年)的债券投资。从计息方式来看,分为分期付息、一次还本的长期债券投资和一次还本付息的长期债券投资。学校应根据计息方式和债券种类设置长期债券的明细科目。"长期债券投资"科目期末借方余额,反映学校持有的长期债券投资的价值。

对于一次还本付息的长期债券,应在"长期债券投资"科目下设置"成本"和"应计利息"明细科目。各明细科目的核算范围包括:

(1)"成本"明细科目,核算一次还本付息的长期债券的投资成本。

(2)"应计利息"明细科目,核算一次还本付息的长期债券按照面值和票面利率,在计息期内每个计息日计提的利息。

三、典型业务

(一)取得长期债券投资

长期债券投资在取得时,应当按照实际成本作为初始投资成本。实际支付价款中包含的已到付息期但尚未领取的债券利息,应当单独确认为"应收利息",不计入长期债券投资初始投资成本。

取得长期债券投资时,在财务会计部分,按照确定的投资成本,借记"长期债券投资"科目[分期付息、一次还本的长期债券]或"长期债券投资——成本"科目[一次还本付息的长期债券]科目,按照支付的价款中包含的已到付息期但尚未领取的利息,借记"应收利息"科目,按照实际支付的金额,贷记"银行存款"等科目。以资金支付取得长期债券投资的价款时,在预算会计部分,按照实际支付的金额,借记"投资支出"等科目,贷记"资金结存"科目。

实际收到取得债券时所支付价款中包含已到付息期但尚未领取的利息时,在财务会计部分,借记"银行存款"科目,贷记"应收利息"科目;在预算会计部分,按照实收的金额,借记"资金结存"等科目,贷记"投资支出"科目。

例 97 【取得分期计息的长期债券投资】本年 4 月,非义务教育阶段学校利用经营结余资金支付 600 000 元购买 5 年期政府债券,利率 5.5%;每年 4 月 20 日为计息日或付息日,每年付息一次,第 5 年年末偿还本金和最后一次利息。学校编制如下会计分录:

财务会计(1502 长期债券投资△)	预算会计
（1）本年 4 月,取得分期计息、一次还本的长期债券投资	
借：长期债券投资　　　　　　600 000　　　 　　贷：银行存款　　　　　　　　　　600 000	借：投资支出　　　　　　　　　600 000　　　 　　贷：资金结存——货币资金　　　　600 000
（2）下年 4 月 20 日,分期计息、一次还本的长期债券投资在计息期计提利息(后续计息期的分录同)	
借：应收利息　　　　　　　　33 000　　　 　　贷：投资收益　　　　　　　　　　33 000 同时： 借：银行存款　　　　　　　　33 000　　　 　　贷：应收利息　　　　　　　　　　33 000	借：资金结存——货币资金　　33 000　　　 　　贷：投资预算收益　　　　　　　　33 000
（3）到期日,分期计息、一次还本的长期债券投资,到期收回成本	
借：银行存款　　　　　　　　600 000　　　 　　贷：长期债券投资　　　　　　　　600 000	借：资金结存——货币资金　　600 000　　　 　　贷：非财政拨款结余　　　　　　　600 000

（二）长期债券投资持有期间

长期债券投资持有期间,按期以债券票面金额与票面利率计算确认利息收入时,在财务会计部分,如为到期一次还本付息的债券投资,借记"长期债券投资——应计利息"科目,贷记"投资收益"科目;如为分期付息、到期一次还本的债券投资,借记"应收利息"科目,贷记"投资收益"科目。

收到分期支付的利息时,在财务会计部分,按照实收的金额,借记"银行存款"等科目,贷记"应收利息"科目;在预算会计部分,按照实收的金额,借记"资金结存"等科目,贷记"投资预算收益"科目。

例 98 【取得一次还本付息的长期债券投资】本年 7 月,非义务教育阶段学校利用经营结余资金支付 600 000 元购买 5 年期政府债券,利率 5.5%;每年 7 月 20 日为计息日,每年计息一次,第 5 年年末偿还本金和最后一次利息。学校编制如下会计分录：

财务会计(1502 长期债券投资△)	预算会计
（1）本年 7 月,取得一次还本付息长期债券投资	
借：长期债券投资——成本　　600 000　　　 　　贷：银行存款　　　　　　　　　　600 000	借：投资支出　　　　　　　　　600 000　　　 　　贷：资金结存——货币资金　　　　600 000
（2）下年 7 月 20 日,一次还本付息长期债券投资在计息期计提利息(后续计息期的分录同)	
借：长期债券投资——应计利息　33 000　　　 　　贷：投资收益　　　　　　　　　　33 000	——
（3）一次还本付息的长期债券,到期收回成本	
借：银行存款　　　　　　　　765 000　　　 　　贷：长期债券投资——成本　　　　600 000 　　　　长期债券投资——应计利息　　165 000	借：资金结存——货币资金　　765 000　　　 　　贷：其他结余　　　　　　　　　　600 000 　　　　投资预算收益　　　　　　　　165 000

（三）到期收回长期债券投资

到期收回长期债券投资,在财务会计部分,按照实际收到的金额,借记"银行存款"科目,按照长期债券投资的账面余额,贷记"长期债券投资"科目,按照相关应收利息金额,贷记"应收利息"科目,按照其差额,贷记"投资收益"科目。在预算会计部分,按照实收的金额,借记"资金结存"等科目,按照以前年度以现金支付的投资成本,贷记"其他结余",根据贷差,贷记"投资预算收益"科目。

（四）对外出售长期债券投资

对外出售长期债券投资,在财务会计部分,按照实际收到的金额,借记"银行存款"科目,按照长期债券投资的账面余额,贷记"长期债券投资"科目,按照已记入"应收利息"科目但尚未收取的金额,贷记"应收利息"科目,按照其差额,贷记或借记"投资收益"科目。涉及增值税业务的,相关账务处理参见"应交增值税"科目。收到出售长期债券投资的资金,在预算会计部分,按照实收的金额,借记"资金结存"科目,按照以前年度以现金支付的投资成本,贷记"其他结余"科目[本年出售以前年度购入的长期债券投资]或者"投资成本"科目[本年提前出售本年购入的长期债券投资],按借贷方的差额,借记或贷记"投资预算收益"科目。

例99 【取得短期债券投资】本年5月15日,非义务教育阶段学校因资金需要将两年前购入分期计息的政府债券出售,收回价款477 250元。该债券为学校利用经营结余资金购买,债券本金500 000元购买5年期政府债券,分期计息,前两年利息都收到。学校编制如下会计分录:

财务会计（1502 长期债券投资△）		预算会计	
本年5月15日,提前收回债券投资			
借：银行存款	477 650	借：资金结存——货币资金	477 650
投资收益	22 350	投资预算收益	22 350
贷：长期债券投资	500 000	贷：其他结余	500 000

【解析30】 1601 固定资产

一、业务描述

在办学过程中,学校因自身开展业务活动或其他活动需要,会使用电子白板、投影仪、电梯、空调、校车、教学楼、图书馆等设备设施,以及图书、课桌椅等资源。学校持有这些资源的主要目的是使用。这些资源具有一些共性特征,如有实物形态,单位价值达到一定标准,或者数量多、批量大,使用期限超过1年,通过固定资产核算。

从固定资产管理的环节来看,包括取得固定资产、使用固定资产、处置固定资产、盘点固定资产。学校取得固定资产的方式,包括外购、自建、置换换入、接受捐赠、无偿调入等,应根据取得固定资产的方式进行核算。固定资产使用过程中,为了维持和提升固定资产的使用性能,还会产生后续支出,固定资产使用过程中除了正常的成本分摊外,还会涉及后续支出的核算。

二、科目设置

"固定资产"科目是财务会计使用的科目,核算学校固定资产的原值。固定资产是学校为满足自身开展业务活动或其他活动需要而控制的,使用年限超过 1 年(不含 1 年)、单位价值在规定标准以上,并在使用过程中基本保持原有物质形态的资产等。学校取得的单位价值虽未达到规定标准,但是使用年限超过 1 年(不含 1 年)的大批同类物资,如图书、家具、用具、装具等,应当确认为固定资产。"固定资产"科目期末借方余额,反映学校固定资产的原值。

学校的固定资产一般分为六类:房屋及构筑物;专用设备;通用设备;文物和陈列品;图书、档案;家具、用具、装具及动植物。"固定资产"科目应当按照固定资产类别和项目进行明细核算。以借入、经营租赁租入方式取得的固定资产,不通过"固定资产"科目核算。采用融资租入方式取得的固定资产,通过本科目核算,并记入"固定资产——融资租入固定资产"明细科目。

确认固定资产时,应当考虑以下情况:

(1) 固定资产的各组成部分具有不同使用年限或者以不同方式为政府会计主体实现服务潜力或提供经济利益,适用不同折旧率或折旧方法且可以分别确定各自原价的,应当分别将各组成部分确认为单项固定资产。

(2) 应用软件构成相关硬件不可缺少的组成部分的,应当将该软件的价值包括在所属的硬件价值中,一并确认为固定资产;不构成相关硬件不可缺少的组成部分的,应当将该软件确认为无形资产。

(3) 购建房屋及构筑物时,不能分清购建成本中的房屋及构筑物部分与土地使用权部分的,应当全部确认为固定资产;能够分清购建成本中的房屋及构筑物部分与土地使用权部分的,应当将其中的房屋及构筑物部分确认为固定资产,将其中的土地使用权部分确认为无形资产。

三、典型业务

(一) 取得固定资产

学校取得固定有多种方式,固定资产在取得时,应当按照成本进行初始计量。通常情况下,购入、换入、接受捐赠、无偿调入不需安装的固定资产,在固定资产验收合格时确认;购入、换入、接受捐赠、无偿调入需要安装的固定资产,在固定资产安装完成交付使用时确认;自行建造、改建、扩建的固定资产,在建造完成交付使用时确认。固定资产取得时涉及增值税业务的,相关账务处理参见"应交增值税"科目。

1. 购入固定资产

购入固定资产需要区分是否需要安装,只有安装完成并验收后才能确认固定资产。同时,还需要关注购入固定资产是否留有质量保证金,留有质量保证金,意味着购入固定资产的款项留了一部分作为质保金,在质保期结束后,符合质量要求再把质保金支付给供应商。应通过政府采购购买的固定资产,应当按照政府采购的要求购置固定资产。

1) 购入不需安装的固定资产

政府会计主体外购的固定资产,其成本包括购买价款、相关税费以及固定资产交付使用前所发生的可归属于该项资产的运输费、装卸费、安装费和专业人员服务费等。以一笔款项购入多项没有单独标价的固定资产,应当按照各项固定资产同类或类似资产市场价格的比例对总成本进行分配,分别确定各项固定资产的成本。

购入不需安装的固定资产验收合格时,在财务会计部分,按照确定的固定资产成本,借记"固定资产"科目,贷记"财政拨款收入""零余额账户用款额度""应付账款""银行存款"等科目。以资金支付购入固定资产的成本时,在预算会计部分,按照支付的金额,借记"事业支出"等科目,贷记"财政拨款预算收入""资金结存"科目。

例100 【购入固定资产,不需安装】本年3月2日,学校通过财政拨款直接支付的方式付款37 000元购入教学设备,当日收到并验收合格后入库。学校编制如下会计分录:

财务会计(1601 固定资产)	预算会计
本年3月2日,购入固定资产	

借:固定资产   37 000
    贷:财政拨款收入   37 000
	借:事业支出——资本性支出——专用设备购置
	                     37 000
	    贷:财政拨款预算收入 37 000

注:本例中设备投入使用当月和以后期间计提累计折旧的会计分录略	

2)购入需要安装的固定资产

购入需要安装的固定资产,在安装完毕交付使用前通过"在建工程"科目核算,安装完毕交付使用时再转入"固定资产"科目。

例101 【购入固定资产,需要安装】本年3月25日,学校通过零余额账户支付的方式付款15 500元购入需要安装的室外体育教学设备,当日收到并验收合格后入库。4月2日,供应商安装完毕,经验收后交付使用。学校编制如下会计分录:

财务会计(1601 固定资产)	预算会计
(1)本年3月25日,购入需要安装的固定资产	

借:在建工程   15 500
    贷:零余额账户用款额度   15 500
	借:事业支出——资本性支出——专用设备购置
	                     15 500
	    贷:资金结存——零余额账户用款额度
	                     15 500

(2)本年4月2日,安装完毕交付使用	
借:固定资产 15 500 贷:在建工程 15 500	——
注:本例中设备投入使用当月和以后期间计提累计折旧的会计分录略	

3)购入固定资产扣留质量保证金

(1)购入固定资产扣留质量保证金的,在财务会计部分,应当在取得固定资产时,按照确定的固定资产成本,借记"固定资产"科目[不需安装]或"在建工程"科目[需要安装],按照实际支付或应付的金额,贷记"财政拨款收入""零余额账户用款额度""应付账款"[不含质量保证金]、"银行存款"等科目,按照扣留的质量保证金数额,贷记"其他应付款"科目[扣留期在1年以内(含1年)]或"长期应付款"科目[扣留期超过1年]。在预算会计部分,按照支付的金额,借记"事业支出"等科目,贷记"财政拨款预算收入""资金结存"科目。

(2)质保期满支付质量保证金时,借记"其他应付款""长期应付款"科目,贷记"财政拨款收入""零余额账户用款额度""银行存款"等科目。在预算会计部分,按质保期满支付质量保证金的金额,借记"事业支出"等科目,贷记"财政拨款预算收入""资金结存"科目。

例102 【购入固定资产,不需安装,扣留质量保证金】本年3月5日,学校购入教学设备验收合格后入库,价款48 000元;根据采购合同,通过财政拨款直接支付方式首次支付价款的95%;该设备质保期3个月内无质量问题,在质保期结束后的10日内支付剩余价款的5%。该设备折旧年限为5年。3个月质保期间,教学设备未出现任何问题。学校通过财政拨款直接支付方式支付剩余5%的质保金。学校编制如下会计分录:

财务会计(1601 固定资产)	预算会计
(1) 本年3月5日,购入固定资产	
借:固定资产 48 000 　贷:财政拨款收入 45 600 　　其他应付款——质保金——专用设备购置 2 400	借:事业支出——资本性支出——专用设备购置 45 600 　贷:财政拨款预算收入 45 600
(2) 本年3月末,计提第一个月折旧(使用期间内每个月计提的折旧分录同)	
借:业务活动费用 800 　贷:累计折旧 800	——
(3) 本年6月8日,质保期结束,支付质保金	
借:其他应付款——质保金——专用设备购置 2 400 　贷:财政拨款收入 2 400	借:事业支出——资本性支出——专用设备购置 2 400 　贷:财政拨款预算收入 2 400

例103 【购入固定资产,需要安装,扣留质量保证金】学校从某信息技术公司购入2台电教设备用于网络教学,每台4万元;本年11月1日,学校通过财政拨直接支付方式支付货款的95%,剩余货款的5%为质保金;在质保期结束后10日内支付剩余的5%。11月10日,设备安装调试后,经验收后投入使用。下一年5月8日,设备质保期结束,期间设备正常使用,无质量问题,学校通过财政应返还额度支付了剩余的质保金。质保金的期限分为:①设备质保期为6个月。②设备质保期为18个月。学校编制如下会计分录:

财务会计(1601 固定资产)	预算会计
(1) 本年11月1日,购入电教设备	
① 保质期为6个月	
借:在建工程 80 000 　贷:财政拨款收入 76 000 　　其他应付款——质保金——专用设备购置质保金 4 000	借:事业支出——资本性支出——专用设备购置 76 000 　贷:财政拨款预算收入 76 000
② 保质期为18个月	
借:在建工程 80 000 　贷:财政拨款收入 76 000 　　长期应付款——质保金——专用设备购置质保金 4 000	借:事业支出——资本性支出——专用设备购置 76 000 　贷:财政拨款预算收入 76 000

财务会计（1601 固定资产）		预算会计
（2）本年 11 月 10 日，设备验收后投入使用		
借：固定资产	80 000	—
贷：在建工程	80 000	
（3）质保期结束		
① 6 个月质保期结束，通过财政应返还额度支付购入设备的质保金		
借：其他应付款——质保金——专用设备购置质保金 8 000		借：事业支出——资本性支出——专用设备购置 8 000
贷：财政应返还额度　　　8 000		贷：资金结存——财政应返还额度　8 000
② 18 个月质保期结束，通过财政应返还额度支付购入设备的质保金		
借：长期应付款——质保金——专用设备购置质保金 8 000		借：事业支出——资本性支出——专用设备购置 8 000
贷：财政应返还额度　　　8 000		贷：资金结存——财政应返还额度　8 000
注：本例中设备投入使用当月和以后期间计提累计折旧的会计分录略		

2. 自建固定资产

政府会计主体自行建造的固定资产，其成本包括该项资产至交付使用前所发生的全部必要支出。学校自行建造的固定资产交付使用时，在财务会计部分，按照在建工程归集的成本，借记"固定资产"科目，贷记"在建工程"科目。

在原有固定资产基础上进行改建、扩建、修缮后的固定资产，其成本按照原固定资产账面价值加上改建、扩建、修缮发生的支出，再扣除固定资产被替换部分的账面价值后的金额确定。为建造固定资产借入的专门借款的利息，属于建设期间发生的，计入在建工程成本；不属于建设期间发生的，计入当期费用。

已交付使用但尚未办理竣工决算手续的固定资产，按照估计价值入账，待办理竣工决算后再按照实际成本调整原来的暂估价值。

3. 融资租赁取得的固定资产

融资租赁取得的固定资产，其成本按照租赁协议或者合同确定的租赁价款、相关税费以及固定资产交付使用前所发生的可归属于该项资产的运输费、途中保险费、安装调试费等确定。

融资租入的固定资产，在财务会计部分，按照确定的成本，借记"固定资产"科目［不需安装］或"在建工程"科目［需安装］，按照租赁协议或者合同确定的租赁付款额，贷记"长期应付款"科目，按照支付的运输费、途中保险费、安装调试费等金额，贷记"财政拨款收入""零余额账户用款额度""银行存款"等科目。租入固定资产时以资金支付租赁付款和相关费用，在预算会计部分，按照支付的金额，借记"事业支出"等科目，贷记"财政拨款预算收入""资金结存"科目。

定期支付租金时，按照实际支付的金额，借记"长期应付款"科目，贷记"财政拨款收入""零余额账户用款额度""银行存款"等科目。在预算会计部分，按照实际支付的金额，借记"事业支出"等科目，贷记"财政拨款预算收入""资金结存"科目。

4. 按照规定跨年度分期付款购入固定资产

按照规定跨年度分期付款购入固定资产的账务处理,参照融资租赁取得的固定资产。

例 104 【延期支付购入固定资产】本年 2 月 1 日,非义务教育阶段学校从某企业购入专业教学设备。根据协议,学校在合同期内每年 1 月 15 日至 1 月 31 日之间付款 400 000 元,连续支付 2 年。当日通过银行存款支付运费 21 000 元。学校编制如下会计分录:

财务会计(1601 固定资产)		预算会计	
(1) 本年 2 月 1 日,购入跨年度分期付款固定资产			
借:固定资产	821 000	借:事业支出——资本性支出——专用设备购置	
贷:长期应付款	800 000		21 000
银行存款	21 000	贷:资金结存	21 000
(2) 下年 1 月 18 日,支付第一期款项			
借:长期应付款	400 000	借:事业支出——资本性支出——专用设备购置	
贷:银行存款	400 000		400 000
		贷:资金结存	400 000

注:本例中设备投入使用当月和以后期间计提累计折旧的会计分录略

5. 接受捐赠的固定资产

接受捐赠的固定资产,其成本按照有关凭据注明的金额加上相关税费、运输费等确定;没有相关凭据可供取得,但按规定经过资产评估的,其成本按照评估价值加上相关税费、运输费等确定;没有相关凭据可供取得,也未经资产评估的,其成本比照同类或类似资产的市场价格加上相关税费、运输费等确定;没有相关凭据且未经资产评估、同类或类似资产的市场价格也无法可靠取得的,按照名义金额入账,相关税费、运输费等计入当期费用。如受赠的系旧的固定资产,在确定其初始入账成本时应当考虑该项资产的新旧程度。

接受捐赠的固定资产,在财务会计部分,按照确定的固定资产成本,借记"固定资产"科目[不需安装]或"在建工程"科目[需安装],按照发生的相关税费、运输费等,贷记"零余额账户用款额度""银行存款"等科目,按照其差额,贷记"捐赠收入"科目。受赠方以资金支付相关费用时,在预算会计部分,按照实际支付的金额,借记"其他支出"等科目,贷记"财政拨款预算收入""资金结存"科目。

接受捐赠的固定资产按照名义金额入账的,按照名义金额,借记本科目,贷记"捐赠收入"科目;按照发生的相关税费、运输费等,借记"其他费用"科目,贷记"零余额账户用款额度""银行存款"等科目。受赠方以资金支付相关费用时,在预算会计部分,按照实际支付的金额,借记"其他支出"等科目,贷记"财政拨款预算收入""资金结存"科目。

例 105 【接受捐赠取得固定资产】本年 4 月 28 日,学校接受一企业向学校捐赠的电教设备为 87 000 元;当日通过零余额账户支付运费 1 200 元。学校编制如下会计分录:

财务会计（1601 固定资产）		预算会计	
本年4月28日，接受捐赠固定资产			
借：固定资产	88 200	借：其他支出	1 200
贷：零余额账户用款额度	1 200	贷：资金结存	1 200
捐赠收入	87 000		

6. 无偿调入的固定资产

政府会计主体无偿调入的固定资产，其成本按照调出方账面价值加上相关税费、运输费等确定。学校接受无偿调入的固定资产，在财务会计部分，按照确定的固定资产成本，借记"固定资产"科目［不需安装］或"在建工程"科目［需安装］，按照发生的相关税费、运输费等，贷记"零余额账户用款额度""银行存款"等科目，按照其差额，贷记"无偿调拨净资产"科目。调入方以资金支付相关费用时，在预算会计部分，按照实际支付的金额，借记"其他支出"等科目，贷记"财政拨款预算收入""资金结存"科目。

例 106 【无偿调入固定资产】本年2月18日，学校获得一批从其他学校无偿调入的课桌椅，调出学校课桌椅的账面价值是45 850元；同日，通过银行存款支付运费950元。学校编制如下会计分录：

财务会计（1601 固定资产）		预算会计	
本年2月18日，无偿调入固定资产			
借：固定资产	46 800	借：其他支出	950
贷：无偿调拨净资产	45 850	贷：资金结存	950
银行存款	950		

7. 置换取得的固定资产

置换取得的固定资产，参照"库存物品"科目中置换取得库存物品的相关规定进行账务处理。

（二）与固定资产有关的后续支出

固定资产在使用过程中会发生后续支出，有的支出是为了提高资产的性能，有的支出是为了维护资产的正常运转。固定资产在使用过程中发生的后续支出，符合固定资产确认条件的，应当计入固定资产成本；不符合固定资产确认条件的，应当在发生时计入当期费用或者相关资产成本。将发生的固定资产后续支出计入固定资产成本的，应当同时从固定资产账面价值中扣除被替换部分的账面价值。

1. 符合固定资产确认条件的后续支出

通常情况下，将固定资产转入改建、扩建时，在财务会计部分，按照固定资产的账面价值，借记"在建工程"科目，按照固定资产已计提折旧，借记"固定资产累计折旧"科目，按照固定资产的账面余额，贷记"固定资产"科目。

为增加固定资产使用效能或延长其使用年限而发生的改建、扩建等后续支出，借记"在建工程"科目，贷记"财政拨款收入""零余额账户用款额度""银行存款"等科目。以现金支付的改扩建支出，在预算会计部分，按照实际支付的金额，借记"事业支出"等科目，贷记"财政拨款预算收入""资金结存"科目。

固定资产改建、扩建等完成交付使用时,按照在建工程成本,借记"固定资产"科目,贷记"在建工程"科目。

例107 【更新改造固定资产】学校本年对学生公寓的房间进行升级改造,计划于7月1日开始施工,9月15日完成改造。6月5日,学校根据招投标公告及合同,通过财政直接支付的方式预付施工工程公司600000元;7月1日,工程开始施工;9月初工程结束,经验收合格后,于9月25日通过财政支付的方式支付了剩余款项5400000元。学校编制如下会计分录:

财务会计(1601 固定资产)	预算会计
(1) 本年6月5日,预付学生公寓升级改造工程款	
借:预付账款　　　　　　　600 000 　贷:财政拨款收入　　　　　　600 000	借:事业支出——资本性支出——大型修缮——房屋建筑物大型修缮　600 000 　贷:财政拨款预算收入　　　　600 000
(2) 本年9月25日,支付学生公寓升级改造工程款	
借:在建工程　　　　　　6 000 000 　贷:预付账款　　　　　　　600 000 　　财政拨款收入　　　　5 400 000	借:事业支出——资本性支出——大型修缮——房屋建筑物大型修缮 5 400 000 　贷:财政拨款预算收入　　 5 400 000
(3) 本年9月25日,学生公寓升级改造工程验收通过	
借:固定资产　　　　　　5 800 000 　贷:在建工程　　　　　　5 800 000	——
注:本例固定资产累计折旧分录略	

2. 不符合固定资产确认条件的后续支出

为保证固定资产正常使用发生的日常维修等支出,在财务会计部分,借记"业务活动费用""单位管理费用"等科目,贷记"财政拨款收入""零余额账户用款额度""银行存款"等科目。以现金支付日常维修支出时,在预算会计部分,按照实际支付的金额,借记"事业支出"等科目,贷记"财政拨款预算收入""资金结存"科目。

例108 【固定资产维修维护】学校利用暑假对教学楼进行重新粉刷和地面修整,按照规定选聘施工企业进行施工,施工工期为本年7月1日至8月31日。完工后,经查验合格。本年9月15日,学校通过财政拨款直接支付的方式支付228000元。学校编制如下会计分录:

财务会计(1601 固定资产)	预算会计
本年9月15日,支付教学楼维修维护款	
借:业务活动费用　　　　　228 000 　贷:财政拨款收入　　　　　228 000	借:事业支出——商品和服务支出——维修(护)费　　　　　　　　228 000 　贷:财政拨款预算收入　　　228 000

(三) 处置固定资产

报经批准处置固定资产有多种形式,包括出售、转让固定资产,对外捐赠固定资产,无偿调出固定资产,置换出固定资产。报经批准处置固定资产的会计处理根据不同业务形式进行处理。固定资产处置时涉及增值税业务的,相关账务处理参见"应交增值税"科目。

学校按规定报经批准出售、转让固定资产或固定资产报废、毁损的,应当将固定资产账面价值转销计入当期费用,并将处置收入扣除相关处置税费后的差额按规定作应缴款项处理(差额为净收益时)或计入当期费用(差额为净损失时)。

1. 报经批准出售、转让固定资产

报经批准出售、转让固定资产,在财务会计部分,按照被出售、转让固定资产的账面价值,借记"资产处置费用"科目,按照固定资产已计提的折旧,借记"固定资产累计折旧"科目,按照固定资产账面余额,贷记"固定资产"科目。同时,处置固定资产收到的价款扣除处置过程中发生的相关费用,如为净收款,按照净收款的金额,借记"银行存款"等科目,贷记"应缴财政款"科目;如为净付款,按照净付款的金额,借记"其他费用"科目,贷记"银行存款"等科目。

处置固定资产收到的价款扣除处置过程中发生的相关费用,如果为净付款,在预算会计部分,还应按照净付款的金额,借记"其他支出"科目,贷记"资金结存"等科目。

例 109 【经批准出售固定资产】经主管部门批准,学校 7 月初发布了资产处置公告,对废旧设备进行集中处置,处置方式为现场纸质竞价;该批次废旧设备的原值为 500 000元,累计摊销 460 000 元。本年 7 月 20 日,3 家竞标单位各向学校支付了保证金 15 000元。7 月 22 日,学校组织各竞标人在废旧设备存放地现场集中看标的物,通过竞价后以65 000 元成交,学校与受买单位签订合同。7 月 23 日,受买单位向学校支付了剩余款项50 000 元,双方办理资产移交手续,受买人将废旧设备搬离学校。7 月 25 日,学校退还另2 家未中标单位的保证金 30 000 元。学校按规定将处置废旧设备收到的款项上缴财政。学校编制如下会计分录:

财务会计(1601 固定资产)	预算会计
(1) 本年 7 月初,报废结转废旧设备的账面价值	
借:资产处置费用　　　　　　　 40 000 　　固定资产累计折旧　　　　　460 000 　贷:固定资产　　　　　　　　　　　　500 000	——
(2) 本年 7 月 20 日,收到竞标单位购置废旧资产的保证金	
借:银行存款　　　　　　　　　　 45 000 　贷:其他应付款——竞标保证金　　　　45 000	——
(3) 本年 7 月 22 日,收到竞标单位购置废旧资产的剩余款项	
借:银行存款　　　　　　　　　　 50 000 　　其他应付款——竞标保证金　　 15 000 　贷:应缴财政款　　　　　　　　　　　65 000	——
(4) 本年 7 月 22 日,退还未中标单位的保证金	
借:其他应付款——竞标保证金　　 30 000 　贷:银行存款　　　　　　　　　　　　30 000	——

2. 报经批准对外捐赠固定资产

报经批准对外捐赠固定资产,在财务会计部分,按照固定资产已计提的折旧,借记

"固定资产累计折旧"科目,按照被处置固定资产账面余额,贷记"固定资产"科目,按照捐赠过程中发生的归属于捐出方的相关费用,贷记"银行存款"等科目,按照其差额,借记"资产处置费用"科目。

例110 【对外捐赠固定资产】本年5月4日,学校经批准将向遭受自然灾害的结对学校捐赠一批教学设备,固定资产原值为127 800元,累计折旧21 300元;当日用银行存款支付运费1 200元。学校编制如下会计分录:

财务会计(1601 固定资产)	预算会计
本年5月4日,对外捐赠固定资产	
借:固定资产累计折旧　　　　21 300 　　资产处置费用　　　　　　106 500 　　贷:固定资产　　　　　　　　　127 800	
同时: 借:资产处置费用　　　　　　1 200 　　贷:银行存款　　　　　　　　　1 200	借:其他支出　　　　　　　　1 200 　　贷:资金结存——货币资金　　　1 200

3. 报经批准无偿调出固定资产

报经批准无偿调出固定资产,在财务会计部分,按照固定资产已计提的折旧,借记"固定资产累计折旧"科目,按照被处置固定资产账面余额,贷记"固定资产"科目,按照其差额,借记"无偿调拨净资产"科目;同时,按照无偿调出过程中发生的归属于调出方的相关费用,借记"资产处置费用"科目,贷记"银行存款"等科目。

例111 【对外调拨固定资产】本年3月20日,学校经批准将向其他学校调拨一批教学设备,固定资产原值为127 800元,累计折旧21 300元;当日用银行存款支付运费1 200元。学校编制如下会计分录:

财务会计(1601 固定资产)	预算会计
本年3月20日,对外捐赠固定资产	
借:固定资产累计折旧　　　　21 300 　　无偿调拨净资产　　　　　106 500 　　贷:固定资产　　　　　　　　　127 800	
同时: 借:资产处置费用　　　　　　1 200 　　贷:银行存款　　　　　　　　　1 200	借:其他支出　　　　　　　　1 200 　　贷:资金结存——货币资金　　　1 200

4. 报经批准置换出固定资产

报经批准置换而换出固定资产,参照"库存物品"中置换换入库存物品的规定进行账务处理。

(四) 定期盘点固定资产

学校应当定期对固定资产进行清查盘点,每年至少盘点一次。对于发生的固定资产盘盈、盘亏或毁损、报废,应当先记入"待处理财产损溢"科目,按照规定报经批准后及时进行后续账务处理。

1. 盘盈固定资产

盘盈的固定资产,其成本按照有关凭据注明的金额确定;没有相关凭据,但按照规定经过资产评估的,其成本按照评估价值确定;没有相关凭据,也未经过评估的,其成本按照重置成本确定。如无法采用上述方法确定盘盈固定资产成本的,则按照名义金额(人民币1元)入账。

盘盈的固定资产,在财务会计部分,按照确定的入账成本,借记"固定资产"科目,贷记"待处理财产损溢"科目。

例 112 【盘盈固定资产】本年12月,学校进行固定资产进行盘点,盘盈2台设备。由于没有凭据,根据设备的重置成本确定成本为4600元。报经批准后,学校编制如下会计分录:

财务会计(1601 固定资产)	预算会计
本年 12 月 25 日,盘盈固定资产	
借:固定资产　　　　　　　　　　4 600 　　贷:待处理财产损溢——待处理财产价值 4 600	—

2. 盘亏、毁损或报废固定资产

盘亏、毁损或报废的固定资产,在财务会计部分,按照待处理固定资产的账面价值,借记"待处理财产损溢"科目,按照已计提折旧,借记"固定资产累计折旧"科目,按照固定资产的账面余额,贷记"固定资产"科目。

例 113 【盘亏固定资产】本年12月,学校进行固定资产进行盘点,盘亏3台设备;设备原值为6800元,已经计提的累计折旧为4080元。报经批准后,学校编制如下会计分录:

财务会计(1601 固定资产)	预算会计
本年 12 月 25 日,盘亏固定资产	
借:待处理财产损溢——待处理财产价值 2 720 　　固定资产累计折旧　　　　　　4 080 　　贷:固定资产　　　　　　　　　　6 800	—

【解析 31】 1602 固定资产累计折旧

一、业务描述

学校使用的固定资产超过1个会计年度,为了反映学校开展业务活动的成本费用,需要将固定资产的成本在使用期限内进行分摊。这一过程和核算方式,通过固定资产累计折旧来实现。

学校应当在遵循主管部门有关折旧年限规定的情况下,根据固定资产的性质和实际使用情况,合理确定其折旧年限。具体确定固定资产的折旧年限时,应当考虑下列因素:①固定资产预计实现服务潜力或提供经济利益的期限;②固定资产预计有形损耗和无形损耗;③法律或者类似规定对固定资产使用的限制。

二、科目设置

"固定资产累计折旧"科目是财务会计使用的科目,核算学校计提的固定资产累计折旧。"固定资产累计折旧"科目应当按照所对应固定资产的明细分类进行明细核算。"固定资产累计折旧"科目期末贷方余额,反映学校计提的固定资产折旧累计数。

公共基础设施和保障性住房计提的累计折旧,应当分别通过"公共基础设施累计折旧(摊销)"科目和"保障性住房累计折旧"科目核算,不通过本科目进行核算。

三、典型业务

(一)固定资产累计折旧范围和方法

1. 固定资产的折旧范围

学校作为政府会计主体应当对固定资产计提折旧,但以下固定资产不计提折旧:①文物和陈列品;②动植物;③图书、档案;④单独计价入账的土地;⑤以名义金额计量的固定资产。

学校计提融资租入固定资产折旧时,应当采用与自有固定资产相一致的折旧政策。能够合理确定租赁期届满时将会取得租入固定资产所有权的,应当在租入固定资产尚可使用年限内计提折旧;无法合理确定租赁期届满时能够取得租入固定资产所有权的,应当在租赁期与租入固定资产尚可使用年限两者中较短的期间内计提折旧。

2. 固定资产折旧方法

固定资产应计的折旧额为其成本,计提固定资产折旧时不考虑预计净残值。固定资产应当按月计提折旧,并根据用途计入当期费用或者相关资产成本。学校一般应当采用直线法或者工作量法计提固定资产折旧。固定资产折旧方法一经确定,不得随意变更。在确定固定资产的折旧方法时,应当考虑以下因素:①预计实现服务潜力或提供经济利益的期限;②预计有形损耗和无形损耗;③法律或者类似规定对固定资产使用的限制。

固定资产应当按月计提折旧,当月增加的固定资产,当月开始计提折旧;当月减少的固定资产,当月不再计提折旧。学校固定资产计提折旧的年限如表3-1所示。

表3-1 学校固定资产计提折旧年限

固定资产分类	资产类型	最低折旧年限
一、房屋、建筑物		
钢筋混凝土框架结构	教学用房、学生宿舍等	50年
混合结构		30年
砖木结构		30年
简易房		8年
房屋附属设施		8年
构筑物		8年
二、通用设备		
交通运输设备	校车等	8年
电子产品及通信设备	服务器、计算机、电话、传真机等	6年

固定资产分类	资产类型	最低折旧年限
办公设备	打印机等	6 年
其他通用设备		5 年
三、专用设备		
仪器仪表	实验仪器设备等	5 年
电教设备	投影设备、电子白板等	5 年
文体设备	乐器、健身器材等	5 年
医疗设备		5 年
印刷设备	印刷机等	5 年
公安专用设备		3 年
其他专用设备		10 年
四、家具、用具及装具		
家具		15 年
其中：学生用家具（教学用）		5 年
用具和装具		5 年

学校固定资产因改建、扩建或修缮等原因而延长其使用年限的，应当按照重新确定的固定资产的成本以及重新确定的折旧年限计算折旧额。学校应当对暂估入账的固定资产计提折旧，实际成本确定后不需调整原已计提的折旧额。

3. 按月计提固定资产累计折旧

按月对固定资产进行摊销时，在财务会计部分，按照应计提折旧的金额，借记"业务活动费用""单位管理费用""加工物品""在建工程"等科目，贷记"固定资产累计折旧"科目。

例 114 【固定资产计提累计折旧】本年 6 月 5 日，学校购买一批教室用课桌椅，价款为 600 000 元；购买一批体育设备，价款为 300 000 元；学校对购入资产经验收后，将上述款项通过零余额账户支付给供应商。学校采用直线法对固定资产计提折旧，课桌椅的折旧年限为 5 年，体育设备的折旧年限为 5 年。学校编制如下会计分录：

财务会计	预算会计
（1）本年 6 月 5 日，购入课桌椅和体育设备	
借：固定资产——家具、用具及装具——学生用家具 　　　　　　　　　　　　　　　　　600 000 　　固定资产——专用设备——体育设备 　　　　　　　　　　　　　　　　　300 000 　　贷：零余额账户用款额度　　　900 000	借：事业支出——资本性支出——其他资本性 　　支出——家具、用具和装具购置 　　　　　　　　　　　　　　　　600 000 　　事业支出——资本性支出——专用设备购置 　　　　　　　　　　　　　　　　300 000 　　贷：资金结存——零余额账户用款额度 　　　　　　　　　　　　　　　　900 000

财务会计	预算会计
（2）本年6月末，计提购入课桌椅和体育设备的折旧	
借：业务活动费用　　　　　　　　15 000 　　贷：固定资产累计折旧——家具、用具及装 　　　具——学生用家具　　　　　10 000 　　　固定资产累计折旧——专用设备——体育 　　　设备　　　　　　　　　　　5 000	—

（二）提足折旧资产的管理

固定资产提足折旧后，无论能否继续使用，均不再计提折旧；提前报废的固定资产，也不再补提折旧。已提足折旧的固定资产，可以继续使用的，应当继续使用，规范实物管理。

（三）经批准处置或处理固定资产

经批准处置或处理固定资产时，在财务会计部分，按照所处置或处理固定资产的账面价值，借记"资产处置费用""无偿调拨净资产""待处理财产损溢"等科目，按照已计提折旧，借记"固定资产累计折旧"科目，按照固定资产的账面余额，贷记"固定资产"科目。

【解析32】　1611　工程物资

一、业务描述

学校在办学过程中，由于自行组织校舍等设备设施的建造和更新改造活动，通过购置等方式取得材料物资备用，这些材料物资与教育教学活动中日常消耗和使用的材料物资不同，通过"工程物资"来反映。

二、科目设置

"工程物资"科目是财务会计使用的科目，核算学校为在建工程准备的各种物资的成本，包括工程用材料、设备等。"工程物资"科目可以按照"库存材料""库存设备"等工程物资类别进行明细核算。"工程物资"科目期末借方余额，反映学校为在建工程准备的各种物资的成本。

三、典型业务

（一）购入工程物资

购入为工程准备的物资，在财务会计部分，按照确定的物资成本，借记"工程物资"科目，贷记"财政拨款收入""零余额账户用款额度""银行存款""应付账款"等科目。以资金支付购入工程物资的成本时，在预算会计部分，按照支付的金额，借记"事业支出"等科目，贷记"财政拨款预算收入""资金结存"科目。

（二）领用工程物资

领用工程物资，在财务会计部分，按照领用物资成本，借记"在建工程"科目，贷记"工程物资"科目。工程完工后将领出的剩余物资退库时做相反的会计分录。

例115　【购入工程物资，领用工程物资】学校更新改造小剧场，本年6月2日首次购入一批工程用材料，通过银行存款支付120 000元；6月5日，后勤部门领用价值60 000

元的工程用材料;6月20日,再领用价值40 000元的工程用材料;7月5日,更新改造工程完工,将剩余工程物资转作库存物品。学校编制如下会计分录:

财务会计(1611 工程物资)		预算会计	
(1) 本年6月2日,购入工程用物资			
借:工程物资 　贷:银行存款	120 000 120 000	借:事业支出——资本性支出——房屋建筑物 　购建 　贷:资金结存——货币资金	120 000 120 000
(2) 本年6月5日,领用部分工程物资			
借:在建工程 　贷:工程物资	60 000 60 000	—	
(3) 本年6月20日,再次领用部分工程物资			
借:在建工程 　贷:工程物资	40 000 40 000	—	
(4) 本年7月5日,将剩余工程物资转入库存物品			
借:库存物品 　贷:工程物资	20 000 20 000	—	

（三）工程完工,将剩余工程物资转作库存物品等

工程完工后将剩余的工程物资转作本学校存货等,用途发生变化,在财务会计部分,按照转为库存物品的物资成本,借记"库存物品"等科目,贷记"工程物资"科目。

以上各环节业务涉及增值税业务的,相关账务处理参见"应交增值税"科目。

四、业务辨析

工程物资与库存物品的辨析:

"工程物资"科目在取得时其用途就已经明确,是为在建工程准备的各种物资。因此从业务环节上来看,主要是取得工程物资,工程领用后将成本转入在建工程,工程完工后将剩余工程物资转入库存物品等。

"库存物品"科目是学校在开展业务活动中可以直接使用的各种材料、物品等,可在多种业务活动中使用。因此从业务环节上来看,主要是取得库存物品,业务活动中领用后将成本转入业务活动费用、经营费用等,处置库存物品。当然,如果学校的工程建设领用库存物品,也需要将领用的库存物品转入在建工程。

此外,工程物资是非流动资产,库存物品是流动资产。

【解析33】　1613 在建工程

一、业务描述

学校因业务需要,开展新建、改建、扩建工程,或者开展技术改造、设备更新和大修理工程等,这些工程需要经历一段期间完成,并耗用资金、人工、材料物资等,通过在建工程归集工程建造过程中的成本。在建工程通常有"自建"和"出包"两种方式。自建方式下,学校自行购买工程用料、组织施工。出包方式下,学校通过签订合同,委托其他工程队或单位承包建造工程。

政府会计主体的在建工程具有多样性。根据建造资产的性质,分为建造安装工程、设备安装工程,以及除建筑和设备工程外的其他安装工程。此外,有些工程完工后,因自然灾害等原因,导致工程需要整体报废;为建设项目配套而建成的、产权不归属本学校的专用设施等。

二、科目设置

"在建工程"科目是财务会计使用的科目,核算学校在建的建设项目工程的实际成本。学校在建的信息系统项目工程的实际成本,也通过"在建工程"科目核算。"在建工程"科目期末借方余额,反映学校尚未完工的建设项目工程发生的实际成本。

"在建工程"科目应当设置"建筑安装工程投资""设备投资""待摊投资""其他投资""待核销基建支出""基建转出投资"等明细科目,并按照具体项目进行明细核算。各明细科目的核算范围如下:

(1)"建筑安装工程投资"明细科目,核算构成建设项目实际支出的建筑工程和安装工程的实际成本,不包括被安装设备本身的价值以及按照合同规定支付给施工单位的预付备料款和预付工程款。

(2)"设备投资"明细科目,核算构成建设项目实际支出的各种设备的实际成本。

(3)"待摊投资"明细科目,核算构成建设项目实际支出的、按照规定应当分摊计入有关工程成本和设备成本的各项间接费用和税费支出。

(4)"其他投资"明细科目,核算除建筑安装工程、设备安装工程外,学校发生的构成建设项目实际支出的房屋购置支出,基本畜禽、林木等购置、饲养、培育支出,办公生活用家具、器具购置支出,软件研发和不能计入设备投资的软件购置等支出。

(5)"待核销基建支出"明细科目,核算取消项目的可行性研究费,以及项目整体报废等不能形成资产部分的基建投资支出等。

(6)"基建转出投资"明细科目,核算为建设项目配套而建成的、产权不归属本学校的专用设施的实际成本。

三、典型业务

学校的在建工程项目可以通过自建或发包方式组织完成。自建工程项目,根据工程使用的"工程物资",支付的职工薪酬等支出归集"在建工程"的实际成本。发包方式建造的在建项目,根据工程进度,按照与施工企业结算的工程价款结算账单归集工程成本。

(一)建筑安装工程投资

1. 将固定资产等资产转入改建、扩建等

将固定资产等资产转入改建、扩建等时,在财务会计部分,按照固定资产等资产的账面价值,借记"在建工程——建筑安装工程投资"科目,按照已计提的折旧或摊销,借记"固定资产累计折旧"等科目,按照固定资产等资产的原值,贷记"固定资产"等科目。

固定资产等资产改建、扩建过程中涉及替换(或拆除)原资产的某些组成部分的,在财务会计部分,按照被替换(或拆除)部分的账面价值,借记"待处理财产损溢"科目,贷记"在建工程——建筑安装工程投资"科目。

2. 自行施工的小型建筑安装工程

学校自行施工的小型建筑安装工程,在财务会计部分,按照发生的各项支出金额,借

记"在建工程——建筑安装工程投资"科目，贷记"工程物资""零余额账户用款额度""银行存款""应付职工薪酬"等科目。以资金支付有关工程支出时，在预算会计部分，按照支付的金额，借记"事业支出"等科目，贷记"财政拨款预算收入""资金结存"科目。

3. 发包建筑安装工程

学校对于发包建筑安装工程，根据建筑安装工程价款结算账单与施工企业结算工程价款时，在财务会计部分，按照应承付的工程价款，借记"在建工程——建筑安装工程投资"科目，按照预付工程款金额，贷记"预付账款"科目，按照其差额，贷记"财政拨款收入""零余额账户用款额度""银行存款""应付账款"等科目。以资金支付发包建筑安装工程支出，在预算会计部分，按照支付的金额，借记"事业支出"等科目，贷记"财政拨款预算收入""资金结存"科目。

例 116 【外包方式新建体育场馆】学校通过招投标方式，委托某建筑工程公司新建学生体育活动场馆，建设经费由区财政的基础教育专项予以保障。本年 2 月 4 日，学校根据中标公司签订的合同，向建筑公司预付 3 000 000 元，建造工程于本年 2 月 15 日开始。根据工程进度，学校本年 5 月 20 日收到经建筑监理公司确认的工程价款结算单，支付建筑公司 6 000 000 元；8 月 20 日收到经建筑监理公司确认的工程价款结算单，支付建筑公司 7 500 000 元；11 月初，体育场馆的建造工程竣工；学校于 11 月 22 日办妥竣工验收交接手续交付使用，同日由建筑监理公司确认的工程价款结算单显示，学校尚需支付建筑公司 8 500 000 元。根据体育场馆建筑工程协议，工程款的 5% 作为质保金；双方约定工程的质保期为 3 年，如在 2 年(含 2 年)质保期中未发生质量问题，在质保期结束后的 10 日内支付工程余款。12 月 2 日，学校支付建筑公司 7 250 000 元。本年度体育场馆建造工程的款项，学校均通过财政直接支付的方式支付。

在工程质保期间，未发生任何质量问题。质保期结束后，建筑公司申请支付体育场馆建筑工程的剩余 5% 款项。工程结算验收后第 3 年的 12 月 6 日，学校通过财政应返还额度(财政授权支付)方式将体育场馆建筑工程的剩余 5% 款项，即 1 250 000 元，支付给建筑公司。学校编制以下会计分录：

财务会计(1613 在建工程)	预算会计
(1) 本年 2 月 4 日，通过财政直接预付外包工程结算款	
借：预付账款——预付工程款　3 000 000 　贷：财政拨款收入　　　　　　3 000 000	借：事业支出——资本性支出——房屋建筑物 　购建　　　　　　　　　　　3 000 000 　贷：财政拨款预算收入　　　　3 000 000
(2) 本年 5 月 20 日，进行工程结算，通过财政直接支付外包工程结算款	
借：在建工程——建筑安装工程投资　9 000 000 　贷：财政拨款收入　　　　　　　6 000 000 　　预付账款——预付工程款　　3 000 000	借：事业支出——资本性支出——房屋建筑物 　购建　　　　　　　　　　　6 000 000 　贷：财政拨款预算收入　　　　6 000 000
(3) 本年 8 月 20 日，进行工程款结算，通过财政直接支付外包工程结算款	
借：在建工程——建筑安装工程投资　7 500 000 　贷：财政拨款收入　　　　　　　7 500 000	借：事业支出——资本性支出——房屋建筑物 　购建　　　　　　　　　　　7 500 000 　贷：财政拨款预算收入　　　　7 500 000

财务会计（1613 在建工程）	预算会计
（4）本年 11 月 22 日，进行工程款结算	
借：在建工程——建筑安装工程投资 8 500 000 　　贷：应付账款　　　　　　　　　7 250 000 　　　　长期应付款——质保金——房屋建筑物购 　　　　建质保金　　　　　　　　　1 250 000	—
（5）本年 11 月 22 日，工程竣工验收后交付使用	
借：固定资产——房屋、建筑物——体育场馆 　　　　　　　　　　　　　　　2 500 000 　　贷：在建工程　　　　　　　　　2 500 000	—
（6）本年 12 月 2 日，通过财政直接支付外包工程结算款	
借：应付账款　　　　　　　　　　7 250 000 　　贷：财政拨款收入　　　　　　7 250 000	借：事业支出——资本性支出——房屋建筑物 　　购建　　　　　　　　　　　　7 250 000 　　贷：财政拨款预算收入　　　　7 250 000
（7）工程结算验收后第 2 年的 12 月 6 日，支付体育场馆建筑工程质保金	
借：长期应付款——质保金——房屋建筑物购建质 　　保金　　　　　　　　　　　　1 250 000 　　贷：财政应返还额度——财政授权支付 　　　　　　　　　　　　　　　1 250 000	借：事业支出——资本性支出——房屋建筑物 　　购建　　　　　　　　　　　　1 250 000 　　贷：资金结存——财政应返还额度——财 　　　　政授权支付　　　　　　　1 250 000
注：本例中体育场馆投入使用当月和以后期间计提累计折旧的会计分录略	

4. 工程竣工

工程竣工，办妥竣工验收交接手续交付使用时，在财务会计部分，按照建筑安装工程成本（含应分摊的待摊投资），借记"固定资产"等科目，贷记"在建工程——建筑安装工程投资"科目。

例 117　【改扩建教学楼】学校通过招投标方式，委托某建筑施工企业对因地震受损的教学楼进行加固。截至本年 7 月，学校教学楼的原值 12 000 000 元，已计提的累计折旧 2 000 000 元。教学楼墙体加固工程于本年 7 月 10 日开始施工，工期至 8 月 15 日结束，工程中标价为 1 600 000 元，双方约定工程竣工验收后进行一次性结算；工程的质保期为 1 年，质保金为中标价的 5%；如质保期内未发生任何质量问题，在质保期结束后的 15 日内支付剩余款项。

根据加固工程协议和工程实施进度，墙体加固工程竣工，学校于本年 8 月 20 日办妥竣工验收交接手续交付使用，并于同日通过零余额账户支付给施工公司 1 520 000 元。

在工程质保期间，未发生任何质量问题。质保期结束后，施工公司申请支付墙体加固工程的剩余 5% 款项。下年 8 月 28 日，学校通过财政应返还额度（财政直接支付）方式将墙体加固工程的剩余 5% 款项，即 80 000 元，支付给施工企业。学校编制如下会计分录：

财务会计（1613 在建工程）	预算会计
（1）本年7月，地震受损教学楼转入在建工程	
借：在建工程——建筑安装工程投资 10 000 000 　　固定资产累计折旧　　　　　2 000 000 　　贷：固定资产　　　　　　　　12 000 000	—
（2）本年8月20日，进行工程结算	
借：在建工程——建筑安装工程投资 1 600 000 　　贷：零余额账户用款额度　　　 1 520 000 　　其他应付款——质保金——大型修缮质保金 　　　　　　　　　　　　　　　　 80 000	借：事业支出——资本性支出——大型修缮——房屋建筑物大型修缮 1 520 000 　　贷：资金结存——零余额账户用款额度 　　　　　　　　　　　　　　　　 1 520 000
（3）本年8月20日，工程竣工验收后交付使用	
借：固定资产——房屋、建筑物——教学楼 　　　　　　　　　　　　　　　 1 600 000 　　贷：在建工程　　　　　　　　 1 600 000	—
（4）下年8月28日，支付教学楼加固工程质保金	
借：其他应付款——质保金——大型修缮质保金 　　　　　　　　　　　　　　　　 80 000 　　贷：财政应返还额度　　　　　　 80 000	借：事业支出——资本性支出——大型修缮——房屋建筑物大型修缮　 80 000 　　贷：资金结存——财政应返还额度——财政直接支付　　　　　 80 000
注：本例中教学楼加固后投入使用当月和以后期间计提累计折旧的会计分录略	

（二）设备投资

1. 购入需安装的设备

购入需要安装的设备时，在财务会计部分，按照购入成本，借记"在建工程——设备投资"科目，贷记"财政拨款收入""零余额账户用款额度""银行存款"等科目；采用预付款方式购入设备的，有关预付款的账务处理参照本科目有关"建筑安装工程投资"明细科目的规定。以资金支付购入设备的成本，在预算会计部分，按照支付的金额，借记"事业支出"等科目，贷记"财政拨款预算收入""资金结存"科目。

2. 设备安装完工

设备安装完毕，办妥竣工验收交接手续交付使用时，在财务会计部分，按照设备投资成本（含设备安装工程成本和分摊的待摊投资），借记"固定资产"等科目，贷记"在建工程——设备投资——安装工程"科目。

将不需要安装的设备和达不到固定资产标准的工具、器具交付使用时，在财务会计部分，按照相关设备、工具、器具的实际成本，借记"固定资产""库存物品"科目，贷记"在建工程——设备投资"科目。

例118【购入需安装的设备】本年5月26日，学校购入一套智慧教学录播设备，通过零余额账户支付149 200元；当日收到需安装的录播设备。6月5日，设备安装调试完毕，经验收后投入使用。学校编制如下会计分录：

财务会计（1613 在建工程）	预算会计
（1）本年5月26日，购入需要安装设备	
借：在建工程——设备投资　　　149 200 　　贷：零余额账户用款额度　　　149 200	借：事业支出——资本性支出——专用设备购 　　置——电教设备　　　149 200 　　贷：资金结存　　　149 200
（2）本年6月5日，设备安装完毕，达到使用状态	
借：固定资产——专用设备——电教设备 　　　　　　149 200 　　贷：在建工程——设备投资　　　149 200	——
注：本例中设备投入使用当月和以后期间计提累计折旧的会计分录略。	

（三）待摊投资

建设工程发生的构成建设项目实际支出的、按照规定应当分摊计入有关工程成本和设备成本的各项间接费用和税费支出，先在"在建工程——待摊投资"科目中归集；建设工程办妥竣工验收手续交付使用时，按照合理的分配方法，摊入相关工程成本、在安装设备成本等。

1. 归集待摊投资的各类支出

学校发生构成待摊投资的各类费用，在财务会计部分，按照实际发生金额，借记"在建工程——待摊投资"科目，贷记"财政拨款收入""零余额账户用款额度""银行存款""应付利息""长期借款""其他应交税费""固定资产累计折旧""无形资产累计摊销"等科目。以资金支付工程的各项间接费用和税费支出。在预算会计部分，按照支付的金额，借记"事业支出"等科目，贷记"财政拨款预算收入""资金结存"科目。

2. 试生产、设备调试等产生的收支

对于建设过程中试生产、设备调试等产生的收入，在财务会计部分，按照取得的收入金额，借记"银行存款"等科目，按照依据有关规定应当冲减建设工程成本的部分，贷记"在建工程——待摊投资"科目，按照其差额贷记"应缴财政款"[需上缴财政]或"其他收入"[纳入预算管理]科目。

对于纳入预算管理，在工程建设过程中因试生产、设备调试等取得收款净额的，在预算会计部分，按照收到的金额，借记"资金结存"科目，贷记"其他预算收入"科目。

3. 单项工程报废或毁损

由于自然灾害、管理不善等原因造成的单项工程报废或毁损，在财务会计部分，扣除残料价值和过失人或保险公司等赔款后的净损失，报经批准后计入继续施工的工程成本的，按照工程成本扣除残料价值和过失人或保险公司等赔款后的净损失，借记"在建工程——待摊投资"科目，按照残料变价收入、过失人或保险公司赔款等，借记"银行存款""其他应收款"等科目，按照报废或毁损的工程成本，贷记"在建工程——建筑安装工程投资"科目。

报经处理单项工程报废或毁损过程中，残料变价收入扣除过失人或保险公司赔款的净额,如果为净收款,在预算会计部分,借记"资金结存"科目,贷记"其他预算收入"科目;如果为净付款,在预算会计部分,借记"其他支出"科目,贷记"资金结存"等科目。

4. 工程交付使用时分配待摊投资

工程交付使用时,按照合理的分配方法分配待摊投资,在财务会计部分,借记"在建工程——建筑安装工程投资、设备投资"科目,贷记"在建工程——待摊投资"科目。

待摊投资的分配方法,可按照下列公式计算:

(1)按照实际分配率分配,适用于建设工期较短、整个项目的所有单项工程一次竣工的建设项目。

$$实际分配率 = \frac{待摊投资明细科目余额}{\left(\begin{matrix}建筑工程明\\细科目余额\end{matrix} + \begin{matrix}安装工程明\\细科目余额\end{matrix} + \begin{matrix}设备投资明\\细科目余额\end{matrix}\right)} \times 100\%$$

(2)按照概算分配率分配,适用于建设工期长、单项工程分期分批建成投入使用的建设项目。

$$概算分配率 = \frac{\left(\begin{matrix}概算中各待摊投资\\项目的合计数\end{matrix} - \begin{matrix}其中可直接\\分配部分\end{matrix}\right)}{\left(\begin{matrix}概算中建筑工程、安装\\工程和设备投资合计\end{matrix}\right)} \times 100\%$$

(3)某项固定资产应分配的待摊投资=该项固定资产的建筑工程成本或该项固定资产(设备)的采购成本和安装成本合计×分配率。

(四)其他投资

1. 发生其他工程支出

学校为建设工程发生的房屋购置支出,基本畜禽、林木等的购置、饲养、培育支出,办公生活用家具、器具购置支出,软件研发和不能计入设备投资的软件购置等支出,在财务会计部分,按照实际发生金额,借记"在建工程——其他投资"科目,贷记"财政拨款收入""零余额账户用款额度""银行存款"等科目。

以资金支付其他投资支出时,在预算会计部分,按照支付的金额,借记"事业支出"等科目,贷记"财政拨款预算收入""资金结存"科目。

2. 其他工程完成

工程完成将形成的房屋、基本畜禽、林木等各种财产以及无形资产交付使用时,在财务会计部分,按照其实际成本,借记"固定资产""无形资产"等科目,贷记"在建工程——其他投资"科目。

(五)待核销基建支出

由于自然灾害等原因发生的建设项目整体报废所形成的净损失,报经批准后转入待核销基建支出,按照项目整体报废所形成的净损失,仅需在财务会计部分,借记"在建工程——待核销基建支出"科目,按照报废工程回收的残料变价收入、保险公司赔款等,借记"银行存款""其他应收款"等科目,按照报废的工程成本,贷记"在建工程——建筑安装工程投资"科目。

建设项目竣工验收交付使用时,仅需在财务会计部分,对发生的待核销基建支出进行冲销,借记"资产处置费用"科目,贷记"在建工程——待核销基建支出"科目。

（六）基建转出投资

为建设项目配套而建成的、产权不归属本学校的专用设施,在项目竣工验收交付使用时,仅需在财务会计部分,按照转出的专用设施的成本,借记"在建工程——基建转出投资"科目,贷记"在建工程——建筑安装工程投资"科目;同时,借记"无偿调拨净资产"科目,贷记"在建工程——基建转出投资"科目。

【解析34】 1701 无形资产

一、业务描述

无形资产是学校控制的没有实物形态的可辨认非货币性资产,如专利权、商标权、著作权、土地使用权、非专利技术等。资产满足下列条件之一的,符合无形资产定义中的可辨认性标准:①能够从学校分离或者划分出来,并能单独或者与相关合同、资产或负债一起,用于出售、转移、授予许可、租赁或者交换;②源自合同性权利或其他法定权利,无论这些权利是否可以从政府会计主体或其他权利和义务中转移或者分离。

无形资产同时满足下列条件的,应当予以确认:①与该无形资产相关的服务潜力很可能实现或者经济利益很可能流入政府会计主体;②该无形资产的成本或者价值能够可靠地计量。学校在判断无形资产的服务潜力或经济利益是否很可能实现或流入时,应当对无形资产在预计使用年限内可能存在的各种社会、经济、科技因素作出合理估计,并且应当有确凿的证据支持。

学校购入的不构成相关硬件不可缺少组成部分的软件,应当确认为无形资产。

二、科目设置

"无形资产"科目是财务会计使用的科目,核算学校的无形资产的原值。非大批量购入、单价小于1 000元的无形资产,可以于购买的当期将其成本直接计入当期费用。学校应当按照无形资产的类别、项目等进行明细核算。"无形资产"科目期末借方余额,反映学校无形资产的成本。

三、典型业务

（一）取得无形资产

取得无形资产的业务形式多样,包括外购无形资产、委托开发无形资产、自行研发无形资产、接受捐赠无形资产、无偿调入无形资产、置换取得无形资产等。无形资产在取得时,应当按照其成本进行初始计量。无形资产取得时涉及增值税业务的,相关账务处理参见"应交增值税"科目。

1. 外购无形资产

外购的无形资产,其成本包括购买价款、相关税费以及可归属于该项资产达到预定用途前所发生的其他支出。

外购的无形资产,在财务会计部分,按照确定的成本,借记"无形资产"科目,贷记"财政拨款收入""零余额账户用款额度""应付账款""银行存款"等科目。以资金支付购入无形资产的成本时,在预算会计部分,按照支付的金额,借记"事业支出"等科目,贷记"财政拨款预算收入""资金结存"科目。

例119 【购入无形资产】本年2月14日,学校从某信息技术企业购入课程管理系统,通过零余额账户支付108 000元。学校编制以下会计分录:

财务会计（1701 无形资产）	预算会计
本年2月14日，购入无形资产	
借：无形资产　108 000 　　贷：零余额账户用款额度　108 000	借：事业支出——资本性支出——信息网络及 软件购置　108 000 　　贷：资金结存　108 000

2. 委托开发无形资产

委托软件公司开发软件，视同外购无形资产进行处理。合同中约定预付开发费用的，在财务会计部分，按照预付金额，借记"预付账款"科目，贷记"财政拨款收入""零余额账户用款额度""银行存款"等科目。以资金支付委托开发软件费时，在预算会计部分，按照预付金额，借记"事业支出"等科目，贷记"财政拨款预算收入""资金结存"科目。

软件开发完成交付使用并支付剩余或全部软件开发费用时，在财务会计部分，按照软件开发费用总额，借记"无形资产"科目，按照相关预付账款金额，贷记"预付账款"科目，按照支付的剩余金额，贷记"财政拨款收入""零余额账户用款额度""银行存款"等科目。以资金支付委托开发软件剩余款项时，在预算会计部分，按照支付的剩余金额，借记"事业支出"等科目，贷记"财政拨款预算收入""资金结存"科目。

例120 【委托软件公司开发教学管理信息系统】学校通过招投标方式，委托某软件公司开发一套教学管理信息系统，总价为900 000元，并约定学校接收软件前应稳定试运行1个月。根据协议，本年4月1日，学校通过零余额账户向软件公司预付300 000元；8月3日，软件公司向公司交付教学管理信息系统，学校组织软件验收，经安装调试后试运行。系统试运行1个月无质量问题。9月5日，学校通过零余额账户向软件公司支付600 000元。学校预计该教学管理信息系统的服务能力为6年。学校编制以下会计分录：

财务会计（1701 无形资产）	预算会计
（1）本年4月1日，向软件公司预付软件开发费	
借：预付账款　300 000 　　贷：零余额账户用款额度　300 000	借：事业支出——资本性支出——信息网络及 软件购置　300 000 　　贷：资金结存——零余额账户用款额度 　300 000
（2）本年8月3日，软件公司向学校交付软件，通过验收	
借：无形资产　900 000 　　贷：预付账款　300 000 　　　　应付账款　600 000	—
（3）本年9月5日，向软件公司支付剩余款项	
借：应付账款　600 000 　　贷：零余额账户用款额度　600 000	借：事业支出——资本性支出——信息网络及 软件购置　600 000 　　贷：资金结存——零余额账户用款额度 　600 000
（4）本年9月，对无形资产进行摊销	
借：业务活动费用　12 500 　　贷：无形资产累计摊销　12 500	—
注：学校在教学管理信息系统正常服务期限内，进行无形资产摊销。本例仅举本年9月份对软件进行摊销的分录	

3. 自行研发无形资产

学校自行研究开发项目的支出,应当区分研究阶段支出与开发阶段支出。学校自行研究开发项目研究阶段的支出,应当于发生时计入当期费用。学校自行研究开发项目开发阶段的支出,先按合理方法在"研发支出"科目进行归集,如果最终形成无形资产的,应当确认为无形资产;如果最终未形成无形资产的,应当计入当期费用。

自行研究开发形成的无形资产,在财务会计部分,按照研究开发项目进入开发阶段后至达到预定用途前所发生的支出总额,借记"无形资产"科目,贷记"研发支出——开发支出"科目。

学校自行研究开发项目尚未进入开发阶段,或者确实无法区分研究阶段支出和开发阶段支出,但按法律程序已申请取得无形资产的,应当将依法取得时发生的注册费、聘请律师费等费用确认为无形资产,在财务会计部分,按照依法取得时发生的注册费、聘请律师费等费用,借记"无形资产"科目,贷记"财政拨款收入""零余额账户用款额度""银行存款"等科目;按照依法取得前所发生的研究开发支出,借记"业务活动费用"等科目,贷记"研发支出"科目。

以资金支付依法取得时发生的注册费、聘请律师费等费用时,在预算会计部分,按照支付的金额,借记"事业支出"等科目,贷记"财政拨款预算收入""资金结存"科目。

4. 接受捐赠无形资产

学校接受捐赠的无形资产,其成本按照有关凭据注明的金额加上相关税费确定;没有相关凭据可供取得,但按规定经过资产评估的,其成本按照评估价值加上相关税费确定;没有相关凭据可供取得,也未经资产评估的,其成本比照同类或类似资产的市场价格加上相关税费确定;没有相关凭据且未经资产评估、同类或类似资产的市场价格也无法可靠取得的,按照名义金额入账,相关税费计入当期费用。

接受捐赠的无形资产,在财务会计部分,按照确定的无形资产成本,借记"无形资产"科目,按照发生的相关税费等,贷记"零余额账户用款额度""银行存款"等科目,按照其差额,贷记"捐赠收入"科目。受赠方以资金支付相关费用时,在预算会计部分,按照实际支付的金额,借记"其他支出"等科目,贷记"财政拨款预算收入""资金结存"科目。

例 121 【**接受捐赠无形资产**】本年 6 月 10 日,学校接受某科技企业捐赠的软件系统,确定的成本为 240 000 元,通过零余额账户支付直接相关费用 14 400 元。学校编制以下会计分录:

财务会计(1701 无形资产)		预算会计	
本年 6 月 10 日,接受捐赠的无形资产			
借:无形资产	254 400	借:其他支出	14 400
贷:零余额账户用款额度	14 400	贷:资金结存——零余额账户用款额度	14 400
捐赠收入	240 000		

接受捐赠的无形资产按照名义金额入账的,在财务会计部分,按照名义金额,借记本科目,贷记"捐赠收入"科目;同时,按照发生的相关税费等,借记"其他费用"科目,贷记"零余额账户用款额度""银行存款"等科目。受赠方以资金支付相关费用时,在预算会计部分,按照实际支付的金额,借记"其他支出"等科目,贷记"财政拨款预算收入""资金结

存"科目。

例 122 【接受捐赠无形资产】本年 8 月 22 日,学校接受捐赠取得无形资产,按名义金额入账;同日,通过零余额账户支付税费 1 500 元。学校编制以下会计分录:

财务会计(1701 无形资产)	预算会计
本年 8 月 22 日,接受捐赠的无形资产,以名义金额入账	

借:无形资产   1
  贷:捐赠收入   1
同时:
借:其他费用   1 500
  贷:零余额账户用款额度   1 500
	借:其他支出 1 500
	  贷:资金结存——零余额账户用款额度
	            1 500

5. 无偿调入无形资产

政府会计主体无偿调入的无形资产,其成本按照调出方账面价值加上相关税费确定。无偿调入的无形资产,按照确定的无形资产成本,借记"无形资产"科目,按照发生的相关税费等,贷记"零余额账户用款额度""银行存款"等科目,按照其差额,贷记"无偿调拨净资产"科目。调入方以资金支付相关费用时,在预算会计部分,按照实际支付的金额,借记"其他支出"等科目,贷记"财政拨款预算收入""资金结存"科目。

例 123 【无偿调入无形资产】本年 8 月 3 日,学校取得无偿调入的无形资产,调出方无形资产的账面余额为 96 000 元,无形资产累计摊销为 42 000 元;同日,通过零余额账户支付税费 2 500 元。学校编制以下会计分录:

财务会计(1701 无形资产)	预算会计
本年 8 月 3 日,无偿调入无形资产	

借:无形资产   56 500
  贷:无偿调拨净资产   54 000
    零余额账户用款额度   2 500
	借:其他支出 2 500
	  贷:资金结存——零余额账户用款额度
	            2 500

6. 置换取得无形资产

置换取得的无形资产,参照"库存物品"科目中置换取得库存物品的相关规定进行账务处理。

(二) 与无形资产有关的后续支出

与无形资产有关的后续支出,符合无形资产的确认条件的,应当计入无形资产成本;不符合无形资产的确认条件的,应当在发生时计入当期费用或者相关资产成本。

1. 符合无形资产确认条件的后续支出

为增加无形资产的使用效能对其进行升级改造或扩展其功能时,如需暂停对无形资产进行摊销的,在财务会计部分,按照无形资产的账面价值,借记"在建工程"科目,按照无形资产已摊销金额,借记"无形资产累计摊销"科目,按照无形资产的账面余额,贷记"无形资产"科目。

无形资产后续支出符合无形资产确认条件的,在财务会计部分,按照支出的金额,借记"无形资产"科目[无需暂停摊销的]或"在建工程"科目[需暂停摊销的],贷记"财政拨款收入""零余额账户用款额度""银行存款"等科目。以资金支付无形资产后续支出时,在预算会计部分,借记"事业支出"等科目,贷记"财政拨款预算收入""资金结存"科目。

暂停摊销的无形资产升级改造或扩展功能等完成交付使用时,按照在建工程成本,借记"无形资产"科目,贷记"在建工程"科目。

2. 不符合无形资产确认条件的后续支出

为保证无形资产正常使用发生的日常维护等支出,在财务会计部分,按后续支出的金额,借记"业务活动费用""单位管理费用"等科目,贷记"财政拨款收入""零余额账户用款额度""银行存款"等科目。以资金支付无形资产后续支出时,在预算会计部分,借记"事业支出"等科目,贷记"财政拨款预算收入""资金结存"科目。

例 124 【不符合无形资产确认条件的后续支出】学校上个年度购入杀毒软件,本年7 月 15 日通过零余额账户支付 1 800 元购买软件升级包。学校编制以下会计分录:

财务会计(1701 无形资产)	预算会计
本年 7 月 15 日,支付无形资产的后续支出	

借:业务活动费用   1 800
  贷:零余额账户用款额度   1 800
	借:事业支出——商品和服务支出——办公费
	    1 800
	  贷:资金结存 1 800

(三) 报经批准处置无形资产

报经批准处置无形资产有多种形式,包括出售、转让无形资产,对外捐赠无形资产,无偿调出无形资产,置换出无形资产,对不能为学校带来服务潜力或经济利益的无形资产进行核销。报经批准处置无形资产的会计处理根据不同业务形式进行处理。无形资产处置时涉及增值税业务的,相关账务处理参见"应交增值税"科目。

1. 报经批准出售、转让无形资产

政府会计主体按规定报经批准出售、转让无形资产,应当将无形资产账面价值转销计入当期费用,并将处置收入大于相关处置税费后的差额按规定计入当期收入或者作应缴款项处理,将处置收入小于相关处置税费后的差额计入当期费用。

报经批准出售、转让无形资产,在财务会计部分,按照被出售、转让无形资产的账面价值,借记"资产处置费用"科目,按照无形资产已计提的摊销,借记"无形资产累计摊销"科目,按照无形资产账面余额,贷记"无形资产"科目。同时,处置无形资产收到的价款扣除处置过程中发生的相关费用,如为净收款,按照净收款的金额,借记"银行存款"等科目,贷记"应缴财政款"科目;如为净付款,按照净付款的金额,借记"其他费用"科目,贷记"银行存款"等科目。

处置无形资产收到的价款扣除处置过程中发生的相关费用,如果为净付款,在预算会计部分,还应按照净付款的金额,借记"其他支出"科目,贷记"资金结存"等科目。

例 125 【出售、转让无形资产】本年 7 月 11 日,非义务教育阶段学校报经批准后将无形资产出售给某企业,收到银行存款 600 000 元,同时银行存款支付相关费用 30 000 元。该无形资产的账面余额为 280 000 元,已计提的累计摊销为 108 000 元。学校根据

当地财政管理要求,将出售无形资产取得的款项上缴财政。报经批准后,学校编制如下会计分录:

财务会计(1701 无形资产)		预算会计
本年 7 月 11 日,经批准后出售无须资产		
借:资产处置费用　172 000		
无形资产累计摊销　108 000		
贷:无形资产　280 000		
同时:		——
借:银行存款　570 000		
贷:应缴财政款　570 000		

2. 报经批准对外捐赠无形资产

报经批准对外捐赠无形资产,在财务会计部分,按照无形资产已计提的摊销,借记"无形资产累计摊销"科目,按照被处置无形资产账面余额,贷记"无形资产"科目,按照捐赠过程中发生的归属于捐出方的相关费用,贷记"银行存款"等科目,按照其差额,借记"资产处置费用"科目。

例 126 【对外捐赠无形资产】本年 7 月 18 日,学校报经批准后将无形资产捐赠给其他学校。该无形资产的账面余额为 150 000 元,已计提的累计摊销为 30 000 元。学校承担了相关税费等支出,通过银行存款支付 4 600 元。报经批准后,学校编制如下会计分录:

财务会计(1701 无形资产)		预算会计	
本年 7 月 18 日,对外捐赠无形资产			
借:资产处置费用　120 000			
无形资产累计摊销　30 000			
贷:无形资产　150 000			
同时:		借:其他支出　4 600	
借:资产处置费用　4 600		贷:资金结存——货币资金——银行存款	
贷:银行存款　4 600		4 600	

3. 报经批准无偿调出无形资产

报经批准无偿调出无形资产,在财务会计部分,按照无形资产已计提的摊销,借记"无形资产累计摊销"科目,按照被处置无形资产账面余额,贷记"无形资产"科目,按照其差额,借记"无偿调拨净资产"科目;同时,按照无偿调出过程中发生的归属于调出方的相关费用,借记"资产处置费用"科目,贷记"银行存款"等科目。

例 127 【无偿调出无形资产】本年 8 月 5 日,学校报经批准后将无形资产调拨给其他学校。该无形资产的账面余额为 180 000 元,已计提的累计摊销为 39 000 元。学校承担了相关税费等支出,通过零余额账户支付 5 400 元。报经批准后,学校编制如下会计分录:

财务会计（1701 无形资产）	预算会计
本年 8 月 5 日，无偿调出无形资产	
借：无偿调拨净资产　　　　　141 000 　　无形资产累计摊销　　　　　39 000 　　贷：无形资产　　　　　　　　　180 000	
同时：	借：其他支出　　　　　　　　　5 400 　　贷：资金结存——零余额账户用款额度 　　　　　　　　　　　　　　　　5 400
借：资产处置费用　　　　　　　5 400 　　贷：零余额账户用款额度　　　　5 400	

4. 报经批准置换出无形资产

报经批准置换而换出无形资产，参照"库存物品"科目中置换换入库存物品的规定进行账务处理。

5. 报经批准对不能为学校带来服务潜力或经济利益的无形资产进行核销

无形资产预期不能为学校带来服务潜力或经济利益，按照规定报经批准核销时，在财务会计部分，按照待核销无形资产的账面价值，借记"资产处置费用"科目，按照已计提摊销，借记"无形资产累计摊销"科目，按照无形资产的账面余额，贷记"无形资产"科目。

例 128 【按规定核销无形资产】本年 8 月，学校在资产清查过程中，发现一项无形资产已不能为学校带来服务潜力或经济利益。8 月 30 日，报经批准后准予核销，该无形资产的账面余额为 66 000 元，已计提的累计摊销为 40 000 元，学校编制如下会计分录：

财务会计（1701 无形资产）	预算会计
本年 8 月 30 日，经批准核销无形资产	
借：资产处置费用　　　　　　　26 000 　　无形资产累计摊销　　　　　40 000 　　贷：无形资产　　　　　　　　　66 000	—

（四）定期盘点无形资产

学校应当定期对无形资产进行清查盘点，每年至少盘点一次。学校资产清查盘点过程中发现的无形资产盘盈、盘亏等，应当先记入"待处理财产损溢"科目，按照规定报经批准后及时进行后续账务处理。

1. 盘盈无形资产

盘盈的无形资产，其成本按照有关凭证注明的金额确定；没有相关凭证，但按照规定经过资产评估的，其成本按照评估价值确定；没有相关凭证，也未经过评估的，其成本按照重置成本确定。如无法采用上述方法确定盘盈固定资产成本的，按照名义金额（人民币 1 元）入账。

盘盈的无形资产，在财务会计部分，按照确定的入账成本，借记"无形资产"科目，贷记"待处理财产损溢"科目。

例 129 【盘盈无形资产】本年 12 月 20 日，学校进行无形资产进行盘点，盘盈 1 套课程动画设计软件。由于没有凭证，根据教学管理系统的重置成本确定成本为 24 000 元。报经批准后，学校编制如下会计分录：

财务会计（1601 固定资产）	预算会计
本年 12 月 20 日，盘盈无形资产	
借：无形资产　　　　　　24 000　　　 　　贷：待处理财产损溢　　　　24 000	—

2. 盘亏无形资产

盘亏无形资产，在财务会计部分，按照待处理无形资产的账面价值，借记"待处理财产损溢"科目，按照已计提摊销，借记"无形资产累计摊销"科目，按照无形资产的账面余额，贷记"无形资产"科目。

例 130 【盘亏无形资产】本年 12 月 25 日，学校进行无形资产进行盘点，盘亏 1 套录播管理系统；该系统的原值为 12 000 元，已经计提累计摊销金额为 7 200 元。报经批准后，学校编制如下会计分录：

财务会计（1601 固定资产）	预算会计
本年 12 月 25 日，盘亏固定资产	
借：待处理财产损溢　　　　4 800　　　 　　无形资产累计摊销　　　7 200　　　 　　贷：无形资产　　　　　　12 000	—

四、业务辨析

信息系统是否作为无形资产进行核算：

学校购买的可分辨的、独立使用并单独计价的信息系统，满足无形资产定义的，作为无形资产进行核算。与机器设备不可分割的信息系统，不作为无形资产进行核算，该信息系统的价值计入固定资产。

【解析 35】 1702 无形资产累计摊销

一、业务描述

学校应当对使用年限有限的无形资产进行摊销，既是对使用无形资产的成本分摊，也体现了无形资产的使用用途。摊销是指在无形资产使用年限内，按照确定的方法对应摊销金额进行系统分摊。但已摊销完毕仍继续使用的无形资产和以名义金额计量的无形资产除外。

二、科目设置

"无形资产累计摊销"科目是财务会计使用的科目，核算学校对使用年限有限的无形资产计提的累计摊销。"无形资产累计摊销"科目应当按照所对应无形资产的明细分类进行明细核算。"无形资产累计摊销"科目期末贷方余额，反映学校计提的无形资产摊销累计数。

三、典型业务

（一）使用年限有限的无形资产的摊销

1. 对使用年限有限的无形资产进行摊销

无形资产的使用年限为有限的，应当估计其使用年限。无法预见无形资产为政府会计主体提供服务潜力或者带来经济利益期限的,应当视为使用年限不确定的无形资产。学校应当对使用年限有限的无形资产进行摊销,但已摊销完毕仍继续使用的无形资产和以名义金额计量的无形资产除外。摊销是指在无形资产使用年限内,按照确定的方法对应摊销金额进行系统分摊。

学校应当按月对使用年限有限的无形资产进行摊销,并根据用途计入当期费用或者相关资产成本。学校应当采用年限平均法或者工作量法对无形资产进行摊销,应摊销金额为其成本,不考虑预计残值。

2. 确定无形资产的摊销年限

对于使用年限有限的无形资产,学校应当按照以下原则确定无形资产的摊销年限:①法律规定了有效年限的,按照法律规定的有效年限作为摊销年限;②法律没有规定有效年限的,按照相关合同或单位申请书中的受益年限作为摊销年限;③法律没有规定有效年限、相关合同或单位申请书也没有规定受益年限的,应当根据无形资产为政府会计主体带来服务潜力或经济利益的实际情况,预计其使用年限;④非大批量购入、单价小于1 000元的无形资产,可以于购买的当期将其成本一次性全部转销。

3. 按月对无形资产进行摊销

按月对无形资产进行摊销时,在财务会计部分,按照应摊销金额,借记"业务活动费用""单位管理费用""加工物品""在建工程"等科目,贷记"无形资产累计摊销"科目。

例131　【按月分摊无形资产】本年10月,学校接受捐赠取得的无形资产用于教学活动,入账成本为100 800元;按照年限平均法摊销,摊销年限为8年。学校编制如下会计分录:

财务会计(1702 无形资产累计摊销)	预算会计
按月进行无形资产摊销	
借:业务活动费用　　　　　　　1 050 　　贷:无形资产累计摊销　　　　　　1 050	—

例132　【按月分摊无形资产】本年4月,学校自主研发无形资产的入账成本为162 000元;按照年限平均法摊销,摊销年限为10年。该无形资产被用于自制教学用品。学校编制如下会计分录:

财务会计(1702 无形资产累计摊销)	预算会计
按月进行无形资产摊销	
借:加工物品　　　　　　　　　1 350 　　贷:无形资产累计摊销　　　　　　1 350	—

(二)经批准处置无形资产

经批准处置无形资产时,在财务会计部分,按照所处置无形资产的账面价值,借记"资产处置费用""无偿调拨净资产""待处理财产损溢"等科目,按照已计提摊销,借记"无形资产累计摊销"科目,按照无形资产的账面余额,贷记"无形资产"科目。

【解析36】 1703 研发支出

一、业务描述

学校开展研究开发活动，为教育教学活动服务。学校自行研究开发项目，分为两个阶段，一是研究阶段，二是开发阶段。研究是指为获取并理解新的科学或技术知识而进行的独创性的有计划调查。开发是指在进行生产或使用前，将研究成果或其他知识应用于某项计划或设计，以生产出新的或具有实质性改进的材料、装置、产品等。学校自行研究开发项目的支出，应当区分研究阶段支出与开发阶段支出。

二、科目设置

"研发支出"科目是财务会计使用的科目，核算学校自行研究开发项目在研究阶段和开发阶段发生的各项支出。建设项目中的软件研发支出，应当通过"在建工程"科目核算，而不通过"研发支出"科目核算。"研发支出"科目按照自行研究开发项目，分别进行"研究支出""开发支出"明细科目核算。"研发支出"科目期末借方余额，反映学校预计能达到预定用途的研究开发项目在开发阶段发生的累计支出数。

三、典型业务

学校自行研究开发项目研究阶段的支出，应当于发生时计入当期费用。学校自行研究开发项目开发阶段的支出，先按合理方法进行归集，如果最终形成无形资产的，应当确认为无形资产；如果最终未形成无形资产的，应当计入当期费用。自行研究开发项目时涉及增值税业务的，相关账务处理参见"应交增值税"科目。

（一）自行研究开发项目研究阶段的支出

自行研究开发项目研究阶段的支出，应当先在"研发支出"科目归集。在财务会计部分，按照从事研究及其辅助活动人员计提的薪酬，研究活动领用的库存物品，发生的与研究活动相关的管理费、间接费和其他各项费用，借记"研发支出——研究支出"科目，贷记"应付职工薪酬""库存物品""财政拨款收入""零余额账户用款额度""固定资产累计折旧""银行存款"等科目。以资金支付项目研究阶段的各项支出时，在预算会计部分，按照支付的金额，借记"事业支出"等科目，贷记"财政拨款预算收入""资金结存"科目。

期（月）末，应当将本科目归集的研究阶段的支出金额转入当期费用，在财务会计部分，借记"业务活动费用"等科目，贷记"研发支出——研究支出"科目。

例133 【自行研究开发无形资产，研究阶段支出】本年12月1日，学校启动自行研究开发无形资产项目。研究阶段发生以下支出：12月10日，研究团队领用材料4 000元；12月17日，通过财政直接支付的方式支付测试费12 000元；12月25日，计提当月参与教职工薪酬64 800元，对使用设备当月计提累计折旧为9 200元。与无形资产项目研发有关的业务，学校编制如下会计分录：

财务会计（1703 研发支出）	预算会计
■ 自行研究开发项目研究阶段	
（1）本年12月10日，自行研究开发无形资产，归集研究阶段的材料成本	
借：研发支出——研究支出 4 000 贷：库存物品 4 000	—

财务会计（1703 研发支出）	预算会计
（2）本年12月17日,自行研究开发无形资产,归集研究阶段的测试费	
借：研发支出——研究支出　　12 000 　　贷：财政拨款收入　　　　　　12 000	借：事业支出——商品和服务支出——委托业务费　　　　　　　　　　　　12 000 　　贷：财政拨款预算收入　　　　　12 000
（3）本年12月25日,自行研究开发无形资产,归集研究阶段的人工成本	
借：研发支出——研究支出　　64 800 　　贷：应付职工薪酬　　　　　　64 800	—
（4）本年12月25日,自行研究开发无形资产,归集研究阶段的设备折旧	
借：研发支出——研究支出　　9 200 　　贷：固定资产累计折旧　　　　9 200	—
（5）年末将研究阶段的支出转入当期费用	
借：业务活动费用　　　　　　90 000 　　贷：研发支出——研究支出　　90 000	—

（二）自行研究开发项目开发阶段的支出

自行研究开发项目开发阶段的支出,先通过"研发支出"科目进行归集。在财务会计部分,按照从事开发及其辅助活动人员计提的薪酬,开发活动领用的库存物品,发生的与开发活动相关的管理费、间接费和其他各项费用,借记"研究开发支出——开发支出"科目,贷记"应付职工薪酬""库存物品""财政拨款收入""零余额账户用款额度""固定资产累计折旧""银行存款"等科目。以资金支付项目开发阶段的各项支出时,在预算会计部分,按照支付的金额,借记"事业支出"等科目,贷记"财政拨款预算收入""资金结存"科目。

自行研究开发项目完成,达到预定用途形成无形资产的,在财务会计部分,按照"研发支出"科目归集的开发阶段的支出金额,借记"无形资产"科目,贷记"研究开发支出——开发支出"科目。

学校应于每年年度终了评估研究开发项目是否能达到预定用途,如预计不能达到预定用途（如无法最终完成开发项目并形成无形资产的）,应当将已发生的开发支出金额全部转入当期费用,借记"业务活动费用"等科目,贷记"研究开发支出——开发支出"科目。

例134 【自行研究开发无形资产】中等职业学校为加大技术创新支持力度,设立技术创新专项资金,组织开展科研攻关立项工作。学校研发中心的科研团队拟开发"汽修废油技术",本年3月1日项目获得学校立项,随即科研团队开展了研发工作。

本项目的研究和开发历经18个月。本年1月至8月,项目处于研究阶段;9月1日至下一年5月25日,项目处于开发阶段。

在研究阶段,科研团队开展了多种研究活动,有关支出的举例包括：本年3月8日,进行企业调研,报销支付市内差旅费7 650元。3月20日,领用了部分材料和试剂,价值20 000元。3月28日,向技术公司支付技术咨询费5 000元;学校研究团队人员应付薪酬45 000元。3月31日,本月研究用设备的累计折旧是22 000元。本年3月发生的累计研究支出为 180 000 元,所有款项均通过零余额账户支付。

在开发阶段,科研团队开展了多种开发活动,有关支出的举例包括:本年 9 月 5 日,进行企业调研,发生国内差旅费 8 000 元。9 月 18 日,领用了部分前期购入的材料和试剂,价值 35 000 元。9 月 28 日,向技术公司支付技术咨询费 9 000 元;学校研究团队人员应付薪酬 48 000 元。9 月 30 日,本月开发用设备的累计折旧是 30 000 元。本年 9 月发生的累计开发支出为 260 000 元,所有款项均通过零余额账户支付。

下一年 5 月开发活动结束,研究开发项目达到预定用途,累计开发阶段支出 2 850 000 元。与无形资产项目研发有关的业务,学校编制以下会计分录:

128

财务会计(1703 研发支出)	预算会计
■ 自行研究开发项目研究阶段	
(1) 本年 3 月 8 日,支付项目研究阶段的差旅费	
借:研发支出——研究支出　　　7 650 　贷:零余额账户用款额度　　　　7 650	借:事业支出——商品和服务支出——差旅费——市内差旅费　　　7 650 　贷:资金结存——零余额账户用款额度　　　7 650
(2) 本年 3 月 20 日,项目开发领用材料和试剂	
借:研发支出——研究支出　　　20 000 　贷:库存物品　　　　　　　　20 000	—
(3) 本年 3 月 20 日,支付技术咨询费	
借:研发支出——研究支出　　　5 000 　贷:零余额账户用款额度　　　　5 000	借:事业支出——商品和服务支出——咨询费　　　5 000 　贷:资金结存——零余额账户用款额度　　　5 000
(4) 本年 3 月 28 日,应付研究团队人员薪酬	
借:研发支出——研究支出　　　45 000 　贷:应付职工薪酬　　　　　　45 000	借:事业支出——工资福利支出——基本工资　　　45 000 　贷:资金结存——零余额账户用款额度　　　45 000
(5) 本年 3 月 31 日,研究用设备计提累计折旧	
借:研发支出——研究支出　　　22 000 　贷:固定资产累计折旧　　　　22 000	—
(6) 本年 3 月 31 日,月末将本月研究支出转入费用	
借:业务活动费用　　　　　　　180 000 　贷:研发支出——研究支出　　　180 000	—
■ 自行研究开发项目开发阶段	
(1) 本年 9 月 5 日,支付项目开发阶段的差旅费	
借:研发支出——开发支出　　　8 000 　贷:零余额账户用款额度　　　　8 000	借:事业支出——商品和服务支出——差旅费——国内差旅费　　　8 000 　贷:资金结存——零余额账户用款额度　　　8 000

财务会计（1703 研发支出）	预算会计
（2）本年 9 月 18 日，项目开发领用材料和试剂	
借：研发支出——开发支出 35 000 贷：库存物品 35 000	—
（3）本年 9 月 28 日，支付技术咨询费	

借：研发支出——开发支出   9 000
    贷：零余额账户用款额度   9 000
	借：事业支出——商品和服务支出——咨询费
	    9 000
	    贷：资金结存——零余额账户用款额度
	    9 000

（4）本年 9 月 28 日，应付研究团队人员薪酬	

借：研发支出——开发支出   48 000
    贷：应付职工薪酬   48 000
	借：事业支出——工资福利支出——基本工资
	    45 000
	    贷：资金结存——零余额账户用款额度
	    45 000

（5）本年 9 月 30 日，开发用设备计提累计折旧	
借：研发支出——研究支出 30 000 贷：固定资产累计折旧 30 000	—
■ 自行研究开发项目结束	
下年 5 月 25 日，将达到使用用途的技术转入无形资产	
借：无形资产 2 850 000 贷：研发支出——开发支出 2 850 000	—
注：本例对研发活动的不同阶段的典型业务进行部分举例	

【解析37】 1891 受托代理资产

一、业务描述

学校接受其他单位和个人委托收到物品，并将物品按照委托人的要求移交或转赠给特定对象。尽管受托原因不同，但受托代理资产，主要业务环节都包括收到的受托物资验收合格后入库和移交受托代理资产。学校接受委托，在收到受托代理资产时，将资产移交或转赠给特定对象的义务就已经明确，因而，在收到受托代理物资时，确认受托代理资产的同时，还应确认受托代理负债；在按委托方要求移交和转赠物资时，履行了委托义务，那么冲转受托代理负债的同时，冲转受托代理资产。这也说明受托代理资产的核算和受托代理负债的核算紧密相关。

二、科目设置

"受托代理资产"科目是财务会计使用的科目，核算学校接受委托方委托管理的各项资产，包括受托指定转赠的物资、受托存储保管的物资等的成本。"受托代理资产"科目应当按照资产的种类和委托人进行明细核算；属于转赠资产的，还应当按照受赠人进行明细核算。"受托代理资产"科目期末借方余额，反映学校受托代理实物资产的成本。

学校收到受托代理的资产,应根据资产的类型分别进行核算:如果属于资金,则不通过"受托代理资产"科目核算,而应当通过"库存现金""银行存款"科目进行核算;如果属于其他物资,通过"受托代理资产"科目核算。

三、典型业务

"受托代理资产"业务,根据受托原因分为受托转赠物资、受托存储保管物资等。按照业务环节,受托代理资产主要核算分为收到受托物资验收合格后入库、根据委托移交受托物资。如果转赠物资的委托人取消了对捐赠物资的转赠要求,将物资转赠学校,需要反映资产的变化。

(一) 收到受托物资,经验收合格后入库

接受委托人委托需要转赠给受赠人的物资,或者接受委托人委托存储保管的物资,其成本按照有关凭证注明的金额确定。收到受托物资,经验收合格后入库,在财务会计部分,按照确定的成本,借记"受托代理资产"科目,贷记"受托代理负债"科目。

受托协议约定由承担相关税费、运输费等的,在财务会计部分,还应当按照实际支付的相关税费、运输费等金额,借记"其他费用"科目,贷记"银行存款"等科目。受托方以资金支付承担的相关税费、运输费等,在预算会计部分,按照支付的金额,借记"其他支出"科目,贷记"资金结存"等科目。

(二) 根据委托移交受托物资

将受托转赠物资交付受赠人时,或者根据委托人要求交付或发出受托存储保管的物资时,按照发出物资的成本,借记"受托代理负债"科目,贷记"受托代理资产"科目。

例 135 【受托代理保管物资】本年 7 月 15 日,学校接受某单位委托,代为保管一部分物品;经双方确认,物品的价值为 200 000 元,不会对学校的环境、设施造成不良影响,保管期以 1 个月为限;当日根据协议通过银行存款支付运费 1 280 元。本年 8 月 12 日,学校将受托保管的物品交付给指定单位。学校编制以下会计分录:

财务会计(1891 受托代理资产)	预算会计
(1) 本年 7 月 15 日,接受外单位委托保管物品	
借:受托代理资产　　　　　　200 000 　贷:受托代理负债　　　　　　　200 000	—
(2) 本年 7 月 15 日,支付运费	
借:其他费用　　　　　　　　1 280 　贷:银行存款　　　　　　　　　1 280	借:其他支出　　　　　　　　　　　1 280 　贷:资金结存——货币资金——银行存款 　　　　　　　　　　　　　　　　1 280
(3) 本年 8 月 12 日,向外单位交付受托保管的物品	
借:受托代理负债　　　　　　200 000 　贷:受托代理资产　　　　　　　200 000	—

(三) 转赠物资的委托人取消了对捐赠物资的转赠,将物资转赠学校

转赠物资的委托人取消了对捐赠物资的转赠要求,且不再收回捐赠物资的,应当将

转赠物资转为学校的存货、固定资产等。仅需在财务会计部分，按照转赠物资的成本，借记"受托代理负债"科目，贷记"受托代理资产"科目；同时，借记"库存物品""固定资产"等科目，贷记"其他收入"科目。

例136 【受托转赠物资】本年 6 月 10 日，学校接受某单位委托，在 3 个月内将一部分物品转赠给特定对象；经双方确认，物品的价值为 350 000 元；当日根据协议通过财政拨款直接支付运费 3 750 元。受托期限结束，学校无法将受赠物资转赠给特定对象。9 月 20 日，委托方与学校再次协商，将受托物品转赠给学校，该批受托物品不满足资产的确认条件。学校编制以下会计分录：

财务会计（1891 受托代理资产）		预算会计	
（1）本年 6 月 10 日，接受委托人委托需要转赠给受赠人的物资			
借：受托代理资产	350 000	—	
贷：受托代理负债	350 000		
（2）本年 6 月 10 日，受托协议约定由受托方承担相关税费、运输费			
借：其他费用	3 750	借：其他支出	3 750
贷：财政拨款收入	3 750	贷：财政拨款预算收入	3 750
（3）本年 9 月 20 日，转赠物资的委托人取消了对捐赠物资的转赠要求，且不再收回捐赠物资			
借：受托代理负债	350 000	—	
贷：受托代理资产	350 000		
同时：			
借：库存物品	350 000		
贷：其他收入	350 000		

【解析38】 1901 长期待摊费用

一、业务描述

学校办学过程中预先支付分摊期限在 1 年以上（不含 1 年）的各项费用。例如，学校向外单位租用一处体育活动场地，预先支付的 2 年租金。如果业务款项已经支付，且支付的是与期间相关的费用性支出，受益期限超过 1 年，这类业务通过长期待摊费用来反映。根据业务环节，长期待摊费用的核算包括：发生长期待摊费用，按照受益期限分期平均摊销，将已经不能使学校受益的长期待摊费用余额转入当期费用等。

二、科目设置

"长期待摊费用"科目是财务会计使用的科目，核算学校已经支出，但应由本期和以后各期负担的分摊期限在 1 年以上（不含 1 年）的各项费用，如以经营租赁方式租入的固定资产发生的改良支出等。"长期待摊费用"科目应当按照费用项目进行明细核算。"长期待摊费用"科目期末借方余额，反映学校尚未摊销完毕的长期待摊费用。

三、典型业务

长期待摊费用业务有多种形式，主要业务环节都包括发生长期待摊费用、按照受益期限分期平均摊销、将已经不能使学校受益的长期待摊费用余额转入当期费用。

（一）发生长期待摊费用

发生长期待摊费用时，在财务会计部分，按照实际预付的金额，借记"长期待摊费用"科目，贷记"财政拨款收入""零余额账户用款额度""银行存款"等科目。以资金预付需长期分摊的款项，在预算会计部分，按照实际预付的金额，借记"事业支出""经营支出"等科目，贷记"财政拨款预算收入""资金结存"等科目。

例 137 【发生长期待摊费用】本年 5 月 20 日，学校通过零余额账户支付的方式预付 20 个月活动场地的租金 48 000 元，租期自本年 6 月 1 日开始。学校编制如下会计分录：

财务会计（1901 长期待摊费用）	预算会计
（1）本年 5 月 20 日，发生长期待摊费用	
借：长期待摊费用　　　　48 000 　贷：零余额账户用款额度　　48 000	借：事业支出——商品和服务支出——租赁费 　　　　　　　　　　　　　　48 000 　贷：资金结存——零余额账户用款额度 　　　　　　　　　　　　　　48 000
（2）本年 6 月末，分摊第 1 个月的租金	
借：业务活动费用　　　　2 400 　贷：长期待摊费用　　　　2 400	——

（二）按照受益期限分期平均摊销

按照受益期限分期平均摊销时，在财务会计部分，按照摊销金额，借记"业务活动费用""单位管理费用""经营费用"等科目，贷记"长期待摊费用"科目。

例 138 【长期待摊费用】本年 6 月 20 日，学校与其他单位签订协议，租借教学设备。双方约定，租期 2 年，租金为 240 000 元；租期从 7 月 1 日开始。本年 6 月 20 日，学校通过财政直接支付方式支付了租金。学校编制以下会计分录：

财务会计（1901 长期待摊费用）	预算会计
（1）本年 6 月 20 日，发生长期待摊费用	
借：长期待摊费用　　　　240 000 　贷：财政拨款收入　　　　240 000	借：事业支出　　　　240 000 　贷：财政拨款预算收入　　240 000
（2）本年 7 月末，分摊租期内的长期待摊费用	
借：业务活动费用　　　　10 000 　贷：长期待摊费用　　　　10 000	——

注：本例仅举第 1 个月分摊长期待摊费用的分录，正常租赁期内其他月的核算与第 1 个月相同

（三）将已经不能使学校受益的长期待摊费用余额转入当期费用

如果某项长期待摊费用已经不能使学校受益，应当将其摊余金额一次全部转入当期费用。在财务会计部分，按照摊销科目的余额，借记"业务活动费用""单位管理费用""经营费用"等科目，贷记"长期待摊费用"科目。

一、业务描述

定期和不定期开展资产清查工作,是学校资产管理的一种方式。资产清查过程中出现账实差异,需要查找原因,报经批准后进行处理。待处理财产损溢的核算反映这一过程。

由于资产的类别多样,产生的财务影响也存在差异,反映资产清查业务的待处理财产损溢的核算需要关注以下因素:

(1)资产的类型是现金资产还是非现金资产,如果是非现金资产,进一步区分是库存物品等流动资产,还是固定资产、无形资产等非流动资产。

(2)资产清查出现的账实差异,是现金资产的溢余或短缺,还是非现金资产的盘盈或盘亏、报废。

(3)待处理财产损溢报经批准后的处理方式,过程中的收款是否上缴财政,需上缴的收款净额,应按规定上缴财政;非流动资产如固定资产,对本年度盈余和以前年度盈余的影响。

二、科目设置

"待处理财产损溢"科目是财务会计使用的科目,核算学校在资产清查过程中查明的各种资产盘盈、盘亏和报废、毁损的价值。应当按照待处理的资产项目进行明细核算;对于在资产处理过程中取得收入或发生相关费用的项目,还应当设置"待处理财产价值""处理净收入"明细科目,进行明细核算。

学校资产清查中查明的资产盘盈、盘亏、报废和毁损,一般应当先记入"待处理财产损溢"科目,按照规定报经批准后及时进行账务处理。年末结转前一般应处理完毕。

"待处理财产损溢"科目期末如为借方余额,则反映尚未处理完毕的各种资产的净损失;期末如为贷方余额,则反映尚未处理完毕的各种资产净溢余。年末,经批准处理后,本科目一般应无余额。

三、典型业务

待处理财产损溢的核算,结合资产清查业务的管理,应根据资产的类别和待处理财产损溢报批处理过程进行核算。

(一)账款核对时发现的库存现金短缺或溢余

1. 每日账款核对中发现现金短缺或溢余

(1)每日账款核对中发现现金短缺,在财务会计部分,按照实际短缺的金额,借记"待处理财产损溢"科目,贷记"库存现金"科目;在预算会计部分,按照实际短缺的金额,借记"其他支出"科目,贷记"资金结存——货币资金"科目。

(2)每日账款核对中发现现金溢余,在财务会计部分,按照实际溢余的金额,借记"库存现金"科目,贷记"待处理财产损溢"科目。在预算会计部分,按照实际溢余的金额,借记"资金结存——货币资金"科目,贷记"其他预算收入"科目。

例139 【现金短缺或溢余】本年4月18日,账款核对过程中,发现现金短缺400元。经查后,如果有两种情况:①经查,该短缺部分资金应由出纳员赔偿。②经反复检查,无法查明原因。4月25日,报经处理后,学校编制以下会计分录:

财务会计(1902 待处理财产损溢)	预算会计
■ 现金短缺	
(1) 本年 4 月 18 日,按短缺金额转入待处理财产损溢	
借:待处理财产损溢　　　　400 　　贷:库存现金　　　　　　　400	借:其他支出　　　　　　　　400 　　贷:资金结存——货币资金——库存资金 　　　　　　　　　　　　　　　400
(2) 本年 4 月 25 日,经查,报经批准后处理	
① 属于应由责任人赔偿的部分	
借:其他应收款　　　　　　400 　　贷:待处理财产损溢　　　　400 同时: 借:库存现金　　　　　　　400 　　贷:其他应收款　　　　　　400	借:资金结存——货币资金——库存现金 　　　　　　　　　　　　　　　400 　　贷:其他支出　　　　　　　400
② 属于无法查明原因部分	
借:资产处置费用　　　　　400 　　贷:待处理财产损溢　　　　400	——

2. 对现金短缺或溢余进行处理

1) 对现金短缺,报经批准后处理

(1) 现金短缺,属于应由责任人赔偿或向有关人员追回的,在财务会计部分,借记"其他应收款"科目,贷记"待处理财产损溢"科目。收回赔偿或追回短缺资金,在财务会计部分,按照收到的金额,借记"库存现金"科目,贷记"其他应收款"科目;在预算会计部分,按照收到的金额,借记"资金结存——货币资金"科目,贷记"其他支出"科目。

(2) 现金短缺,属于无法查明原因的,在财务会计部分,借记"资产处置费用"科目,贷记"待处理财产损溢"科目。

2) 对现金溢余,报经批准后处理

(1) 现金溢余,属于应支付给有关人员或学校的,在财务会计部分,借记"待处理财产损溢"科目,贷记"其他应付款"科目。如果支付给有关人员,在财务会计部分,按照支付的金额,借记"其他应付款"科目,贷记"库存现金"科目;在预算会计部分,按照支付的金额,借记"其他预算收入"科目,贷记"资金结存——货币资金"科目。

(2) 现金溢余,属于无法查明原因的,在财务会计部分,借记"待处理财产损溢"科目,贷记"其他收入"科目。

例 140 【现金短缺或溢余】本年 5 月 11 日,账款核对过程中,发现现金溢余 300 元。经查后,如果有两种情况:①经查,该溢余资金应由支付给某教师。②经反复检查,无法查明原因。5 月 25 日,报经批准后处理,学校编制以下会计分录:

财务会计(1902 待处理财产损溢)	预算会计
■ 现金溢余	
(1) 本年 5 月 11 日,按溢余金额转入待处理财产损溢	
借:库存现金　　　　　　　300 　贷:待处理财产损溢　　　　　300	借:资金结存——货币资金——库存现金 　　　　　　　　　　　　　　　300 　贷:其他预算收入　　　　　　　300
(2) 本年 5 月 25 日,报经批准后处理	
① 属于应支付给有关人员或单位的部分	
借:待处理财产损溢　　　　　300 　贷:其他应付款　　　　　　　300 同时: 借:其他应付款　　　　　　　300 　贷:库存现金　　　　　　　　300	借:其他预算收入　　　　　　　300 　贷:资金结存——货币资金　　　300
② 属于无法查明原因部分	
借:待处理财产损溢　　　　　300 　贷:其他收入　　　　　　　　300	—

(二) 存货、固定资产、无形资产等非现金资产盘盈、盘亏或报废、毁损

1. 盘盈各类非现金资产

1) 转入待处理资产

转入待处理资产时,在财务会计部分,按照确定的成本,借记"库存物品""固定资产""无形资产"等科目,贷记"待处理财产损溢"科目。

2) 按照规定报经批准后处理

(1) 对于盘盈的流动资产,按照规定报经批准后处理时,在财务会计部分,按照确定的成本,借记"待处理财产损溢"科目,贷记"单位管理费用"科目。

(2) 对于盘盈的非流动资产,如属于本年度取得的,在财务会计部分,按照当年新取得相关资产进行账务处理;如属于以前年度取得的,在财务会计部分,按照前期差错处理,借记"待处理财产损溢"科目,贷记"以前年度盈余调整"科目。

例 141 【盘盈库存物品】本年 11 月 5 日,学校资产部门进行资产清查过程中,盘盈一批教学材料,确定的成本为 5 700 元。11 月 18 日,报经批准后处理。学校编制以下会计分录:

财务会计(1902 待处理财产损溢)	预算会计
■ 盘盈存货	
(1) 本年 11 月 5 日,盘盈教学材料,转入待处理财产损溢	
借:库存物品　　　　　　　5 700 　贷:待处理财产损溢　　　　5 700	—

财务会计(1902 待处理财产损溢)		预算会计
(2) 本年 11 月 18 日,报经批准后处理		
借:待处理财产损溢	5 700	
贷:单位管理费用	5 700	—

例 142 【**盘盈以前年度购入的固定资产**】学校资产部门在本年 12 月 15 日进行固定资产盘点,发现 2 台电脑未入账。经查该电脑为两年前购入,购入的成本是每台 6 000元,应补提 24 个月折旧。资产部门上报学校后,本年 12 月 20 日经审批后,进行账务处理。学校编制以下会计分录:

财务会计(1902 待处理财产损溢)		预算会计
■ 盘盈固定资产		
(1) 本年 12 月 15 日,盘盈 2 台电脑,转入待处理财产损溢		
借:固定资产	12 000	
贷:待处理财产损溢	12 000	—
(2) 本年 12 月 20 日,经批准,将盘盈资产转入以前年度盈余调整		
借:待处理财产损溢	12 000	
贷:以前年度盈余调整	12 000	—
(3) 本年 12 月 20 日,经批准,补提盘盈固定资产的折旧		
借:以前年度盈余调整	4 800	
贷:固定资产累计折旧	4 800	—

2. 盘亏或者毁损、报废的各类资产

1) 转入待处理资产

转入待处理资产时,在财务会计部分,借记"待处理财产损溢——待处理财产价值"科目[盘亏、毁损、报废固定资产、无形资产等的,还应借记"固定资产累计折旧""无形资产累计摊销"等科目],贷记"库存物品""固定资产""无形资产""在建工程"等科目。涉及增值税业务的,相关账务处理参见"应交增值税"科目。

报经批准处理时,在财务会计部分,借记"资产处置费用"科目,贷记"待处理财产损溢——待处理财产价值"科目。

2) 毁损、报废实物资产过程中收支处理

处理毁损、报废实物资产过程中取得的残值或残值变价收入、保险理赔和过失人赔偿等,在财务会计部分,借记"库存现金""银行存款""库存物品""其他应收款"等科目,贷记"待处理财产损溢——处理净收入"科目;处理毁损、报废实物资产过程中发生的相关费用,在财务会计部分,借记"待处理财产损溢——处理净收入"科目,贷记"库存现金""银行存款"等科目。

处理收支结清,如果处理收入大于相关费用的,在财务会计部分,按照处理收入减去

中小学校执行新政府会计准则制度的实务解析

相关费用后的净收入,借记"待处理财产损溢——处理净收入"科目,贷记"应缴财政款"等科目。如果处理收入小于相关费用的,按照相关费用减去处理收入后的净支出,在财务会计部分,借记"资产处置费用"科目,贷记"待处理财产损溢——处理净收入"科目;在预算会计部分,按照支付的净额金额,借记"其他支出"科目,贷记"资金结存"科目。

例143 【盘亏库存物品】本年8月15日,学校资产部门进行资产清查过程中,盘亏一批教学材料,确定的成本为4 580元。8月20日,报经批准后处理。学校编制以下会计分录:

财务会计(1902 待处理财产损溢)	预算会计
■ 盘亏存货	
(1) 本年8月15日,盘亏教学材料,转入待处理财产损溢	
借:待处理财产损溢　　　　　4 580 　　贷:库存物品　　　　　　　　　　4 580	——
(2) 本年8月20日,报经批准后处理	
借:资产处置费用　　　　　　4 580 　　贷:待处理财产损溢　　　　　　　4 580	——

例144 【报废固定资产】学校在本年8月5日,对教学楼的设施进行检查发现,部分教室的课桌椅已经无法使用,拟淘汰报废。经资产部门查验,拟报废的学生用课桌椅的账面余额为26 000元,累计折旧为24 000元。8月13日,经批准学校对报废的教学用课桌椅进行集中处置。8月17日,学校用银行存款支付废旧课桌椅的运费和搬运费1 500元。处置过程中变价收入有两种情况:①当日收到出售废旧课桌椅取得的银行存款3 600元。②当日收到出售废旧课桌椅取得的银行存款900元。学校编制以下会计分录:

财务会计(1902 待处理财产损溢)	预算会计
(1) 本年8月5日,报废固定资产	
借:待处理财产损溢——待处理财产价值 2 000 　　固定资产累计折旧　　　　24 000 　　贷:固定资产　　　　　　　　　　26 000	——
(2) 本年8月13日,经批准处理	
借:资产处置费用　　　　　　2 000 　　贷:待处理财产损溢——待处理财产价值 2 000	——
(3) 本年8月17日,支付报废课桌椅的运费和搬运费	
借:待处理财产损溢——处理净收入　1 500 　　贷:银行存款　　　　　　　　　1 500	——
(4) 处理收支结清	
① 本年8月17日,出售废旧课桌椅收款3 600元	
借:银行存款　　　　　　　　3 600 　　贷:待处理财产损溢——处理净收入　3 600	——

财务会计（1902 待处理财产损溢）		预算会计	
本年 8 月 17 日，处理收支结清			
借：待处理财产损溢——处理净收入	2 100	—	
贷：应缴财政款	2 100		
② 本年 8 月 17 日，出售废旧课桌椅收款 900 元			
借：银行存款	900	—	
贷：待处理财产损溢——处理净收入	900		
本年 8 月 17 日，处理收支结清			
借：资产处置费用	600	借：其他支出	600
贷：待处理财产损溢——处理净收入	600	贷：资金结存	600

四、业务辨析

待处理财产损溢与无偿调拨净资产的辨析：

（1）两个科目核算的业务性质不同。"待处理财产损溢"科目反映了资产清查过程中出现账实差异，以及报批准处理的完整过程。"无偿调拨净资产"科目反映的是对资产调拨业务的处理，资产调拨是按照主管部门的要求进行的。

（2）两个科目核算的对象不同。"待处理财产损溢"科目涉及的资产，既有现金资产，也有非现金资产。"无偿调拨净资产"科目只涉及通过调拨影响的非现金资产。

（3）两类业务形成的影响存在差异。在"待处理财产损溢"科目的核算中，可能是调增资产、调减资产，或者查明原因后不调整资产，有损溢的，计入收入和费用。而"无偿调拨净资产"科目的核算中，因通过调拨调入非现金资产、调出非现金资产，在资产增减的同时，直接计入净资产。

第4章

负 债 的 核 算

4.1 负债的特征和分类

负债是指政府会计主体过去的经济业务或者事项形成的，预期会导致经济资源流出政府会计主体的现时义务。现时义务是指政府会计主体在现行条件下已承担的义务。未来发生的经济业务或者事项形成的义务不属于现时义务，不应当确认为负债。负债具有以下特征：

（1）履行该义务很可能导致含有服务潜力或者经济利益的经济资源流出政府会计主体。

（2）该义务的金额能够可靠地计量。

政府会计主体的负债按照流动性，分为流动负债和非流动负债。流动负债是指预计在1年内（含1年）偿还的负债，包括应付及预收款项、应付职工薪酬、应缴款项等。非流动负债是指流动负债以外的负债，包括长期应付款、应付政府债券和政府依法担保形成的债务等。

4.2 流动负债的分类核算

【解析40】 2001 短期借款△

一、业务描述

非义务教育阶段学校在办学过程中因业务需要开展筹资活动，经批准可向银行或其他金融机构等借入期限在1年内（含1年）的各种借款。在借款期限内，学校根据借款协议在借款期限内支付借款利息和偿还本金。短期借款的主要核算，包括取得借款、偿还本金和利息。在财务会计部分，短期借款核算借款的本金，短期借款的利息通过应付利息核算。

二、科目设置

"短期借款"科目是财务会计使用的科目，核算非义务教育阶段学校经批准向银行或其他金融机构等借入的期限在1年内（含1年）的各种借款。"短期借款"科目应当按照债权人和借款种类进行明细核算。"短期借款"科目期末贷方余额，反映学校尚未偿还的短期借款本金。

三、典型业务

（一）取得各种短期借款

1. 借入各种短期借款

借入各种短期借款时，在财务会计部分，按照实际借入的金额，借记"银行存款"科目,贷记"短期借款"科目;在预算会计部分,按照实际借入的金额,借记"资金结存——货币资金"科目,贷记"债务预算收入"科目。

2. 银行承兑汇票到期,学校无力支付票款

银行承兑汇票到期,学校无力支付票款的,在财务会计部分,按照应付票据的账面余额,借记"应付票据"科目,贷记"短期借款"科目;在预算会计部分,按银行已付的金额,借记"经营支出"等科目,贷记"债务预算收入"科目。

(二) 偿还借款

偿还短期借款时,在财务会计部分,按照偿还的金额,借记"短期借款"科目,贷记"银行存款"科目;在预算会计部分,按照偿还的金额,借记"债务还本支出"科目[借入本金和偿还本金归属同一个会计年度],贷记"资金结存——货币资金"科目。

例 145 【借入和偿还短期借款】某职业技术学校经批准,本年 4 月 11 日借入短期借款 2 000 000 元用于开展经营活动,期限 6 个月,每月利息 5‰,利息每月支付。学校编制以下会计分录:

财务会计(2001 短期借款)		预算会计	
(1) 本年 4 月 11 日,借入短期借款			
借:银行存款	2 000 000	借:资金结存——货币资金	2 000 000
贷:短期借款	2 000 000	贷:债务预算收入	2 000 000
(2) 本年 5 月 10 日,支付短期借款利息(后续 5 个月的分录同 5 月份处理)			
借:其他费用	10 000		
贷:应付利息	10 000		
同时:		借:其他支出	10 000
借:应付利息	10 000	贷:资金结存——货币资金	10 000
贷:银行存款	10 000		
(3) 本年 10 月 10 日,偿还本金和最后一次利息			
借:短期借款	2 010 000	借:债务还本支出	2 010 000
贷:银行存款	2 010 000	贷:资金结存——货币资金	2 010 000

【解析 41】 2101 应交增值税

一、业务描述

学校开展业务过程中产生增值税缴纳义务,应根据我国增值税的有关要求缴纳增值税。增值税纳税人义务人分为一般纳税人和小规模纳税人。属于税务机关认定的增值税小规模纳税人,购置应税商品和接受应税服务支付的增值税,计入相关商品和服务的成本费用;销售应税产品和提供应税服务应缴纳的增值税,按照征收率计征并缴纳。属于税务机关认定的增值税一般纳税人,应纳税额将按销售应税产品和提供应税服务应缴纳的增值税销项税额与购置应税商品和接受应税服务支付的增值税进项税额的差额进行缴税。非义务教育阶段学校因面向社会提供技术咨询、技术服务，以及开展培训、会议、竞赛等经营服务性收费业务，达到增值税一般纳税人认定条件的，可以向税务机关申请认定为增值税一般纳税人。

二、科目设置

"应交增值税"科目是财务会计使用的科目，核算学校按照税法规定计算应交纳的增值税。增值税纳税义务人分为一般纳税人和小规模纳税人，两类纳税义务人增值税缴纳的方式不同，分别根据增值税缴纳方式设置明细科目。免交增值税的学校，不涉及"应交增值税"科目的核算。

属于增值税小规模纳税人的学校，购买资产、服务等时，不能抵扣增值税，发生的增值税计入资产成本或相关成本费用。通常情况下，属于增值税小规模纳税人的学校无需在"应交增值税"科目下设置明细科目。但如果属于增值税小规模纳税人的学校，有转让金融商品应交增值税业务、代扣代交增值税业务，只需在"应交增值税"科目下设置"转让金融商品应交增值税""代扣代交增值税"明细科目。"应交增值税"科目期末贷方余额，反映学校应交未交的增值税。

属于增值税一般纳税人的非义务阶段学校，应当在"应交增值税"科目下设置"应交税金""未交税金""预交税金""待抵扣进项税额""待认证进项税额""待转销项税额""简易计税""转让金融商品应交增值税""代扣代交增值税"等明细科目。"应交增值税"科目期末如为贷方余额，则反映学校应交未交的增值税；期末如为借方余额，则反映学校尚未抵扣或多交的增值税。

1）"应交税金"科目明细账内应当设置"进项税额""已交税金""转出未交增值税""减免税款""销项税额""进项税额转出""转出多交增值税"等专栏。其中：

（1）"进项税额"专栏，记录学校购进货物、加工修理修配劳务、服务、无形资产或不动产而支付或负担的、准予从当期销项税额中抵扣的增值税额。

（2）"已交税金"专栏，记录学校当月已交纳的应交增值税额。

（3）"转出未交增值税"和"转出多交增值税"专栏，分别记录一般纳税人月度终了转出当月应交未交和多交的增值税额。

（4）"减免税款"专栏，记录学校按照现行增值税制度规定准予减免的增值税额。

（5）"销项税额"专栏，记录学校销售货物、加工修理修配劳务、服务、无形资产或不动产而应收取的增值税额。

（6）"进项税额转出"专栏，记录学校购进货物、加工修理修配劳务、服务、无形资产或不动产等发生非正常损失以及其他原因而不应从销项税额中抵扣、按照规定转出的进项税额。

2）"未交税金"明细科目，核算学校月度终了从"应交税金"或"预交税金"明细科目转入当月应交未交、多交或预缴的增值税额，以及当月交纳以前期间未交的增值税额。

3）"预交税金"明细科目，核算学校转让不动产、提供不动产经营租赁服务等，以及其他按照现行增值税制度规定应预缴的增值税额。

4）"待抵扣进项税额"明细科目，核算学校已取得增值税扣税凭证并经税务机关认证，按照现行增值税制度规定准予以后期间从销项税额中抵扣的进项税额。

5）"待认证进项税额"明细科目，核算学校由于未经税务机关认证而不得从当期销项税额中抵扣的进项税额。其包括：一般纳税人已取得增值税扣税凭证并按规定准予从销项税额中抵扣,但尚未经税务机关认证的进项税额;一般纳税人已申请稽核但尚未取得稽核相符结果的海关缴款书进项税额。

6)"待转销项税额"明细科目,核算学校销售货物、加工修理修配劳务、服务、无形资产或不动产,已确认相关收入(或利得)但尚未发生增值税纳税义务而需于以后期间确认为销项税额的增值税额。

7)"简易计税"明细科目,核算学校采用简易计税方法发生的增值税计提、扣减、预缴、缴纳等业务。

8)"转让金融商品应交增值税"明细科目,核算学校转让金融商品发生的增值税额。

9)"代扣代交增值税"明细科目,核算学校购进在境内未设经营机构的境外单位或个人在境内的应税行为代扣代缴的增值税。

三、典型业务

(一) 属于增值税小规模纳税人的学校

1. 取得资产或接受劳务等业务

属于小规模纳税人的学校,因购买产品或接受劳务发生的增值税计入资产成本或相关成本费用,在财务会计部分,按照价税合计的金额,借记"业务活动费用""库存物品""固定资产"等科目,贷记"应付账款""零余额账户用款额度""财政拨款收入"等科目。以资金支付购入产品或接受劳务时,在预算会计部分,按照实际支付的价税合计金额,一并计入有关支出,借记"经营支出"等科目,贷记"资金结存"科目。

例 146 【增值税小规模纳税人,取得资产或接受劳务】非义务阶段学校被税务部门认定为增值税小规模纳税人。本年 3 月 7 日,学校购进一批经营用材料,取得的增值税普通发票显示,商品的价款为 12 000 元,增值税为 1 920 元;购入商品验收合格后入库;货款尚未支付。3 月 15 日,学校通过银行存款支付该批材料款。学校编制以下会计分录:

财务会计(2101 应交增值税)	预算会计
■ 增值税小规模纳税人	
(1) 本年 3 月 7 日,购入应税资产或服务时	
借：库存物品　　　　　　13 920 　贷：应付账款　　　　　　13 920	——
(2) 本年 3 月 15 日,通过银行存款支付购入商品的款项	
借：应付账款　　　　　　13 920 　贷：银行存款　　　　　　13 920	借：经营支出——商品和服务支出——专用材料费　　　　　　　　　　13 920 　贷：资金结存——货币资金　　13 920

例 147 【增值税小规模纳税人,取得资产或接受劳务】学校被税务部门认定为增值税小规模纳税人。本年 4 月 15 日,学校通过银行存款购入的境外销售方提供的技术服务 9 540 元,按增值税有关规定作为增值税的扣缴义务人,代扣代缴税费 540 元。学校编制以下会计分录:

财务会计(2101 应交增值税)	预算会计

■ 增值税小规模纳税人

(1) 本年 4 月 15 日,购进资产或服务时作为扣缴义务人

借:业务活动费用 9 540 　贷:银行存款 9 000 　　应交增值税——代扣代缴增值税 540	借:事业支出——商品和服务支出——咨询费 　　　　　　　　　　　　　　　　9 000 　贷:资金结存——货币资金 9 000

(2) 实际缴纳代扣代缴增值税

借:应交增值税——代扣代交增值税 540 　贷:银行存款 540	借:事业支出——商品和服务支出——其他商 　品和服务支出——税费和附加费 540 　贷:资金结存——货币资金 540

2. 销售应税产品或提供应税服务

属于增值税小规模纳税人的学校,销售货物或提供服务需缴纳增值税的,在财务会计部分,应当按照应收或已收的金额,借记"应收账款""应收票据""银行存款"等科目,按照确认的收入金额,贷记"经营收入""事业收入"等科目,按照现行增值税制度规定计算的销项税额,贷记"应交增值税"科目。收到销售应税产品或提供应税服务含税资金时,在预算会计部分,按照实际收到金额,借记"资金结存"科目,贷记"经营预算收入""事业预算收入"等科目。

例 148 【增值税小规模纳税人,销售应税产品或提供应税服务】学校被税务部门认定为增值税小规模纳税人。本年 6 月 13 日,学校销售一批自制产品,销售价格为 5 200元,增值税征收率为 3%,当日收到价款 5 356 元;本月按规定缴纳了增值税。学校编制以下会计分录:

财务会计(2101 应交增值税)	预算会计

■ 增值税小规模纳税人

(1) 本年 6 月 13 日,销售应税产品或提供应税服务

借:银行存款 5 356 　贷:经营收入 5 200 　　应交增值税 156	借:资金结存——货币资金 5 356 　贷:经营预算收入 5 356

(2) 本年 6 月,按规定缴纳增值税

借:应交增值税 156 　贷:银行存款 156	借:经营支出——商品和服务支出——其他商 　品和服务支出——税费和附加费 156 　贷:资金结存——货币资金 156

3. 缴纳增值税

学校交纳当月应交的增值税,在财务会计部分,按照支付税费的金额,借记"应交增值税"科目,贷记"银行存款"等科目;在预算会计部分,按照支付税费的金额,借记"经营支出"等科目,贷记"资金结存"科目。

(二) 属于增值税一般纳税人的学校

1. 取得资产或接受劳务等业务

1) 采购等业务进项税额允许抵扣

购买用于增值税应税项目的资产或服务等时,在财务会计部分,按照应计入相关成本费用或资产的金额,借记"业务活动费用""在途物品""库存物品""工程物资""在建工程""固定资产""无形资产"等科目,按照当月已认证的可抵扣增值税额,借记"应交增值税——应交税金——进项税额"科目,按照当月未认证的可抵扣增值税额,借记"应交增值税——待认证进项税额"科目,按照应付或实际支付的金额,贷记"应付账款""应付票据""银行存款""零余额账户用款额度"等科目。购入应税项目的资产或服务支付款项的,在预算会计部分,按照支付的金额,借记"经营支出""事业支出"等科目,贷记"资金结存"等科目。

发生退货的,如原增值税专用发票已做认证,在财务会计部分,应根据税务机关开具的红字增值税专用发票作相反的会计分录;如原增值税专用发票未做认证,应将发票退回并作相反的会计分录。

例149 【增值税一般纳税人,采购等业务进项税额允许抵扣】学校被税务部门认定为增值税一般纳税人。本年5月17日,学校购入用于经营活动无需安装的设备,款项通过银行存款支付;取得的增值税专用发票显示,购入设备的售价为28 000元,增值税率为13%;当日收到购入设备,验收合格。学校编制以下会计分录:

财务会计(2101 应交增值税)	预算会计
■ 增值税一般纳税人	
本年5月17日,购入资产或接受服务用于增值税的应税项目	
借:固定资产 28 000 　　应交增值税——应交税金——进项税额 　　　　　　3 640 　　贷:银行存款 31 640	借:经营支出——资本性支出——专用设备购置 　　　　　　31 640 　　贷:资金结存 31 640

2) 采购等业务进项税额不得抵扣

学校购进资产或服务等,用于简易计税方法计税项目、免征增值税项目、集体福利或个人消费等,其进项税额按照现行增值税制度规定不得从销项税额中抵扣的,取得增值税专用发票时,在财务会计部分,应按照增值税发票注明的金额,借记相关成本费用或资产科目,按照待认证的增值税进项税额,借记"应交增值税——待认证进项税额"科目,按照实际支付或应付的金额,贷记"银行存款""应付账款""零余额账户用款额度"等科目。经税务机关认证为不可抵扣进项税时,借记"应交增值税——应交税金——进项税额"科目,贷记"应交增值税——待认证进项税额"科目,同时,将进项税额转出,借记相关成本费用科目,贷记"应交增值税——应交税金——进项税额转出"科目。购入资产或服务支付款项的,在预算会计部分,按照支付的金额,借记"经营支出"等科目,贷记"资金结存"科目。

例150 【增值税一般纳税人,采购等业务进项税额不得抵扣】学校被税务部门认定为增值税一般纳税人。本年6月2日,学校购入一批材料用于免征增值税项目;取得的增值税专用发票显示,购入材料的售价为 16 000 元,增值税率为 13％;购入材料当日收到,验收合格后入库。7 月,待认证进项税额经税务机关认证,认证情况分为:①认证为不可抵扣进项税额。②认证为可抵扣进项税额。收到税务机关认证前,购入材料尚未被领用。学校编制以下会计分录:

财务会计(2101 应交增值税)	预算会计
■ 增值税一般纳税人	
(1) 本年 6 月 2 日,购入应税资产或接受应税服务	

借:库存物品   16 000
  应交增值税——待认证进项税额 2 080
    贷:银行存款   18 080
	借:经营支出 18 080
	    贷:资金结存 18 080

(2) 本年 7 月,待认证进项税额经税务机关认证	
① 认证为不可抵扣进项税额	

借:应交增值税——应交税金——进项税额
    2 080
    贷:应交增值税——待认证进项税额 2 080
同时:
借:库存物品   2 080
    贷:应交增值税——应交税金——进项税额转出
    2 080
	——

② 认证为可抵扣进项税额	

借:应交增值税——应交税金——进项税额
    2 080
    贷:应交增值税——待认证进项税额 2 080
	——

3) 购进不动产或不动产在建工程按照规定进项税额分年抵扣

学校取得应税项目为不动产或者不动产在建工程,其进项税额按照现行增值税制度规定自取得之日起分 2 年从销项税额中抵扣的,在财务会计部分,应当按照取得成本,借记"固定资产""在建工程"等科目,按照当期可抵扣的增值税额,借记"应交增值税——应交税金——进项税额"科目,按照以后期间可抵扣的增值税额,借记"应交增值税——待抵扣进项税额"科目,按照应付或实际支付的金额,贷记"应付账款""应付票据""银行存款""零余额账户用款额度"等科目。以资金支付不动产或者不动产在建工程款项的,在预算会计部分,按照支付的金额,借记"经营支出"等科目,贷记"资金结存"科目。

尚未抵扣的进项税额待以后期间允许抵扣时,在财务会计部分,按照允许抵扣的金额,借记"应交增值税——应交税金——进项税额"科目,贷记"应交增值税——待抵扣进项税额"科目。

例 151 【增值税一般纳税人,购进不动产或不动产在建工程按照规定进项税额分年抵扣】学校被税务部门认定为增值税一般纳税人。本年 2 月 15 日,开展经营活动需要购入一处办公楼,通过银行存款支付购入价款 40 000 000 元,含增值税 1 800 000 元。根据增值税的有关规定,购入不动产的增值税第一年按照 60％ 比例抵扣,第二年按照 40％ 比例抵扣。不考虑固定资产的折旧，与增值税有关的核算，学校编制以下会计分录：

财务会计（2101 应交增值税）	预算会计
■ 增值税一般纳税人	
（1）本年 2 月 15 日，购进应税不动产或在建工程按规定分年抵扣进项税额	
借：固定资产　　　　　　　　38 200 000 　　应交增值税——应交税金——进项税额 　　　　　　　　　　　　　1 080 000 　　应交增值税——待抵扣进项税额　720 000 　　贷：银行存款　　　　　　40 000 000	借：经营支出　　　　　　　40 000 000 　　贷：资金结存——货币资金　40 000 000
（2）下年，尚未抵扣的进项税额以后期间进行抵扣时	
借：应交增值税——应交税金——进项税额 　　　　　　　　　　　　　720 000 　　贷：应交增值税——待抵扣进项税额　720 000	——

4）进项税额抵扣情况发生改变

学校因发生非正常损失或改变用途等，导致增值税抵扣和缴纳情况发生变化，因而需要对"应交增值税"科目的有关明细科目进行调整。

（1）原已计入进项税额、待抵扣进项税额或待认证进项税额，但按照现行增值税制度规定不得从销项税额中抵扣的，在财务会计部分，借记"待处理财产损溢""固定资产""无形资产"等科目，贷记"应交增值税——应交税金——进项税额转出""应交增值税——待抵扣进项税额"或"应交增值税——待认证进项税额"科目。

（2）原不得抵扣且未抵扣进项税额的固定资产、无形资产等，因改变用途等用于允许抵扣进项税额的应税项目的，在财务会计部分，应按照允许抵扣的进项税额，借记"应交增值税——应交税金——进项税额"科目，贷记"固定资产""无形资产"等科目。固定资产、无形资产等经上述调整后，应按照调整后的账面价值在剩余尚可使用年限内计提折旧或摊销。

（3）购进时已全额计入进项税额的货物或服务等转用于不动产在建工程的，对于结转以后期间的进项税额，在财务会计部分，应借记"应交增值税——待抵扣进项税额"科目，贷记"应交增值税——应交税金——进项税额转出"科目。

进项税额抵扣情况发生改变的上述情形，在财务会计的核算中，主要涉及的是因用途变更对相关成本费用，以及应交增值税的各明细科目的调整。由于在此过程中未涉及预算资金的支付，但可能涉及以前期间资金用途的变化，而在预算会计部分要进行账务处理。如果是本年度购入的资产用途发生变化，在预算会计部分，如果需要调整预算支出科目的，应进行调整；如果是以前年度购入的资产用途发生变化，在预算会计部分，需要关注对预算结余的影响，如果需要调整预算结余科目的，应进行调整。

例 152 【增值税一般纳税人，进项税额抵扣情况发生改变】学校被税务部门认定为增值税一般纳税人。本年 5 月，学校部分原购入用于经营活动的库存物品改用于非应税项目。经查，该批库存物品的成本为 180 000 元，原计入增值税进项税额的金额为 28 800元。学校编制以下会计分录：

财务会计(2101 应交增值税)	预算会计

■ 增值税一般纳税人

本年 5 月,购进属于增值税应税项目的资产后,变更用途用于非应税项目

财务会计(2101 应交增值税)	预算会计
借:业务活动费用　　　　208 800 　贷:库存物品　　　　　　　180 000 　　应交增值税——应交税金——进项税额转出 　　　　　　　　　　　　　28 800	借:事业支出　　　　　208 800 　贷:经营支出　　　　　　208 800

例 153 【增值税一般纳税人,进项税额抵扣情况发生改变】学校被税务部门认定为增值税一般纳税人。上年 2 月 15 日,因开展经营活动需要购入一处办公楼,计入固定资产原值的成本为 3 820 000 元,购入该项办公楼的增值税 1 800 000 元,第一年已经按照60% 比例抵扣 1 080 000 元,第二年按照 40% 比例抵扣的部分尚未抵扣。本年 2 月,因学校学生规模扩张,学校决策机构决定将去年购入用于经营活动的办公楼改作学生活动中心,该办公楼第二年 40% 的待抵扣进项税额部分尚未进行抵扣。该办公楼的折旧年限为50 年。学校编制以下会计分录:

财务会计(2101 应交增值税)	预算会计

■ 增值税一般纳税人

原不得抵扣且未抵扣进项税额的固定资产、无形资产等,因改变用途等用于允许抵扣进项税额的应税项目

财务会计(2101 应交增值税)	预算会计
① 将原记入待抵扣进项税额部分转出	
借:固定资产　　　　　720 000 　贷:应交增值税——待抵扣进项税额　720 000	—
② 办公楼资产用途变更当月开始,计提的累计折旧记入业务活动费用	
借:业务活动费用　　　　64 867 　贷:固定资产累计折旧　　　64 867	—

注:上个年度支付的购入办公楼的预算资金计入经营支出,结转通过经营结余,最后反映在非财政拨款结余中。本年度,尽管办公楼的资产用途变更,支出应在事业支出中体现,如办公楼未限定用途,通过其他结余结转,最后也在非财政拨款结余中反映。因而,办公楼变更用途对预算结余没有影响

5) 购买方作为扣缴义务人

按照现行增值税制度规定,境外学校或个人在境内发生应税行为,在境内未设有经营机构的,以购买方为增值税扣缴义务人。属于境内一般纳税人的学校,购进服务或资产需代扣代缴增值税时,在财务会计部分,按照应计入相关成本费用或资产的金额,借记"业务活动费用""在途物品""库存物品""工程物资""在建工程""固定资产""无形资产"等科目,按照可抵扣的增值税额,借记"应交增值税——应交税金——进项税额"科目,按照应付或实际支付的金额,贷记"银行存款""应付账款"等科目,按照应代扣代缴的增值税额,贷记"应交增值税——代扣代交增值税"科目。以资金支付购入应税项目的资产或服务的,在预算会计部分,按照支付的金额,借记"经营支出"等科目,贷记"资金结存"

科目。

实际缴纳代扣代缴增值税时,在财务会计部分,按照代扣代缴的增值税额,借记"应交增值税——代扣代交增值税"科目,贷记"银行存款""零余额账户用款额度"等科目;在预算会计部分,按照支付税款的金额,借记"经营支出"等科目,贷记"资金结存"科目。

2. 销售资产或提供服务等业务

1）销售资产或提供服务业务

（1）学校销售货物或提供服务,在财务会计部分,应当按照应收或已收的金额,借记"应收账款""应收票据""银行存款"等科目,按照确认的收入金额,贷记"经营收入""事业收入"等科目,按照现行增值税制度规定计算的销项税额（或采用简易计税方法计算的应纳增值税额）,贷记"应交增值税——应交税金——销项税额"科目或"应交增值税——简易计税"科目。收到销售货物或提供服务的资金,在预算会计部分,按照支付的金额,借记"资金结存"科目,贷记"经营预算收入""事业预算收入"科目。

（2）发生销售退回的,在财务会计部分,应根据按照规定开具的红字增值税专用发票作相反的会计分录。涉及退款的,按照"经营预算收入""非财政拨款结余"等有关科目进行账务处理。

（3）会计上确认收入的时点与增值税纳税义务的时点存在差异。按照政府会计准则制度及相关政府会计准则确认收入的时点早于按照增值税制度确认增值税纳税义务发生时点的,在财务会计部分,应将相关销项税额计入"应交增值税——待转销项税额"科目,待实际发生纳税义务时再转入"应交增值税——应交税金——销项税额"科目或"应交增值税——简易计税"科目。按照增值税制度确认增值税纳税义务发生时点早于按照政府会计准则制度确认收入的时点的,在财务会计部分,应按照应纳增值税额,借记"应收账款"科目,贷记"应交增值税——应交税金——销项税额"科目或"应交增值税——简易计税"科目。

例 154 【增值税一般纳税人,销售资产或提供服务业务】学校被税务部门认定为增值税一般纳税人。本年 6 月 10 日,学校销售一批产品,不含税售价为 4 000 元,税率为10%;产品已经发出,款项尚未收到。学校编制以下会计分录:

财务会计（2101 应交增值税）	预算会计
■ 增值税一般纳税人	
本年 6 月 10 日,销售应税产品或提供应税服务	
借:应收账款　　　　　　　　　　　4 400 　贷:经营收入　　　　　　　　　4 000 　　　应交增值税——应交税金——销项税额 400	—

2）金融商品转让按照规定以盈亏相抵后的余额作为销售额

金融商品实际转让月末,在财务会计部分,如产生转让收益,则按照应纳税额,借记"投资收益"科目,贷记"应交增值税——转让金融商品应交增值税"科目;如产生转让损失,则按照可结转下月抵扣税额,借记"应交增值税——转让金融商品应交增值税"科目,贷记"投资收益"科目。

交纳增值税时,在财务会计部分,按照支付税款的金额,借记"应交增值税——转让金融商品应交增值税"科目,贷记"银行存款"等科目;在预算会计部分,按照支付税款的金额,借记"投资预算收益"科目,贷记"资金结存"科目。

年末,在财务会计部分,"应交增值税——转让金融商品应交增值税"科目如有借方余额,则借记"投资收益"科目,贷记"应交增值税——转让金融商品应交增值税"科目。

3. 月末转出多交增值税和未交增值税

月度终了,学校应当将当月应交未交或多交的增值税自"应交税金"明细科目转入"未交税金"明细科目。对于当月应交未交的增值税,在财务会计部分,借记"应交增值税——应交税金——转出未交增值税"科目,贷记"应交增值税——未交税金"科目;对于当月多交的增值税,在财务会计部分,借记"应交增值税——未交税金"科目,贷记"应交增值税——应交税金——转出多交增值税"科目。

例 155 【增值税一般纳税人,月末转出未交增值税】学校被税务部门认定为增值税一般纳税人。本年 9 月末,学校当月应交未交的增值税为 85 000 元。学校编制以下会计分录:

财务会计(2101 应交增值税)	预算会计
■ 增值税一般纳税人	
本年 9 月末,转出本月未交增值税	
借:应交增值税——应交税金——转出未交增值税 　　　　　　　　　　　　　　　　　　85 000 　贷:应交增值税——未交税金　　85 000	—

例 156 【增值税一般纳税人,月末转出多交增值税】学校被税务部门认定为增值税一般纳税人。本年 11 月末,学校当月多交的增值税为 28 700 元。学校编制以下会计分录:

财务会计(2101 应交增值税)	预算会计
■ 增值税一般纳税人	
本年 11 月末,转出本月多交增值税	
借:应交增值税——未交税金　　　28 700 　贷:应交增值税——应交税金——转出多交增 　值税　　　　　　　　　　　　　28 700	—

4. 交纳增值税

1)交纳当月应交增值税

学校交纳当月应交的增值税,在财务会计部分,按照支付税款的金额,借记"应交增值税——应交税金——已交税金"科目,贷记"银行存款"等科目;在预算会计部分,按照支付税款的金额,借记"经营支出"等科目,贷记"资金结存"科目。

例 157 【增值税一般纳税人,交纳当月应交增值税】学校被税务部门认定为增值税一般纳税人。本年 3 月末,学校通过银行存款交纳当月应交的增值税为 39 100 元。学校编制以下会计分录:

财务会计（2101 应交增值税）	预算会计
■ 增值税一般纳税人	
本年 3 月末，交纳当月应交增值税	
借：应交增值税——应交税金——已交税金 　　　　　　　　　　　　　　　　 39 100 　　贷：银行存款　　　　　　　　　 39 100	借：经营支出　　　　　　　　　 39 100 　　贷：资金结存——货币资金　　 39 100

2）交纳以前期间未交增值税

学校交纳以前期间未交的增值税，在财务会计部分，按照支付税款的金额，借记"应交增值税——未交税金"科目，贷记"银行存款"等科目；在预算会计部分，按照支付税款的金额，借记"经营支出"等科目，贷记"资金结存"科目。

3）预交增值税

学校预交增值税时，在财务会计部分，按照预交增值税的金额，借记"应交增值税——预交税金"科目，贷记"银行存款"等科目；在预算会计部分，按照支付税款的金额，借记"经营支出"等科目，贷记"资金结存"科目。月末，学校应将"预交税金"明细科目余额转入"未交税金"明细科目，在财务会计部分，借记"应交增值税——未交税金"科目，贷记"应交增值税——预交税金"科目。

4）减免增值税

对于当期直接减免的增值税，在财务会计部分，借记"应交税金——减免税款"科目，贷记"业务活动费用""经营费用"等科目。

按照现行增值税制度规定，初次购买增值税税控系统专用设备支付的费用以及缴纳的技术维护费允许在增值税应纳税额中全额抵减的，在财务会计部分，按照规定抵减的增值税应纳税额，借记"应交增值税——应交税金——减免税款"科目［一般纳税人］或"应交增值税"科目［小规模纳税人］，贷记"业务活动费用""经营费用"等科目。

【解析 42】　2102 其他应交税费

一、业务描述

学校开展业务活动过程中除增值税外，还会发生其他纳税义务，如城市维护建设税、教育费附加、地方教育费附加、车船税、房产税、城镇土地使用税、代扣代缴的个人所得税、应交企业所得税等。根据税费特点，这些税费分为三大类——发生城市维护建设税等税费、代扣代缴的个人所得税、应交企业所得税。从业务环节来看，其他应交税费主要包括计算应缴纳税费的金额和实际缴纳税费。

二、科目设置

"其他应交税费"科目是财务会计使用的科目，核算学校按照税法等规定计算应交纳的除增值税以外的各种税费，包括城市维护建设税、教育费附加、地方教育费附加、车船税、房产税、城镇土地使用税和企业所得税等。学校代扣代缴的个人所得税，也通过本科目核算。"其他应交税费"科目期末贷方余额，反映学校应交未交的除增值税以外的税费金额；期末如为借方余额，则反映学校多交纳的除增值税以外的税费金额。

学校应交纳的印花税不需要预提应交税费，直接通过"业务活动费用""单位管理费用""经营费用"等科目核算,不通过本科目核算。

三、典型业务

(一)缴纳城市维护建设税等税费

1. 发生城市维护建设税等税费缴纳义务

发生城市维护建设税、教育费附加、地方教育费附加、车船税、房产税、城镇土地使用税等纳税义务的,在财务会计部分,按照税法规定"经营费用"等科目,贷记"其他应交税费——应交城市维护建设税/应交教育费附加/应交地方教育费附加/应交车船税/应交房产税/应交城镇土地使用税"等科目。

2. 实际缴纳城市维护建设税等税费

实际交纳上述各种税费时,在财务会计部分,按照缴纳的金额,借记"其他应交税费——应交城市维护建设税/应交教育费附加/应交地方教育费附加/应交车船税/应交房产税/应交城镇土地使用税"等科目,贷记"银行存款"等科目;在预算会计部分,按照缴纳的金额,借记"经营支出"等科目,贷记"资金结存"科目。

例158 【缴纳城市维护建设税等税费】非义务教育阶段学经批准将场地对外租出,开展经营活动。本月,根据场地的租金收入,计算对外出租场地应缴纳的房产税为36 000元;通过银行存款缴纳了房产税。学校编制以下会计分录:

财务会计(2102 其他应交税费)		预算会计	
(1)本月,计提应缴纳的房产税			
借:经营费用　36 000 　贷:其他应交税费——应交房产税　36 000		—	
(2)本月,实际缴纳房产税			
借:其他应交税费——应交房产税　36 000 　贷:银行存款　36 000		借:经营支出　36 000 　贷:资金结存——货币资金　36 000	

(二)教职工(含长期聘用人员)的个人所得税

1. 计算代扣代缴个人所得税

按照税法规定计算应代扣代缴职工(含长期聘用人员)的个人所得税,在财务会计部分,按照应代扣代缴的金额,借记"应付职工薪酬"科目,贷记"其他应交税费——应交个人所得税"科目。

按照税法规定计算应代扣代缴支付给职工(含长期聘用人员)以外人员劳务费的个人所得税,在财务会计部分,按照应代扣代缴的金额,借记"业务活动费用""单位管理费用"等科目,贷记"其他应交税费——应交个人所得税"科目。

2. 代缴个人所得税

代缴个人所得税税费时,在财务会计部分,按照缴纳的金额,借记"其他应交税费——应交个人所得税"科目,贷记"财政拨款收入""零余额账户用款额度""银行存款"等科目;在预算会计部分,按照缴纳的金额,借记"事业支出""经营支出""其他支出"等科目,贷记"财政拨款预算收入""资金结存"科目。

例159 【代扣代缴个人所得税】本年3月25日,学校计提本月应发放教师薪酬

820 000 元,应代扣代缴个人所得税 82 000 元;4 月 5 日向教师支付薪酬,并向税务机关代缴代扣的个人所得税。学校编制以下会计分录:

财务会计(2102 其他应交税费)	预算会计
(1) 本年 3 月 25 日,计提应付教师薪酬	
借:业务活动费用　　　　　820 000 　贷:应付职工薪酬　　　　　820 000	—
同时,代扣代缴个人所得税	
借:应付职工薪酬——基本工资　82 000 　贷:其他应交税费——应交个人所得税　82 000	—
(2) 本年 4 月 5 日,支付教师薪酬,并向税务机关上缴代扣个人所得税	
借:应付职工薪酬　　　　　738 000 　贷:财政拨款收入　　　　　738 000	借:事业支出　　　　　　738 000 　贷:财政拨款预算收入　　738 000
同时,上缴代扣代缴个人所得税:	
借:其他应交税费——应交个人所得税　82 000 　贷:财政拨款收入　　　　　82 000	借:事业支出　　　　　　82 000 　贷:财政拨款预算收入　　82 000

(三)发生企业所得税纳税义务

1. 发生所得税纳税义务

发生企业所得税纳税义务的,在财务会计部分,按照税法规定计算的应交所得税额,借记"所得税费用"科目,贷记"其他应交税费——单位应交所得税"科目。

2. 实际缴纳所得税

缴纳企业所得税税费时,在财务会计部分,按照缴纳的金额,借记"其他应交税费——单位应交所得税"科目,贷记"银行存款"等科目;在预算会计部分,按照缴纳的金额,借记"非财政拨款结余——累计结余"科目,贷记"资金结存"科目。

例 160 【计提和缴纳企业所得税】学校计提上年度应交的所得税为 277 630 元,并以银行存款向税务机关缴纳企业所得税。学校编制以下会计分录:

财务会计(2102 其他应交税费)	预算会计
(1) 按照税法规定计算的应缴所得税金额	
借:所得税费用　　　　　277 630 　贷:其他应交税费——单位应交所得税　277 630	—
(2) 实际缴纳企业所得税时	
借:其他应交税费——单位应交所得税 277 630 　贷:银行存款　　　　　　277 630	借:非财政拨款结余——累计结余 277 630 　贷:资金结存——货币资金　　　277 630

【解析 43】 2103 应缴财政款

一、业务描述

学校收到按规定应该上缴国库或财政专户的款项,收到款项的同时应确认向国库或财政专户缴纳的义务。为了反映这类款项,通过应缴财政款来核算。从业务环节来看,应缴财政款分为取得应缴财政的款项和上缴财政。应缴财政的款项未纳入学校的预算管理,收到款项时,不需进行预算会计核算。

二、科目设置

"应缴财政款"科目是财务会计使用的科目,核算学校取得或应收的按照规定应当上缴财政的款项,包括应缴国库的款项和应缴财政专户的款项。学校应该设置"应缴国库款"和"应缴财政专户款"明细科目。"应缴财政款"科目期末贷方余额,反映学校应当上缴财政但尚未缴纳的款项。年终清缴后,"应缴财政款"科目一般应无余额。

学校按照国家税法等有关规定应当缴纳的各种税费,通过"应交增值税""其他应交税费"科目核算,不通过"应缴财政款"科目核算。

三、典型业务

(一) 取得或应收按照规定应缴财政的款项

(1)学校取得或应收按照规定应缴财政的款项时,在财务会计部分,按照应缴纳财政的金额,借记"银行存款""应收账款"等科目,贷记"应缴财政款"科目。

(2)学校处置资产取得的应上缴财政的处置净收入的账务处理,参见"待处理财产损溢"等科目。

(二) 上缴应缴财政的款项

学校上缴应缴财政的款项时,在财务会计部分,按照实际上缴的金额,借记"应缴财政款"科目,贷记"银行存款"科目。

例161 【应缴财政款】本年9月15日,学校收到学生缴纳的学费960 000元。9月18日,将学费上缴财政。学校编制以下会计分录:

财务会计(2103 应缴财政款)	预算会计
(1) 本年9月15日,取得或应收按照规定应缴财政的款项时	
借:银行存款　　　　　　　　　　960 000 　贷:应缴财政款——应缴财政专户款　960 000	—
(2) 本年9月18日,将款项上缴财政	
借:应缴财政款——应缴财政专户款　960 000 　贷:银行存款　　　　　　　　　　960 000	—

【解析44】 2201 应付职工薪酬

一、业务描述

学校办学过程中向教职工发放薪酬是常规业务。发放教职工薪酬之前,需要计提应支付的薪酬、代扣代缴教职工的个人所得税和社会保障性缴费,再实际支付教职工薪酬。由于学校的业务活动多样,在财务会计核算中,确认应付职工薪酬的同时,需要结合教职工开展的活动计入相关的费用。

二、科目设置

"应付职工薪酬"科目是财务会计使用的科目,核算学校按照有关规定应付给教职工(含长期聘用人员)的各种薪酬,包括基本工资、国家统一规定的津贴补贴、规范津贴补贴

（绩效工资）、改革性补贴、社会保险费（如职工基本养老保险费、职业年金、基本医疗保险费等）、住房公积金等。

"应付职工薪酬"科目应当根据国家有关规定按照"基本工资"（含离退休费）、"国家统一规定的津贴补贴""规范津贴补贴（绩效工资）""改革性补贴""社会保险费""住房公积金""其他个人收入"等科目进行明细核算。其中，"社会保险费""住房公积金"明细科目核算内容，包括学校从职工工资中代扣代缴的社会保险费、住房公积金，以及学校为职工计算缴纳的社会保险费、住房公积金。"应付职工薪酬"科目期末贷方余额，反映学校应付未付的职工薪酬。

三、典型业务

（一）计算确认当期应付职工薪酬

计算确认当期应付职工薪酬（含学校为教职工计算缴纳的社会保险费、住房公积金），根据教职工的岗位，分别计入有关成本费用。

1. 计提从事专业及其辅助活动人员的教职工薪酬

计提从事专业及其辅助活动人员的教职工薪酬，在财务会计部分，按照应支付薪酬的金额，借记"业务活动费用""单位管理费用"科目，贷记"应付职工薪酬"科目。

2. 计提应由在建工程、加工物品、自行研发无形资产负担的教职工薪酬

计提应由在建工程、加工物品、自行研发无形资产负担的职工薪酬，在财务会计部分，按照应支付薪酬的金额，借记"在建工程""加工物品""研发支出"等科目，贷记"应付职工薪酬"科目。

3. 计提从事专业及其辅助活动之外的经营活动人员的职工薪酬

计提从事专业及其辅助活动之外的经营活动人员的职工薪酬，在财务会计部分，按照应支付薪酬的金额，借记"经营费用"科目，贷记"应付职工薪酬"科目。

4. 因解除与职工的劳动关系而给予的补偿

因解除与职工的劳动关系而给予的补偿，在财务会计部分，按照应补偿的金额，借记"单位管理费用"等科目，贷记"应付职工薪酬"科目。

例162 【计提和支付教职工薪酬】本年9月25日，学校计提本月教学和教辅人员当月应支付薪酬为887 260元，应代扣代缴个人所得税51 416元，代扣代缴职业年金和社会保障缴费133 089元；开展研发活动的教职工当月应支付薪酬为43 500元，应代扣代缴个人所得税3 480元，代扣代缴职业年金和社会保障缴费6 525元。10月5日，学校通过财政拨款直接支付方式支付教职工薪酬，并代缴了个人所得税、职业年金和社会保障缴费。学校编制以下会计分录：

财务会计（2201 应付职工薪酬）		预算会计
（1）本年9月25日，计提从事专业及其辅助活动人员的教职工薪酬		
借：业务活动费用	887 260	—
贷：应付职工薪酬	887 260	
本年9月25日，计提应由研发无形资产负担的教职工薪酬		

财务会计（2201 应付职工薪酬）	预算会计
借：研发支出——研究支出　　43 500 　　贷：应付职工薪酬　　　　　　43 500	—
本年9月25日，计提代扣代缴个人所得税	
借：应付职工薪酬——基本工资　　54 896 　　贷：其他应交税费——应交个人所得税　54 896	—
本年9月25日，计提代扣代缴职业年金和社会保障缴费	
借：应付职工薪酬——基本工资　　139 614 　　贷：应付职工薪酬——职业年金、社会保险费、 　　住房公积金　　　　　　　　139 614	—
（2）本年10月5日，支付教职工薪酬	
借：应付职工薪酬　　　　　736 250 　　贷：财政拨款收入　　　　　　736 250	借：事业支出——工资和福利支出 736 250 　　贷：财政拨款预算收入　　　　736 250
本年10月5日，代缴个人所得税、职业年金和社会保障缴费	
借：其他应交税费——应交个人所得税　54 896 　　应付职工薪酬——职业年金、社会保险费、住房 　　公积金　　　　　　　　　　139 614 　　贷：财政拨款收入　　　　　　194 510	借：事业支出——工资和福利支出 194 510 　　贷：财政拨款预算收入　　　　194 510

（二）代扣代缴个人所得税和保障性缴费等

1. 代扣代缴个人所得税

按照税法规定代扣教职工个人所得税时，在财务会计部分，按照应代扣代缴的个人所得税，借记"应付职工薪酬——基本工资"科目，贷记"其他应交税费——应交个人所得税"科目。

2. 代扣代缴职业年金、社会保险费和住房公积金等

从应付职工薪酬中代扣职业年金、社会保险费和住房时，在财务会计部分，按照代扣代缴的金额，借记"应付职工薪酬——基本工资"科目，贷记"应付职工薪酬——职业年金、社会保险费、住房公积金"等科目。

3. 代扣教职工应缴纳的水电费、房租等费用

从应付职工薪酬中代扣为职工垫付的水电费、房租等费用时，在财务会计部分，按照扣除的金额，借记"应付职工薪酬——基本工资"科目，贷记"其他应收款"等科目。

（三）支付教职工薪酬等

1. 向职工支付工资、津贴补贴等薪酬

向职工支付工资、津贴补贴等薪酬时，在财务会计部分，按照支付的金额，借记"应付职工薪酬"科目，贷记"财政拨款收入""零余额账户用款额度""银行存款"等科目；在预算

会计部分,按照支付的金额,借记"事业支出""经营支出""其他支出"科目,贷记"财政预算拨款收入""资金结存"科目。

2. 缴纳职工职业年金、社会保险费和住房公积金

按照国家有关规定职业年金、缴纳职工社会保险费和住房公积金时,按照支付的金额,借记"应付职工薪酬——职业年金、社会保险费、住房公积金"等科目,贷记"财政拨款收入""零余额账户用款额度""银行存款"等科目;在预算会计部分,按照支付的金额,借记"事业支出""经营支出""其他支出"科目,贷记"财政预算拨款收入""资金结存"科目。

例 163 【计提和支付教职工薪酬】本年 11 月 28 日,非义务教育阶段学校计提开展经营活动的职工当月应支付薪酬为 54 060 元,应代扣代缴个人所得税 2 596 元,代扣代缴职业年金、社会保障缴费和住房公积金 8 109 元。12 月 3 日,学校通过银行存款支付了教职工薪酬,并代缴了个人所得税、职业年金、社会保障缴费和住房公积金。学校编制以下会计分录:

财务会计(2201 应付职工薪酬)		预算会计	
(1) 本年 11 月 28 日,计提从事经营活动人员的职工薪酬			
借：经营费用　　　　　　　54 060　　　　贷：应付职工薪酬　　　54 060		—	
本年 11 月 28 日,计提代扣代缴个人所得税			
借：应付职工薪酬——基本工资　　2 596　　贷：其他应交税费——应交个人所得税　2 596		—	
本年 11 月 28 日,计提代扣代缴职业年金、社会保障缴费和住房公积金			
借：应付职工薪酬——基本工资　　8 109　　贷：应付职工薪酬——职业年金、社会保险费、住房公积金　　8 109		—	
(2) 本年 12 月 3 日,支付教职工薪酬			
借：应付职工薪酬　　43 355　　贷：银行存款　　43 355		借：经营支出　　43 355　　贷：资金结存　　43 355	
本年 12 月 3 日,代缴个人所得税、职业年金、社会保障缴费和住房公积金			
借：其他应交税费——应交个人所得税　2 596　　应付职工薪酬——职业年金、社会保险费、住房公积金　　8 109　　贷：银行存款　　10 705		借：经营支出　　10 705　　贷：资金结存　　10 705	

【解析 45】　2301 应付票据

一、业务描述

学校在办学活动中因购买材料、物资等而通过商业汇票进行结算的业务。应付票据业务的主要环节,包括开出和承兑商业汇票、支付取得票据的手续费、商业票据到期等。

二、科目设置

"应付票据"科目是财务会计使用的科目,核算学校因购买材料、物资等而开出、承兑的商业汇票,包括银行承兑汇票和商业承兑汇票。"应付票据"科目应当按照债权人进行明细核算。"应付票据"科目期末贷方余额,反映学校开出承兑的尚未到期的应付票据金额。

学校应当设置"应付票据备查簿",详细登记每一应付票据的种类、号数、出票日期、到期日、票面金额、交易合同号、收款人姓名或学校名称,以及付款日期和金额等。应付票据到期结清票款后,应当在备查簿内逐笔注销。

三、典型业务

(一)开出、承兑商业汇票

开出、承兑商业汇票时,在财务会计部分,按照应付的金额,借记"库存物品""固定资产"等科目,贷记"应付票据"科目。涉及增值税业务的,相关账务处理参见"应交增值税"科目。

以商业汇票抵付应付账款时,在财务会计部分,按照应付的金额,借记"应付账款"科目,贷记"应付票据"科目。

(二)支付银行承兑汇票的手续费

支付银行承兑汇票的手续费时,在财务会计部分,按照支付的金额,借记"业务活动费用""经营费用"等科目,贷记"银行存款"等科目;在预算会计部分,按照支付的金额,借记"事业支出""经营支出"等科目,贷记"资金结存"等科目。

例164 【开出银行承兑汇票】本年7月22日,学校购置一批教学用品,价款40 000元;学校用银行存款支付银行承兑汇票手续费40元,取得银行承兑汇票据,并交于供应商。7月28日,学校兑付了该票据。学校编制以下会计分录:

财务会计（2301 应付票据）	预算会计
(1) 本年7月22日,开出银行承兑汇票	
借：库存物品 40 000 　贷：应付票据 40 000	——
本年7月22日,支付银行承兑汇票的手续费	
借：业务活动费用 40 　贷：银行存款 40	借：事业支出——商品和服务支出——其他商品和服务支出——税费和附加费 40 　贷：资金结存——货币资金 40
(2) 本年7月28日,兑付银行承兑票据	
借：应付票据 40 000 　贷：银行存款 40 000	借：事业支出——商品和服务支出——专用材料费 40 000 　贷：资金结存——货币资金 40 000

(三)商业汇票到期

商业汇票到期时,分别按照到期支付和到期无法支付两种情况分别处理。

1. 票据到期，进行支付

收到银行支付到期票据的付款通知进行支付时，在财务会计部分，按照支付的金额，借记"应付票据"科目，贷记"银行存款"等科目；在预算会计部分，按照支付的金额，借记"事业支出""经营支出"科目，贷记"资金结存"等科目。

2. 票据到期，无力支付

（1）银行承兑汇票到期，学校无力支付票款由银行代付的，在财务会计部分，按照应付票据账面余额，借记"应付票据"科目，贷记"短期借款"科目；在预算会计部分，按银行代付的金额，借记"经营支出"等科目，贷记"债务预算收入"科目。

（2）商业承兑汇票到期，学校无力支付票款的，按照应付票据账面余额，借记"应付票据"科目，贷记"应付账款"科目。

例165 【银行承兑汇票到期，学校无力支付】本年8月23日，非义务教育阶段学校收到银行通知，已开出面额为120 000元的银行承兑汇票到期，因学校暂时无力支付，已由银行代为付款。该银行承兑汇票是因学校购入经营活动生产产品所需材料而开出。学校编制以下会计分录：

财务会计（2301 应付票据）		预算会计	
本年8月23日，银行承兑汇票到期，学校无力支付票款			
借：应付票据	120 000	借：经营支出	120 000
贷：短期借款	120 000	贷：债务预算收入	120 000

【解析46】 2302 应付账款

一、业务描述

学校因购买物资、接受服务、开展工程建设等形成付款义务，并需要在1年（含1年内）偿付，这类业务在应付账款中核算。应付账款的主要核算，包括发生应付账款的义务、偿还应付账款，以及无法偿付或债权人豁免偿还的应付账款。

二、科目设置

"应付账款"科目是财务会计使用的科目，核算学校因购买物资、接受服务、开展工程建设等而应付的偿还期限在1年以内（含1年）的款项。"应付账款"科目应当按照债权人进行明细核算。对于建设项目，还应设置"应付器材款""应付工程款"等明细科目，并按照具体项目进行明细核算。"应付账款"科目期末贷方余额，反映学校尚未支付的应付账款金额。

三、典型业务

（一）发生应付账款义务

收到所购材料、物资、设备或服务以及确认完成工程进度但尚未付款时，根据发票及账单等有关凭证，在财务会计部分，按照应付未付款项的金额，借记"库存物品""固定资产""在建工程"等科目，贷记"应付账款"科目。涉及增值税业务的，相关账务处理参见"应交增值税"科目。

（二）偿付应付账款

1. 用资金偿付

偿付应付账款时，在财务会计部分，按照实际支付的金额，借记"应付账款"科目，贷记"财政拨款收入""零余额账户用款额度""银行存款"等科目；在预算会计部分，按照实际支付的金额，借记"事业支出""经营支出"等科目，贷记"财政拨款预算收入""资金结存"科目。

2. 开出承兑商业汇票抵付应付账款

开出承兑商业汇票抵付应付账款时，在财务会计部分，按照汇票的金额，借记"应付账款"科目，贷记"应付票据"科目。

例 166 【发生和支付应付账款】学校购入一批教学材料，本年 5 月 22 日收到，验收合格后入库，教学材料的成本为 38 150 元。5 月 28 日，学校通过零余额账户支付了款项。学校编制以下会计分录：

财务会计（2302 应付账款）	预算会计
（1）本年 5 月 22 日，购入物资、设备或服务以及完成工程进度但尚未付款	
借：库存物品 38 150 贷：应付账款 38 150	——
（2）本年 5 月 28 日，偿付应付账款	

借：应付账款   38 150
  贷：零余额账户用款额度 38 150
	借：事业支出——商品和服务支出——专用材料费 38 150
	  贷：资金结存——零余额用款额度 38 150

（三）无法偿付或债权人豁免偿还的应付账款

无法偿付或债权人豁免偿还的应付账款，应当按照规定报经批准后进行账务处理。经批准核销时，在财务会计部分，按照无法偿付或豁免偿付的金额，借记"应付账款"科目，贷记"其他收入"科目。核销的应付账款应在备查簿中保留登记。

例 167 【无法偿付或债权人豁免偿还的应付账款】本年 6 月 6 日，学校收到债权人通知，以前期间确认一笔金额为 52 000 元的应付账款被免于支付。6 月 20 日，按照规定报经批准后准予核销。学校编制以下会计分录：

财务会计（2302 应付账款）	预算会计
本年 6 月 20 日，报经批准后核销无法偿付或债权人豁免偿还的应付账款	
借：应付账款 52 000 贷：其他收入 52 000	——

【解析 47】 2304 应付利息△

一、业务描述

允许发生借款业务的学校在办学过程中借入短期借款或分期付息到期还本的长期借款时，应按照合同支付利息，这种业务通过"应付利息"科目核算。由于有的借款借入时有专门用途,如购建教学楼、开展研发活动等,这类专门借款发生的利息,在财务会计部分可以计入有关资产的成本。其他借款在借入时未限定用途,所支付的利息,在财务会计部分计入其他费用。

二、科目设置

"应付利息"科目是财务会计使用的科目,核算学校按照合同约定应支付的借款利息,包括短期借款和分期付息、一次还本的长期借款等应支付的利息。"应付利息"科目应当按照债权人等进行明细核算。"应付利息"科目期末贷方余额,反映学校应付未付的利息金额。

三、典型业务

(一)专门借款的利息

1. 计提利息

为建造固定资产、研发支出等借入的专门借款的利息,在建设期间发生且符合资本化条件的利息,可以计入在建工程等成本;不属于建设期间发生的利息,或在建设期间发生且不符合资本化条件的利息,应费用化的利息,计入其他费用。

(1)符合资本化条件的借款利息,按期计提利息费用时,在财务会计部分,按照计算确定的金额,借记"在建工程"科目,贷记"应付利息"科目。

(2)应费用化的借款利息,按期计提利息费用时,在财务会计部分,按照计算确定的金额,借记"其他费用"科目,贷记"应付利息"科目。

2. 实际支付利息

实际支付应付利息时,在财务会计部分,按照支付的金额,借记"应付利息"科目,贷记"银行存款"等科目;在预算会计部分,按照支付的金额,借记"其他支出"科目,贷记"资金结存"科目。

例168 【专门借款利息】经批准,学校本年1月1日从银行借入一笔分期计息到期还本的借款用于教学楼更新改造,本金4 000 000元,借款期限为2年,利率为4.8%;借款期间,年末12月31日计息,并在5日完成利息支付;借款到期5日内支付最后一次利息与本金。该教学楼更新改造工程已于去年9月启动,建造期间为2.5年。对于借款期间计提和支付利息,学校编制以下会计分录:

财务会计(2304 应付利息)		预算会计	
(1)本年12月31日,计提专门借款的利息费用			
借:在建工程	192 000	——	
贷:应付利息	192 000		
(2)下年1月5日,实际支付利息			
借:应付利息	192 000	借:其他支出	192 000
贷:银行存款	192 000	贷:资金结存——货币资金	192 000

(二)其他借款的利息

1. 计提利息

对于其他借款,按期计提利息费用时,在财务会计部分,按照计算确定的金额,借记

"其他费用"科目,贷记"应付利息"科目。

2. 实际支付利息

实际支付其他借款的应付利息时,在财务会计部分,按照支付的金额,借记"应付利息"科目,贷记"银行存款"等科目;在预算会计部分,按照支付的金额,借记"其他支出"科目,贷记"资金结存"科目。

例169 【其他借款利息】本年7月1日,学校经批准从银行借入一笔分期计息到期还本的借款,本金500 000元,借款期限为半年,利率为3.0%;利息每个季度支付。对于借款期间计提和支付利息,学校编制以下会计分录:

财务会计(2304 应付利息)	预算会计
(1)本年9月30日,按期计提借款的利息费用	
借:其他费用 3 750 贷:应付利息 3 750	——
(2)本年9月30日,实际支付利息	

借:应付利息   3 750
   贷:银行存款   3 750
	借:其他支出 3 750
	   贷:资金结存——货币资金 3 750

【解析48】 2305 预收账款

一、业务描述

学校因提供服务、销售产品,出租资产、出售物资等活动,在履行有关服务和商品义务前预先收到的款项,从而形成有关义务,这类业务在预收账款中核算。预收账款的主要核算,包括发生预收账款义务、进行预收账款结算,以及无法偿付或债权人豁免偿还的预收账款。

二、科目设置

"预收账款"科目是财务会计使用的科目,核算学校预先收到但尚未结算的款项。"预收账款"科目应当按照债权人进行明细核算。"预收账款"科目期末贷方余额,反映学校预收但尚未结算的款项金额。

三、典型业务

(一)收到预收款项

从付款方预收款项时,在财务会计部分,按照实际预收的金额,借记"银行存款"等科目,贷记"预收账款"科目。在预算会计部分,按照实际预收的金额,借记"资金结存"等科目,贷记"事业预算收入""经营预算收入"等科目。

(二)预收账款结算

提供服务、销售产品等,确认有关收入时,在财务会计部分,按照预收账款账面余额,借记"预收账款"科目,按照应确认的收入金额,贷记"事业收入""经营收入"等科目,按照付款方补付或退回付款方的金额,借记或贷记"银行存款"等科目。涉及增值税业务的,相关账务处理参见"应交增值税"科目。

在预算会计部分,按照付款方补付或退回付款方的金额,借记或贷记"资金结存"科目，贷记或借记"事业预算收入""经营预算收入"等科目。

例170 【预收账款业务】本年3月2日，学校接受教育基金会委托开展一项为期3天的培训工作，收到预收款40 000元；5月17日至19日，该项培训工作如期举行。学校编制以下会计分录：

财务会计（2305 预收账款）		预算会计	
（1）本年3月2日，收到预收账款			
借：银行存款	40 000	借：资金结存——货币资金	40 000
贷：预收账款	40 000	贷：事业预算收入	40 000
（2）本年5月20日，对开展培训工作取得的收入进行结算			
借：预收账款	40 000	—	
贷：事业收入	40 000		

（三）无法偿付或债权人豁免偿还的预收账款

无法偿付或债权人豁免偿还的预收账款，应当按照规定报经批准后进行账务处理。在财务会计部分，经批准核销时，借记"预收账款"科目，贷记"其他收入"科目。核销的预收账款应在备查簿中保留登记。

例171 【无法偿付或债权人豁免偿还的预收账款】本年10月22日，学校收到债权人通知，因业务调整，以前期间委托学校的事项终止，相关的48 450元的预付账款无需偿还。学校编制以下会计分录：

财务会计（2305 预收账款）		预算会计	
本年10月22日，无法偿付或债权人豁免偿还的预收账款			
借：预收账款	48 450	—	
贷：其他收入	48 450		

【解析49】 2307 其他应付款

一、业务描述

学校的业务多样，应交增值税、其他应交税费、应缴财政款、应付职工薪酬、应付票据、应付账款、应付政府补贴款、应付利息、预收账款等明确界定了学校的主要付款义务，但除此之外，还有其他业务形成的付款义务，以其他应付款来反映。其他应付款的主要核算，包括发生其他应付及暂收款项、收到同级政府财政部门预拨的下期预算款和没有纳入预算的暂付款项、单位公务卡持卡人报销、购买商品和服务等的质保金、无法偿付或债权人豁免偿还的其他应付款项等。

二、科目设置

"其他应付款"科目是财务会计使用的科目，核算学校除应交增值税、其他应交税费、应缴财政款、应付职工薪酬、应付票据、应付账款、应付政府补贴款、应付利息、预收账款以外，其他各项偿还期限在1年内（含1年）的应付及暂收款项，如收取的押金、存入保证金、已经报销但尚未偿还银行的本学校公务卡欠款等。"其他应付款"科目应当按照其他应付款的类别以及债权人等进行明细核算。"其他应付款"科目期末贷方余额，反映学校尚未支付的其他应付款金额。

同级政府财政部门预拨的下期预算款和没有纳入预算的暂付款项,以及采用实拨资金方式通过本学校转拨给下属学校的财政拨款,也通过"其他应付款"科目核算。

三、典型业务

(一) 发生其他应付及暂收款项

发生其他应付及暂收款项,都通过"其他应付款"科目核算。从业务环节来看,发生其他应付款项,后续可能会支付给付款方;收到暂收款项,后续可能退回给付款方,也可能不退款并转为收入。

1. 发生其他应付款项

(1) 发生其他应付款项时,在财务会计部分,按照其他应付款项的金额,借记"银行存款"等科目,贷记"其他应付款"科目。

(2) 支付其他应付款项时,在财务会计部分,按照支付的金额,借记"其他应付款"科目,贷记"银行存款"等科目。

2. 发生暂收款项

(1) 发生暂收款项时,在财务会计部分,按暂收款项的金额,借记"银行存款"等科目,贷记"其他应付款"科目。

(2) 退回暂收款项时,在财务会计部分,按照退回的金额,借记"其他应付款"科目,贷记"银行存款"等科目。

(3) 将暂收款项转为收入时,在财务会计部分,按照转作收入的金额,借记"其他应付款"科目,贷记"事业收入"等科目;在预算会计部分,按照转作收入的金额,借记"资金结存"科目,贷记"事业预算收入""经营预算收入"等科目。

例172 【发生其他应付及暂收款项】非义务教育阶段学校经批准将部分沿街的非教学场地出租给某企业用于办公场所;租期1年,自本年7月1日起至下年6月30日止;租金为每个季度270 000元,采取预收方式,在每个季度开始前10天内向承租方收取。首次支付租金时,承租方需缴纳水电费押金20 000元,承租方的水电费在租期内由承租方据实结算,最后一个月的水电费结清后,学校将水电费押金退回给承租方,否则扣除需缴纳的部分后退回给承租方。根据双方协议,本年6月23日,收到承租方支付的首期租金和水电费押金合计290 000元。下年7月12日,承租方结清最后一个月水电费,学校将水电费押金退回给承租方。对暂收款有关的业务,学校编制以下会计分录:

财务会计(2307 其他应付款)		预算会计	
(1) 本年6月23日,收到租金,并取得暂收款项			
借:银行存款	290 000	借:资金结存	270 000
贷:预收账款[预收租金]	270 000	贷:经营预算收入	270 000
其他应付款[预收水电费押金]	20 000		
(2) 本年7月31日,确认7月场地租金收入(其他月份租金收入确认相同)			
借:预收账款	90 000	——	
贷:经营收入	90 000		

财务会计（2307 其他应付款）	预算会计
（3）下年7月12日，向承租方退回暂收款时	
借：其他应付款 20 000 贷：银行存款 20 000	—

（二）收到同级政府财政部门预拨的下期预算款、没有纳入预算的暂付款项及转拨给下属学校的财政拨款

1. 收到同级政府财政部门预拨的下期预算款和没有纳入预算的暂付款项

（1）收到同级政府财政部门预拨的下期预算款和没有纳入预算的暂付款项，在财务会计部分，按照实际收到的金额，借记"银行存款"等科目，贷记"其他应付款"科目。

（2）待到下一预算期或批准纳入预算时，在财务会计部分，按预收款项的金额，借记"其他应付款"科目，贷记"财政拨款收入"科目；在预算会计部分，按预收款项的金额，借记"资金结存"科目，贷记"财政拨款预算收入"科目。

例173　【收到同级政府财政部门预拨的下期预算款】本年12月28日，学校收到同级财政部门预拨的暂付款项650 000元。下年1月12日，经同级财政部门审批，将该暂付款项纳入预算。学校编制以下会计分录：

财务会计（2307 其他应付款）		预算会计	
（1）本年12月28日，收到预拨款项			
借：银行存款 650 000 贷：其他应付款 650 000		—	
（2）下年1月12日，经批准纳入预算			

借：其他应付款   650 000
    贷：财政拨款收入   650 000
		借：资金结存 650 000
		    贷：财政拨款预算收入 650 000	

2. 采用实拨资金方式通过本学校转拨给下属学校的财政拨款

（1）采用实拨资金方式通过本学校转拨给下属学校的财政拨款，在财务会计部分，按照实际收到的金额，借记"银行存款"科目，贷记"其他应付款"科目。

（2）向下属学校转拨财政拨款时，在财务会计部分，按照转拨的金额，借记"其他应付款"科目，贷记"银行存款"科目。

（三）公务卡持卡人报销

1. 公务卡持卡人报销

学校的公务卡持卡人报销时，在财务会计部分，按照审核报销的金额，借记"业务活动费用""单位管理费用"等科目，贷记"其他应付款"科目。

2. 偿还公务卡欠款

偿还公务卡欠款时，在财务会计部分，借记"其他应付款"科目，贷记"零余额账户用款额度"等科目；在预算会计部分，借记"事业支出"等科目，贷记"资金结存"等科目。

（四）购买商品和服务等的质保金

购买商品和服务等业务，如需扣留在1年以内（含1年）的质量保证，在"其他应付款"科目中核算,主要业务环节包括:①购入固定资产等扣留 1 年以内(含 1 年)质量保证金时,按照扣留质保金的金额,确认其他应付款。②质保期满支付质量保证金时,按照支付扣留质保金的金额,冲销已确认的其他应付款。具体核算可参照固定资产关于质保金的核算。

(五)无法偿付或债权人豁免偿还的其他应付款项

无法偿付或债权人豁免偿还的其他应付款项,应当按照规定报经批准后进行账务处理。在财务会计部分,经批准核销时,借记"其他应付款"科目,贷记"其他收入"科目。核销的其他应付款应在备查簿中保留登记。

例 174 【无法偿付或债权人豁免偿还的其他应付款】本年 10 月 22 日,学校收到债权人通知,因业务调整,以前期间委托学校的事项终止,相关的 48 450 元的预付账款无需偿还。学校编制以下会计分录:

财务会计(2307 其他应付款)	预算会计
本年 10 月 22 日,无法偿付或债权人豁免偿还的其他应付款	
借:其他应付款 48 450 贷:其他收入 48 450	—

【解析 50】 2401 预提费用

一、业务描述

学校按有关规定可以从科研项目收入中提取项目间接费用或管理费,再后续支付的,在提取时形成了应承担的义务;也有一些应计入相关费用的业务活动已经发生,但因尚未付款从而形成应承担的义务,如按期预提租金等费用。这些业务都属于已经发生但尚未支付的费用,通过预提费用来反映。预提费用的主要核算,包括从科研项目收入中提取项目间接费用或管理费、实际使用计提的项目间接费用或管理费,以及预先提取的已经发生但尚未支付的费用、实际支付款项等。

二、科目设置

"预提费用"科目是财务会计使用的科目,核算学校预先提取的已经发生但尚未支付的费用。"预提费用"科目应当按照预提费用的种类进行明细核算。"预提费用"科目期末贷方余额,反映学校已预提但尚未支付的各项费用。

学校按规定从科研项目收入中提取的项目间接费用或管理费,也通过"预提费用"科目核算。对于提取的项目间接费用或管理费,应当在"预提费用"科目下设置"项目间接费用或管理费"明细科目,并按项目进行明细核算。

非义务教育阶段学校计提的借款利息费用,通过"应付利息""长期借款"科目核算,不通过"预提费用"科目核算。

三、典型业务

(一)项目间接费用或管理费

学校根据国家有关科研项目经费资金管理要求,对中央财政科技计划(专项、基金等)中实行公开竞争方式的研发类等项目,按一定比例提取间接费用,主要用于项目承担单位的成本耗费和对科研人员的绩效激励。学校按有关规定对受企业事业单位、社会团体及个人等委托开展的技术开发、技术转让、技术咨询、技术服务等科研项目经费,按一定比例提取管理费,用于成本补偿等。

1. 从科研项目收入中提取项目间接费用或管理费

按规定从科研项目收入中提取项目间接费用或管理费时,在财务会计部分,按照提取的金额,借记"业务活动费用""单位管理费用"科目,贷记"预提费用——项目间接费用或管理费"科目。在预算会计部分,按照提取的金额,借记"非财政拨款结转——项目间接费用或管理费"科目,贷记"非财政拨款结余——项目间接费用或管理费"科目。

2. 实际使用计提的项目间接费用或管理费

实际使用计提的项目间接费用或管理费时,在财务会计部分,按照实际支付的金额,借"预提费用——项目间接费用或管理费"科目,贷记"银行存款""库存现金"等科目。在预算会计部分,按照实际支付的金额,借记"事业支出"等科目,贷记"资金结存"科目。

例 175 【项目间接费用或管理费】学校研究团队获得财政资金支持的基金项目,项目研究期限为 2 年,项目经费在立项时拨付 50%,中期检查考核合格拨付剩余的 50%。项目的预算申报中,研究团队负责人已根据项目立项管理部门、学校的有关规定,以及项目实际情况,申请从项目经费总额中按照 15% 的比例提取项目间接费用,主要用于激励科研人员的绩效支出。本年 3 月 5 日,学校收到项目立项管理部门拨付的首期研究经费 50 000 元,并提取了项目间接费用。下年 3 月,研究团队接受立项管理部门的中期考核通过,下年 3 月 25 日,收到立项管理部门拨付的剩余研究经费 50 000 元,并提取了项目间接费用。对与项目间接费用或管理费有关的业务,学校编制以下会计分录:

财务会计(2401 预提费用)	预算会计
(1) 本年 3 月 5 日,收到项目的首期研究经费	
借:银行存款 50 000 　贷:事业收入 50 000	借:资金结存 50 000 　贷:事业预算收入 50 000
本年 3 月 5 日,按规定根据到账资金计提项目间接费用或管理费	
借:业务活动费用 7 500 　贷:预提费用——项目间接费用或管理费——项目间接费用 7 500	借:非财政拨款结转——项目间接费用或管理费 7 500 　贷:非财政拨款结余——项目间接费用或管理费 7 500
(2) 下年 3 月 25 日,收到项目的剩余研究经费	
借:银行存款 50 000 　贷:事业收入 50 000	借:资金结存 50 000 　贷:事业预算收入 50 000
下年 3 月 25 日,按规定根据到账资金计提项目间接费用或管理费	
借:业务活动费用 7 500 　贷:预提费用——项目间接费用或管理费——项目间接费用 7 500	借:非财政拨款结转——项目间接费用或管理费 7 500 　贷:非财政拨款结余——项目间接费用或管理费 7 500

例176 【项目间接费用或管理费】本年9月,学校根据本校科研项目间接经费中绩效支出的有关管理规定,对全校在研的或及已通过验收(结题)的且有间接费用中有绩效支出预算的所有科研项目,组织提取科研项目间接费用绩效支出的工作。经项目研究团队负责人申报、校科研管理部门、人事部门、财务部门等审核,以及需公示的完成公示无异议后,11月25日向有关研究人员发放科研项目绩效支出82 000元(不考虑代扣代缴的个人所得税等情况)。对与项目间接费用或管理费有关的业务,学校编制以下会计分录:

财务会计(2401 预提费用)	预算会计
(1) 本年11月25日,将已计提的科研项目间接费用或管理费,用于奖励科研人员	
借:预提费用——项目间接费用或管理费——项目 　　间接费用　　　　　　　　82 000 　贷:应付职工薪酬　　　　　　82 000	—
(2) 本年11月25日,支付研究人员的科研项目绩效(不考虑代扣代缴的个人所得税等情况)	
借:应付职工薪酬　　　　　　82 000 　贷:银行存款　　　　　　　82 000	借:事业支出——工资福利支出——绩效工 　　资——科研绩效工资　　　82 000 　贷:资金结存　　　　　　　82 000

(二) 按期预提租金等费用

学校开展业务活动耗用的资源,应费用化的,在财务会计核算时需要按照权责发生制原则计入受益期间,如尚未支付款项,应预先提取计入预提费用,以后期间实际支付款项时,冲销预提费用。

1. 按期预提费用

按期预提租金等费用时,在财务会计部分,按照预提的金额,借记"业务活动费用""单位管理费用""经营费用"等科目,贷记"预提费用"科目。

2. 实际支付款项

实际支付款项时,在财务会计部分,按照支付的金额,借记"预提费用"科目,贷记"财政拨款收入""零余额账户用款额度""银行存款"等科目;在预算会计部分,按照支付的金额,借记"事业支出"等科目,贷记"财政拨款预算收入""资金结存"科目。

例177 【其他预提费用】美术职业学校因实训场地缺乏,需租用一处场地作为画室供学生实训教学使用。由于师生需来回于本校与租用场地之间进行教学活动,所以租赁的场地需距离学校校区较近,且宜作为教学场所,房产的结构安全、消防安全等均需符合相关要求。学校通过招标采购,租赁符合招投标要求且距学校500米左右的某企业的一处2 000平方米场地,设置8~10间画室,教师休息室,盥洗场地足够,能满足美术教学需求,其他卫生等公共设施足够;租期为1年,租金总额为960 000元,按3个月支付一次。本年3月1日为学校美术实训教学场地的租期开始日。学校每月25日预提美术实训教学场地租金,3个月结束前的10个工作日内支付租金。5月28日,学校通过零余额账户支付了3~5月的美术实训教学场地租金。对与预提租金有关的业务,学校编制以下会计分录:

财务会计（2401 预提费用）	预算会计
（1）本年3月25日，按照规定预提每月美术实训教学场地租金	
借：业务活动费用 80 000 　贷：预提费用 80 000	—
（2）本年4月25日，按照规定预提每月美术实训教学场地租金	
借：业务活动费用 80 000 　贷：预提费用 80 000	—
（3）本年5月25日，按照规定预提每月美术实训教学场地租金	
借：业务活动费用 80 000 　贷：预提费用 80 000	—
（4）本年5月28日，实际支付3个月美术实训教学场地租金	
借：预提费用 240 000 　贷：零余额账户用款额度 240 000	借：事业支出 240 000 　贷：资金结存 240 000

四、业务辨析

1. 预提费用与待摊费用的辨析

"预提费用"和"待摊费用"都是学校使用的两个科目，前者是负债类科目，后者是资产类科目，两者既有区别又有一定的联系。

1）"预提费用"和"待摊费用"的科目性质不同

"预提费用"属于负债类科目，在会计报表中归属于流动负债。"预提费用"科目核算的是预先提取的已经发生但尚未支付的费用，在确认预提费用的同时先在业务活动费用、单位管理费用等费用中列支，后续期间再支付款项，科目贷方余额表示学校"欠付"的资金。

"待摊费用"属于资产类科目，在会计报表中归属于流动资产。"待摊费用"科目核算的是已经支付，但应当由本期和以后各期分别负担的分摊期在1年以内（含1年）的各项费用，在支付款项的同时确认待摊费用，后续期间再根据款项的受益期间将待摊费用分摊到业务活动费用、单位管理费用等费用中，科目借方余额表示学校"已付"的资金。

2）"预提费用"和"待摊费用"的核算会影响费用科目的核算

预提费用和待摊费用都代表了费用化的支出。但是，按照按权责发生制原则，在财务会计核算时应严格划分费用的受益期间。由于发生预提费用和待摊费用的付款期间和受益期间存在差异，应通过"预提费用"科目和"待摊费用"科目正确核算各会计期间业务活动费用、单位管理费用等费用的归属。

2. 预提费用与应付账款的辨析

"预提费用"与"应付账款"都是负债类科目，在会计报表中均归属于流动负债，两者代表了应在后续期间需支付的款项，但两者核算内容存在本质差异。

"预提费用"科目在确认时已经根据该预提费用的业务活动计入业务活动费用、单位管理费用等费用，本质是费用化的支出且多与期间的费用有关。

"应付账款"科目核算的是因购买物资、接受服务、开展工程建设等形成付款义务，并需要在 1 年(含 1 年)以内偿付,因此应付的账款可能形成"库存物品""在建工程""业务活动费用",既有资本性支出也有费用化的支出。

4.3 非流动负债的分类核算

【解析 51】 2501 长期借款△

一、业务描述

非义务教育阶段学校在办学过程中因业务需要开展筹资活动,经批准可向银行或其他金融机构等借入的期限超过 1 年(不含 1 年)的各种借款。在借款期限内,学校根据借款协议在借款期限内支付长期借款利息和偿还本金。长期借款的主要核算,包括取得长期借款、偿还本金和利息。在财务会计部分,短期借款核算借款的本金,短期借款的利息通过应付利息核算。

二、科目设置

"长期借款"科目是财务会计使用的科目,核算非义务教育阶段学校经批准向银行或其他金融机构等借入的期限超过 1 年(不含 1 年)的各种借款本息。"长期借款"科目应当设置"本金"和"应计利息"明细科目,并按照贷款单位和贷款种类进行明细核算。对于建设项目借款,还应按照具体项目进行明细核算。"长期借款"科目期末贷方余额,反映学校尚未偿还的长期借款本息金额。

三、典型业务

按照还本付息的方式,非义务教育阶段学校的长期借款分为"分期付息、到期还本借款"和"一次还本付息借款"等。还本付息方式,代表了长期借款偿付利息和偿还本金的情况。对于分期付息、到期还本长期借款,借款期间应支付的利息在"应付利息"科目中核算,"长期借款"科目余额代表了应偿还的本金。对于一次还本付息的长期借款,借款期间应支付的利息先通过"长期借款——应计利息"科目计提,到期后支付,借款的本金在借入长期借款时先记入"长期借款——本金"科目。

(一)借入长期借款

借入各项长期借款时,在财务会计部分,按照实际借入的金额,借记"银行存款"科目,贷记"长期借款——本金"科目;在预算会计部分,按照实际借入的金额,借记"资金结存——货币资金"科目,贷记"债务预算收入"科目。

(二)按期计提利息

1. 为建造固定资产等应支付的长期借款,按期计提利息

学校为建造固定资产等而借入的长期借款,按期计提利息,属于建设期间发生的,计入在建工程成本;不属于建设期间发生的,计入当期费用。

(1)属于工程项目建设期间发生的利息,在财务会计部分,计入在建工程成本,按照计算确定的应支付的利息金额,借记"在建工程"科目,贷记"应付利息"科目或者"长期借款——应计利息"科目。

(2)属于工程项目完工交付使用后发生的利息,在财务会计部分,计入当期费用,按照计算确定的应支付的利息金额,借记"其他费用"科目,贷记"应付利息"科目或者"长期借款——应计利息"科目。

2. 其他长期借款,按期计提利息

按期计提其他长期借款的利息时,在财务会计部分,按照计算确定的应支付的利息金额,借记"其他费用"科目,贷记"应付利息"科目或者"长期借款——应计利息"科目。

例 178 【一次还本付息的长期借款】本年 1 月 1 日,某职业学校高标准推进学校标准化建设,全面提升办学条件,从银行借入一次还本付息借款 10 000 000 元,专门用于实验实训综合大楼的改扩建工程。借款期限为 2 年,年率为 6%。改扩建工程于本年 4 月 1 日启动,下一年 9 月 30 日,大楼改扩建工程完工交付使用。下年 12 月 31 日,学校通过银行存款归还借款本金和利息。对与长期借款有关的业务,学校编制以下会计分录:

财务会计(2501 长期借款)	预算会计
(1) 本年 1 月 1 日,借入专门用于实验实训综合大楼的改扩建工程的长期借款	

借:银行存款   10 000 000
   贷:长期借款——本金   10 000 000
	借:资金结存——货币资金 10 000 000
	   贷:债务预算收入[本金] 10 000 000

(2) 本年 12 月 31 日,一次还本付息的长期借款,按期计提利息,其中 1～3 月项目尚未开始,利息计入其他费用,4～12 月项目建设期间利息计入在建工程	

借:其他费用   150 000
   在建工程   450 000
   贷:长期借款——应计利息 600 000
	—

(3) 下年 12 月 31 日,一次还本付息的长期借款,按期计提利息,其中 1～9 月项目建设期间利息计入在建工程,10～12 月项目完工期间的利息计入其他费用	

借:在建工程   450 000
   其他费用   150 000
   贷:长期借款——应计利息 600 000
	—

(4) 下年 12 月 31 日,到期一次性归还本金和利息	

借:长期借款——本金   10 000 000
   长期借款——应计利息 1 200 000
   贷:银行存款   11 200 000
	借:债务还本支出[本金] 10 000 000
	   其他支出[利息] 1 200 000
	   贷:资金结存 11 200 000

(三) 到期归还长期借款本金、利息

到期归还长期借款本金、利息时,在财务会计部分,按照归还的金额,借记"长期借款——本金、应计利息"科目,贷记"银行存款"科目。在预算会计部分,按照归还的本金金额,借记"债务还本支出"科目,如有一并归还的利息,按照归还的利息金额,借记"其他支出"科目,按照归还的本金或本金与利息之和的金额,贷记"资金结存"科目。

例 179 【分期付息、到期还本的长期借款】本年 7 月 1 日,非义务教育阶段学校从银行借入分期付息、到期还本借款 2 000 000 元。借款期限为 18 个月,年率为 5%,每 6 个月付息一次。下年 12 月 31 日,学校通过银行存款归还借款本金和最后一次利息。对与长期借款有关的业务,学校编制以下会计分录:

中小学校执行新政府会计准则制度的实务解析

财务会计（2501 长期借款）		预算会计	
（1）本年 7 月 1 日，借入长期借款			
借：银行存款 　贷：长期借款——本金	2 000 000 2 000 000	借：资金结存——货币资金 　贷：债务预算收入[本金]	2 000 000 2 000 000
（2）本年 12 月 31 日，分期付息、到期还本的长期借款，按期计提利息			
借：其他费用 　贷：应付利息	50 000 50 000	—	
本年 12 月 31 日，分期付息、到期还本的长期借款，支付利息			
借：应付利息 　贷：银行存款	50 000 50 000	借：其他支出[利息] 　贷：资金结存	50 000 50 000
（3）下年 6 月 30 日，分期付息、到期还本的长期借款，按期计提利息			
借：其他费用 　贷：应付利息	50 000 50 000	—	
下年 6 月 30 日，分期付息、到期还本的长期借款，支付利息			
借：应付利息 　贷：银行存款	50 000 50 000	借：其他支出[利息] 　贷：资金结存	50 000 50 000
（4）下年 12 月 31 日，分期付息、到期还本的长期借款，按期计提利息			
借：其他费用 　贷：应付利息	50 000 50 000	—	
下年 12 月 31 日，分期付息、到期还本的长期借款，到期归还本金以及最后一期利息			
借：长期借款——本金 　　应付利息 　贷：银行存款	2 000 000 50 000 2 050 000	借：债务还本支出[本金] 　　其他支出[利息] 　贷：资金结存	2 000 000 50 000 2 050 000

【解析 52】　2502 长期应付款

一、业务描述

学校因购买物资、接受服务、开展工程建设等形成付款义务，且偿还期限超过 1 年（不含 1 年）的款项，这类业务在长期应付款中核算。长期应付款的主要核算，包括发生长期应付款的义务，支付长期应付款，以及无法偿付或债权人豁免偿还的长期应付款。

二、科目设置

"长期应付款"科目是财务会计使用的科目，核算学校发生的偿还期限超过 1 年（不含 1 年）的应付款项，如以融资租赁方式取得固定资产应付的租赁费等。"长期应付款"科目应当按照长期应付款的类别以及债权人进行明细核算。"长期应付款"科目期末贷方余额,反映学校尚未支付的长期应付款金额。

三、典型业务

(一) 发生长期应付款

1. 因质保金形成的长期应付款

购买商品和服务等业务,如需扣留超过 1 年(不含 1 年)的质量保证金,在"长期应付款"科目中核算。购入固定资产等扣留超过 1 年(不含 1 年)的质保金时,按照扣留质保金的金额,确认"长期应付款"。质保期满支付质量保证金时,按照支付扣留质保金的金额,冲销已确认的"长期应付款"。

例 180 【购入需要安装固定资产,并扣留质量保证金】学校发布招投标公告,采购校园教学楼及公共区域智能监控系统设备采购与安装服务项目,中标价税合计金额为 1 500 000 元。根据协议,智能监控系统和设备验收合格且试运行正常工作 2 周后支付中标金额的 95%,留 5%作为质保金,2 年以后的 15 个工作日内无息支付。本年 4 月 15 日,学校通过财政直接支付方式支付智能监控系统和设备采购与安装服务项目金额的 95%。2 年以后的 15 个工作日内,学校通过财政应返还额度的方式将 5%的款项支付给供应商。学校编制如下会计分录:

财务会计(1601 固定资产)		预算会计	
(1) 本年 4 月 15 日,购入智能监控系统和设备,保质期为 2 年			
借:固定资产	1 500 000	借:事业支出	1 425 000
贷:财政拨款收入	1 425 000	贷:资金结存——零余额账户用款额度	
长期应付款	75 000		1 425 000
(2) 2 年质保期结束的 15 个工作日内,通过财政应返还额度支付项目质保金			
借:长期应付款	75 000	借:事业支出	75 000
贷:财政应返还额度	75 000	贷:资金结存——财政应返还额度	75 000
注:本例固定资产折旧的核算略			

2. 因融资租赁等形成的长期应付款

因融资租入资产,发生长期应付款时,在财务会计部分,按照确定的成本金额,借记"固定资产""在建工程"等科目,按照应支付的金额,贷记"长期应付款"科目,如有借方差额,视为融资成本,借记"其他费用"科目。涉及增值税业务的,相关账务处理参见"应交增值税"科目。

(二) 支付长期应付款

支付长期应付款时,在财务会计部分,按照支付的金额,借记"长期应付款"科目,贷记"财政拨款收入""零余额账户用款额度""银行存款"等科目。在预算会计部分,按照支付的金额,借记"事业支出"等科目,贷记"财政拨款收入""资金结存"等科目。

(三) 无法偿付或债权人豁免偿还的长期应付款

无法偿付或债权人豁免偿还的长期应付款,应当按照规定报经批准后进行账务处理。经批准核销时,在财务会计部分,按照无法偿付或豁免偿还的金额,借记"长期应付款"科目,贷记"其他收入"科目。核销的长期应付款应在备查簿中保留登记。

例 181 【无法偿付或债权人豁免偿还的长期应付款】本年 8 月 6 日,学校收到债权人通知,以前期间确认一笔金额为 48 600 元的长期应付款被免于支付。8 月 20 日,按照规定报经批准后准予核销。学校编制以下会计分录:

财务会计(2502 长期应付账款)	预算会计
本年 8 月 20 日,报经批准后核销无法偿付或债权人豁免偿还的长期应付账款	
借:长期应付账款 48 600 贷:其他收入 48 600	—

【解析 53】 2601 预计负债

一、业务描述

学校办学过程中因未决诉讼、经济合同纠纷等或有事项而产生了现时义务,且现时义务的金额具有不确定性、能够合理估计,这类业务通过预计负债来反映。预计负债的主要核算,包括确认预计负债、实际偿付预计负债、对已确认的预计负债账面余额进行调整等。

二、科目设置

"预计负债"科目是财务会计使用的科目,核算学校对因或有事项所产生的现时义务而确认的负债,如对未决诉讼等确认的负债。"预计负债"科目应当按照预计负债的项目进行明细核算。"预计负债"科目期末贷方余额,反映学校已确认但尚未支付的预计负债金额。

三、典型业务

(一) 确认预计负债

确认预计负债时,在财务会计部分,按照预计承担支付义务的金额,借记"业务活动费用""经营费用""其他费用"等科目,贷记"预计负债"科目。

(二) 实际偿付预计负债

实际偿付预计负债时,在财务会计部分,按照偿付的金额,借记"预计负债"科目,贷记"银行存款""零余额账户用款额度"等科目。在预算会计部分,按照偿付的金额,借记"事业支出""经营支出""其他支出"等科目,贷记"资金结存"等科目。

(三) 对已确认的预计负债账面余额进行调整

根据确凿证据需要对已确认的预计负债账面余额进行调整的,按照调整增加的金额,在财务会计部分,借记有关科目,贷记"预计负债"科目;按照调整减少的金额,借记"预计负债"科目,贷记有关科目。

例 182 【预计负债】本年 10 月,学校因经济合同纠纷而涉及一桩诉讼案,案件尚处于审理过程中。12 月末,根据学校所聘律师的判断,最终判决很可能对学校不利,败诉的可能性为 80%;如果败诉,根据类似案件和所聘律师的意见,赔偿金额可能为 100 000～200 000 元。12 月末,学校确认因该项经济合同纠纷应确认的预计负债的最佳估计金额为 150 000 元[(100 000＋200 000)÷2]。下年 3 月初,法院作出判决,学校应支付的赔偿金额为 120 000 元。下年 3 月 25 日,学校通过银行存款支付了赔偿金。学校编制以下会计分录：

财务会计（2601 预计负债）	预算会计
（1）本年 12 月末，预计经济合同纠纷的负债	
借：其他费用 150 000 贷：预付负债 150 000	—
（2）下年 3 月 25 日，根据判决支付诉讼赔偿金	

借：预计负债   150 000
   贷：银行存款   120 000
      其他费用   30 000
	借：其他支出 120 000
	   贷：资金结存——货币资金 120 000

【解析 54】　2901 受托代理负债

一、业务描述

学校接受其他单位和个人委托收到物品，并将物品按照委托人的要求移交或转赠给特定对象，开展受托代理业务。在受托代理业务中，收到转交或转赠物资，确认资产在"受托代理资产"科目中核算，同时确认的义务在受托代理负债中核算。

二、科目设置

"受托代理负债"科目是财务会计使用的科目，核算学校接受委托取得受托代理现金资产和非现金资产时形成的负债。"受托代理负债"科目的账务处理参见"库存现金""银行存款""受托代理资产"等科目。

三、典型业务

"受托代理资产"业务，涉及受托代理货币资金、物资，与"银行存款——受托代理""受托资产"相关，具体业务可以参见"银行存款——受托代理""受托资产"的核算。

第 5 章

净资产的核算

5.1 净资产的特征和组成

净资产是指政府会计主体资产扣除负债后的净额。根据会计等式"资产＝负债＋净资产",净资产金额可以通过资产与负债的差额取得,其计量取决于资产和负债的计量。

根据用途,净资产来分为两类:限定用途的净资产,通过"专用基金"来反映;未限定用途的净资产,通过"累计盈余"来反映。净资产的组成如图 5-1 所示。

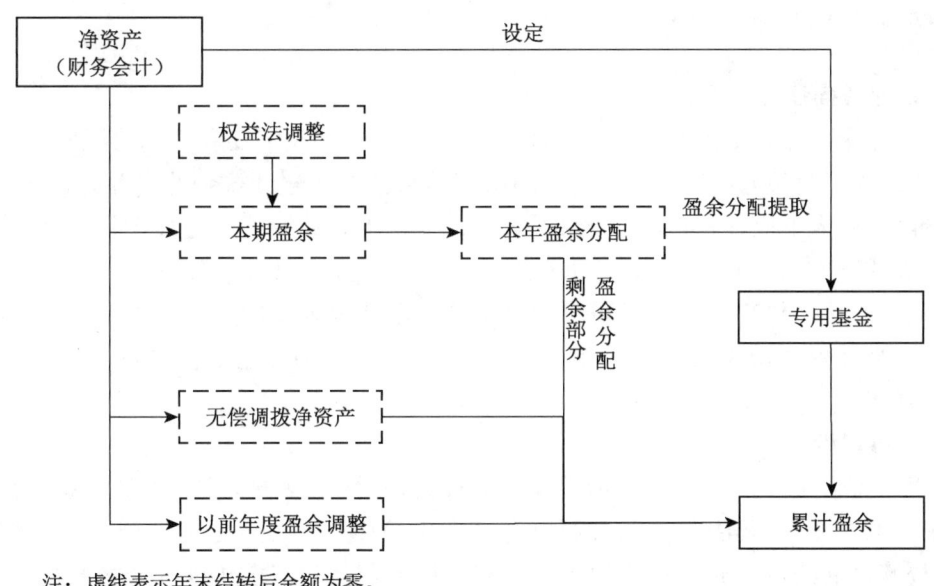

注：虚线表示年末结转后余额为零。

图 5-1　净资产组成

根据形成方式,净资产通过以下路径形成:

(1)净资产通过学校办学的积累形成,在累计盈余中反映。每个会计年度通过取得收入,扣除费用,形成本期盈余。非义务阶段学校按规定进行了权益投资,并按照权益法核算,形成"权益法调整"的,还需要将权益法调整转入本期盈余。本年盈余进行分配后转入累计盈余。

(2)净资产中专门用途的净资产在专用基金中反映。通过设定专门用途资金或者通过盈余分配,在净资产中设定专门用途的净资产,为特定的业务活动提供资源保障。

（3）净资产通过财政性资金的调入或调出、上缴或缴回形成，在累计盈余中反映。因调入财政拨款结转资金、上缴财政拨款结转结余、缴回非财政拨款结转资金、向其他学校调出财政拨款结转资金，而调整累计盈余。

（4）净资产通过无偿调拨非现金资产形成，通过"无偿调拨净资产"科目核算后，转入累计盈余。无偿调拨净资产会影响学校可使用的非现金资产，这些资产不是通过学校的年度预算形成的，因而与本期盈余存在差异，但最终都会转入累计盈余而影响净资产。

（5）净资产通过以前年度的调整形成，通过"以前年度盈余调整"科目核算后，转入累计盈余。以前年度盈余调整，反映了因更正会计差错、发生退货退款等原因，引起的学校可使用资源的变化。为了便于准确反映本年度取得的收入，产生的费用，因而通过以前年度盈余调整与本年盈余加以区分。但以前年度盈余调整最终都会影响学校可使用的资源，因而年末需要转入累计盈余。

5.2 净资产的分类核算

【解析 55】 3001 累计盈余

一、业务描述

累计盈余是非限定用途的净资产，代表了学校可以根据需要和实际情况使用的资源净额，也反映了学校非限定用途净资产的历年结存情况。累计盈余的来源有：通过本年盈余分配后转入形成，因财政性资金的调入或调出、上缴或缴回而形成，因无偿调拨净资产而增加或减少而形成，因更正会计差错、发生退货退款等原因而调整。累计盈余的主要核算包括：将"本年盈余分配"科目的余额转入累计盈余，将"无偿调拨净资产"科目的余额转入累计盈余，因财政调拨影响累计盈余，将"以前年度盈余调整"科目的余额转入累计盈余等。

二、科目设置

"累计盈余"科目是财务会计核算使用的科目，核算学校历年实现的盈余扣除盈余分配后滚存的金额，以及因无偿调入调出资产产生的净资产变动额。按照规定上缴或缴回、学校间调剂结转结余资金产生的净资产变动额，以及对以前年度盈余的调整金额，也通过"累计盈余"科目核算。"累计盈余"科目期末余额，反映学校未分配盈余（或未弥补亏损）的累计数以及截至上年末无偿调拨净资产变动的累计数。

三、典型业务

（一）年末，将"本年盈余分配"科目的余额转入累计盈余

年末，在财务会计部分，将"本年盈余分配"科目的余额转入累计盈余，按"本年盈余分配"科目的贷方余额或借方余额，借记或贷记"本年盈余分配"科目，贷记或借记"累计盈余"科目。

例183 【将本年盈余分配转入累计盈余】本年末学校结账前，在财务会计部分，本年盈余转入"本年盈余分配"科目后贷方余额为 473 000 元。学校年末结转时编制如下会计分录：

财务会计（3001 累计盈余）		预算会计
年末，将本年盈余分配转入累计盈余		
借：本年盈余分配	473 000	——
贷：累计盈余	473 000	

例 184 【将本年盈余分配转入累计盈余】本年末学校结账前，在财务会计部分，本年盈余转入"本年盈余分配"后借方余额为 95 000 元。学校年末结转时编制如下会计分录：

财务会计（3001 累计盈余）		预算会计
年末，将本年盈余分配转入累计盈余		
借：累计盈余	95 000	——
贷：本年盈余分配	95 000	

（二）年末，将"无偿调拨净资产"科目的余额转入累计盈余

年末，在财务会计部分，将"无偿调拨净资产"科目的余额转入累计盈余，按"无偿调拨净资产"科目的贷方余额或借方余额，借记或贷记"无偿调拨净资产"科目，贷记或借记"累计盈余"科目。

例 185 【将无偿调拨净资产转入累计盈余】本年末学校结账前，在财务会计部分，"无偿调拨净资产"科目贷方余额为 529 500 元。学校年末结转时编制如下会计分录：

财务会计（3001 累计盈余）		预算会计
年末，将无偿调拨净资产转入累计盈余		
借：无偿调拨净资产	529 500	——
贷：累计盈余	529 500	

例 186 【将无偿调拨净资产转入累计盈余】本年末学校结账前，在财务会计部分，"无偿调拨净资产"科目借方余额为 27 500 元。学校年末结转时编制如下会计分录：

财务会计（3001 累计盈余）		预算会计
年末，将无偿调拨净资产转入累计盈余		
借：累计盈余	27 500	——
贷：无偿调拨净资产	27 500	

（三）财政调拨影响累计盈余

1. 财政调拨调增累计盈余

按照规定从其他学校（单位）调入财政拨款结转资金的，按照实际调增的额度数额或调入的资金数额，在财务会计部分，借记"财政应返款额度""零余额账户用款额度""银行存款"科目，贷记"累计盈余"科目；在预算会计部分，借记"资金结存——财政应返还额度/零余额账户用款额度/货币资金"科目，贷记"财政拨款结转——归集调入"科目。

例 187 【归集调入财政拨款结转资金】本年 9 月 15 日，学校收到代理银行的到账通知，主管部门从其他学校调入的财政拨款结转资金 250 000 元用于特色项目建设，纳入本年度的财政授权支付的零余额账户用款额度。学校编制如下会计分录：

财务会计	预算会计（8001 资金结存）
本年 9 月 15 日，收到财政拨款调入资金	
借：零余额账户用款额度　250 000 　　贷：累计盈余　250 000	借：资金结存——零余额账户用款额度 　　　　　　　　　　　　　　　　250 000 　　贷：财政拨款结转——归集调入　250 000

2. 财政调拨调减累计盈余

按照规定上缴财政拨款结转结余、缴回非财政拨款结转资金、向其他学校调出财政拨款结转资金时，在财务会计部分，按照实际上缴、缴回、调出金额，借记"累计盈余"科目，贷记"财政应返还额度""零余额账户用款额度""银行存款"等科目。在预算会计部分，按照实际上缴、缴回、调出金额，借记"财政拨款结转""财政拨款结余""非财政拨款结余"等科目，贷记"资金结存——零余额账户用款额度、财政应返回额度、银行存款"等科目。

例 188　【学校财政调拨影响累计盈余】本年 10 月 9 日，学校收到主管部门的通知，将无法顺利开展的项目结转资金 216 000 元调出，同时调减财政应返还额度。学校编制如下会计分录：

财务会计	预算会计（8001 资金结存）
本年 10 月 9 日，调出财政结转资金	
借：累计盈余　216 000 　　贷：财政应返还额度　216 000	借：财政拨款结转——归集调出　216 000 　　贷：资金结存——财政应返还额度　216 000

（四）将"以前年度盈余调整"科目的余额转入累计盈余

年末，在财务会计部分，将"以前年度盈余调整"科目的余额转入"累计盈余"科目，按照"以前年度盈余调整"科目的贷方余额或借方余额，借记或贷记"以前年度盈余调整"科目，贷记或借记"累计盈余"科目。

例 189　【将以前年度盈余调整转入累计盈余】本年末学校结账前，在财务会计部分，"以前年度盈余调整"科目贷方余额为 378 000 元。学校年末结转时编制如下会计分录：

财务会计（3001 累计盈余）	预算会计
年末，将以前年度盈余调整转入累计盈余	
借：以前年度盈余调整　378 000 　　贷：累计盈余　378 000	—

例 190　【将以前年度盈余调整转入累计盈余】本年末学校结账前，在财务会计部分，"以前年度盈余调整"科目借方余额为 48 000 元。学校年末结转时编制如下会计分录：

财务会计（3001 累计盈余）	预算会计
年末，将以前年度盈余调整转入累计盈余	
借：累计盈余　48 000 　　贷：以前年度盈余调整　48 000	—

(五) 使用专用基金,调整累计盈余

使用已计提或设定的专用基金,按照规定使用专用基金购置固定资产、无形资产的,在财务会计部分,按照固定资产、无形资产成本金额,借记"固定资产""无形资产"科目,贷记"银行存款"等科目;同时,按照专用基金使用金额,借记"专用基金"科目,贷记"累计盈余"科目。

例 191 【使用专用基金,调整累计盈余】本年 3 月 10 日,学校利用已从非财政拨款结余中提取的专用基金购置乐器,为学校组建民乐团做准备;当日通过银行存款支付250 000元,乐器验收后达到使用状态。学校编制如下会计分录:

财务会计(3101 专用基金)		预算会计	
本年 3 月 10 日,使用专用基金购置乐器			
借:固定资产	250 000		
贷:银行存款	250 000	借:专用结余	250 000
同时:		贷:资金结存——货币资金	250 000
借:专用基金	250 000		
贷:累计盈余	250 000		

【解析 56】 3101 专用基金

一、业务描述

学校在办学过程中为了给特定的教育教学业务提供资源保障,确保特定的教育教学业务活动得到资源保障,会根据实际情况按规定提取和设定专门用途的资金。例如,学校设定用于学生科创活动基金、教师专业发展基金等专用资金。学校提取和设定了专门用途的资金,不能再将资金移作其他用途。学校形成专用基金有提取、设定和分配三种方式:①根据有关规定从收入中提取专用基金并计入费用。②根据有关规定设置其他专用基金。③从本年度非财政拨款结余或经营结余中提取专用结余,同时形成专用基金。提取和设定专用基金后,使用专用基金将使专用基金的余额减少。

二、科目设置

"专用基金"科目是学校财务会计核算使用的科目,核算学校按照规定提取或设置的具有专门用途的净资产,主要包括"修购基金△""职工福利基金""奖助学基金""其他专用基金"。"专用基金"科目应当按照专用基金的类别进行明细核算。"专用基金"科目期末贷方余额,反映学校累计提取或设置的尚未使用的专用基金。

(一) 根据预算会计中提取专用结余金额在财务会计中提取专用基金

1. 从非财政拨款结余或经营结余中提取专用结余

年末,学校在预算会计部分,根据有关规定从非财政拨款结余或经营结余中提取专用结余的,是从预算资金中提取出准备用于特定用途,按照提取的金额,借记"非财政拨款结余分配"科目,贷记"专用结余"科目。在财务会计部分,按照提取的金额,借记"本年盈余分配"科目,贷记"专用基金"科目。

2. 使用从非财政拨款结余或经营结余中提取的专用结余

使用从非财政拨款结余或经营结余中提取的专用结余,属于预算资金的使用,在预

算会计部分,按照使用专用结余的金额,借记"专用结余"科目,贷记"资金结存——货币资金"科目。

使用从其他结余或经营结余中提取的专用结余,在财务会计部分,根据资金的使用情况进行处理:

(1)专用结余资金用于费用化支出,在财务会计部分,按照支付的金额,借记"专用基金"科目,贷记"银行存款"科目。

(2)专用结余资金用于购置库存物品、固定资产和无形资产等资产支出,在财务会计部分,按照资产确定的成本,借记"库存物品""固定资产""无形资产"等科目,按照支付的金额,贷记"银行存款"等科目。同时,按照支付的金额,借记"专用基金"科目,贷记"累计盈余"科目。购置的各类资产,按照专用基金的用途正常使用,形成成本费用。

例192 【提取专用结余的同时提取专用基金】本年末,学校根据财务管理有关规定,从非财政拨款结余中提取专用结余180 000元,设立教师发展基金。下年2月7日,从教师发展基金中使用8 000元,支持教师参加高层次培训。学校编制如下会计分录:

财务会计(3101 专用基金)		预算会计(8301 专用结余)	
(1) 本年末,提取专用结余,用于设立教师发展基金			
借:本年盈余分配	180 000	借:非财政拨款结余分配	180 000
贷:专用基金	180 000	贷:专用结余	180 000
(2) 下年2月7日,使用教师发展基金,用于教师培训			
借:专用基金	8 000	借:专用结余	8 000
贷:银行存款	8 000	贷:资金结存——货币资金	8 000

例193 【提取专用结余的同时提取专用基金】本年末,学校根据财务管理有关规定,从经营结余中提取专用结余500 000元,设立科技创新基金,用于支持师生开展学校的科技创新活动。下年4月15日,从科技创新基金支付60 000元购置专用设备,设备当日验收合格后入库,无其他支出。学校编制如下会计分录:

财务会计(3101 专用基金)		预算会计	
(1) 本年末,提取专用结余			
借:本年盈余分配	500 000	借:非财政拨款结余分配	500 000
贷:专用基金	500 000	贷:专用结余	500 000
(2) 下年4月15日,使用科技创新基金购置专用设备			
借:固定资产	60 000	借:专用结余	60 000
贷:银行存款	60 000	贷:资金结存——货币资金	60 000
同时:			
借:专用基金	60 000		
贷:累计盈余	60 000		

(二)从预算收入中提取并使用专用基金

1. 从预算收入中提取专用基金

从预算收入中提取专用基金时,在财务会计部分,一般按照预算会计下基于预算收入计算提取的金额,借记"业务活动费用"等科目,贷记"专用基金"科目。国家另有规定的,从其规定。

2. 使用从预算收入中提取的专用基金

使用从预算收入中提取的专用基金用于特定活动时,在预算会计部分,按照支付的金额,借记"事业支出"科目,贷记"资金结存——货币资金"科目。

使用从预算收入中提取的专用基金用于特定活动时,在财务会计部分,根据资金的使用情况进行处理:

(1)专用结余资金用于费用化支出,在财务会计部分,按照支付的金额,借记"专用基金"科目,贷记"银行存款"等科目。

(2)专用结余资金用于购置库存物品、固定资产和无形资产等资产支出,在财务会计部分,按照资产确定的成本,借记"库存物品""固定资产""无形资产"等科目,按照支付的金额,贷记"银行存款"等科目。同时,按照支付的金额,借记"专用基金"科目,贷记"累计盈余"科目。购置的各类资产,按照专用基金的用途正常使用,形成成本费用。

例 194 【从预算收入中提取和使用专用基金】本年 9 月 10 日,学校收到财政返还的学费收入 2 600 000 元,按规定按照学费收入的 3‰ 提取奖助学基金。本年 10 月 15 日,从奖助学基金中使用 20 000 用于学生奖励。学校编制如下会计分录:

财务会计(3101 专用基金)	预算会计
(1) 本年 9 月 10 日,根据返回的学费收入提取奖助学基金	
借:业务活动费用 78 000 贷:专用基金 78 000	—
(2) 本年 10 月 15 日,使用从预算收入中提取的奖助学基金	

借:专用基金   20 000
  贷:银行存款   20 000
	借:事业支出——对个人和家庭补助支出——
	    助学金 20 000
	  贷:资金结存——货币资金 20 000

(三)根据有关规定设置和使用其他专用基金

1. 根据有关规定设置其他专用基金

根据有关规定设置其他专用基金,在财务会计部分,按照实际收到的基金金额,借记"银行存款"等科目,贷记"专用基金"科目。

2. 使用设置的其他专用基金

使用设置的其他专用基金用于特定活动时,在财务会计部分,根据资金的使用情况进行处理:

(1)使用设置其他专用基金用于费用化支出,按照支付的金额,借记"专用基金"科目,贷记"银行存款"等科目。

(2)使用设置其他专用基金用于购置库存物品、固定资产和无形资产等资产支出,在财务会计部分按照资产确定的成本,借记"库存物品""固定资产""无形资产"等科目,按照支付的金额,贷记"银行存款"等科目。同时,按照支付的金额,借记"专用基金"科目,贷记"累计盈余"科目。购置的各类资产,按专用基金的用途正常使用,形成成本费用。

例 195 【按规定设置和使用其他专用基金】本年 7 月 10 日,学校设立科技创新基金

200 000 元,用于支持师生开展学校的科技创新活动。8 月 11 日,用科技创新基金购置科技创新的设备,确定设备的成本为 75 000 元。学校编制如下会计分录:

财务会计(3101 专用基金)		预算会计
(1) 本年 7 月 10 日,设立科技创新基金		
借:银行存款　　　　　　　　200 000 　贷:专用基金　　　　　　　　　　200 000		—
(2) 本年 8 月 11 日,使用科技创新基金购置设备		
借:固定资产　　　　　　　　75 000 　贷:银行存款　　　　　　　　　　75 000		—
同时:		
借:专用基金　　　　　　　　75 000 　贷:累计盈余　　　　　　　　　　75 000		

【解析 57】　3201 权益法调整△

一、业务描述

按规定取得长期股权投资的学校,在持有投资期间采用权益法核算,应根据被投资单位的净资产变化而调整。持有权益法核算的长期股权投资期间,应根据被投资单位净资产变化的因素,设置明细科目。当被投资单位净损益和利润分配引起所有者权益变动份额调整,按学校应享有的份额,调整长期股权投资价值的同时调整投资收益。除了被投资单位净损益和利润分配引起所有者权益变动份额调整外,其他因素引起被投资单位所有者变化,按学校应享有的份额,调整长期股权投资价值的同时在"权益法调整"科目中进行调整。处置长期股权投资,为了反映这项投资获得的净损益,应将这项投资有关的"权益法调整"转入"投资收益"科目。

二、科目设置

"权益法调整"科目是财务会计使用科目,核算非义务阶段学校持有的长期股权投资采用权益法核算时,按照被投资单位除净损益和利润分配以外的所有者权益变动份额调整长期股权投资账面余额而计入净资产的金额。"权益法调整"科目应当按照被投资单位进行明细核算。"权益法调整"科目期末余额,反映学校在被投资单位除净损益和利润分配以外的所有者权益变动中累积享有(或分担)的份额。

三、典型业务

(一) 资产负债表日,确认被投资单位其他权益变动的影响

学校持有采用权益法核算的长期股权投资,在持有期间,在财务会计部分,按照被投资单位除净损益和利润分配以外的所有者权益变动应享有(或应分担)的份额,借记或贷记"长期股权投资——其他权益变动"科目,贷记或借记"权益法调整"科目。

例 196　【确认被投资单位净损益变动和所有者权益变动影响】资产负债表日,持有长期股权投资并采用权益法核算的学校,持有被投资单位持股比例为 20%,被投资单位所有者权益比上一个资产负债表日增加 800 000 元,其中,属于净利润增加为 500 000 元,其他权益增加为 300 000 元,两个资产负债日之间未发生利润分配。学校编制如下会

计分录：

财务会计（3201 权益法调整）	预算会计
资产负债表日，权益法核算长期股权投资调整所有者权益变动	
借：长期股权投资——损益调整　　　100 000 　　长期股权投资——其他权益变动　60 000 　　贷：投资收益　　　　　　　　　　　　100 000 　　　　权益法调整　　　　　　　　　　　60 000	—

例197 【确认被投资单位净损益变动和所有者权益变动影响】资产负债表日，持有长期股权投资并采用权益法核算的学校，持有被投资单位持股比例为20%，被投资单位所有者权益比上一个资产负债表日增加800 000元，其中属于净利润增加为1 000 000元，其他权益减少为200 000元，两个资产负债日之间未发生利润分配。学校编制如下会计分录：

财务会计（3201 权益法调整）	预算会计
资产负债表日，权益法核算长期股权投资调整所有者权益变动	
借：长期股权投资——损益调整　　　200 000 　　权益法调整　　　　　　　　　　　40 000 　　贷：投资收益　　　　　　　　　　　　200 000 　　　　长期股权投资——其他权益变动　40 000	—

（二）处置权益法核算长期股权投资，结转其他权益变动影响

采用权益法核算的长期股权投资，因被投资单位除净损益和利润分配以外的所有者权益变动而将应享有（或应分担）的份额计入学校净资产的，处置该项投资时，在财务会计部分，按照原计入净资产的相应部分金额，借记或贷记"权益法调整"科目，贷记或借记"投资收益"科目。

例198 【处置权益法核算长期股权投资，结转权益法调整】本年7月7日，学校将采用权益法核算的长期股权投资出售给其他单位，出售该项投资时，该项投资因其他权益变动计入"权益法调整"的贷方余额为120 000元。学校编制如下会计分录：

财务会计（3201 权益法调整）	预算会计
本年7月7日，处置长期股权投资，结转其他权益变动	
借：权益法调整　　　　　　　　　120 000 　　贷：投资收益　　　　　　　　　　　120 000	—

例199 【处置权益法核算长期股权投资，结转权益法调整】本年8月9日，学校将采用权益法核算的长期股权投资出售给其他单位，出售该项投资时，该项投资因其他权益变动计入"权益法调整"的借方余额为130 000元。学校编制如下会计分录：

财务会计（3201 权益法调整）	预算会计
本年8月9日，处置长期股权投资，结转其他权益变动	
借：投资收益　　　　　　　　　　130 000 　　贷：权益法调整　　　　　　　　　　130 000	—

一、业务描述

学校净资产中的盈余逐年累积、滚存,一个会计期形成的盈余通过"本期盈余"来反映。本期盈余关注的是报表期间形成的盈余,与以前年度的盈余无关,因而本期盈余只需在会计期末对本期的各项收入和费用进行结转,"本期盈余"科目余额就代表了本期的盈余情况。如果盈余是可以分配的,将本期盈余转入盈余分配。根据业务环节,本期盈余的主要核算包括:在每个会计期的期末对本期收入和费用进行结转,在会计年度的年末将本期盈余余额转入本年盈余分配。

二、科目设置

"本期盈余"科目是财务会计使用科目,核算学校本期各项收入、费用相抵后的余额。"本期盈余"科目期末如为贷方余额,反映学校自年初至当期期末累计实现的盈余;如为借方余额,反映学校自年初至当期期末累计发生的亏损。年末结转后,"本期盈余"科目应无余额。

三、典型业务

(一)期末,结转收入和费用

期末,学校将各类收入科目的本期发生额转入本期盈余,借记"财政拨款收入""事业收入""上级补助收入""附属单位上缴收入""经营收入""非同级财政拨款收入""投资收益""捐赠收入""利息收入""租金收入""其他收入"科目,贷记"本期盈余"科目。

同时,学校将各类费用科目本期发生额转入本期盈余,借记"本期盈余"科目,贷记"业务活动费用""单位管理费用""经营费用""所得税费用""资产处置费用""上缴上级费用""对附属单位补助费用""其他费用"科目。

例 200 【年末(期末)结转】本年末学校结账前,在财务会计部分"财政拨款收入""事业收入""非同级财政拨款收入""捐赠收入""利息收入""租金收入""其他收入"科目的贷方余额分别为 2 700 000 元、820 000 元、780 000 元、300 000 元、34 000 元、50 000 元、180 000 元;"业务活动费用""单位管理费用""资产处置费用""其他费用"科目借方余额分别为 2 600 000 元、350 000 元、40 000 元、68 000 元。学校年末结转时编制如下会计分录:

财务会计(3301 本期盈余)		预算会计
(1) 年末,结转收入类科目		
借:财政拨款收入	2 700 000	
事业收入	820 000	
非同级财政拨款收入	780 000	
捐赠收入	300 000	—
利息收入	34 000	
租金收入	50 000	
其他收入	180 000	
贷:本期盈余	4 864 000	
(2) 年末,结转费用类科目		

财务会计（3301 本期盈余）		预算会计
借：本期盈余	3 058 000	
贷：业务活动费用	2 600 000	
单位管理费用	350 000	—
资产处置费用	40 000	
其他费用	68 000	

（二）年末，本期盈余的余额转入本年盈余分配

年末，学校完成上述结转后，将"本期盈余"科目余额转入"本年盈余分配"科目，借记或贷记"本期盈余"科目，贷记或借记"本年盈余分配"科目。

例 201 【将"本期盈余"科目贷方余额转入本年盈余分配】年末，学校"本期盈余"科目的贷方余额为 832 000 元。该学校年末时编制如下会计分录：

财务会计（3301 本期盈余）		预算会计
年末，将"本期盈余"科目贷方余额转入本年盈余分配		
借：本期盈余	832 000	
贷：本年盈余分配	832 000	—

例 202 【将"本期盈余"科目借方余额转入本年盈余分配】年末，学校"本期盈余"科目的借方余额为 258 000 元。该学校年末时编制如下会计分录：

财务会计（3301 本期盈余）		预算会计
年末，将"本期盈余"科目借方余额转入本年盈余分配		
借：本年盈余分配	258 000	
贷：本期盈余	258 000	—

【解析 59】 3302 本年盈余分配

一、业务描述

年末，学校根据实际情况从本年度盈余中提取专用基金，是通过本年盈余分配的过程实现的。本年盈余有贷方余额代表有可分配的盈余，盈余分配的金额应根据学校决策机构的决策和财务规定确定。根据业务环节，"本年盈余分配"科目的主要核算包括：年末，从本期盈余转入本年盈余分配；根据预算会计提取的专用结余提取专用基金，将"本年盈余分配"科目余额转入累计盈余。

二、科目设置

"本年盈余分配"科目是财务会计使用的科目，核算学校本年度盈余分配的情况和结果。年末结转后，"本年盈余分配"科目应无余额。

三、典型业务

（一）年末，从本期盈余转入本年盈余分配

年末，学校在财务会计部分，将"本期盈余"科目余额转入"本年盈余分配"科目，借记

或贷记"本期盈余"科目,贷记或借记"本年盈余分配"科目。

例 203 【年末结转】本年末学校结账前,在财务会计部分,"本期盈余"科目贷方余额为 305 000 元。学校年末结转时编制如下会计分录:

财务会计(3302 本年盈余分配)		预算会计
年末,将"本期盈余"科目贷方余额转入本年盈余分配		
借:本期盈余	305 000	—
贷:本年盈余分配	305 000	

例 204 【年末结转】本年末学校结账前,在财务会计部分,"本期盈余"科目借方余额为 5 000 元。学校年末结转时编制如下会计分录:

财务会计(3302 本年盈余分配)		预算会计
年末,将"本期盈余"科目借方余额转入本年盈余分配		
借:本年盈余分配	5 000	—
贷:本期盈余	5 000	

(二)年末,根据预算会计提取的专用结余提取专用基金

年末,学校在财务会计部分,根据有关规定从本年度非财政拨款结余或经营结余中提取专用基金的,按照预算会计下计算的提取金额,借记"本年盈余分配"科目,贷记"专用基金"科目。在预算会计部分,按照预算会计下计算的提取金额,借记"非财政拨款结余分配"科目,贷记"专用结余"科目。

例 205 【提取专用基金】本年末学校结账前,在预算会计部分,"非财政拨款结余分配"科目贷方余额为 730 000 元。学校根据财务管理有关规定,提取专用结余 250 000 元,用于学校教师的发展。学校年末结转时编制如下会计分录:

财务会计(3302 本年盈余分配)		预算会计(8301 专用结余)	
年末,根据提取专用结余的金额提取专用基金			
借:本年盈余分配	250 000	借:非财政拨款结余分配	250 000
贷:专用基金	250 000	贷:专用结余	250 000

(三)年末,将"本年盈余分配"科目余额转入累计盈余

学校在财务会计部分,按照规定完成上述(一)(二)处理后,将"本年盈余分配"科目余额转入累计盈余,借记或贷记"本年盈余分配"科目,贷记或借记"累计盈余"科目。

例 206 【将"本年盈余分配"科目贷方余额转入累计盈余】年末,学校"本年盈余分配"科目的贷方余额为 732 000 元。该学校年末时编制如下会计分录:

财务会计(3302 本年盈余分配)		预算会计
年末,将"本年盈余分配"科目贷方余额转入累计盈余		
借:本年盈余分配	732 000	—
贷:累计盈余	732 000	

例 207 【将"本年盈余分配"科目借方余额转入累计盈余】年末,学校完成本年盈余结转、专用基金的提取,"本年盈余分配"科目的借方余额为 254 000 元。该学校年末时编制如下会计分录:

财务会计(3302 本年盈余分配)	预算会计
年末,将"本年盈余分配"科目借方余额转入累计盈余	
借:累计盈余 254 000 贷:本年盈余分配 254 000	—

【解析 60】 3401 无偿调拨净资产

一、业务描述

为了提高资产的使用效率和效益,主管部门可能在学校之间或者学校与其他事业单位之间进行非现金资产调拨。例如,一所学校因学生数量锐减,导致部分电脑等设备闲置,而另一个学校因学生规模快速增长,面临电脑等设备设施资源紧张,主管部门根据实际情况在两个学校之间进行资产调拨调剂使用。这类业务通过无偿调拨净资产来反映。结合业务环节,无偿调拨净资产的主要核算包括:无偿调入或无偿调出非现金资产,将"无偿调拨净资产"科目余额转入累计盈余等。

二、科目设置

"无偿调拨净资产"科目是财务会计核算使用的科目,核算学校无偿调入或调出非现金资产所引起的净资产变动金额。年末结转后,"无偿调拨净资产"科目应无余额。

三、典型业务

(一)无偿调入非现金资产

学校按照规定取得无偿调入的存货、长期股权投资、固定资产、无形资产等资产,在财务会计部分,按照确定的成本,借记"库存物品""长期股权投资""固定资产""无形资产"等科目,按照调入过程中发生的归属于学校(调入方)的相关费用,贷记"零余额账户用款额度""银行存款"等科目,按照其差额,贷记"无偿调拨净资产"科目。

取得无偿调入非现金资产过程中,需由调入方负担相关费用的,在预算会计部分,按照实际支付的金额,借记"其他支出"科目,贷记"财政拨款预算收入""资金结存"科目。

例 208 【收到调入非现金资产】由于某区属小学撤并,部分固定资产仍然可以使用。同时,由于区内部分学校生源增加需增加资产,主管部门将撤并学校的设备类资产,调拨至区内公办学校,物尽其用。本年 7 月 18 日,学校到撤并学校领取调拨资产,发生运费 1 640 元,通过零余额账户用款额度支付。主管部门的资产调拨通知显示,学校调入的资产包括:学生课桌椅 100 套,资产原值 25 000 元,累计折旧 15 000 元;学生用台式计算机 20 台,资产原值 120 000 元,累计折旧 48 000 元。学校编制如下会计分录:

财务会计（3401 无偿调拨净资产）	预算会计
本年 7 月 18 日，收到无偿调入的资产	

借：固定资产——家具——学生用课桌椅
                     10 200
      ——通用设备——计算机 73 440
  贷：无偿调拨净资产   82 000
      零余额账户用款额度   1 640
	借：其他支出 1 640
	  贷：资金结存 1 640

注：调入的课桌椅的折旧年限为 5 年，已经在撤并学校计提 3 年，调入学校继续使用后，在剩余的 2 年内继续计提折旧。调入的台式计算机的折旧年限为 6 年，已经在撤并学校计提 2 年，调入学校继续使用后，在剩余的 4 年内继续计提折旧

（二）无偿调出非现金资产

按照规定经批准无偿调出的存货、长期股权投资、固定资产、无形资产等资产，在财务会计部分，按照调出资产的账面余额或账面价值，借记"无偿调拨净资产"科目，按照固定资产累计折旧、无形资产累计摊销的金额，借记"固定资产累计折旧""无形资产累计摊销"科目，按照调出资产的账面余额，贷记"库存物品""长期股权投资""固定资产""无形资产"等科目；同时，按照调出过程中发生的归属于学校（调出方）的相关费用，借记"资产处置费用"科目，贷记"零余额账户用款额度""银行存款"等科目。

无偿调出非现金资产过程中，需由调出方负担相关费用的，在预算会计部分，按照实际支付的金额，借记"其他支出"科目，贷记"财政拨款预算收入""资金结存"等科目。

例 209 【调出非现金资产】某区属小学所在地区入学适龄儿童持续锐减，导致学校的在校学生数持续减少，短期内随着人口的迁移，学校的学生将难以增加。为了提高学校资产的使用效率，主管部门将学校部分闲置的资产，调拨给学生规模大量增加的中心小学。主管部门的资产调拨通知显示，学校调出的资产包括：学生课桌椅 100 套，资产原值 25 000 元，累计折旧 10 000 元。本年 8 月 18 日，学校将调出资产送至中心学校，发生运费 1 600 元，通过零余额账户用款额度支付。学校编制如下会计分录：

财务会计（3401 无偿调拨净资产）	预算会计
本年 8 月 18 日，学校无偿调出资产	

借：无偿调拨净资产   15 000
  固定资产累计折旧——家具——学生用课桌椅
                  10 000
  贷：固定资产——家具——学生用课桌椅
                  25 000
 	
同时：
借：资产处置费用   1 600
  贷：零余额账户用款额度   1 600
	
	借：其他支出 1 600
	  贷：资金结存 1 600

注：调入的课桌椅的折旧年限为 5 年，已经在撤并学校计提 2 年，调入学校继续使用后，在剩余的 3 年内继续计提折旧

（三）将"无偿调拨净资产"科目余额转入累计盈余

年末,在财务会计部分,学校将"无偿调拨净资产"科目余额转入"累计盈余",借记或贷记"无偿调拨净资产"科目,贷记或借记"累计盈余"科目。

例 210 【将"无偿调拨净资产"科目贷方余额转入累计盈余】年末,学校"无偿调拨净资产"科目的贷方余额为 738 000 元。该学校年末时编制如下会计分录:

财务会计（3401 无偿调拨净资产）	预算会计
年末,将无偿调拨净资产的贷方余额转入累计盈余	
借:无偿调拨净资产　　　　738 000 　　贷:累计盈余　　　　　　　　738 000	—

例 211 【将"无偿调拨净资产"科目借方余额转入累计盈余】年末,学校"无偿调拨净资产"科目的借方余额为 38 000 元。该学校年末时编制如下会计分录:

财务会计（3401 无偿调拨净资产）	预算会计
年末,将无偿调拨净资产的借方余额转入累计盈余	
借:累计盈余　　　　　　　38 000 　　贷:无偿调拨净资产　　　　　38 000	—

四、业务辨析

无偿调拨净资产业务和捐赠业务的辨析:

无偿调拨净资产涉及调拨的非现金资产,具有无偿性。无偿调拨净资产由主管部门根据学校间的具体情况,对学校调入或调出非现金资产,不涉及资金。无偿调拨资产的目的,主要是提高教育系统非现金资产的使用效率和使用效益。无偿调拨净资产对交易双方影响不同,调入非现金资产的学校,将增加无偿调拨净资产;调出非现金资产的学校,将减少无偿调拨净资产。无偿调拨净资产不会产生收入。

捐赠业务也具有无偿性。但是,捐赠业务涉及的资产类型,包括现金资产,也包括非现金资产。捐赠业务涉及捐赠方和受赠方。通常,企业、社会机构和个人向学校进行捐赠,学校是受赠方,在财务会计部分,要确认"捐赠收入"。例如,学校收到捐赠资金,在实际收到捐赠资金时,确认"其他预算收入——捐赠预算收入"。公办学校的办学经费来自财政投入,通常未经批准,学校不得将资产向其他单位和个人进行捐赠。

【解析 61】 3501 以前年度盈余调整

一、业务描述

政府会计主体对以前年度盈余调整,可能源于按照法律、行政法规和政府会计准则制度的要求,或者在特定情况下变更会计政策,以及对会计差错更正、调整报告日后事项等所作的会计调整。

学校采用的会计政策,在每一会计期间和前后各期应当保持一致。但是,法律、行政法规或者政府会计准则制度等要求政府会计主体变更会计政策时,学校需要变更会计政策;或者,当会计政策变更能够提供有关政府会计主体财务状况、运行情况等更可靠、更相关的会计信息时,可以根据政府会计准则变更会计政策。

　　会计差错,是指政府会计主体在会计核算时,在确认、计量、记录、报告等方面出现的错误,通常包括计算或记录错误、应用会计政策错误、疏忽或曲解事实产生的错误、财务舞弊等。学校开展办学活动过程中发现会计差错,需要对差错进行更正。更正会计差错分为:对当期发生的会计差错进行更正和对以前年度发生的会计差错进行更正;对当期发生的差错进行更正,报经批准后,直接调整财务会计和预算会计有关科目。更正会计差错的分类核算如图5-2所示。

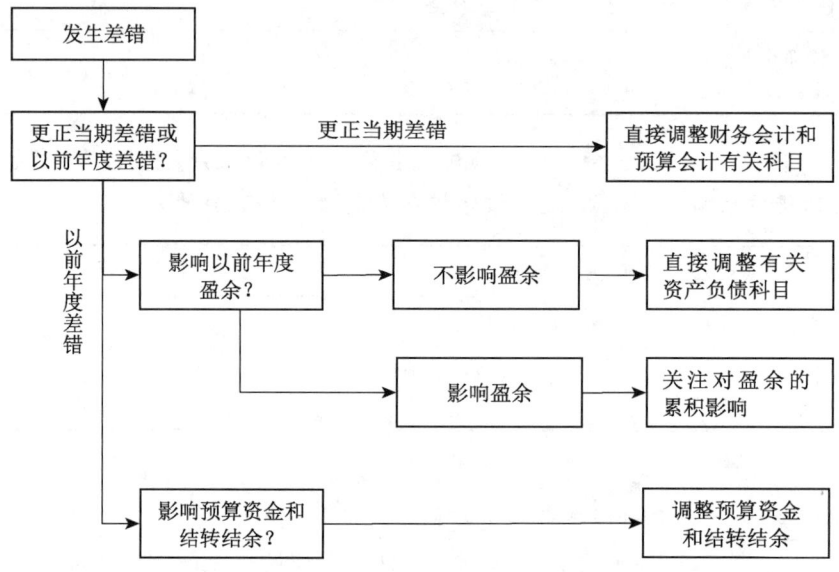

图5-2　更正会计差错的分类核算

　　对以前年度发生的差错进行更正,分别考虑差错对财务会计和预算会计的影响:

　　(1) 在财务会计部分,因为以前年度已经完成结账,以前年度错误入账的收入和费用已通过结账转入累计盈余。如以前年度的差错影响盈余,不能直接调整本年度收入或费用,需通过"以前年度盈余调整"调整和更正错误对盈余的累积影响。例如,以前年度错误入账资产,在更正资产错误的同时,还应考虑该资产的折旧对累计盈余产生的影响。

　　(2) 在预算会计部分,因为以前年度预算资金已经完成结账形成结转结余,更正以前年度错误入账需调整预算资金时,不能直接调整当期的预算收入和预算支出,而应报经批准后调整结转结余。

二、科目设置

　　"以前年度盈余调整"科目是财务会计核算使用的科目,核算学校本年度发生的调整以前年度盈余的事项,包括本年度发生的重要前期差错更正涉及调整以前年度盈余的事项。"以前年度盈余调整"科目结转后应无余额。

三、典型业务

(一) 更正会计差错

1. 当期更正当期差错

学校更正当期发生的差错,根据差错的影响直接调整财务会计和预算会计的有关科目。

例212 【更正当期会计差错，调整当期收入费用和当期预算收支】本年5月16日，学校财务部门发现上月入账的一项财政直接支付业务存在会计核算差错：在财务会计部分，"财政拨款收入"科目和"业务活动费用"科目分别多记5 000元；在预算会计部分，"财政拨款预算收入"科目和"事业支出"科目分别多记5 000元。按照审批程序完成审批后，学校编制如下会计分录：

财务会计（3501 以前年度盈余调整）	预算会计
本年5月16日，更正当期会计差错，调整当期收入费用和当期收支	

借：财政拨款收入   5 000
  贷：业务活动费用   5 000
	借：财政拨款预算收入 5 000
	  贷：事业支出 5 000

例213 【更正当期会计差错，调整当期收入费用和当期预算收支】本年9月8日，学校财务部门发现6月5日购入的5台电教设备存在会计核算差错，在财务会计部分，购入设备的资产金额应为30 000元，错误记为3 000元；在预算会计部分，购入电教设备通过"零余额账户用款额度"支付金额应为30 000元，错误记为3 000元。学校对电教设备的折旧年限为5年。9月30日，按照审批程序完成审批后，学校编制如下会计分录：

财务会计（3501 以前年度盈余调整）	预算会计
■ 正确入账	
（1）正确入账：6月5日，购入资产	

借：固定资产   30 000
  贷：零余额账户用款额度   30 000
	借：事业支出——资本性支出——专用设备购置
	     30 000
	  贷：资金结存——零余额账户用款额度
	     30 000

（2）正确入账：每月计提折旧，至9月应计提3个月累计折旧	
借：业务活动费用 500 贷：固定资产累计折旧 500	—
■ 错误入账	
（1）错误入账：6月5日，购入资产	

借：固定资产   3 000
  贷：零余额账户用款额度   3 000
	借：事业支出——资本性支出——专用设备购置
	     3 000
	  贷：资金结存——零余额账户用款额度
	     3 000

（2）错误入账：按错误入账资产原值每月计提折旧，至9月应计提3个月累计折旧	
借：业务活动费用 50 贷：固定资产累计折旧 50	—
■ 更正错误	
（1）更正错误：9月30日，补计资产的入账金额27 000元；调整预算收支27 000元	

财务会计（3501 以前年度盈余调整）		预算会计
借：固定资产 　　贷：零余额账户用款额度	27 000 　　27 000	借：事业支出——资本性支出——专用设备购置 　　　　　　　　　　　　　　　　27 000 　　贷：资金结存——零余额账户用款额度 　　　　　　　　　　　　　　　　27 000

（2）更正错误：9 月 30 日，补提 3 个月折旧差额

借：业务活动费用　　　　　　　1 350 　　贷：固定资产累计折旧　　　　　1 350	—

2. 当期更正以前年度差错

1）识别与前期相关的重大会计差错

本期发现的与前期相关的重大会计差错，如影响收入、费用或者预算收支的，应当将其对收入、费用或者预算收支的影响或者累积影响调整发现当期期初的相关净资产项目或者预算结转结余，并调整其他相关项目的期初数；如不影响收入、费用或者预算收支的，应当调整发现当期相关项目的期初数。经上述调整后，视同该差错在差错发生的期间已经得到更正。

重大会计差错，一般是指差错的性质比较严重或者差错的金额比较大。性质比较严重，表明该差错会影响报表使用者对政府会计主体过去、现在或者未来的情况作出评价或者预测，如未遵循政府会计准则制度、财务舞弊等原因产生的差错。差错的金额比较大，通常是指导致差错的经济业务或者事项对报表某一具体项目的影响或者累积影响金额占该类经济业务或者事项对报表同一项目的影响金额的 10% 及以上。发现重大会计差错，表明本期编制的报表不再具有可靠性，需要进行更正。

本期发现的不满足重大会计差错条件的差错，是与前期相关的非重大会计差错，应当将其影响数调整相关项目的本期数。

2）更正与前期相关的重大会计差错

当期更正以前年度发生的重大会计差错，影响收入费用的，在财务会计部分，按照收入调整增加或减少的金额，借记或贷记有关科目，贷记或借记"以前年度盈余调整"科目。费用调整增加或减少的，按照调整的金额，作相反会计分录。

当期更正以前年度发生的重大会计差错，影响预算收入预算支出的，在预算会计部分，按照预算资金调整增加或减少的金额，借记或贷记"资金结存"科目，贷记或借记结转结余有关科目（具体参见财政拨款结转、财政拨款结余等预算结余科目的核算）。

例 214 【更正前期相关的重大会计差错，调整以前年度盈余和预算资金】本年 1 月初，学校发现一项去年已经完成的项目，存在会计核算差错：该项目资金由同级财政拨款财政直接支付方式支付，在财务会计部分，上年度"财政拨款收入"科目多记 500 000 元，"业务活动费用"科目借方多记 500 000 元。学校报经批准后处理，1 月 16 日学校完成更正会计差错的审批程序，收到代理银行账通知，"财政应返还额度"科目增加 500 000 元。学校编制如下会计分录：

财务会计(3501 以前年度盈余调整)	预算会计
本年1月16日,更正以前年度会计差错,调整以前年度盈余和预算收支	

借:财政应返还额度   500 000
  贷:以前年度盈余调整   500 000
	借:资金结存——财政应返还额度 500 000
	  贷:财政拨款结转——年初余额调整
	                      500 000

例215 【更正前期相关的重大会计差错,调整以前年度盈余和预算资金】本年2月8日,学校财务部门发现上年11月5日购入的5台电教设备存在会计核算差错,在财务会计部分,购入设备的资产金额应为600 000元,错误记为6 000元;在预算会计部分,购入电教设备通过"零余额账户用款额度"支付金额应为600 000元,错误记为6 000元。学校对电教设备的折旧年限为5年。2月13日,按照审批程序完成审批后,本年度财政拨款项目支出的资金额度通过"零余额账户用款额度"核减,学校编制如下会计分录:

财务会计(3501 以前年度盈余调整)	预算会计
■ 正确入账	
(1)正确入账:上年11月5日,购入资产	

借:固定资产   600 000
  贷:零余额账户用款额度   600 000
	借:事业支出 600 000
	  贷:资金结存——零余额账户用款额度
	                    600 000

(2)正确入账:每月计提折旧,至本年2月8日应计提3个月累计折旧,其中2个月为上年度	
借:业务活动费用 10 000 贷:固定资产累计折旧 10 000	——
■ 错误入账:	
(1)错误入账:上年11月5日,购入资产	

借:固定资产   6 000
  贷:零余额账户用款额度   6 000
	借:事业支出 6 000
	  贷:资金结存——零余额账户用款额度
	                    6 000

(2)错误入账:每月计提折旧,至本年2月5日应计提3个月累计折旧,其中2个月为上年度	
借:业务活动费用 100 贷:固定资产累计折旧 100	——
■ 更正错误	
(1)更正错误:2月13日,补计资产的入账金额594 000元;调整预算会计收支594 000元	

借:固定资产   594 000
  贷:零余额账户用款额度   594 000
	借:财政拨款结转——年初余额调整
	                    594 000
	  贷:资金结存——零余额账户用款额度
	                    594 000

(2)更正错误:补提3个月累计折旧差额,其中2个月为上个年度	

借:以前年度盈余调整   19 800
    业务活动费用   9 900
  贷:固定资产累计折旧   29 700
	——

（二）盘盈各种非流动资产

学校盘盈非流动资产,在财务会计部分,借记非流动资产科目,贷记"待处理财产损溢"科目。报经批准后处理时,借记"待处理财产损溢"科目,贷记"以前年度盈余调整"科目。

例 216 【盘盈非流动资产】本年 2 月 5 日,学校在资产盘点过程中盘盈 2 台投影设备,重置成本 8 400 元。2 月 20 日,学校报经批准后按 2 台投影设备的重置成本 8 400 元入账。学校编制如下会计分录:

财务会计(3501 以前年度盈余调整)		预算会计
(1)本年 2 月 5 日,盘盈固定资产		
借:固定资产 8 400 贷:待处理财产损溢 8 400		—
(2)本年 2 月 20 日,对盘盈固定资产进行处理		
借:待处理财产损溢 8 400 贷:以前年度盈余调整 8 400		—

（三）会计政策变更

政府会计主体应当按照政府会计准则制度规定对会计政策变更进行处理。政府会计准则制度对会计政策变更未作出规定的,通常情况下,政府会计主体应当采用追溯调整法进行处理。

追溯调整法,是指对某项经济业务或者事项变更会计政策时,视同该项经济业务或者事项初次发生时即采用变更后的会计政策,并以此对财务报表相关项目进行调整的方法。采用追溯调整法时,政府会计主体应当将会计政策变更的累积影响调整最早前期有关净资产项目的期初余额,其他相关项目的期初数也应一并调整;涉及收入、费用等项目的,应当将会计政策变更的影响调整受影响期间的各相关项目。

会计政策变更的累积影响,是指按照变更后的会计政策对以前各期追溯计算的最早前期各个受影响的净资产项目以及其他相关项目的期初应有金额与现有金额之间的差额;会计政策变更的影响,是指按照变更后的会计政策对以前各期追溯计算的各个受影响的项目变更后的金额与现有金额之间的差额。

（四）将余额转入累计盈余

经上述调整后,在财务会计部分,应将"以前年度盈余调整"科目的余额转入累计盈余,借记或贷记"累计盈余"科目,贷记或借记"以前年度盈余调整"科目。

例 217 【年末(期末)结转】本年末学校结账前,在财务会计部分"以前年度盈余调整"科目借方余额为 65 000 元。学校年末结转时编制如下会计分录:

财务会计(3501 以前年度盈余调整)		预算会计
年末,将以前年度盈余调整余额转入累计盈余		
借:累计盈余 65 000 贷:以前年度盈余调整 65 000		—

第6章

收入与预算收入的比较核算

6.1 收入与预算收入的比较

在政府会计核算体系中,财务会计的收入有 11 个科目,预算会计的预算收入有 9 个科目。财务会计的收入和预算会计的预算收入,两者既有联系又有区别。收入类科目和预算收入类科目的比较如表 6-1 所示。

表 6-1　收入类科目与预算收入类科目比较

财务会计的收入类科目		预算会计的预算收入类科目		来源
4001	财政拨款收入	6001	财政拨款预算收入	同级政府财政部门
4101	事业收入	6101	事业预算收入	各类事业活动的交易主体
4201	上级补助收入	6201	上级补助预算收入	上级单位
4301	附属单位上缴收入	6301	附属单位上缴预算收入	附属单位
4401	经营收入	6401	经营预算收入	经营活动的交易主体
—		6501	债务预算收入	债权人
4601	非同级财政拨款收入	6601	非同级财政拨款预算收入	非同级政府财政部门
4602	投资收益	6602	投资预算收益	被投资单位
4603	捐赠收入	6609	其他预算收入	捐赠方
4604	利息收入			银行
4605	租金收入			承租方
4609	其他收入			其他单位或个人

一、收入和预算收入的共性特征

财务会计和预算会计功能不同,但财务会计收入要素和预算会计收入要素也有部分共性特征:财务会计的收入要素和预算会计的预算收入要素都反映了收入的来源或取得方式。财政拨款收入和财政拨款收入,反映学校取得的来自同级财政部门的各类拨款。非同级财政拨款收入和非同级财政拨款预算收入,反映学校取得的来自非同级财政部门的财政拨款。事业收入和事业预算收入,反映学校开展事业活动从服务对象取得的资金,包括学生缴纳的学费、住宿费、保育费等。来自上级单位和附属单位的非财政性收入,包括上级单位的补助性收入、来自附属单位的上缴收入。非义务教育阶段学校经批准开展经营活动取得的收入,由经营收入和经营预算收入核算。非义务教育阶段学校经批准开展投资活动取得的投资收益,包括股权投资和债券投资的收益,在投资收益和投资预算收益中核算。

学校还可以从捐赠方接受现金捐赠,从资金存放的银行和金融机构获得利息,经批准利用国有资产对外出租取得租金并按规定纳入学校的预算管理的租金,这些方式增加的经济资源以资金形式纳入预算管理,需在进行财务会计和预算会计中核算。在科目设置方式上,财务会计根据不同来源的收入分别设置了"捐赠收入""利息收入""租金收入"科目,而预算会计将这些来源的收入在"其他预算收入"科目下设置明细科目来核算。

对于经审批可以举债的学校,债务纳入预算管理。学校取得纳入预算管理的债务资金,按照收付实现制,通过预算会计的"债务预算收入"科目核算。学校取得债务,在财务会计部分,根据权责发生制属于学校的负债,不属于收入。这种区别源于预算会计和财务会计的核算基础不同。

此外,为了反映财务会计和预算会计的核算功能的差异,预算会计中的预算收入类科目名称均设有"预算"两个字,与财务会计的收入类科目加以区分。

二、收入和预算收入的区别

1. 两类收入的取得形式不同

确认财务会计中的收入,流入的经济资源有多种形式,既有现金资源,也有非现金资源;对政府会计主体的影响,既有资产的增加,也有负债的减少,或两者兼而有之,都导致政府会计主体的净资产增加。

确认预算会计中的预算收入,只能是纳入部门预算管理的现金流入。

因而,当纳入预算管理的现金流入,需要在预算会计核算的同时,进行财务会计核算。其他情况下,未纳入预算管理的现金流入,或者取得其他非现金的经济资源,仅需要进行财务会计核算(见图6-1)。

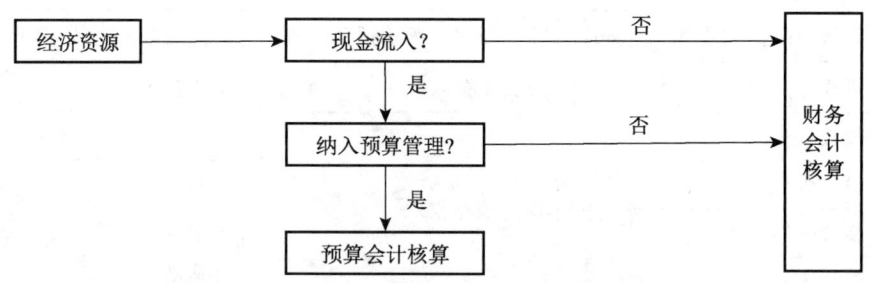

图 6-1　与收取资金相关的平行核算判断

2. 两类收入的核算基础不同

财务会计中的收入是指报告期内导致政府会计主体净资产增加的、含有服务潜力或者经济利益的经济资源的流入。财务会计实行权责发生制,要以取得收取款项的权利或支付款项的义务为标志来确定本期收入和费用。凡是当期已经实现的收入和已经发生的或应当负担的费用,不论款项是否收付,都应当作为当期的收入和费用;凡是不属于当期的收入和费用,即使款项已在当期收付,也不应当作为当期的收入和费用。

预算收入是指政府会计主体在预算年度内依法取得的并纳入预算管理的现金流入。预算会计实行收付实现制,以现金的实际收付和预算指标的归属来确定本期收入和支出的会计核算基础。凡当期收到的预算现金和支付的预算资金,均应作为当期的预算收入和预算支出;凡是不属于当期的预算现金的收付,均不应当作为当期的预算收入和预算支出。例如,收到属于财政部门预拨的资金,由于不属于本年的预算额度,即不属于当期的现金收入,因而不应作为本期的预算收入核算。

由于核算基础不同,导致财务会计中确认收入和预算会计中确认预算收入可能存着时间差。但对同级财政性拨款资金,在财务会计中确认收入和预算会计中确认预算收入的确认时点上尽可能保持一致。其他原因形成的收入,按照权责发生制,在业务活动发生的会计期间确认财务会计的收入。

此外,由于核算基础不同,对于纳入预算管理的债务资金的核算,归属的会计要素差异较大。纳入预算管理的债务资金的流入,在预算会计中归类为预算收入要素,通过"债务预算收入"科目核算,但在财务会计中归类为负债要素,通过"短期借款""长期借款"等科目核算。

6.2 收入与预算收入的分类核算

【解析62】 4001 财政拨款收入 | 6001 财政拨款预算收入

一、业务描述

学校开展教育活动,提供公共教育服务,经费主要由财政拨款提供保障。因而,在办学过程中取得的多种经费来源中,来自财政部门的收入是学校收入的主要来源。在我国教育投入的管理体制下,为了促进教育发展,一个区(县)级基层学校可能取得来自当地财政部门、市级财政部门、省级财政部门、中央财政部门的拨款。为了区分不同层级财政部门对学校教育投入的情况,反映来自同级财政部门的拨款,在财务会计的收入要素中设置"财政拨款收入"科目,在预算会计的预算收入要素中设置"财政拨款预算收入"科目。

二、科目设置

1. 财政拨款收入

"财政拨款收入"科目是财务会计核算使用的科目,是指学校从同级政府财政部门取得的财政拨款。学校应根据财政拨款收入的种类,如一般公共预算财政拨款、政府性基金预算财政拨款等进行明细核算。期末结转后,"财政拨款收入"科目应无余额。

同级政府财政部门预拨的下期预算款和没有纳入预算的暂付款项,以及采用实拨资金方式通过该学校转拨给下属学校的财政拨款,通过"其他应付款"科目核算,不通过"财政拨款收入"科目核算。

2. 财政拨款预算收入

"财政拨款预算收入"科目是预算会计核算使用的科目,核算学校从同级政府财政部门取得的财政拨款,包括基本支出拨款和项目支出拨款。基本支出拨款分为"人员经费"和"日常公用经费"。人员经费包括学校教职工的基本工资、津贴补贴、奖金、伙食补助费、绩效工资等。日常公用经费包括购买教学材料物资、支付水电费、对设施设备进行维护等。

学校设置"财政拨款预算收入"科目核算从同级政府财政部门取得的各类财政拨款，应设置"基本支出"和"项目支出"两个明细科目，并按照《政府收支分类科目》中"支出功能分类科目"的项级科目进行明细核算；同时，在"基本支出"明细科目下按照"人员经费"和"日常公用经费"进行明细核算，在"项目支出"明细科目下按照具体项目进行明细核算。有一般公共预算财政拨款、政府性基金预算财政拨款等两种或两种以上财政拨款的学校，还应当按照财政拨款的种类进行明细核算。年末结转后，"财政拨款预算收入"科目应无余额。

财政拨款收入和财政拨款预算收入的明细科目如表 6-2 所示。

表 6-2　财政拨款收入和财政拨款预算收入的明细科目

4001 财政拨款收入	6001 财政拨款预算收入
财政拨款收入——一般公共预算财政拨款 ——政府性基金拨款	财政拨款预算收入——一般公共预算财政拨款 ——政府性基金拨款

三、典型业务

政府会计体系中，由于考虑到行政事业单位会计工作实际情况，以及核算系统中引入财务会计内容带来的复杂性，政府会计制度在科目设置、核算口径、计量标准以及账务处理等方面，力求做到简便易行。对同级财政性拨款资金，在财务会计中确认财政拨款收入和预算会计中确认财政拨款预算收入的确认时点上尽可能保持一致。

（一）财政拨款收入和财政拨款预算收入的并行核算

学校对纳入预算管理的同级财政预算拨款资金，根据财政拨款的拨付方式进行财务会计核算和预算会计核算。

1. 财政直接支付方式

1）使用财政直接支付方式的同级财政拨款

财政直接支付方式下，学校收到由财政部门委托代理银行转来的"财政直接支付入账通知书"及相关原始凭证，分别进行财务会计核算和预算会计核算。在财务会计部分，需要按照通知书中的直接支付金额，根据直接财政拨款的使用方式，借记"库存物品""固定资产""业务活动费用""单位管理费用""应付职工薪酬"等科目，贷记"财政拨款收入"科目；在预算会计部分中，需要按照通知书中的直接支付金额，借记"事业支出"等科目，贷记"财政拨款预算收入"科目。

2）年末调整财政直接支付预算指标数大于实际支出数差额

年末，本年度财政直接支付预算指标数大于当年财政直接支付实际支出数的差额，在财务会计部分，根据该差额，借记"财政应返还额度——财政直接支付"科目，贷记"财政拨款收入"科目；在预算会计部分，根据该差额，借记"资金结存——财政应返还额度——财政直接支付"科目，贷"财政拨款预算收入"科目。

例 218　【收到和使用财政直接支付方式下的拨款】学校本月发生以下业务：①5 日，收到本年财政直接支付额度 2 400 000 元的"财政直接支付入账通知书"。②8 日，通过财政直接支付方式支付学生活动费用 8 000 元、购入文具款 6 000 元，以及购入无需安装的电教设备款 4 000 元。学校编制如下会计分录：

财务会计（4001 财政拨款收入）	预算会计（6001 财政拨款预算收入）
（1）本月 5 日，通过财政直接支付方式取得同级财政拨款	
收到入账通知书，无需做账，在使用时，根据使用情况进行账务处理	
（2）本月 8 日，通过财政直接支付方式使用同级财政拨款	

借：业务活动费用   8 000
  库存物品   6 000
  固定资产   4 000
  贷：财政拨款收入   18 000
	借：事业支出 18 000
	  贷：财政拨款预算收入 18 000

2. 财政授权支付方式

1）收到财政授权支付方式同级财政拨款额度

财政授权支付方式下，学校收到由财政部门委托代理银行转来的"财政授权支付额度到账通知书"，按照通知书中的授权支付额度，分别进行财务会计核算和预算会计核算。在财务会计部分，按照通知书中的授权支付额度，借记"零余额账户用款额度"科目，贷记"财政拨款收入"科目。在预算会计部分中，按照通知书中的授权支付额度，借记"资金结存——零余额账户用款额度"科目，贷记"财政拨款预算收入"科目。

2）年末调整财政授权支付预算指标数大于实际支出数差额

年末，本年度财政授权支付预算指标数大于当年财政授权支付实际支出数的差额。在财务会计部分，根据本年度财政授权支付预算指标数与当年财政授权支付实际支出数的差额，借记"财政应返还额度——财政授权支付"科目，贷记"财政拨款收入"科目。在预算会计部分，根据该差额，借记"资金结存——财政应返还额度"科目，贷"财政拨款预算收入"科目。

例 219 【年末预算指标与实际用款差额】本年末，学校对本年度预算收支执行情况进行分析发现预算指标和执行情况存在差异。如果差异有以下两种情况：①本年财政直接支付发生数为 610 000 元，当年财政直接支付的预算指标数为 620 000 元，本年末尚未下达的财政直接支付额度为 10 000 元。②本年财政授权支付发生数为 1 210 000 元，当年财政授权支付的预算指标数为 1 250 000 元，本年末尚未使用的财政授权支付额度为 40 000 元。学校编制如下会计分录：

财务会计（4001 财政拨款收入）	预算会计（6001 财政拨款预算收入）
（1）本年末，本年度财政直接支付预算指标数大于当年财政直接支付实际支付数的差额	

借：财政应返还额度——财政直接支付 100 000
  贷：财政拨款收入   100 000
	借：资金结存——财政应返还额度——财政直接支付 100 000
	  贷：财政拨款预算收入 100 000

（2）本年末，本年度财政授权支付预算指标数大于零余额账户用款额度下达数的差额	

借：财政应返还额度——财政授权支付 400 000
  贷：财政拨款收入   400 000
	借：资金结存——财政应返还额度——财政授权支付 400 000
	  贷：财政拨款预算收入 400 000

3. 其他方式

其他方式下,学校按照本期预算收到财政拨款预算收入时,按照实际收到的金额,分别进行财务会计核算和预算会计核算。收到其他方式下的拨款资金,在财务会计部分,按照实际收到的金额,借记"银行存款"科目,贷记"财政拨款收入"科目;在预算会计部分,按照实际收到的金额,借记"资金结存——货币资金"科目,贷记"财政拨款预算收入"科目。

需要注意的是,预算会计中预算收入对应当年的预算安排,如果学校收到归属下一期预算的财政预拨款,应当在下个预算期,按照预收的金额,借记"资金结存——货币资金"科目,贷记"财政拨款预算收入"科目。

例220 【收到和使用其他方式拨付的财政拨款】本年1月7日,学校收到银行的入账通知书显示,同级财政部门拨付的本年度的预算款800 000元已经入账。学校编制如下会计分录:

财务会计(4001 财政拨款收入)	预算会计(6001 财政拨款预算收入)
本年1月7日,通过国库集中支付方式以外的其他方式取得同级财政拨款	

借:银行存款   800 000
  贷:财政拨款收入   800 000
	借:资金结存——货币资金 800 000
	  贷:财政拨款预算收入 800 000

(二) 会计差错和退货退款的处理

学校办学过程中如果因差错更正或购货退回等发生国库直接支付款项退回的,需要根据退款所属的预算年度和实际发生的退款的年度,进行区别处理。

1. 更正本年度会计差错或本年度的退货退款

收到因退货或交易取消、调整而退回的属于本年度支付的款项,或者发生本年度购买的货物退回,或者更正本年度的会计差错等,而调减财政拨款收入的,在财务会计部分,按照退回金额或更正的金额,借记"财政拨款收入"科目,贷记"业务活动费用""库存物品"等科目。

收到退回本年度同级财政拨款的预算资金时,在预算会计部分,按照退回金额,借记"财政拨款预算收入"科目,贷记"事业支出"等科目。

2. 更正以前年度会计差错或以前年度的退货退款

收到因退货或交易取消、调整而退回的属于以前年度支付的款项,或者发生以前年度购买的货物退回,或者更正以前年度的会计差错等,而调增预算指标的,在财务会计部分,按照退回金额,借记"财政应返还额度"科目,贷记"以前年度盈余调整""库存物品"等科目。

恢复因会计差错或退货退款而调整的以前年度同级财政拨款的预算资金时,在预算会计部分,按照退回金额,借记"资金结存——财政应返还额度"科目,贷记"财政拨款结转"等科目。

例221 【更正本年度会计差错或本年度的退货退款】本年3月,学校发生以下业务:
①发现2月通过财政直接支付方式支付业务活动费用的9 800元,错误记录为8 800元。
②发现2月购买的投影设备存在质量问题,在质量保证期内联系厂商进行退货,收到退

款 6 000 元。该投影设备已经计提 200 元累计折旧。报经批准后，学校编制如下会计分录：

财务会计（4001 财政拨款收入）		预算会计（6001 财政拨款预算收入）	
(1) 本年 3 月，对属于本年度 2 月支付款项的差错进行更正			
借：财政拨款收入　　　　　1 000		借：财政拨款预算收入　　　1 000	
贷：业务活动费用　　　　　　　1 000		贷：事业支出　　　　　　　　　1 000	
(2) 本年 3 月，对属于本年度支付款项购入固定资产进行退货退款			
借：财政拨款收入　　　　　6 000		借：财政拨款预算收入　　　6 000	
贷：固定资产　　　　　　　　　6 000		贷：事业支出　　　　　　　　　6 000	
同时：			
借：固定累计折旧　　　　　　200			
贷：业务活动费用　　　　　　　200			

例 222　【更正以前年度会计差错或以前年度的退货退款】本年 2 月，学校发生以下业务：(1)发现上年度 12 月通过财政直接支付方式支付业务活动费用的 90 800 元，错误记录为 80 800 元。(2)发现上年度 12 月购买的打印机存在质量问题，在质量保证期内联系厂商进行退货，收到退款 6 000 元。该打印机已经计提 200 元累计折旧。以前年度购买该打印机的资金，属于同级财政拨款的基本支出经费。报经批准后，学校编制如下会计分录：

财务会计（4001 财政拨款收入）		预算会计（6001 财政拨款预算收入）	
(1) 本年 2 月，对属于上年度 12 月支付款项的差错进行更正			
借：财政应返还额度——财政直接支付　10 000		借：资金结存——财政应返还额度　10 000	
贷：以前年度盈余调整　　　　10 000		贷：财政拨款结转——年初余额调整	
		10 000	
(2) 本年 2 月，对属于上年度支付款项购入固定资产进行退货退款			
借：以前年度盈余调整　　　　6 000		借：资金结存——财政应返还额度　6 000	
贷：固定资产　　　　　　　　　6 000		贷：财政拨款结余——年初余额调整 6 000	
同时：			
借：固定资产累计折旧　　　　200			
贷：以前年度盈余调整　　　　　200			

（三）年末（期末）结转

1. 财务会计部分结转

年末（期末），将"财政拨款收入"科目本期发生额转入本期盈余，借记"财政拨款收入"科目，贷记"本期盈余"科目。

2. 预算会计部分结转

年末，将"财政拨款预算收入"科目本年发生额转入财政拨款结转，借记"财政拨款预算收入"科目，贷记"财政拨款结转——本年收支结转"科目。

例 223 【年末（期末）结转】本年末，学校进行结账前，本年"财政拨款收入"科目的贷方余额为 689 000 元。本年"财政拨款预算收入"科目的贷方余额为 689 000 元。学校年末结转时编制如下会计分录：

财务会计（4001 财政拨款收入）	预算会计（6001 财政拨款预算收入）
年末（期末）结转	年末结转
借：财政拨款收入　　　　　689 000 　　贷：本期盈余　　　　　　689 000	借：财政拨款预算收入　　　　689 000 　　贷：财政拨款结转——本年收支结转 　　　　　　　　　　　　　　689 000

【解析 63】 4101 事业收入｜6101 事业预算收入

一、业务描述

学校和其他事业单位在开展事业活动过程中提供公共服务，受教育者和接受公共服务的对象会分担公共服务的成本，缴纳部分费用。学校开展教育教学及其辅助活动依法收取学费、住宿费、保育费等，按照国家规定应当上缴财政专户，经财政专户返还给学校的，计入事业收入。为了反映学校开展教育教学的业务活动及其辅助活动实现的收入，在财务会计的收入要素中设置"事业收入"科目，在预算会计的预算收入要素中设置"事业预算收入"科目。

二、科目设置

1. 事业收入

"事业收入"科目是财务会计核算使用的科目，核算学校开展教育教学的业务活动及其辅助活动实现的收入，如中小学校的学费收入、住宿费收入等。"事业收入"科目应当按照事业收入的类别、来源等进行明细核算。年末结转后"事业收入"科目应无余额。

事业收入不包括从同级政府财政部门取得的各类财政拨款。对于因开展科研及其辅助活动从非同级政府财政部门取得的经费拨款，应当在"事业收入"科目下单设"非同级财政拨款"明细科目进行核算。学校代收的各类代办费、代收费，不属于事业收入核算范围。

2. 事业预算收入

"事业预算收入"科目是预算会计核算使用的科目，核算学校开展教育教学的业务活动及其辅助活动取得的现金流入。"事业预算收入"科目应当按照事业预算收入类别、项目、来源、《政府收支分类科目》中"支出功能分类科目"项级科目等进行明细核算。事业预算收入中如有专项资金收入，还应按照具体项目进行明细核算。年末结转后，"事业预算收入"科目应无余额。

学校因开展科研及其辅助活动从非同级政府财政部门取得的经费拨款，也通过"事业预算收入"科目核算，应当在"事业预算收入"科目下单设"非同级财政拨款"明细科目进行明细核算。学校代收的各类代办费、代收费，不纳入事业预算收入核算范围。

三、典型业务

学校取得事业活动的收入，需根据事业活动收入的取得方式进行核算，主要包括纳入预算管理的事业活动收入、通过预收款方式取得的事业活动收入、通过应收款方式取得的事业活动收入。

（一）纳入预算管理的事业活动收入

纳入预算管理的事业预算收入,根据采用的财政专户返还方式管理和其他方式管理进行会计处理。

1. 采用财政专户返还方式管理学费等收入

在采用财政专户返还方式管理下,学校收取学费、住宿费等款项,应先上缴财政专户,经财政返还后再确认事业预算收入。学校需根据学费、住宿费等款项的收款、上缴、返还的业务过程进行会计处理。

（1）在收款环节,在财务会计部分,学校按照实际收到或应收的金额,借记"银行存款""应收账款"等科目,贷记"应缴财政款"科目。

（2）在向财政专户上缴款项环节,在财务会计部分,按照实际上缴的款项金额,借记"应缴财政款"科目,贷记"银行存款"等科目。

（3）在收到从财政专户返还的事业收入时,在财务会计部分,按照实际收到的返还金额,借记"银行存款"等科目,贷记"事业收入"科目;在预算会计部分,按照实际收到的返还金额,借记"资金结存——货币资金"科目,贷记"事业预算收入"科目。

例224 【采取财政专户返还方式取得事业收入】新学期伊始,至本年9月15日,学校根据教育收费公示收取学费2 400 000元、代收体检费70 000元和校服费115 000元。9月20日,学校将收取的学费上缴财政专户,将代收体检费和校服费转账给供应商。9月25日,学校收到主管部门通过财政专户返还的学费收入2 400 000元。学校编制如下会计分录:

财务会计(4101 事业收入)	预算会计(6101 事业预算收入)
（1）本年9月15日,实际收到或应收应上缴财政专户的学费等款项时	
借:银行存款　　　　　　　　　　2 400 000 　贷:应缴财政款——应缴财政专户款　2 400 000	—
（2）本年9月15日,代收体检费和校服费	
借:银行存款——受托代理资产——体检 　　　　　　　　　　　　　70 000 　　银行存款——受托代理资产——校服 　　　　　　　　　　　　　115 000 　贷:受托代理负债　　　　　185 000	—
（3）本年9月20日,向财政专户上缴学费等款项时	
借:应缴财政款——应缴财政专户款　2 400 000 　贷:银行存款　　　　　　　　　2 400 000	—
（4）本年9月20日,将代收体检费和校服费转给供应商	
借:受托代理负债　　　　　　185 000 　贷:银行存款——受托代理资产——体检 　　　　　　　　　　　　　70 000 　　　银行存款——受托代理资产——校服 　　　　　　　　　　　　　115 000	—

财务会计（4101 事业收入）		预算会计（6101 事业预算收入）	
（5）本年 9 月 25 日，收到从财政专户返还的款项			
借：银行存款	2 400 000	借：资金结存——货币资金	2 400 000
贷：事业收入	2 400 000	贷：事业预算收入	2 400 000

例 225 【采取财政专户返还方式取得事业收入】本年 9 月，某企业向学校租借操场，用于其开展秋季运动会的场地，场地使用期限为 10 月第 3 周周末的 2 天，即 10 月 20 日和 21 日；双方签订协议，约定场地租金为 25 000 元，企业 11 月 15 日前支付款项。10 月 20 日和 21 日，企业如期使用学校的场地。11 月 10 日，学校收到企业支付的租金。11 月 12 日，学校将收到的租金，上缴财政专户。学校编制如下会计分录：

财务会计（4101 事业收入）		预算会计（6101 事业预算收入）
（1）本年 10 月 22 日，应收应上缴财政专户的租金		
借：应收账款	25 000	——
贷：应缴财政款——应缴财政专户款	25 000	
（2）本年 11 月 10 日，收到应上缴财政专户的租金		
借：银行存款	25 000	——
贷：应收账款	25 000	
（3）本年 11 月 12 日，将收到的租金上缴财政专户		
借：应缴财政款——应缴财政专户款	25 000	——
贷：银行存款	25 000	

2. 采用其他方式管理学费等收入

采用其他方式管理事业收入时，学校收到学费、住宿费等资金，在财务会计部分，按照实际收到的款项金额，借记"银行存款"等科目，贷记"事业收入"科目；在预算会计部分，按照实际收到的款项金额，借记"资金结存——货币资金"科目，贷记"事业预算收入"科目。

（二）采用预收款方式确认的事业活动收入

采用预收款方式确认的事业活动收入，是学校先收到交易方所需产品、服务的款项，后续期间按照要求提供产品、服务后再确认收入。

（1）实际收到预收款项时，在财务会计部分，按照收到的款项金额，借记"银行存款"等科目，贷记"预收账款"科目；在预算会计部分，按照收到的款项金额，借记"资金结存"等科目，贷记"事业预算收入"科目。

（2）按照合同提供产品，或按照合同完成进度确认事业收入时，按照应确认收入的金额，借记"预收账款"科目，贷记"事业收入"科目。

例 226 【采取预收款方式取得事业活动收入】教育基金会委托学校的课题组完成一项专项调研，经费总额 36 000 元。调研期限为本年 4 月 1 日至下一年 11 月 30 日，分两期完成。其中，第一期调研于 7 月 31 日前完成；第二期调研于 11 月 30 日前完成。本年

3月20日,学校收到款项到账通知。学校编制如下会计分录:

财务会计(4101 事业收入)		预算会计(6101 事业预算收入)	
(1) 本年3月20日,预收调研课题款			
借:银行存款	36 000	借:资金结存——货币资金	36 000
贷:预收账款	36 000	贷:事业预算收入	36 000
(2) 本年7月31日,课题组已完成第一期调研,按合同完成进度确认收入			
借:预收账款	18 000	—	
贷:事业收入	18 000		
(3) 本年11月30日,课题组已完成第二期调研,按合同完成进度确认收入			
借:预收账款	18 000	—	
贷:事业收入	18 000		

注:调研项目持续期间,学校按照调研进度先后在两个调研期结束时,在财务会计部分确认事业收入,在收到款项时,确认预算会计部分的事业预算收入

(三) 采用应收款方式确认的事业活动收入

采用应收款方式确认的事业活动收入,是学校按照合同向交易方提供了产品、服务,取得收款权利的同时确认收入,后续期间再收款。

(1) 按照合同提供产品,或按照合同完成进度确认事业收入,在财务会计部分,根据应收的款项金额,借记"应收账款"科目,贷记"事业收入"科目。合同完成进度可根据合同的特点,按照工作量完成的情况、资源耗用的情况、实际发生的成本占预计总成本的比例等方式来确定。

(2) 实际收到款项时,在财务会计部分,借记"银行存款"等科目,贷记"应收账款"科目;在预算会计部分,按照收到的款项金额,借记"资金结存"等科目,贷记"事业预算收入"科目。

例227 【采取应收款方式取得事业活动收入】某教育机构委托学校课题组完成一项专项调研,经费总额36 000元。调研期限为本年4月1日至下一年11月30日,分两期完成。其中,第一期调研于7月31日前完成;第二期调研于11月30日前完成。双方约定,教育机构在调研结束10日内向学校支付款项。12月5日,学校收到款项到账通知。学校编制如下会计分录:

财务会计(4101 事业收入)		预算会计(6101 事业预算收入)	
(1) 本年7月31日,课题组已完成第一期调研,按合同完成进度确认收入			
借:应收账款	18 000	—	
贷:事业收入	18 000		
(2) 本年11月30日,课题组已完成第二期调研,按合同完成进度确认收入			
借:应收账款	18 000	—	
贷:事业收入	18 000		
(3) 本年12月5日,收到调研课题款			

财务会计（4101 事业收入）		预算会计（6101 事业预算收入）	
借：银行存款	36 000	借：资金结存——货币资金	36 000
贷：应收账款	36 000	贷：事业预算收入	36 000

注：调研项目持续期间，学校按照调研进度先后在两个调研期结束时，在财务会计部分确认事业收入，在收到款项时，确认预算会计部分的事业预算收入

（四）其他方式下确认的事业收入

学校在其他方式下取得事业收入，按照实际收到的金额，借记"银行存款""库存现金"等科目，贷记"事业收入"科目。如果事业收入活动中涉及增值税业务的，相关账务处理参见"应交增值税"科目。

例228 【其他方式取得事业活动收入】本年 7 月，学校组织召开了教学研讨会，参会人员每人缴纳会务费 350 元；本月银行到账通知显示，学校的研讨会收款 42 000 元。学校编制如下会计分录：

财务会计（4101 事业收入）		预算会计（6101 事业预算收入）	
本年 7 月，取得举办教学研讨会收入			
借：银行存款	42 000	借：资金结存——货币资金	42 000
贷：事业收入	42 000	贷：事业预算收入	42 000

（五）年末（期末）结转

1. 财务会计部分结转

年末（期末），将"事业收入"科目本期发生额转入本期盈余，借记"事业收入"科目，贷记"本期盈余"科目。

2. 预算会计部分结转

年末，将"事业预算收入"本年发生额中的专项资金收入转入非财政拨款结转，借记"事业预算收入"科目下各专项资金收入明细科目，贷记"非财政拨款结转——本年收支结转"科目；将"事业预算收入"科目本年发生额中的非专项资金收入转入其他结余，借记"事业预算收入"科目下各非专项资金收入明细科目，贷记"其他结余"科目。

例229 【年末（期末）结转】本年末学校结账前，财务会计部分"事业收入"科目的贷方发生额为 5 985 000 元；预算会计部分"事业预算收入"的贷方发生额为 5 885 000 元，其中属于专项部分为 2 820 000 元。学校年末结转时编制如下会计分录：

财务会计（4101 事业收入）		预算会计（6101 事业预算收入）	
年末（期末）结转		（1）年末结转，属于专项资金收入	
		借：事业预算收入——专项资金收入	2 820 000
		贷：非财政拨款结转——本年收支结转	2 820 000
		（2）年末结转，属于非专项资金收入	
借：事业收入	5 985 000	借：事业预算收入——非专项资金收入	3 065 000
贷：本期盈余	5 985 000	贷：其他结余	3 065 000

【解析64】 4201 上级补助收入 | 6201 上级补助预算收入

一、业务描述

学校除了从同级财政部门和非同级财政部门获得财政拨款、事业收入外,对于有主管部门和上级单位的,可能获得主管部门和上级单位的非财政拨款收入。为了反映学校从主管部门和上级单位取得的非财政拨款收入,在财务会计的收入要素中设置"上级补助收入"科目,在预算会计的预算收入要素中设置"上级补助预算收入"科目。

二、科目设置

1. 上级补助收入

"上级补助收入"科目是财务会计核算使用的科目,核算学校从主管部门和上级单位取得的非财政拨款收入。"上级补助收入"科目应当按照发放补助单位、补助项目等进行明细核算。年末结转后,"上级补助收入"科目应无余额。

2. 上级补助预算收入

"上级补助预算收入"科目是预算会计核算使用的科目,核算学校从主管部门和上级学校取得的非财政拨款现金流入。"上级补助预算收入"科目应当按照发放补助学校、补助项目、《政府收支分类科目》中"支出功能分类科目"的项级科目等进行明细核算。上级补助预算收入中如有专项资金收入,还应按照具体项目进行明细核算。年末结转后,"上级补助预算收入"科目应无余额。

三、典型业务

上级补助收入和上级补助预算收入的资金,来自主管部门和上级单位,且属于非财政性的资金,具有补助的性质。学校根据取得上级补助收入的业务环节进行核算。

(一) 取得上级补助收入

学校取得上级补助收入时,在财务会计部分,按照实际收到金额或应收金额,借记"银行存款""其他应收款"科目,贷记"上级补助收入"科目。

学校实际收到补助收入资金,在财务会计部分,原计入其他应收款的,按照实际收到金额,借记"银行存款"科目,贷记"上级补助收入"科目。在预算会计部分,按照实际收到的金融,借记"资金结存——货币资金"科目,贷记"上级补助预算收入"科目。

例230 【取得上级补助收入】本年1月12日,学校收到上级单位补助的非财政性资金268 000元,其中140 000元用于学校实验室改造。学校编制如下会计分录:

财务会计(4201 上级补助收入)	预算会计(6201 上级补助预算收入)
本年1月12日,按照应收或实际收到的金额,确认上级补助收入	
借:银行存款 268 000 　贷:上级补助收入——专项资金收入 140 000 　　上级补助收入——非专项资金收入 128 000	借:资金结存——货币资金 268 000 　贷:上级补助预算收入——专项资金收入 140 000 　　上级补助预算收入——非专项资金收入 128 000

(二) 年末(期末)结转

1. 财务会计部分结转

年末(期末),将"上级补助收入"科目本期发生额转入本期盈余,借记"上级补助收入"科目,贷记"本期盈余"科目。

2. 预算会计部分结转

年末,将"上级补助预算收入"本年发生额中的专项资金收入转入非财政拨款结转,借记"上级补助预算收入"科目下各专项资金收入明细科目,贷记"非财政拨款结转——本年收支结转"科目;将"上级补助预算收入"科目本年发生额中的非专项资金收入转入其他结余,借记"上级补助预算收入"科目下各非专项资金收入明细科目,贷记"其他结余"科目。

例 231 【年末(期末)结转】本年末学校结账前,财务会计部分"上级补助收入"科目的贷方发生额为 880 000 元;预算会计部分"上级补助预算收入"的贷方发生额为 880 000元,其中属于专项的部分为 720 000 元。学校年末结转时编制如下会计分录:

财务会计(4201 上级补助收入)	预算会计(6201 上级补助预算收入)	
年末(期末)结转	(1) 年末结转,属于专项资金收入	
借:上级补助收入　　880 000　　　　　　　　贷:本期盈余　　　　880 000	借:上级补助预算收入——专项资金收入　720 000　　　贷:非财政拨款结转——本年收支结转　　720 000	
	(2) 年末结转,属于非专项资金收入	
	借:上级补助预算收入——非专项资金收入　160 000　　　贷:其他结余　　　　　　　　　160 000	

四、业务辨析

1. 对上级补助收入和上级补助预算收入适用范围的理解

上级补助收入和上级补助预算收入是学校收到上级单位的非财政性资金收入。这种收入主要产生于学校与上级单位的隶属关系,也可能属于上级对下级常规性的补助。上级单位和学校是两个独立的法人及会计主体。

2. 对上级补助收入和捐赠收入适用范围的理解

上级补助收入和捐赠收入是学校收到的非财政性资金收入,且都不要求偿还,但两者的来源不同。上级补助收入来自学校的上级单位,而捐赠收入来自除学校、上级单位、附属单位之外的单位和个人。

【解析 65】 4301 附属单位上缴收入│6301 附属单位上缴预算收入

一、业务描述

学校除了从同级财政部门和非同级财政部门获得财政拨款、事业收入外,对于有附属独立核算单位的,可能取得附属独立核算单位按照有关规定上缴的收入。为了反映学校取得附属独立核算单位按照有关规定上缴的收入,在财务会计的收入要素中设置"附属单位上缴收入"科目,在预算会计的预算收入要素中设置"附属单位上缴预算收入"科目。

二、科目设置

1. 附属单位上缴收入

"附属单位上缴收入"科目是财务会计核算使用的科目,核算学校取得的附属独立核算单位按照有关规定上缴的收入。"附属单位上缴收入"科目应当按照附属单位、缴款项目等进行明细核算。年末结转后,"附属单位上缴收入"科目应无余额。

2. 附属单位上缴预算收入

"附属单位上缴预算收入"科目是预算会计核算使用的科目,核算学校取得附属独立核算单位根据有关规定上缴的现金流入。"附属单位上缴预算收入"科目应当按照附属单位、缴款项目、《政府收支分类科目》中"支出功能分类科目"的项级科目等进行明细核算。附属单位上缴预算收入中如有专项资金收入,还应按照具体项目进行明细核算。年末结转后,"附属单位上缴预算收入"科目应无余额。

三、典型业务

附属单位上缴收入和附属单位上缴预算收入的资金,来附属单位上缴的资金,且属于非财政性的资金。学校根据取得附属单位上缴收入的业务环节进行核算。

(一)取得附属单位上缴收入

确认附属单位上缴收入时,在财务会计部分,按照应收或收到的金额,借记"其他应收款""银行存款"等科目,贷记"附属单位上缴收入"科目。

实际收到应收附属单位上缴款时,在财务会计部分,收到原计入其他应收款的,按照实际收到的金额,借记"银行存款"等科目,贷记"其他应收款"科目。在预算会计部分,按照实际收到的金额,借记"资金结存——货币资金"科目,贷记"附属单位上缴预算收入"科目。

例232 【取得附属单位上缴收入】本年 1 月 12 日,学校收到附属单位上缴的资金 986 000 元,其中 760 000 元用于学校图书馆建设。学校编制如下会计分录:

财务会计(4301 附属单位上缴收入)	预算会计(6301 附属单位上缴预算收入)
本年 1 月 12 日,按照应收或实际收到的金额,确认附属单位上缴收入	
借:银行存款 986 000 　贷:附属单位上缴收入——专项资金收入 　　　　　760 000 　　附属单位上缴收入——非专项资金收入 　　　　　126 000	借:资金结存——货币资金 986 000 　贷:附属单位上缴预算收入——专项资金收入 760 000 　　附属单位上缴预算收入——非专项资金收入 126 000

(二)年末(期末)结转

1. 财务会计部分结转

年末(期末),将"附属单位上缴收入"科目本期发生额转入本期盈余,借记"附属单位上缴收入"科目,贷记"本期盈余"科目。

2. 预算会计部分结转

年末,将"附属单位上缴预算收入"本年发生额中的专项资金收入转入非财政拨款结转,借记"附属单位上缴预算收入"科目下各专项资金收入明细科目,贷记"非财政拨款结转——本年收支结转"科目;将"附属单位上缴预算收入"科目本年发生额中的非专项资金收入转入其他结余,借记"附属单位上缴预算收入"科目下各非专项资金收入明细科目,贷记"其他结余"科目。

例233 【年末(期末)结转】本年末学校结账前,财务会计部分"附属单位上缴收入"

科目的贷方发生额为 1 960 000 元;预算会计部分"附属单位上缴预算收入"的贷方发生额为 1 960 000 元,其中属于专项的部分为 1 620 000 元。学校年末结转时编制如下会计分录:

财务会计(4301 附属单位上缴收入)	预算会计(6301 附属单位上缴预算收入)
年末(期末)结转	(1)年末结转,属于专项资金收入
借:附属单位上缴收入 1 960 000 　　贷:本期盈余 1 960 000	借:附属单位上缴预算收入—专项资金收入 1 620 000 　　贷:非财政拨款结转——本年收支结转 1 620 000 (2)年末结转,属于非专项资金收入 借:附属单位上缴预算收入——非专项资金收入 　　　　　　　　　　　　　　　　340 000 　　贷:其他结余 340 000

四、业务辨析

对附属单位上缴收入和附属单位上缴预算收入、上级补助收入和上级补助预算收入的辨析:

附属单位上缴收入和附属单位上缴预算收入是附属独立核算的单位上缴学校的收入,这种收入产生于学校与下级单位的隶属关系。上级补助收入和上级补助预算收入是收到上级单位的非财政性资金收入,这种收入主要产生于学校与上级单位的隶属关系。

附属单位上缴收入和附属单位上缴预算收入、上级补助收入和上级补助预算收入都是非财政性资金收入或非财政性资金预算收入。

【解析66】　4401 经营收入｜6401 经营预算收入

一、业务描述

非义务教育阶段学校除了从同级财政部门和非同级财政部门获得财政拨款、事业收入外,还可以通过开展非独立核算经营活动取得的收入。为了反映学校开展非独立核算经营活动取得的收入,在财务会计的收入要素中设置"经营收入"科目,在预算会计的预算收入要素中设置"经营预算收入"科目。

二、科目设置

1. 经营收入

"经营收入"科目是财务会计核算使用的科目,核算非义务教育阶段学校在专业业务活动及其辅助活动之外开展非独立核算经营活动取得的收入。经营收入可来源于非义务教育阶段学校销售商品、提供服务等经营活动,因而"经营收入"科目应当按照经营活动类别、项目和收入来源等进行明细核算。经营收入应当在提供服务或发出存货,同时收讫价款或者取得索取价款的凭据时,按照实际收到或应收的金额予以确认。

2. 经营预算收入

"经营预算收入"科目,是预算会计核算使用的科目,核算学校在专业业务活动及其辅助活动之外开展非独立核算经营活动取得的现金流入。"经营预算收入"科目应当按照经营活动类别、项目、《政府收支分类科目》中"支出功能分类科目"的项级科目等进行明细核算。年末结转后,"经营预算收入"科目应无余额。

三、典型业务

学校取得经营活动的收入,需根据经营活动收入的取得方式进行核算,主要包括通过预收款方式取得的经营活动收入、通过应收款方式取得的经营活动收入。经营收入和经营预算收入还应在期末和年末进行结账。

(一)采用预收款方式确认的经营活动收入

采用预收款方式确认的经营活动收入,是学校先收到交易方所需产品、服务的款项,后续期间按照要求提供产品、服务后再确认收入。

(1)实际收到预收款项时,在财务会计部分,按照收到的款项金额,借记"银行存款"等科目,贷记"预收账款"科目;在预算会计部分,按照收到的款项金额,借记"资金结存"等科目,贷记"经营预算收入"科目。

(2)按照合同提供产品,或按照合同完成进度确认事业收入时,按照应确认收入的金额,借记"预收账款"科目,贷记"经营收入"科目。

(二)采用应收款方式确认的经营活动收入

采用应收款方式确认的经营活动收入,是学校按照合同向交易方提供了产品、服务,取得收款权利的同时确认收入,后续期间再收款。

(1)按照合同提供产品,或按照合同完成进度确认事业收入,在财务会计部分,根据应收的款项金额,借记"应收账款"科目,贷记"经营收入"科目。合同完成进度可根据合同的特点,按照工作量完成的情况、资源耗用的情况、实际发生的成本占预计总成本的比例等方式来确定。

(2)实际收到款项时,在财务会计部分,借记"银行存款"等科目,贷记"应收账款"科目;在预算会计部分,按照收到的款项金额,借记"资金结存"等科目,贷记"经营预算收入"科目。

例 234 【取得经营收入】本年 5 月 5 日,某职业技术学校与一家幼儿园签订协议,为其提供园内围墙、教学楼等墙体的彩绘。双方约定合同金额为 90 000 元,彩绘工作在本年 5 月 25 日至 8 月 25 日之间完成。5 月 10 日,技术职业学校收到幼儿园预付的款项10 000 元。至 6 月 25 日,项目组完成彩绘工作的 40%;至 7 月 25 日,项目组又完成彩绘工作的 40%;至 8 月 20 日,彩绘工作提前完成。8 月 25 日,由幼儿园组织对职业技术学校完成的彩绘进行验收。9 月 8 日,技术职业学校收到剩余款项 80 000 元。学校编制如下会计分录:

财务会计(4401 经营收入)		预算会计(6301 经营预算收入)	
(1)本年 5 月 10 日,确认与幼儿园签订彩绘业务合同的预收款			
借:银行存款	10 000	借:资金结存——货币资金	10 000
贷:预收账款	10 000	贷:经营预算收入	10 000
(2)本年 6 月 25 日,确认与完成彩绘业务 40%工作量的收入			
借:预收账款	10 000	——	
应收账款	26 000		
贷:经营收入	36 000		

财务会计（4401 经营收入）	预算会计（6301 经营预算收入）
（3）本年 7 月 25 日，确认与完成彩绘业务 40％工作量的收入	
借：应收账款 36 000 贷：经营收入 36 000	—
（4）本年 8 月 25 日，确认与完成彩绘业务 20％工作量的收入	
借：应收账款 18 000 贷：经营收入 18 000	—
（5）本年 9 月 8 日，收到彩绘业务的剩余款项	

借：银行存款   80 000
  贷：应收账款   80 000
	借：资金结存——货币资金 80 000
	  贷：经营预算收入 80 000

（三）年末（期末）结转

1. 财务会计部分结转

年末（期末），将"经营收入"科目本期发生额转入本期盈余，借记"经营收入"科目，贷记"本期盈余"科目。

2. 预算会计部分结转

年末，将"经营预算收入"科目本年发生额转入经营结余，借记"经营预算收入"科目，贷记"经营结余"科目。

例 235 【年末（期末）结转】非义务教育阶段学校本年末结账前，财务会计部分"经营收入"科目的贷方发生额为 810 000 元；预算会计部分"经营预算收入"的贷方发生额为 810 000 元。该学校年末结转时编制如下会计分录：

财务会计（4401 经营收入）	预算会计（6301 经营预算收入）
年末（期末）结转	

借：经营收入   810 000
  贷：本期盈余   810 000
	借：经营预算收入 810 000
	  贷：经营结余 810 000

四、业务辨析

经营收入和租金收入的辨析：

（1）两者的业务范围存在差异。经营收入是学校开展经营业务取得并纳入预算管理的收入，而租金收入是学校利用国有资产对外出租取得并纳入预算管理的收入。学校开展经营活动和租赁业务，都要符合教育主管部门和财政主管部门关于国有资产管理和财务管理的有关规定。

（2）两者的会计主体存在差异。经营收入是非义务教育阶段的学校开展经营活动取得的收入，义务教育阶段的学校不得开展经营活动。租金收入是各类学校经过批准利用国有资产出租取得并按照规定纳入预算管理的租金收入，学校开展租赁业务应经主管部门审批。在合法合规的前提下，学校开展经营活动和资产租赁业务不能影响正常教育教学活动的开展。

（3）两者的会计核算差异。非义务教育阶段的学校开展非独立的经营活动，取得的经营收入与发生的经营费用要进行配比。对开展非独立核算经营活动中实际发生的各项费用,应正确归集;不能直接归集的,应当按照规定的比例合理分摊。

通常情况下,学校的国有资产主要用于学校的教育教学活动,为了提高资产的使用效率,将部分资产零星对外出租获得租金收入。作为办学主体,开展租赁业务不是学校的主要业务,取得租金收入的比重也不高,在财务会计中未设置租赁业务的费用科目。此外,如果学校利用国有资产出租取得的租金需上缴财政,收到的租金不通过租金收入科目核算。

【解析 67】 ＊|6501 债务预算收入

一、业务描述

非义务教育阶段学校,在办学过程中由于发展需要从银行和其他金融机构等借入款项,需符合财务管理的规定。学校经批准向银行和其他金融机构等借入的款项,纳入部门预算管理,并不能以财政资金偿还债务本金。从银行和其他金融机构等借入款项,涉及因债务引起的预算资金变化,涉及取得借款、定期偿付利息和归还本金等业务环节,在预算会计部分需分别通过"债务预算收入""债务还本支出""其他支出——利息支出"等科目核算。

二、科目设置

"债务预算收入"科目是预算会计核算使用的科目,核算非义务教育阶段学校按照规定从银行和其他金融机构等借入的、纳入部门预算管理的、不以财政资金作为偿还来源的债务本金。"债务预算收入"科目应当按照贷款学校、贷款种类、《政府收支分类科目》中"支出功能分类科目"的项级科目等进行明细核算。债务预算收入中如有专项资金收入,还应按照具体项目进行明细核算。年末结转后,"债务预算收入"科目应无余额。

在财务会计中,非义务教育阶段学校按照规定从银行和其他金融机构等借入的债务本金,是通过负债核算,而不是通过收入核算。

三、典型业务

通过债务预算收入核算的借款,主要涵盖两个业务环节,即借入各项短期或长期借款、年末结转。需要注意的是,偿还通过债务预算收入核算的借款,并不是冲减债务预算收入,而是通过"债务还本支出"科目核算。

(一) 借入各项短期或长期借款

借入各项短期或长期借款,在预算会计部分,按照实际借入的金额,借记"资金结存——货币资金"科目,贷记"债务预算收入"科目。

例 236 【取得债务预算收入】某高级中学经教育主管部门和财政主管部门审批,从银行借入 20 000 000 元用于教学楼等基础设施改造。本年 3 月 1 日,学校收到分期付息、一次还本的银行借款,并开始计息,借款期限为 2 年。每个季度末向银行支付一次利息 225 000 元。学校基础设施改造工程从 7 月 1 日开始,利息符合资本化条件。按照政府会计准则,为建造固定资产借入的专门借款的利息,属于建设期间发生的,计入在建工程成本;不属于建设期间发生的,计入当期费用。该学校跟借款和利息有关的业务,编制如下会计分录:

财务会计	预算会计（6501 债务预算收入）
（1）本年 3 月 1 日，收到从银行借入款项	
借：银行存款　　　　　　20 000 000 　　贷：长期借款　　　　　　　20 000 000	借：资金结存——货币资金　20 000 000 　　贷：债务预算收入　　　　　20 000 000
（2）本年 6 月 30 日，偿还利息，利息尚未满足资本化条件	
借：其他费用　　　　　　　225 000 　　贷：应付利息　　　　　　　225 000	
同时： 借：应付利息　　　　　　　225 000 　　贷：银行存款　　　　　　　225 000	借：其他支出　　　　　　　225 000 　　贷：资金结存——货币资金　225 000
（3）本年 9 月 30 日、12 月 31 日，偿还利息，利息满足资本化条件	
借：在建工程　　　　　　　225 000 　　贷：应付利息　　　　　　　225 000	
同时： 借：应付利息　　　　　　　225 000 　　贷：银行存款　　　　　　　225 000	借：其他支出　　　　　　　225 000 　　贷：资金结存——货币资金　225 000

（二）年末结转

预算会计部分结转：

年末，在预算会计部分，将"债务预算收入"科目本年发生额中的专项资金收入转入非财政拨款结转，借记"债务预算收入"科目下各专项资金收入明细科目，贷记"非财政拨款结转——本年收支结转"科目；将"债务预算收入"科目本年发生额中的非专项资金收入转入其他结余，借记"债务预算收入"科目下各非专项资金收入明细科目，贷记"其他结余"科目。

例 237 【年末结转】本年末学校结账前，预算会计部分"债务预算收入"科目的贷方发生额为 25 000 000 元，其中属于专项资金收入的部分为 21 000 000 元。学校年末结转时编制如下会计分录：

财务会计	预算会计（6501 债务预算收入）
—	（1）年末结转，属于专项资金收入
	借：债务预算收入——专项资金收入　21 000 000 　　贷：非财政拨款结转——本年收支结转　21 000 000
	（2）年末结转，属于非专项资金收入
	借：债务预算收入——非专项资金收入　4 000 000 　　贷：其他结余　　　　　　　　　4 000 000

【解析 68】　4601 非同级财政拨款收入 | 6601 非同级财政拨款预算收入

一、业务描述

学校和其他事业单位开展事业活动，提供公共服务，经费主要由财政拨款提供保障。

因而,在学校办学过程中取得的多种经费来源中,来自财政部门的收入是学校收入的主要来源。在我国教育投入的管理体制下,为了促进教育发展,一个区(县)级基层学校的经费可能来自当地财政部门、市级财政部门、省级财政部门、中央财政部门的拨款。为了区分不同层级财政部门对学校教育投入的情况,反映来自同级财政部门以外的非同级财政部门的拨款,在财务会计的收入要素中设置"非同级财政拨款收入"科目,在预算会计的预算收入要素中设置"非同级财政拨款预算收入"科目。

二、科目设置

1. 非同级财政拨款收入

"非同级财政拨款收入"科目是财务会计核算使用的科目,核算学校从非同级政府财政部门取得的财政拨款,包括从同级政府其他部门取得的横向转拨财政款、从非本级政府财政部门取得的财政拨款等。"非同级财政拨款收入"科目,应当按照本级横向转拨财政款和非本级财政拨款进行明细核算,并按照收入来源进行明细核算。年末(期末)结转后,"非同级财政拨款收入"科目应无余额。

学校因开展科研及其辅助活动从非同级政府财政部门取得的财政拨款,应当通过"事业收入——非同级财政拨款"科目核算,不通过"非同级财政拨款收入"科目核算。

2. 非同级财政拨款预算收入

"非同级财政拨款预算收入"科目是预算会计核算使用的科目,核算学校从非同级政府财政部门取得的财政拨款,包括本级横向转拨财政款和非本级财政拨款。"非同级财政拨款收入"科目应当按照非同级财政拨款预算收入的类别、来源、《政府收支分类科目》中"支出功能分类科目"的项级科目等进行明细核算。非同级财政拨款预算收入中如有专项资金收入,还应按照具体项目进行明细核算。年末结转后,"非同级财政拨款预算收入"科目应无余额。

对于因开展科研及其辅助活动从非同级政府财政部门取得的财政拨款,应当通过"事业预算收入——非同级财政拨款"科目进行核算,不通过"非同级财政拨款收入"科目核算。

三、典型业务

非同级财政拨款收入和非同级财政拨款预算收入,从收入来源来看,属于来自非同级政府财政部门的财政拨款。在实践中,非同级财政拨款可能通过划拨学校银行专户的方式、通过国库集中管理的方式进行管理。非同级财政拨款划拨学校银行专户,在财务会计部分,学校通过"银行存款""其他应收款"等科目核算;如通过国库集中管理的方式,在财务会计部分,学校通过"零余额账户用款额度"等科目核算。非同级财政拨款收入和非同级财政拨款预算收入的核算,主要分为取得收入、年末(期末)结转两个环节。

(一) 取得非同级财政拨款收入

1. 非同级财政拨款通过划拨学校银行专户方式管理

1)收到非同级财政的拨款

收到同级(上级)主管部门的非同级财政拨款通知,或者银行的非同级财政拨款到账通知,学校进行财务会计核算和预算会计核算。收到非同级财政部门的财政拨款资金时,在财务会计部分,按照实际收到的金额,借记"银行存款"科目,贷记"非同级财政拨款收入"科目;在预算会计部分,按照实际收到的金额,借记"资金结存——货币资金"科目,贷记"非同级财政拨款预算收入"科目。

例 238 【收到非同级财政拨款通知，银行专户到账通知】本年 5 月 11 日，区属小学收到教育部门的拨款通知和银行的拨款到账通知，市级财政本年投入的用于学校安全工程的经费 500 000 元已到账。学校编制如下会计分录：

财务会计（4601 非同级财政拨款收入）	预算会计（6601 非同级财政拨款预算收入）
本年 5 月 11 日，确认非同级财政拨款	
借：银行存款　　　　　　　　500 000 　　贷：非同级财政拨款收入　　　　500 000	借：资金结存——货币资金　　　500 000 　　贷：非同级财政拨款预算收入　　500 000

2）应收非同级财政的拨款

学校的项目经费来自上级财政部门的拨款，在同级（上级）主管部门的非同级财政拨款时，借记"其他应收款"等科目，贷记"非同级财政拨款收入"科目。后续期间收到非同级财政拨款时，在财务会计部分，借记"银行存款"等科目，贷记"其他应收款"科目。在预算会计部分，按照取得非同级财政拨款预算收入的金额，借记"资金结存——货币资金"科目，贷记"非同级财政拨款预算收入"科目。

例 239 【收到非同级财政拨款通知，下月收到银行专户到账通知】本年 7 月 25 日，学校收到区教育部门转发的拨款通知，市级财政本年投入的学校 800 000 元用于信息化建设。8 月 18 日，学校收到该笔市级财政拨款的到账通知。学校编制如下会计分录：

财务会计（4601 非同级财政拨款收入）	预算会计（6601 非同级财政拨款预算收入）
（1）本年 7 月 25 日，确认非同级财政拨款	
借：其他应收款　　　　　　　800 000 　　贷：非同级财政拨款收入　　　　800 000	——
（2）本年 8 月 18 日，收到非同级财政拨款	
借：银行存款　　　　　　　　800 000 　　贷：其他应收款　　　　　　　　800 000	借：资金结存——货币资金　　　800 000 　　贷：非同级财政拨款预算收入　　800 000

2. 非同级财政拨款通过国库集中支付方式管理

账务处理可参照"财政拨款收入""财政拨款预算收入"科目在国库集中支付方式下的核算。

（二）年末（期末）结转

1. 财务会计部分结转

年末（期末），将"非同级财政拨款收入"科目本年发生额转入本期盈余，借记"非同级财政拨款收入"科目，贷记"本期盈余"科目。

2. 预算会计部分结转

年末，将"非同级财政拨款预算收入"科目本年发生额中的专项资金收入转入非财政拨款结转，借记"非同级财政拨款预算收入"科目下各专项资金收入明细科目，贷记"非财政拨款结转——本年收支结转"科目；将"非同级财政拨款预算收入"科目本年发生额中的非专项资金收入转入其他结余,借记"非同级财政拨款预算收入"科目下各非专项资金收入明细科目,贷记"其他结余"科目。

例240 【年末(期末)结转】本年末学校结账前,财务会计部分"非同级财政拨款收入"科目的贷方发生额为965 000元;预算会计部分"非同级财政拨款预算收入"科目的贷方发生额为965 000元,其中属于专项资金收入的部分为865 000元。学校年末结转时编制如下会计分录:

财务会计(4601 非同级财政拨款收入)	预算会计(6601 非同级财政拨款预算收入)
年末(期末)结转	(1)年末结转,属于专项资金收入
	借:非同级财政拨款预算收入——专项资金收入 865 000 　　贷:非财政拨款结转——本年收支结转　865 000
借:非同级财政拨款收入　　965 000 　　贷:本期盈余 965 000	(2)年末结转,属于非专项资金收入
	借:非同级财政拨款预算收入——非专项资金收入 100 000 　　贷:其他结余　　　　　　　　　　　100 000

【解析69】 4602 投资收益｜6602 投资预算收益

一、业务描述

非义务教育阶段学校在保证学校正常运转和事业发展的前提下,按照国家有关规定可以对外投资的,应当履行相关审批程序后开展对外投资业务。学校对外投资应遵守国家有关规定,不得使用财政拨款及其结余进行对外投资,不得从事股票、期货、基金、企业债券等投资(国家另有规定的除外)。学校的对外投资分为权益类投资和债权类投资;对外投资涉及取得投资、持有期间取得投资收益、处置投资等业务环节。为了反映与投资有关的收益,财务会计部分设置"投资收益"科目,预算会计部分设置"投资预算收益"科目。财务会计部分的"投资收益"不仅包括实际收到的收益资金,还包括因投资取得的分享被投资单位经营成果的情况;而预算会计部分的"投资预算收益"则反映了学校因权益投资和债权投资从被投资单位实际收到的收益资金。

二、科目设置

1. 投资收益

"投资收益"科目是财务会计核算使用的科目,核算非义务教育阶段学校按照国家有关规定取得股权投资(不含股票投资)和购买政府债券投资所实现的收益或发生的损失。"投资收益"科目应当按照投资的种类等进行明细核算。年末(期末)结转后,"投资收益"科目应无余额。

2. 投资预算收益

"投资预算收益"科目是预算会计核算使用的科目,核算事业单位取得的按照规定纳入部门预算管理的属于投资收益性质的现金流入,包括股权投资收益、出售或收回债券投资所取得的收益和债券投资利息收入。"投资预算收益"科目应当按照《政府收支分类科目》中"支出功能分类科目"的项级科目等进行明细核算。年末结转后,"投资预算收益"科目应无余额。

三、典型业务

投资收益和投资预算收益与债券投资和股权投资(不含股票投资)相关。债券投资分为短期债券投资和长期债券投资,短期债券投资的投资期限在1年及以内,长期债券投资的投资期限超过1个会计年度。投资取得的收益主要来自持有期间和出售环节。

(一)债券投资

债券投资分为投资期限在1年内(含1年)的短期债券投资,和投资期限在1年以上的长期债券投资。短期债券投资通过"短期投资——短期债券投资"科目核算短期债券投资的成本,短期债券的利息在收到时直接记入"投资收益"科目。长期债券投资通过"长期债券投资——成本"科目核算长期债券投资的成本;一次还本付息长期债券的债券利息,通过"长期债券投资——应计利息"科目核算每个计息期应计提的债券利息;一次还本分期付息长期债券的债券利息,通过"应收利息"科目核算每个计息期应计提的债券利息。

学校的纳入预算管理且用货币购买的债券投资,既需要进行财务会计核算也需要进行预算会计核算。

1. 短期债券投资

1)债券持有期间计提和收到利息

学校在持有短期债券期间,在计息日按应收或实际收到短期债券的利息金额,在财务会计部分,借记"应收利息"科目或者"银行存款"科目,贷记"投资收益"科目。在实际收到利息的时候,在预算会计部分,借记"资金结存——货币资金"科目,贷记"投资预算收益"科目。

2)处置短期债券投资

学校出售短期债券或收回到期短期债券投资本息,在财务会计部分,按照实际收到的金额,借记"银行存款"科目,按照出售或收回短期投资的账面余额,贷记"短期投资——短期债券投资"科目,并按照其差额,借记或贷记"投资收益"科目。涉及增值税业务的,相关账务处理参见"应交增值税"科目。

收到出售短期债券或到期短期债券投资的本息,在预算会计部分,按照实际取得的价款扣减支付的相关费用和应缴财政款后的余额(按照规定纳入单位预算管理的),按照收到的金额,借记"资金结存——货币资金"科目,按照短期投资的成本,贷记"投资支出"[本年度出售本年度购入的短期投资]科目或者"其他结余"[本年度出售上年度购入的短期投资]科目,如有借差或贷差,应借记或贷记"投资预算收益"科目。

例241 【取得短期政府债券投资,在持有期间和处置环节产生的收益】本年3月1日,某非义务教育阶段的学校,经批准利用自有资金购买当日发行的6个月期政府债券,每个季度收到利息7 500元。9月末,购买的政府债券到期,学校收回本息1 007 500元。学校编制如下会计分录:

财务会计(4602 投资收益)	预算会计(6602 投资预算收益)
■ 短期政府债券投资	
(1)本年6月末(计息日),持有计入短期政府债券期间收到利息	

财务会计（4602 投资收益）	预算会计（6602 投资预算收益）
借：应收利息　　　　　　　　　7 500 　　贷：投资收益　　　　　　　　　7 500 同时： 借：银行存款　　　　　　　　　7 500 　　贷：应收利息　　　　　　　　　7 500	借：资金结存——货币资金　　　　7 500 　　贷：投资预算收益　　　　　　　7 500
（2）本年 9 月末，收回短期政府债券本息	
借：银行存款　　　　　　　　1 007 500 　　贷：短期投资——短期债券投资　1 000 000 　　　　投资收益　　　　　　　　　7 500	借：资金结存——货币资金　　1 007 500 　　贷：投资支出　　　　　　　1 000 000 　　　　投资预算收益　　　　　　　7 500

2. 长期债券投资

1）债券持有期间收到或计提利息

对于分期付息、到期一次还本的长期债券，学校在持有长期债券期间，按照计息期计提利息，在财务会计部分，借记"应收利息"科目，贷记"投资收益"科目。实际收到利息时，在财务会计部分，按照收到利息的金额，借记"银行存款"科目，贷记"应收利息"科目；在预算会计部分，按照收到利息的金额，借记"资金结存——货币资金"科目，贷记"投资预算收益"科目。

对于分期计息、到期一次还本的长期债券，学校在持有长期债券期间，按照计息期计提利息，在财务会计部分，借记"长期债券投资——应计利息"科目，贷记"投资收益"科目。由于利息是到期时一次性支付，因而持有期间计提利息，不涉及预算会计的核算。

2）到期收回长期债券投资

到期收回长期债券投资，在财务会计部分，按照实际收到的金额，借记"银行存款"科目，按照长期债券投资的账面余额，贷记"长期债券投资"科目，按照相关应收利息金额，贷记"应收利息"科目，按照借贷方的差额，贷记"投资收益"科目。涉及增值税业务的，相关账务处理参见"应交增值税"科目。

到期收长期债券，在预算会计部分，按照实际取得的价款或实际收到的本息金额，借记"资金结存——货币资金"科目，按照长期债券投资的成本，贷记"其他结余"［本年度出售以前年度购入的长期债券投资］，按照其差额，贷记或借记"投资预算收益"科目。

3）处置长期债券投资

对于一次还本分期付息的长期债券，学校出售长期债券投资或到期收回长期债券投资本息，在财务会计部分，按照实际收到的金额，借记"银行存款"等科目，按照债券初始投资成本和已计未收利息金额，贷记"长期债券投资——成本、应计利息"科目，按照借贷方差额，贷记或借记"投资收益"科目。涉及增值税业务的，相关账务处理参见"应交增值税"科目。在预算会计部分，按照收回长期债券实际取得的价款或实际收到的本息金额，借记"资金结存——货币资金"科目，按照取得债券时"投资支出"科目的发生额，贷记"投资支出"科目，按照其差额，贷记或借记"投资预算收益"科目。

对于一次还本分期付息的长期债券，学校出售长期债券投资或到期收回长期债券投资本息,在财务会计部分,按照实际收到的金额,借记"银行存款"等科目,按照分期付息债券贷记"长期债券投资""应收利息"科目,按照借贷方差额,贷记或借记"投资收益"科目。涉及增值税业务的,相关账务处理参见"应交增值税"科目。在预算会计部分,按照收回长期债券实际取得的价款或实际收到的本息金额,借记"资金结存——货币资金"科目,贷记"投资支出"[本年度出售本年度购入的长期债券投资]科目或者"其他结余"[本年度出售以前年度购入的长期债券投资]科目,按照其差额,贷记或借记"投资预算收益"科目。

例242 【取得一次还本分期付息的长期政府债券,在持有期间和处置环节产生的收益】某非义务教育阶段的学校,学校经批准利用自有资金购买当日发行一次还本分期付息的2年期政府债券,面值1 000 000元,票年利率为4.8%,每年7月1日计提并支付利息,到期支付本金和最后一次利息。学校购买的政府债券到期,收回本息。学校编制如下会计分录:

财务会计(4602 投资收益)		预算会计(6602 投资预算收益)	
■ 分期付息、到期一次还本的长期政府债券投资			
(1) 持有第1年计息日,计提利息			
借:应收利息	48 000	—	
贷:投资收益	48 000		
(2) 持有第1年收到利息			
借:银行存款	48 000	借:资金结存——货币资金	48 000
贷:应收利息	48 000	贷:投资预算收益	48 000
(3) 持有第2年计息日,计提利息			
借:应收利息	48 000	—	
贷:投资收益	48 000		
(4) 到期日,实际收到本金和利息			
借:银行存款	1 048 000	借:资金结存——货币资金	1 048 000
贷:长期债券投资	1 000 000	贷:其他结余	1 000 000
投资收益	48 000	投资预算收益	48 000

例243 【取得一次还本付息的长期政府债券,在持有期间和处置环节产生的收益】本年1月1日,某非义务教育阶段的学校,经批准利用自有资金购买当日发行一次还本付息的2年期政府债券,面值1 000 000元,票年利率为4.8%。学校购买的政府债券到期,收回本息。学校编制如下会计分录:

财务会计(4602 投资收益)		预算会计(6602 投资预算收益)	
■ 一次还本付息长期政府债券投资			
(1) 持有第1年计息日,计提利息			
借:长期债券投资——应计利息	48 000	—	
贷:投资收益	48 000		

财务会计（4602 投资收益）	预算会计（6602 投资预算收益）
（2）持有第 2 年计息日，计提利息	
借：长期债券投资——应计利息　　48 000 　　贷：投资收益　　　　　　　　　　48 000	—
（3）到期日，实际收到本金和利息	
借：银行存款　　　　　　　　　　1 096 000 　　贷：长期债券投资——投资成本　1 000 000 　　　　长期债券投资——应计利息　　96 000	借：资金结存——货币资金　　1 096 000 　　贷：其他结余　　　　　　　1 000 000 　　　　投资预算收益　　　　　　96 000

（二）长期股权投资

1. 持有股权期间，取得被投资单位分派现金股利或分配利润

1）持有期间采用成本法核算长期股权投资

采用成本法核算的长期股权投资持有期间，被投资单位宣告分派现金股利或利润时，在财务会计部分，按照宣告分派的现金股利或利润中属于学校应享有的份额，借记"应收股利"科目，贷记"投资收益"科目。

当学校收到被投资单位分派的现金股利或利润时，在预算会计部分，按照实际收到的金额，借记"资金结存——货币资金"科目，贷记"投资预算收益"科目。

2）持有期间采用权益法核算长期股权投资

（1）按照应享有或应分担的被投资单位实现的净损益的份额，在财务会计部分，借记或贷记"长期股权投资——损益调整"科目，贷记或借记"投资收益"科目。被投资单位发生净亏损，但以后年度又实现净利润的，在财务会计部分，学校在其收益分享额弥补未确认的亏损分担额等后，恢复确认投资收益，借记"长期股权投资——损益调整"科目，贷记"投资收益"科目。

（2）当学校收到被投资单位分派的现金股利或利润时，在财务会计部分，按照实际收到的金额，借记"银行存款"科目，贷记"应收股利"科目；在预算会计部分，按照实际收到的金额，借记"资金结存——货币资金"科目，贷记"投资预算收益"科目。

例 244 【持有和出售权益投资的收益】某非义务教育阶段的学校，一年前以技术入股方式取得一企业 10% 的股权，学校采用成本法核算长期股权投资。本年 1 月 20 日，该企业宣告分派上年度利润，学校应享有 276 000 元。本年 2 月 15 日，学校收到银行的到账通知，分派给学校的利润 276 000 元已经到账。学校编制如下会计分录：

财务会计（4602 投资收益）	预算会计（6602 投资预算收益）
■ 成本法下核算长期股权投资	
（1）本年 1 月 20 日，根据被投资单位宣告分派的利润中属于学校应享有的份额确认收益	
借：应收股利　　　　　　　276 000 　　贷：投资收益　　　　　　276 000	—
（2）本年 2 月 15 日，实际收到投资收益	

财务会计（4602 投资收益）		预算会计（6602 投资预算收益）	
借：银行存款	276 000	借：资金结存——货币资金	276 000
贷：应收股利	276 000	贷：投资预算收益	276 000

2. 处置长期股权投资

学校按规定报经批准处置长期股权投资,应当冲减长期股权投资的账面余额,并按规定将处置价款扣除相关税费后的余额作应缴款项处理,或者按规定将处置价款扣除相关税费后的余额与长期股权投资账面余额的差额计入当期投资损益。采用权益法核算的长期股权投资,因被投资单位除净损益和利润分配以外的所有者权益变动而将应享有的份额计入净资产的,处置该项投资时,还应当将原计入净资产的相应部分当期投资损益。处置长期股权投资取得投资收益的具体核算,参见"长期股权投资"科目的核算。

（三）年末（期末）结转

1. 财务会计部分结转

年末（期末）,将"投资收益"科目本期发生额转入本期盈余,借记或贷记"投资收益"科目,贷记或借记"本期盈余"科目。

2. 预算会计部分结转

年末,将"投资预算收益"科目本年发生额转入其他结余,借记或贷记"投资预算收益"科目,贷记或借记"其他结余"科目。

例 245 【年末（期末）结转】本年末学校结账前,财务会计部分"投资收益"科目的借方发生额为 5 000 元;预算会计部分"投资预算收益"的借方发生额为 15 000 元。学校年末结转时编制如下会计分录:

财务会计（4602 投资收益）		预算会计（6602 投资预算收益）	
年末结转,投资收益为借方余额		年末结转,投资预算收益为借方余额	
借：本期盈余	5 000	借：其他结余	15 000
贷：投资收益	5 000	贷：投资预算收益	15 000

例 246 【年末（期末）结转】本年末学校结账前,财务会计部分"投资收益"科目的贷方发生额为 205 000 元;预算会计部分"投资预算收益"的贷方发生额为 165 000 元。学校年末结转时编制如下会计分录:

财务会计（4602 投资收益）		预算会计（6602 投资预算收益）	
年末结转,投资收益为贷方余额		年末结转,投资预算收益为贷方余额	
借：投资收益	205 000	借：投资预算收益	165 000
贷：本期盈余	205 000	贷：其他结余	165 000

【解析 70】　4603 捐赠收入 | 6609 其他预算收入

一、业务描述

在办学过程中,学校因热心教育的单位、个人向学校捐赠资金、物资等而获得经济资源。尽管捐赠单位和捐赠人可能对捐赠资金和物资设定特定的捐赠对象或用途,但学校收到捐赠资金、物资等均有无偿性、公益性。学校应制定捐赠资金和物资的管理办法,保护捐赠人的权益,对捐赠事项、捐赠资金和物资的财务活动进行规范管理。为了反映因捐赠获得的经济资源,财务会计部分设置"捐赠收入"科目,预算会计部分设置"其他预算收入——捐赠预算收入"科目。财务会计中的"捐赠收入"科目不仅涉及捐赠资金的核算,还涉及接受捐赠物资的核算。预算会计中的"其他预算收入——捐赠预算收入"科目仅涉及捐赠资金的核算。

二、科目设置

1. 捐赠收入

"捐赠收入"科目是财务会计核算使用的科目,核算学校接受其他单位或者个人捐赠取得的收入。"捐赠收入"科目应当按照捐赠资产的用途和捐赠学校等进行明细核算。年末(期末)结转后,"捐赠收入"科目应无余额。

2. 其他预算收入——捐赠预算收入

"其他预算收入"科目是预算会计核算使用的科目,核算学校除财政拨款预算收入、事业预算收入、上级补助预算收入、附属单位上缴预算收入、经营预算收入、债务预算收入、非同级财政拨款预算收入、投资预算收益之外的纳入部门预算管理的现金流入,包括捐赠预算收入。"其他预算收入"科目应当按照其他收入类别、《政府收支分类科目》中"支出功能分类科目"的项级科目等进行明细核算。其他预算收入中如有专项资金收入,还应按照具体项目进行明细核算。

"其他预算收入——捐赠预算收入"科目核算纳入部门预算管理的、因捐赠业务产生的现金流入。年末结转后,"其他预算收入——捐赠预算收入"科目应无余额。

三、典型业务

学校办学活动中,会受到来自企业、机构和个人的不同形式的捐赠。学校应结合取得受赠资产的形式进行核算。

(一)接受捐赠的货币资金

学校经批准接受捐赠货币资金,在财务会计部分,按照实际收到的金额,借记"银行存款""库存现金"等科目,贷记"捐赠收入"科目。在预算会计部分,接受捐赠现金资产时,按照实际收到的金额,借记"资金结存——货币资金"科目,贷记"其他预算收入——捐赠预算收入"科目。

例 247 【取得捐赠资金】本年 9 月 28 日,学校收到银行的拨款到账通知,某企业向学校捐赠的资金 240 000 元已经到账。学校编制如下会计分录:

财务会计(4603 捐赠收入)	预算会计(6609 其他预算收入)
本年 9 月 28 日,收到企业的捐赠资金	
借:银行存款　　　　　240 000 　　贷:捐赠收入　　　　　　240 000	借:资金结存——货币资金　　　240 000 　　贷:其他预算收入——捐赠预算收入 　　　　　　　　　　　　240 000

(二)接受捐赠的存货、固定资产等非现金资产

学校接受捐赠的存货、固定资产等非现金资产,在财务会计部分,按照确定的成本,

借记"库存物品""固定资产"等科目,按照发生的相关税费、运输费等,贷记"银行存款"等科目,按照其差额,贷记"捐赠收入"科目。

如果学校在接受捐赠非现金资产过程中,发生归属于学校负担的相关税费、运输费等,应就这部分现金支出,在预算会计部分,按照实际支付的金额,借记"其他支出"科目,贷记"资金结存"科目。

例 248 【接受捐赠的非现金资产】本年 5 月 23 日,学校收到某企业捐赠的一批文具。企业提供的票据显示,该批文具价税合计为 182 500 元。学校通过零余额账户支付受赠资产的运输费 1 200 元。学校编制如下会计分录:

财务会计(4603 捐赠收入)		预算会计	
本年 5 月 23 日,收到企业捐赠的文具和电脑			
借:库存物品	183 700	借:其他支出	1 200
贷:零余额账户用款额度	1 200	贷:资金结存——零余额账户用款额度	1 200
捐赠收入	182 500		

(三) 接受捐赠的资产按照名义金额入账

学校受赠的存货、固定资产等非现金资产,没有相关凭据,也未经过评估且其成本未按照重置成本确定,按照名义金额(1 元)入账。学校接受捐赠的存货、固定资产等非现金资产,按照名义金额入账的,借记"库存物品""固定资产"等科目,贷记"捐赠收入"科目;同时,按照发生的相关税费、运输费等,借记"其他费用"科目,贷记"银行存款"等科目。

如果学校在接受捐赠非现金资产过程中,发生归属于学校负担的相关税费、运输费等,应就这部分现金支出,在预算会计部分,按照实际支付的金额,借记"其他支出"科目,贷记"资金结存"科目。

例 249 【接受捐赠以名义金额入账的非现金资产】本年 5 月 25 日,学校收到远在海外的校友家属向学校捐赠的一份珍贵校史实物档案。学校用通过银行存款支付受赠资产的关税等费用 1 500 元。学校编制如下会计分录:

财务会计(4603 捐赠收入)		预算会计(6609 其他预算收入)	
本年 5 月 25 日,收到校友捐赠校史实物档案			
借:固定资产	1		
贷:捐赠收入	1		
同时			
借:其他费用	1 500	借:其他支出	1 200
贷:银行存款	1 500	贷:资金结存——货币资金	1 200

(四) 年末(期末)结转

1. 财务会计部分结转

年末(期末),将"捐赠收入"科目本期发生额转入本期盈余,借记"捐赠收入"科目,贷记"本期盈余"科目。

2. 预算会计部分结转

年末,将"其他预算收入——捐赠预算收入"科目本年发生额中的专项资金收入转入非财政拨款结转,借记"其他预算收入——捐赠预算收入——专项资金收入"科目,贷记"非财政拨款结转——本年收支结转"科目;将"其他预算收入"科目本年发生额中的非专项资金收入转入其他结余,借记"其他预算收入——捐赠预算收入——非专项资金收入"科目,贷记"其他结余"科目。

例 250 【年末(期末)结转】本年末学校结账前,财务会计部分"捐赠收入"科目的贷方发生额为 785 000 元;预算会计部分"其他预算收入——捐赠预算收入"科目的贷方发生额为 480 000 元,其中属于专项的部分为 360 000 元。学校年末结转时编制如下会计分录:

财务会计(4601 捐赠收入)	预算会计(6609 其他预算收入)
年末(期末)结转	(1)年末(期末)结转,属于专项资金收入
	借:其他预算收入——捐赠预算收入——专项资金收入 360 000 贷:非财政拨款结转——本年收支结转 360 000
	(2)年末(期末)结转,属于非专项资金收入
借:捐赠收入 785 000 贷:本期盈余 785 000	借:其他预算收入——捐赠预算收入——非专项资金收入 120 000 贷:其他结余 120 000

四、业务辨析

捐赠收入与无偿调拨净资产的辨析:

捐赠收入和无偿调拨净资产对于学校或其他政府会计主体来说,都具有无偿性,但两者既有联系又有区别。

1)捐赠收入与无偿调拨净资产的属性不同

捐赠收入属于财务会计的收入要素,核算学校接受其他单位或者个人捐赠取得的收入。无偿调拨净资产也用于财务会计的核算,但属于财务会计的净资产要素,核算学校无偿调入或调出非现金资产所引起的净资产变动金额。

2)捐赠和无偿调拨净资产的主体不同

学校取得的捐赠收入来自其他单位或个人的捐赠。学校收到捐赠资产后,可以根据捐赠方的意愿或捐赠意向将受赠资产用于特定用途,也可在捐赠方未限定用途的情况下根据学校的实际情况使用受赠资产。

学校获得无偿调拨调入的净资产而取得无偿调拨净资产来自财政主管部门的调拨。取得调入非现金资产后,学校可根据实际情况使用。

3)从捐赠收入与无偿调拨净资产获得的资产类型不同

学校通过捐赠收入收到的受赠资产可以是货币资金、教学用材料,以及实验实训的设备设施等多种形式,既有现金资产也有非现金资产。如果学校获得现金资产捐赠,在财务会计核算的同时,还需要进行预算会计核算;在预算会计部分,确认"资金结存——货币资金"的同时,记入"其他预算收入——捐赠预算收入"科目。而形成学校的无偿调拨净资产,通过无偿调拨调入的资产只包括非现金资产。

通常,作为政府会计主体获得财政部门的资金纳入预算管理。如果因管理需要学校获得归集调入的财政拨款,在预算会计部分中,在取得财政拨款的同时,确认"财政拨款结转——归集调入";在财务会计部分中,确认零余额账户用款额度、财政应返还额度、银行存款的同时,记入"累计盈余"科目,而不是"无偿调拨净资产"科目。

【解析71】 4604 利息收入 | 6609 其他预算收入

一、业务描述

学校在银行和金融机构等存入款项,取得银行利息的收入,增加了经济资源。在财务会计部分设置"利息收入"科目反映利息收入的增加;预算会计部分通过"其他预算收入——利息预算收入"科目反映银行存款利息预算收入的增加。

二、科目设置

1. 利息收入

"利息收入"科目是财务会计核算使用的科目,核算学校取得的银行存款利息收入。年末(期末)结转后,"利息收入"科目应无余额。

2. 其他预算收入——利息预算收入

"其他预算收入"科目,是预算会计核算使用的科目,核算学校除财政拨款预算收入、事业预算收入、上级补助预算收入、附属单位上缴预算收入、经营预算收入、债务预算收入、非同级财政拨款预算收入、投资预算收益之外的纳入部门预算管理的现金流入,包括利息预算收入。"其他预算收入"科目应当按照其他收入类别、《政府收支分类科目》中"支出功能分类科目"的项级科目等进行明细核算。其他预算收入中如有专项资金收入,还应按照具体项目进行明细核算。

"其他预算收入——利息预算收入"科目核算纳入部门预算管理的、因收到银行存款利息业务产生的现金流入。年末(期末)结转后,"其他预算收入——利息预算收入"科目应无余额。

三、典型业务

(一) 收到银行利息

收到银行存款利息时,在财务会计部分,按照实际收到的金额,借记"银行存款"科目,贷记"利息收入"科目。在预算会计部分,按照实际收到的金额,借记"资金结存——货币资金"科目,贷记"其他预算收入——利息预算收入"科目。

例 251 【学校收到银行存款利息收入】本年 6 月 30 日,学校收到银行的利息收入到账通知,收到银行存款的利息收入 22 000 元。学校编制如下会计分录:

财务会计(4604 利息收入)		预算会计(6609 其他预算收入)	
本年 6 月 30 日,实际收到利息			
借:银行存款	22 000	借:资金结存——货币资金	22 000
贷:利息收入	22 000	贷:其他预算收入——利息预算收入	
			22 000

(二) 年末(期末)结转

1. 财务会计部分结转

年末(期末),将"利息收入"科目本期发生额转入本期盈余,借记"利息收入"科目,贷记"本期盈余"科目。

2. 预算会计部分结转

年末,将"其他预算收入——利息预算收入"科目本年发生额中的专项资金收入转入非财政拨款结转,借记"其他预算收入——利息预算收入——专项资金收入"科目,贷记"非财政拨款结转——本年收支结转"科目;将"其他预算收入"科目本年发生额中的非专项资金收入转入其他结余,借记"其他预算收入——利息预算收入——非专项资金收入"科目,贷记"其他结余"科目。

例 252 【年末(期末)结转】本年末学校结账前,财务会计部分"利息收入"科目的贷方发生额为 285 000 元;预算会计部分"其他预算收入——利息预算收入"的贷方发生额为 285 000 元,且属于非专项资金收入。学校年末结转时编制如下会计分录:

财务会计(4604 利息收入)	预算会计(6609 其他预算收入)
年末(期末)结转	(1)年末结转,属于专项资金收入
	—
借:利息收入　　　　　285 000 　　贷:本期盈余　　　　　285 000	(2)年末结转,属于非专项资金收入 借:其他预算收入——利息预算收入——非专 项资金收入　　　　285 000 　　贷:其他结余　　　　　285 000

四、业务辨析

利息收入与投资收益的区别:

不是收到利息就是通过"利息收入"科目核算,要根据利息形成的业务来选取科目。学校所取得来自银行存款利息的收入,通过"利息收入"科目核算。如果学校购买短期债券、长期债券取得的利息,是投资活动。学校通过投资活动购买政府债券的取得利息收入,在财务会计部分,可以记入"投资收益"科目;在实际收到短期债券和长期债券的利息时,在预算会计部分,通过"投资预算收益"科目核算。

【解析 72】　4605 租金收入 | 6609 其他预算收入

一、业务描述

学校购置设备设施的主要目的,是在开展教育教学活动过程中使用。学校出租、出借资产,应当按照国家有关规定经主管部门审核同意后报同级财政部门审批。学校经批准利用国有资产出租,并按照规定取得纳入预算管理的租金,导致经济资源增加。为了反映这一业务的影响,财务会计部分设置了"租金收入"科目,反映租金收入的增加;预算会计部分通过"其他预算收入——租金收入"科目反映租金预算收入的增加。

学校经批准利用国有资产出租并收取租金,如按照规定应上缴财政,则不涉及"租金收入"科目的核算,以及也不涉及预算会计部分其他预算收入的核算。

二、科目设置

1. 租金收入

"租金收入"科目是财务会计核算使用的科目,核算学校经批准利用国有资产出租取得并按照规定纳入学校预算管理的租金收入。"租金收入"科目应当按照出租国有资产类别和收入来源等进行明细核算。年末（期末）结转后，"租金收入"科目应无余额。

2. 其他预算收入——租金预算收入

"其他预算收入"科目是预算会计核算使用的科目，核算学校除财政拨款预算收入、事业预算收入、上级补助预算收入、附属单位上缴预算收入、经营预算收入、债务预算收入、非同级财政拨款预算收入、投资预算收益之外的纳入部门预算管理的现金流入，包括租金预算收入。"其他预算收入"科目应当按照其他收入类别、《政府收支分类科目》中"支出功能分类科目"的项级科目等进行明细核算。其他预算收入中如有专项资金收入，还应按照具体项目进行明细核算。

"其他预算收入——租金预算收入"科目核算纳入部门预算管理的、因资产租赁业务产生的现金流入。年末结转后，"其他预算收入——租金预算收入"科目应无余额。

三、典型业务

学校作为出租方，将非现金资产出租给承租方取得租金收入，应遵守国家的财务规定和国家发布的事业单位特别是学校的财务规范。学校应与承租方签订合同，约定租期、租金方式等内容，明确租赁双方的权利和义务。学校应根据租金的取得方式进行核算。学校利用国有资产出租取得租金收入，应当在租赁期内各个期间按照直线法予以确认。

（一）采用预收租金方式

采用预收租金方式，是承租方根据租赁双方约定先支付租金，然后再使用租赁资产。学校在预收租金时，在财务会计部分，按照收到的金额，借记"银行存款"等科目，贷记"预收账款"科目；分期确认租金收入时，按照各期租金金额，借记"预收账款"科目，贷记"租金收入"科目。在预算会计部分，按照实际收到的金额，借记"资金结存——货币资金"科目，贷记"其他预算收入——租金预算收入"科目。

例 253 【学校预收租金】本年 4 月 10 日，某企业与中等职业学校签订租赁协议，租用学校的操场举办单位运动会，场地使用的时间为 5 月第三周周末两天（5 月 17 日、18日）；双方商定场地租赁费为 20 000 元。根据双方协议，本年 4 月 18 日，学校收到了场地使用费的银行到账通知。经主管部门审批，租金收入纳入学校的预算管理。不考虑税费影响，学校编制如下会计分录：

财务会计（4605 租金收入）	预算会计（6609 其他预算收入）
（1）本年 4 月 18 日，收到预收的场地租金	
借：银行存款　　　　　20 000 　　贷：预收账款　　　　　20 000	借：资金结存——货币资金　　20 000 　　贷：其他预算收入——租金预算收入 　　　　　　　　　　　　　20 000
（2）本年 5 月 19 日，确认租金收入	
借：预收账款　　　　　20 000 　　贷：租金收入　　　　　20 000	——

（二）采用后付租金方式

采用后付租金方式，是承租方先使用租赁资产，然后再根据租赁双方约定支付租金。

如果租金的付款期限超过一个月,在财务会计部分,应在每月确认租金收款权利。学校每期确认租金收入时,在财务会计部分,按照各期租金金额,借记"应收账款"科目,贷记"租金收入"科目。

学校在实际收到租金时,在财务会计部分,收到原记入应收账款的,按照实际收到的金额,借记"银行存款"科目,贷记"应收账款"科目;在预算会计部分,按照实际收到的金额,借记"资金结存——货币资金"科目,贷记"其他预算收入——租金预算收入"科目。

例254 【单位先使用租赁资产,后向学校支付租金】本年4月10日,某教育培训机构与学校签订租赁协议,在学校暑假期间租用学校的5间教室用于开设暑期培训,场地使用期限为7月1日至8月31日。双方根据市场价,双方商定2个月的场地租赁费为60 000元。根据双方协议,教育培训机构在本年9月15日之前支付场地租赁费。本年9月3日,学校收到了场地使用费的银行到账通知。经主管部门审批,租金收入纳入学校的预算管理。不考虑税费影响,学校编制如下会计分录:

财务会计(4605 租金收入)	预算会计(6609 其他预算收入)
(1) 本年7月31日,确认本月租赁场地的租金收入	
借:应收账款　　　　　　　30 000 　贷:租金收入　　　　　　　　30 000	——
(2) 本年8月31日,确认本月租赁场地的租金收入	
借:应收账款　　　　　　　30 000 　贷:租金收入　　　　　　　　30 000	——
(3) 本年9月3日,学校收到租金到账通知	
借:银行存款　　　　　　　60 000 　贷:应收账款　　　　　　　　60 000	借:资金结存——货币资金　　60 000 　贷:其他预算收入——租金预算收入 　　　　　　　　　　　　　60 000

(三) 采用分期收取租金方式

采取分期收取租金方式下,每期(月)收取租金时,按照租金金额,借记"银行存款"等科目,贷记"租金收入"科目。在预算会计部分,按照实际收到的金额,收到资产承租人支付的租金时,在预算会计部分,按照实际收到的金额,借记"资金结存——货币资金"科目,贷记"其他预算收入——租金预算收入"科目。

以上不同情况下,租金业务涉及增值税业务的,相关账务处理参见"应交增值税"科目。

例255 【分期收取租金】本年4月10日,某教育培训机构与职业学校签订租赁协议,在学校暑假期间租用学校的教室用于开设暑期培训,场地使用期限为7月1日至8月31日。双方根据市场价,双方商定场地租赁费为每月30 000元。根据双方协议,教育培训机构分别在7月末和8月末支付当月的场地租赁费。学校分别于7月31日和8月31日收到了场地使用费的银行到账通知。经主管部门审批,租金收入纳入学校的预算管理。不考虑税费影响,学校编制如下会计分录:

财务会计（4605 租金收入）	预算会计（6609 其他预算收入）
（1）本年7月31日，收到本月租赁场地的租金收入	
借：银行存款　　　　　　　　30 000 　　贷：租金收入　　　　　　　　30 000	借：资金结存——货币资金　　　30 000 　　贷：其他预算收入——租金预算收入 　　　　　　　　　　　　　　30 000
（2）本年8月31日，收到本月租赁场地的租金收入	
借：银行存款　　　　　　　　30 000 　　贷：租金收入　　　　　　　　30 000	借：资金结存——货币资金　　　30 000 　　贷：其他预算收入——租金预算收入 　　　　　　　　　　　　　　30 000

（四）年末（期末）结转

1. 财务会计部分结转

年末（期末），将"租金收入"科目本期发生额转入本期盈余，借记"租金收入"科目，贷记"本期盈余"科目。

2. 预算会计部分结转

年末，将"其他预算收入——租金预算收入"科目本年发生额中的专项资金收入转入非财政拨款结转，借记"其他预算收入——租金预算收入——专项资金收入"科目，贷记"非财政拨款结转——本年收支结转"科目；将"其他预算收入"科目本年发生额中的非专项资金收入转入其他结余，借记"其他预算收入——租金预算收入——非专项资金收入"科目，贷记"其他结余"科目。

例256 【年末（期末）结转】本年末学校结账前，财务会计部分"租金收入"科目的贷方发生额为75 000元；预算会计部分"其他预算收入——租金预算收入"科目的贷方发生额为75 000元，且属于专项资金收入。学校年末结转时编制如下会计分录：

财务会计（4604 利息收入）	预算会计（6609 其他预算收入）
年末（期末）结转，属于专项资金收入	
借：租金收入　　　　　　　　75 000 　　贷：本期盈余　　　　　　　　75 000	借：其他预算收入——租金预算收入——专项 　　资金收入　　　　　　　　75 000 　　贷：非财政拨款结转——本年收支结转 　　　　　　　　　　　　　　75 000

四、业务辨析

收到租金与确认租金收入的关系：

收到租金产生于学校开展的租赁业务。但是，并不是学校发生了租赁业务就必然要在财务会计部分确认租金形成的"租金收入"，以及在预算会计部分确认租金形成的"其他预算收入——租金预算收入"。例如，学校发生租赁业务，但收到的租金需要上缴财政管理部门，而未纳入学校的预算管理。在这种情况下，学校收到租金的时候，借记"银行存款"科目，贷记"应缴财政款"科目。此时，并不会形成学校财务会计部分的租金收入；同时，由于租金未纳入学校的预算管理，因而预算会计部分也不需要进行会计核算。

【解析73】 4609 其他收入｜6609 其他预算收入

一、业务描述

学校从多种渠道和多种业务形式取得收入，在财务会计中通过不同科目进行核算：来自同级财政部门的拨款收入通过"财政拨款收入"科目核算，开展专业业务活动和辅助活动取得收入通过"事业收入"科目核算，获得主管部门和上级单位取得的非财政拨款收入通过"上级补助收入"科目核算，取得附属独立核算单位按照有关规定上缴的收入通过"附属单位上缴收入"科目核算，开展非独立核算经营活动取得的收入通过"经营收入"科目核算，取得来自同级财政部门以外的非同级财政部门的拨款收入通过"非同级财政拨款收入"科目核算，开展投资活动取得的收益通过"投资收益"科目核算，接受捐赠资金和物资等取得的收入通过"捐赠收入"科目核算，在银行和金融机构等存入款项取得的银行利息收入通过"利息收入"科目核算，经批准利用国有资产出租并按照规定取得纳入预算管理的租金收入通过"租金收入"科目核算。除了以上业务外，学校还可能因其他业务取得收入，通过"其他收入"科目来核算。

学校从多种渠道和多种业务形式取得预算资金，在预算会计中通过不同科目进行核算：来自同级财政部门的拨款资金通过"财政拨款预算收入"科目核算，开展专业业务活动和辅助活动取得的资金收入通过"事业预算收入"科目核算，获得主管部门和上级单位取得的非财政的资金收入通过"上级补助预算收入"科目核算，取得附属独立核算单位按照有关规定上缴的资金收入通过"附属单位上缴预算收入"科目核算，开展非独立核算经营活动取得的资金收入通过"经营预算收入"科目核算，从银行和其他金融机构等借入款项的债务资金通过"债务预算收入"科目核算，取得来自同级财政部门以外的非同级财政部门的拨款资金收入通过"非同级财政拨款预算收入"科目核算，开展投资活动取得的收益资金通过"投资预算收益"科目核算、接受捐赠资金收入、在银行和金融机构等存入款项取得的银行利息收入、经批准利用国有资产出租并按照规定取得纳入预算管理的租金收入，以及因其他业务取得的资金收入，通过"其他预算收入"科目来核算。

二、科目设置

1. 其他收入

"其他收入"科目是财务会计核算使用的科目，核算学校取得的除财政拨款收入、事业收入、上级补助收入、附属单位上缴收入、经营收入、非同级财政拨款收入、投资收益、捐赠收入、利息收入、租金收入以外的各项收入，包括现金盘盈收入、按照规定纳入学校预算管理的科技成果转化收入、无法偿付的应付及预收款项、置换出资产评估增值等。"其他收入"科目应当按照其他收入的类别、来源等进行明细核算。年末（期末）结转后，"其他收入"科目应无余额。

学校取得其他收入而流入的经济利益可能是货币形式，也可能是非货币形式，同时可能纳入预算管理，也可能未纳入预算管理。只有取得货币形式且纳入预算管理的其他收入，在进行财务会计核算的同时，进行预算会计核算。因而，也只有取得货币形式且纳入预算管理的其他收入的业务活动，会涉及财务会计的"其他收入"科目和预算会计的"其他预算收入"科目核算。

2. 其他预算收入

"其他预算收入"科目是预算会计核算使用的科目,核算学校除财政拨款预算收入、事业预算收入、上级补助预算收入、附属单位上缴预算收入、经营预算收入、债务预算收入、非同级财政拨款预算收入、投资预算收益之外的纳入部门预算管理的现金流入,包括捐赠预算收入、利息预算收入、租金预算收入以及其他类别的其他预算收入。"其他预算收入"科目应当按照其他收入类别、《政府收支分类科目》中"支出功能分类科目"的项级科目等进行明细核算。其他预算收入中如有专项资金收入,还应按照具体项目进行明细核算。年末结转后,"其他预算收入"科目应无余额。

"其他预算收入"中除设定"其他预算收入——捐赠预算收入""其他预算收入——利息预算收入""其他预算收入——租金预算收入"科目外,还可以根据其他预算收入的来源,再设置明细科目,且年末结转后,应无余额。

三、典型业务

(一)与货币资金相关的其他收入

1. 现金盘盈收入

每日现金账款核对中发现的现金溢余,属于无法查明原因的部分,报经批准后进行账务处理。在财务会计部分,按照溢余的现金金额,借记"待处理财产损溢"科目,贷记"其他收入——现金盘盈收入"科目。在预算会计部分,按照溢余的现金金额,借记"资金结存——货币资金"科目,贷记"其他预算收入——现金盘盈收入"科目。

例 257 【盘盈现金】本年 7 月 5 日,学校进行现金核查过程中发现现金溢余 300元。当日查明,其中 200 元是应向某教师支付的款项,剩余 100 元无法查明原因。7 月 6日,将款项 200 元支付给该老师。经审核批准后,学校编制如下会计分录:

财务会计(4609 其他收入)	预算会计(6609 其他预算收入)
(1)本年 7 月 5 日,核查发现现金溢余	
借:库存现金　　　　　　　　　　300 　　贷:待处理财产损溢——现金溢余　　300	借:资金结存——货币资金　　　　　300 　　贷:其他预算收入——现金盘盈收入　300
(2)本年 7 月 5 日,查明现金溢余的原因	
借:待处理财产损溢——现金溢余　　300 　　贷:其他应付款——某老师　　　　200 　　　　其他收入——现金盘盈收入　　100	
(3)本年 7 月 6 日,将溢余现金支付给某老师	
借:其他应付款　　　　　　　　　200 　　贷:库存现金　　　　　　　　　200	借:其他预算收入——现金盘盈收入　200 　　贷:资金结存——货币资金　　　　200

2. 科技成果转化收入

学校科技成果转化所取得的收入,按照规定留归本学校的,按照所取得收入扣除相关费用之后的净收益,借记"银行存款"等科目,贷记"其他收入"科目。在预算会计部分,按照实际收到的现金金额,借记"资金结存——货币资金"科目,贷记"其他预算收入——科技成果转化预算收入"科目。

例 258 【收到科研成果转化的资金收入】某中等职业学校在上年 1 月 1 日将专利转让给当地一家企业,转让时双方约定,如果企业的收入超过 1 000 万元,学校可以分享超过 1 000 万元部分的 10%作为成果转化收入。本年 1 月 10 日,企业通知学校,可获得因专利转让取得的 300 000 元成果转让收入;同日,收到银行的到账通知。针对收到款项,学校编制如下会计分录:

财务会计(4609 其他收入)	预算会计(6609 其他预算收入)
本年 1 月 10 日,取得科技成果转化收入	

借:银行存款   300 000
   贷:其他收入——科技成果转化收入   300 000
	借:资金结存——货币资金 300 000
	   贷:其他预算收入——科研成果转化预算
	              收入 300 000

3. 收到除以上事项外产生的其他资金收入

学校取得除以上事项外产生的其他资金收入,按照收到按照实际收到的金额,借记"银行存款""库存现金"等科目,贷记"其他收入"科目。涉及增值税业务的,相关账务处理参见"应交增值税"科目。在预算会计部分,按照实际收到的现金金额,借记"资金结存——货币资金"科目,贷记"其他预算收入——其他资金收入"科目。

(二) 与货币资金无关的其他收入

1. 无法偿付的应付及预收款项

学校无法偿付或债权人豁免偿还的应付账款、预收账款、其他应付款及长期应付款,在财务会计部分,借记"应付账款""预收账款""其他应付款""长期应付款"等科目,贷记"其他收入"科目。未涉及现金的,无需进行预算会计的核算。

例 259 【核销无法偿付的应付及预收款项】年末,学校对各种往来款项进行梳理,发现一批长期挂账的款项需要清理,包括无法偿付的应付账款 7 000 元、预收账款 2 000 元,以及其他应付款 800 元。经查明原因后,学校财务部门 12 月 20 日完成审批程序。学校编制如下会计分录:

财务会计(4609 其他收入)	预算会计(6609 其他预算收入)
本年 12 月 20 日,无法偿付的应付及预收款项	

借:应付账款   7 000
    预收账款   2 000
    其他应付款   800
   贷:其他收入   9 800
	——

2. 置换而换出资产评估增值

学校资产置换过程中,换出资产评估增值的,在财务会计部分,按照换入资产的金额,借记"库存物品"等有关科目(换出固定资产、无形资产等资产的,借记"固定资产累计折旧""无形资产累计摊销"等科目),按照换出资产账面价值或账面余额,贷记有关资产科目,按照评估价值高于资产账面价值或账面余额的金额,贷记"其他收入"科目。资产置换具体账务处理参见"库存物品"等科目。未涉及现金的,无需进行预算会计的核算。

例 260 【学校置换而换出资产的评估增值】学校经主管部门审批,用一闲置汽车与某企业置换电教设备：换出设备的固定资产原值为 160 000 元，固定资产累计折旧为 16 000 元，换出设备的评估值为 172 000 元；根据双方交换资产的评估价值，该公司除交付电教设备外，另向学校交付价值 6 000 元的文具。8 月 18 日，双方进行资产交换。学校编制如下会计分录：

财务会计（4609 其他收入）	预算会计（6609 其他预算收入）
本年 8 月 18 日，换出资产评估价增值	
借：库存物品——文具　　　　　　　6 000 　　固定资产——电教设备　　　166 000 　　固定资产累计折旧——汽车　 16 000 　　贷：其他收入　　　　　　　　　　34 000 　　　　固定资产——汽车　　　　160 000	——

3. 收到除以上事项外产生的其他非资金收入

学校取得除以上事项外产生的其他非资金收入，按照应收收到的金额，借记"其他应收款"等科目，贷记"其他收入"科目。涉及增值税业务的，相关账务处理参见"应交增值税"科目。未涉及现金的，无需进行预算会计的核算。

（三）年末（期末）结转

1. 财务会计部分结转

年末（期末），将"其他收入"科目本期发生额转入本期盈余，借记"其他收入"科目，贷记"本期盈余"科目。

2. 预算会计部分结转

年末，将"其他预算收入"本年发生额中的专项资金收入转入非财政拨款结转，借记"其他预算收入"科目下各专项资金收入明细科目，贷记"非财政拨款结转——本年收支结转"科目；将"其他预算收入"科目本年发生额中的非专项资金收入转入其他结余，借记"其他预算收入"科目下各非专项资金收入明细科目，贷记"其他结余"科目。

例 261 【年末（期末）结转】本年末学校结账前，学校财务会计部分"其他收入"科目的贷方发生额为 615 000 元；预算会计部分"其他预算收入"科目的贷方发生额为 415 000 元，其中属于专项资金收入的部分为 215 000 元，属于非专项资金收入的部分为 200 000 元。学校年末结转时编制如下会计分录：

财务会计（4609 其他收入）	预算会计（6609 其他预算收入）
年末（期末）结转	（1）年末结转，属于专项资金收入
借：其他收入　　　　　　615 000 　　贷：本期盈余　　　　　　615 000	借：其他预算收入——专项资金收入　　215 000 　　贷：非财政拨款结转——本年收支结转　　215 000
	（2）年末结转，属于非专项资金收入
	借：其他预算收入——非专项资金收入　　200 000 　　贷：其他结余　　　　　　　　　　200 000

四、业务辨析

辨析科技成果转化收入与投资收益的关系（见表 6-3）：

科技成果转化收入来自科技成果转化活动,即指学校将通过科学研究和技术开发形成的新产品、新工艺、新材料、新技术等研究成果,应用于生成经营实际,以提高生产力水平。科技成果转化的途径,主要有直接和间接两种转化方式。科技成果转化的交易本质是,学校将科技成果的所有权或使用权,全部或部分转让给其他单位,从而获得的收益,就是科技成果转化收入,需在财务会计部分通过"其他收入"科目核算,在预算会计部分通过"其他预算收入"科目核算。符合无形资产确认条件的科技成果,在财务会计部分,应确认为"无形资产"。

投资收益来自投资活动,可以是股权投资也可以是债权投资。学校可以科技成果入股企业方式取得股权,在促进科技成果转化的同时,获得相关收益。这个过程中,学校与企业之间共担风险、共享收益。学校的科技成果入股企业,在财务会计部分,取得的股权要通过"长期股权投资"科目进行核算,持有投资期间内学校取得的收益通过"投资收益"科目核算;在预算会计部分,持有投资期间内学校取得的收益通过"投资预算收益"科目核算。

因而在涉及科技成果转化业务活动时,要根据科技成果转化的方式,即是否形成股权来进行正确核算。

表 6-3　辨析科技成果转化收入和投资收益

业务活动		核算科目		说明
		财务会计	预算会计	
科技转化活动	形成股权	通过科技成果取得股权	长期股权投资	—	根据公司法,将成果投资入股
		股权持有期间取得的收益	投资收益	投资预算收益	
	不形成股权	拥有科技成果	无形资产	—	符合无形资产确认条件的科研成果
		合作期间取得的收益	其他收入	其他预算收入	

第 7 章

费用与预算支出的比较核算

7.1 费用与预算支出的比较

在政府会计核算体系中,财务会计的费用有 8 个科目,预算会计的预算支出有 8 个科目,其中"行政支出"属于行政单位使用的科目,因而与学校有关的有 7 个科目。财务会计的费用和预算会计的预算支出,两者既有联系又有区别(见表 7-1)。

表 7-1 费用类科目与预算支出类科目比较

财务会计的费用科目		预算会计的预算支出科目		活动类别/对象
5001	业务活动费用	7201	事业支出	事业活动
5101	单位管理费用			
5201	经营费用	7301	经营支出	经营活动
5301	资产处置费用		—	资产处置活动
5401	上缴上级费用	7401	上缴上级支出	与附属单位的往来
5501	对附属单位补助费用	7501	对附属单位补助支出	与上级单位的往来
5801	所得税费用		—	
	—	7601	投资支出	投资活动
	—	7701	债务还本支出	债务活动
5901	其他费用	7901	其他支出	其他活动

注:本表反映事业单位(包括学校)使用的科目,不含由行政单位使用的"行政支出"科目

一、费用和预算支出核算的业务活动

预算支出是指政府会计主体在预算年度内依法发生并纳入预算管理的现金流出。而费用是指报告期内导致政府会计主体净资产减少的、含有服务潜力或者经济利益的经济资源的流出,既包括现金的流出,也包括非现金资产的流出。

尽管财务会计和预算会计的功能不同,但财务会计的费用要素和预算会计的预算支出要素也有部分共性特征:财务会计的费用要素和预算会计的支出要素都反映了资金或资源的用途或业务活动方式。

从业务活动方式来看,费用和预算支出具有以下共性特征:

(1)开展事业活动形成的费用和预算支出。对于事业活动中支出纳入预算管理的资金,预算会计在"事业支出"科目中核算;同时,根据事业活动的内容,在财务会计部分分别在"业务活动费用"科目、"单位管理费用"部分在"资产处置费用"科目中核算。

（2）开展经营活动形成的费用和预算支出。对于可以开展经营活动的学校，支出纳入预算管理的经营活动资金（包括支付的所得税），在预算会计中通过"经营支出"科目核算；同时，在财务会计部分通过"经营费用"科目核算除缴纳的企业所得税外的各种经营活动费用，通过"所得税费用"科目核算因开展经营活动需要缴纳的企业所得税。

（3）与上级单位和附属单位相关的费用和预算支出。与上级单位和附属单位有关的资金支出，在预算会计部分分别在"对附属单位补助支出"科目和"上缴上级支出"科目中核算；在财务会计部分分别在"对附属单位补助费用"科目和"上缴上级费用"科目中核算。

（4）其他活动有关的费用和预算支出。除了有明确核算范围的业务活动外，支出因其他业务活动纳入预算管理的资金，预算会计在"其他支出"科目中核算；同时，财务会计部分在"其他费用"科目中核算，部分在"资产处置费用"科目中核算。

从业务活动方式来看，费用和预算支出也存在一定差异：

（1）对于投资业务的处理。对于经审批，可以对外进行投资的学校，投资活动的支出纳入预算管理。学校向被投资单位支付纳入预算管理的投资资金，按照收付实现制，通过预算会计的"投资支出"科目核算。学校的投资活动，在财务会计部分，根据权责发生制通过取得投资核算，并不通过费用核算。这种区别源于预算会计和财务会计的核算基础不同。

（2）对于债务还本业务的处理。对于经审批，可以举债的学校，债务活动的支出纳入预算管理。学校向债权人支付纳入预算管理的债务本金，按照收付实现制，通过预算会计的"债务还本支出"科目核算。学校偿还债务，在财务会计部分，根据权责发生制通过转销负债核算，并不通过费用核算。这种区别源于预算会计和财务会计的核算基础不同。

（3）对于资产处置业务的处理。学校在开展事业活动中，会涉及无偿调拨、出售、出让、转让、置换、对外捐赠、报废、毁损以及货币性资产损失核销等形式的资产处置。预算支出只能反映业务活动相关的预算资金支出。为了反映资产处置活动对学校净资产的影响，财务会计部分设置了"资产处置费用"科目。

从科目设置方式来看，费用和预算支出也存在一定差异：

（1）为了反映财务会计和预算会计核算功能的差异，预算会计中的资金支出科目名称均含有"支出"一词，财务会计的费用科目均含有"费用"一词。

（2）对于行政事业单位而言，财政性经费投入是单位开展业务活动的主要经费来源。为了全面反映预算执行的情况，预算支出科目的明细核算要求比财务会计的费用科目高。通常预算支出科目，如"事业支出"科目，要结合资金来源、支出的经济分类和支出功能分类、项目管理要求等设置明细科目。

二、费用和预算支出核算范围

学校开展业务活动（事业活动）需要使用和耗用各种经济资源，通过费用和预算支出核算，在科目的选取和设置方面，需要从"支付使用资金和非资金的方式""使用资源的经济内容""使用资源的活动分类"等方面来细分科目。

1. 按照使用现金和非现金资源来分

确认财务会计中的费用，流出的经济资源有多种形式，既有现金资源，也有非现金资源；对政府会计主体的影响，既有资产的减少，也有负债的增加，或两者兼而有之，都导致政府会计主体的净资产减少。

确认预算会计中的预算支出，只能是纳入预算管理的现金流出。因而，当纳入预算管理的现金流出,需要在预算会计核算的同时,进行财务会计核算。其他情况下,未纳入预算管理的现金流出,或者取得其他非现金的经济资源,仅需要进行财务会计核算(见图7-1)。

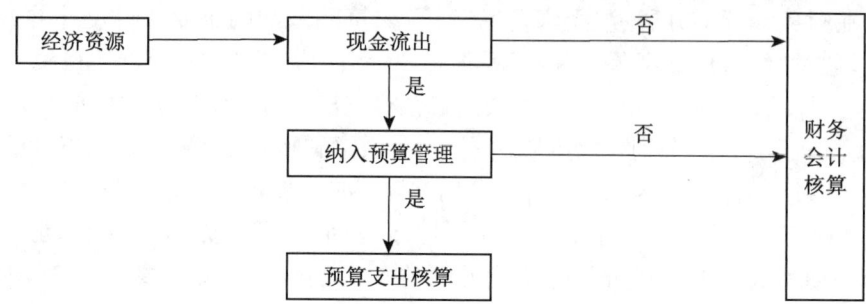

图7-1　与支付资金相关的平行核算判断

2. 细分科目的设置方式

预算支出反映纳入预算管理资金的使用情况,核算的重点在于会计期间内不同来源资金的支出情况。政府会计主体的资金主要来自财政性的资金,支出财政性资金需要符合财政预算管理的有关规定,因而在明细科目设置时,要反映财政性资金来源,区分"基本支出""项目支出",反映支出功能分类的要求、经济分类的要求等。因而,预算支出的层级较多。

费用是反映单位在会计期间开展各种业务活动使用和耗费的经济资源,核算的重心是开展实际业务活动的资源使用情况,便于核算开展各种业务活动的成本费用。费用科目要根据使用经济资源的对象和活动来选取(见图7-2)。

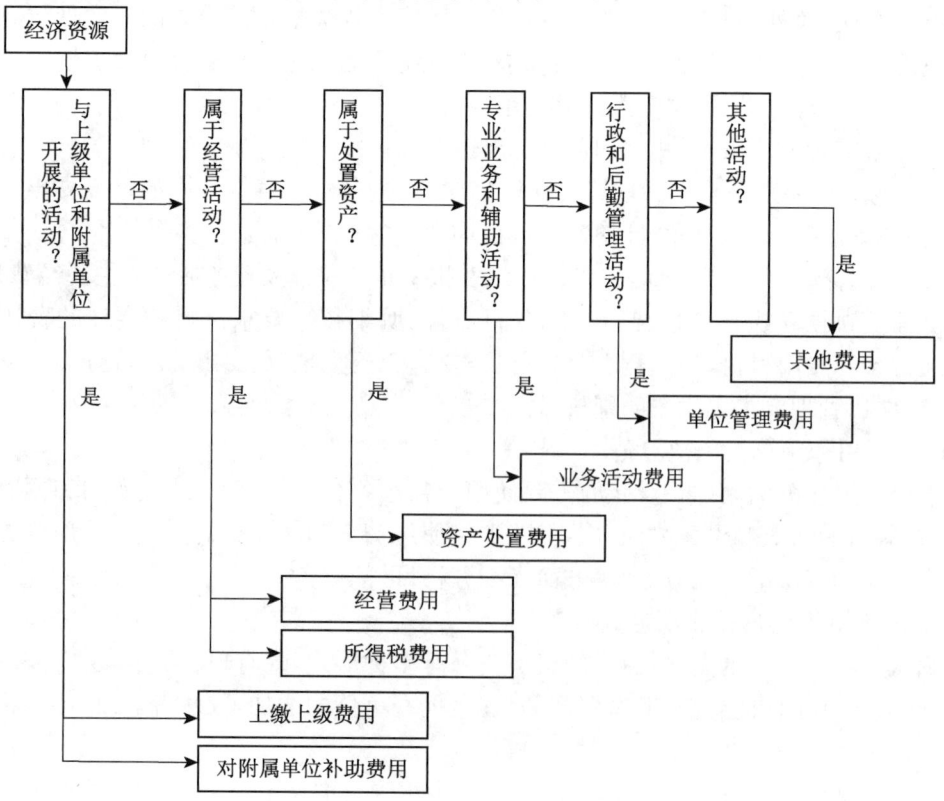

图7-2　费用科目选用的判断

三、费用和预算支出的核算基础

财务会计中的费用是指报告期内导致政府会计主体净资产减少的、含有服务潜力或者经济利益的经济资源的流出。财务会计实行权责发生制，要以取得收取款项的权利或支付款项的义务为标志来确定本期收入和费用。凡是当期已经实现的收入和已经发生的或应当负担的费用，不论款项是否收付，都应当作为当期的收入和费用；凡是不属于当期的收入和费用，即使款项已在当期收付，也不应当作为当期的收入和费用。

预算支出是指政府会计主体在预算年度内依法发生并纳入预算管理的现金流出。预算会计实行收付实现制，以现金的实际收付为标志来确定本期收入和支出的会计核算基础。凡在当期实际收到的现金收入和支出，均应作为当期的收入和支出；凡是不属于当期的现金收入和支出，均不应当作为当期的收入和支出。例如，支付的资金如果不属于本年的预算，即不属于当期的现金支出，因而不应作为本期的预算支出核算。

由于核算基础不同，导致财务会计中确认费用和预算会计中确认预算支出，可能存在着时间差。

7.2 费用与预算支出的分类核算

【解析 74】 5001 业务活动费用 | 7201 事业支出

一、业务描述

学校培养人才，需要组织多样化的教育教学活动，包括开展课堂教学、文艺和体育训练、师资培养、文化建设、国际交流等活动，以及提供校园安全、学生餐饮、住宿等服务保障。学校开展多样化教育教学活动过程中需要使用多种资源，如建有教学楼、智慧教室、图书馆等设施，配备课桌椅、电子白板、投影设备、实验器材、钢琴等乐器、跑步机等体育设备，使用文具用品、实验材料等物资，以及消耗水、电等资源。学校的专业业务和辅助活动，包括学校的教学活动、科研活动、学生发展的活动等；学校的行政和后勤管理活动，包括学校的行政管理活动、后勤管理活动。

在财务会计部分，通过费用要素来反映一个会计期间内因开展各类业务活动而消耗和使用含有服务潜力或者经济利益的价值，这些资源的使用和消耗，导致净资产减少。在预算会计部分，通过预算支出要素来反映一个会计期间内因开展各类业务活动所使用的预算资金。预算支出是指政府会计主体在预算年度内依法发生并纳入预算管理的现金流出。预算资金购置的经济资源，如果是使用期限超过一个会计年度，在财务会计核算的时候就需要将资源价值在所使用的会计期间进行分摊。

二、科目设置

1. 业务活动费用

"业务活动费用"科目是财务会计核算使用的科目，核算学校为实现其职能目标，依法履职或开展专业业务活动及其辅助活动所发生的各项费用。

为了核算不同对象、不同项目、不同业务使用的资源，"业务活动费用"科目应当按照项目、服务或者业务类别、支付对象等进行明细核算。同时，为了满足成本核算需要，"业务活动费用"科目下还可按照"工资福利费用""商品和服务费用""对个人和家庭的补助费用""固定资产折旧费""无形资产摊销费""计提专用基金"等成本项目设置明细科目，归集能够直接计入业务活动或采用一定方法计算后计入业务活动的费用。

期末结转后，"业务活动费用"科目应无余额。

2. 事业支出

"事业支出"科目是预算会计核算使用的科目。学校开展教育教学专业业务活动及其辅助活动实际发生的各项现金流出在"事业支出"科目中核算。结合学校开展的专业活动和辅助活动，以及部门预算管理的有关要求，"事业支出"科目明细科目的设置应反映以下信息：

（1）反映业务活动的细分类型。尽管学校开展专业活动和辅助活动的费用在"业务活动费用"科目中核算，开展行政和后勤管理等活动的费用在"单位管理费用"科目中核算，但从资金支出的角度，学校可以根据发生的教育、科研、医疗、行政管理、后勤保障等活动，设置"事业支出"科目的明细科目。

（2）反映资金的来源。学校分别按照"财政拨款支出""非财政专项资金支出"和"其他资金支出"科目进行明细核算。对取得的一般公共预算财政拨款、政府性基金预算财政拨款等财政拨款，还应当在"财政拨款支出"明细科目下按照财政拨款的种类进行明细核算。

（3）反映"基本支出"和"项目支出"的情况。基本支出是学校为完成日常工作任务发生的支出，包括人员支出和公用支出。项目支出是学校为完成特定工作任务发生的支出，包括云教学平台建设、图书馆建设等，要求专款专用。

（4）反映具体项目的情况。在"项目支出"明细科目下按照具体项目进行明细核算。

（5）反映支出功能分类和经济分类的情况。按照《政府收支分类科目》中"支出功能分类科目"的项级科目进行明细核算。在"基本支出"和"项目支出"明细科目下应当按照《政府收支分类科目》中"部门预算支出经济分类科目"的款级科目进行明细核算。

对于预付款项，可通过在"事业支出"科目下设置"待处理"明细科目进行明细核算，待确认具体支出项目后再转入"事业支出"科目下相关明细科目。年末结转前，应将"事业支出"科目下"待处理"明细科目余额全部转入"事业支出"科目下相关明细科目。

年末结转后，"事业支出"科目应无余额。

三、典型业务

（一）先开展活动后支付的业务

1. 开展专业业务活动及其辅助活动而发生教职工的薪酬

学校教职工等人员（含长期聘用人员）的薪酬分为计提薪酬和支付薪酬两个环节。通常情况下，学校先根据教职工等人员的工作情况计算薪酬，然后再进行实际支付。

1）计提教职工的薪酬

计提教职工薪酬时，在财务会计部分，对开展教育教学活动的教职工等人员（含长期聘用人员）按照计算确定应支付的薪酬金额，借记"业务活动费用"科目，贷记"应付职工薪酬"科目；按照税法规定计算应代扣代缴的社会保障缴费和个人所得税金额，借记"应付职工薪酬"科目，贷记"其他应付款"科目和"其他应交税费——应交个人所得税"科目。

2）支付教职工的薪酬

支付教职工薪酬时，在财务会计部分，按照向开展教育教学活动的教职工实际支付工资、津贴补贴等薪酬的金额,借记"应付职工薪酬"科目,贷记"财政拨款收入""零余额账户用款额度""银行存款"等科目。在预算会计部分,向开展教育教学活动的教职工支付薪酬时,按照实际支付的金额,借记"事业支出"科目,贷记"财政拨款预算收入""资金结存"科目。

代缴开展教育教学活动的教职工的保障性缴费、住房公积金等和个人所得税时,在财务会计部分,按照代缴保障性缴费等和代缴个人所得税的金额,借记"其他应付款"科目和"其他应交税费——应交个人所得税"科目,贷记"财政拨款收入""零余额账户用款额度""银行存款"等科目。在预算会计部分,按照实际代缴的金额,借记"事业支出"科目,贷记"财政拨款预算收入""资金结存"科目。

例262 【因开展业务活动计提并发放教职工的薪酬】本年6月末,学校人事科室根据教职工的职级、工作业绩、考勤等情况制作薪酬发放表,教研组、图书馆等辅助单位6月教职工薪酬总额为1 820 000元,其中应代扣代缴的社会保障缴费为91 000元,应代扣代缴的个人所得税为127 000元。7月5日,通过财政直接支付方式发放教职工薪酬,并代缴教职工的社会保障缴费和个人所得税。学校编制如下会计分录:

财务会计(5001 业务活动费用)	预算会计(7201 事业支出)
(1) 本年6月末,计提教职工薪酬	
借:业务活动费用 1 820 000 贷:应付职工薪酬 1 820 000	—
同时,处理代扣代缴社会保障缴费和个人所得税	

借:应付职工薪酬   218 000
   贷:其他应付款   91 000
     其他应交税费——应交个人所得税 127 000
	—

(2) 本年7月5日,财政直接支付方式发放教职工薪酬	

借:应付职工薪酬   1 602 000
   贷:财政拨款收入   1 602 000
	借:事业支出——工资福利支出 1 602 000
	   贷:财政拨款预算收入 1 602 000

(3) 本年7月5日,实际缴纳教职工的社会保障缴费和个人所得税	

借:其他应付款   91 000
  其他应交税费——应交个人所得税 127 000
   贷:财政拨款收入   218 000
	借:事业支出——工资福利支出 218 000
	   贷:财政拨款预算收入 218 000

2. 开展专业业务活动及其辅助活动而发生外聘人员咨询费和劳务费

学校因聘任校外专家开展学生专项训练、教师培训等专业活动,需向外聘专家和劳务人员支付咨询费和劳务费。这通常分两个环节,一是根据工作量和劳务费标准计提咨询费和劳务费,二是实际支付咨询费和劳务费。

1) 计提咨询费和劳务费

计提外聘专家的咨询费和外聘劳务人员的咨询费和劳务费时,在财务会计部分,根据外聘专家和劳务人员的实际工作计算应支付的咨询费和劳务费的金额,借记"业务活动费用"科目,按照代扣代缴个人所得税的金额,贷记"其他应交税费——应交个人所得税"科目,按照扣税后应付或实际支付的金额,贷记"其他应付款"科目。

2）实际支付咨询费和劳务费

实际支付咨询费和劳务费时,在财务会计部分,按照应向外聘人员实际支付的咨询费和劳务费的金额,借记"其他应付款"科目,贷记"财政拨款收入""零余额账户用款额度""银行存款"等科目。在预算会计部分,按照向外聘人员实际支付的咨询费和劳务费的金额,借"事业支出"科目,贷记"财政拨款预算收入""资金结存"科目。

按照规定代扣代缴个人所得税时,在财务会计部分,按照实际缴纳的金额,借记"其他应交税费——应交个人所得税"科目,贷记"财政拨款收入""零余额账户用款额度""银行存款"科目。在预算会计部分,按照实际缴纳的金额,借记"事业支出"科目,贷记"财政拨款预算收入""资金结存"科目。

例 263 【因开展业务活动支付外聘人员的劳务费和咨询费】本年 11 月 7 日～8 日,学校为了进一步深化新课程改革,解决教师在教学过程中的困惑,打造高效课堂,提高学校的教学质量,学校特聘请两位教育专家为全校教师做了两天培训和现场教学指导。根据有关培训和财务规定,应支付培训专家劳务费 12 000 元,代扣代缴个人所得税为 2 400 元。11 月 25 日,学校通过零余额账户支付外聘专家薪酬,并缴纳代扣的个人所得税。学校编制如下会计分录:

财务会计(5001 业务活动费用)	预算会计(7201 事业支出)
(1) 本年 11 月 8 日,计提时外聘专家劳务费	
借:业务活动费用 12 000 贷:其他应付款——外聘人员劳务费 12 000	—
同时,处理代扣代缴社会个人所得税	
借:其他应付款——外聘人员劳务费 2 400 贷:其他应交税费——应交个人所得税 2 400	—
(2) 本年 11 月 25 日,实际支付外聘专家劳务费	

借:其他应付款——外聘人员劳务费   9 600
  贷:零余额账户用款额度   9 600
	借:事业支出——商品和服务支出——劳务费
	        9 600
	  贷:资金结存 9 600

(3) 本年 11 月 25 日,缴纳代扣个人所得税	

借:其他应交税费——应交个人所得税   2 400
  贷:零余额账户用款额度   2 400
	借:事业支出——商品和服务支出——劳务费
	        2 400
	  贷:资金结存 2 400

3. 开展专业业务活动及其辅助活动而领用库存物品

学校取得材料、物资等入库后备用,记入"库存物品"科目。学校取得库存物品有多种方式,如购置、交换、调拨、接受捐赠等。在不同方式下取得库存物品,需关注库存物品的初始成本,具体会计分录见库存物品的核算。领用库存物品,需根据用途计入有关费用。

开展课堂教学、学生训练等专业业务活动及其辅助活动过程中,领用了材料、物资等库存物品,在财务会计部分,按照领用库存物品的账面余额,借记"业务活动费用"科目,贷记"库存物品"科目。

例264 【购置和领用业务活动所需物品】本年5月11日,学校通过财政直接支付方式支付购置一批实验制剂的金额6 800元,当日验收合格后入库。本月末,财务部门收到库存物品的领用清单显示,本月领用各类实验材料的金额为8 700元。学校编制如下会计分录:

财务会计(5001 业务活动费用)	预算会计(7201 事业支出)
(1)本年5月11日,购置实验制剂	
借:库存物品　　　　　　6 800 　　贷:财政拨款收入　　　　　6 800	借:事业支出——商品和服务支出——专用材料费——实验耗材费　　6 800 　　贷:财政拨款预算收入　　　　6 800
(2)本年5月末,领用各类实验材料	
借:业务活动费用　　　　　8 700 　　贷:库存物品　　　　　　　8 700	——

4. 开展专业业务活动及其辅助活动而使用固定资产、无形资产

取得固定资产、无形资产的使用期限超过1年。学校开展教育教学专业业务活动及其辅助活动过程中,使用教学楼、课桌椅、电教设备等固定资产,使用专利技术等无形资产,需要在开展活动的期间内对进行成本分摊,计入专业业务活动及其辅助活动的费用。

学校取得固定资产、无形资产有多种方式,如购置、交换、调拨、接受捐赠等。在不同方式下取得固定资产、无形资产,需关注固定资产、无形资产的初始成本,具体会计分录见固定资产和无形资产的核算。对于可以计提折旧的固定资产和使用寿命有限的无形资产,在计提固定资产累计折旧和无形资产累计摊销时,根据用途计入有关费用。因此,在业务活动和辅助活动中使用固定资产和无形资产时,在财务会计部分,每月根据使用的固定资产和无形资产应计提折旧、应分摊的累计摊销的金额,借记"业务活动费用"科目,贷记"固定资产累计折旧"科目、"无形资产累计摊销"科目。

例265 【因开展业务活动购置和使用固定资产、无形资产等非流动资产】本年2月,学校通过政府采购平台购置5台电子白板,价款为90 000元。根据协议,学校收到产品并验收合格后15日内向供应商支付款项的90%;产品3个月内无质量问题,在质保期结束后的15日内向供应商支付剩余款项的10%。3月1日,收到电子白板验收后投入教室使用。3月12日,学校通过财政直接支付方式支付电子白板款项的90%。6月10日,学校经资产管理部门确认未发生质量问题,将剩余质保金支付给供应商。以上款项均通过财政直接支付的方式付款。学校对电子白板的折旧年限为5年。学校编制如下会计分录:

财务会计(5001 业务活动费用)	预算会计(7201 事业支出)
(1)本年3月1日,购置电子白板验收后入库	
借:固定资产　　　　　　90 000 　　贷:应付账款　　　　　　81 000 　　　　其他应付款——质保金——专用设备购置 　　　　　　　　　　　　　9 000	——

财务会计（5001 业务活动费用）	预算会计（7201 事业支出）
（2）本年3月12日，支付购置电子白板款项	
借：应付账款　81 000 　贷：财政拨款收入　81 000	借：事业支出——资本性支出——专用设备购置 　　　81 000 　贷：财政拨款预算收入　81 000
（3）本年3月末、4月末、5月末，分别对电子白板计提折旧	
借：业务活动费用　1 500 　贷：固定资产累计折旧　1 500	——
（4）本年6月10日，支付购置电子白板的质保金	
借：其他应付款——质保金——专用设备购置 　　　9 000 　贷：财政拨款收入　9 000	借：事业支出——资本性支出——专用设备购置 　　　9 000 　贷：财政拨款预算收入　9 000

5. 开展专业业务活动及其辅助活动而发生其他各项费用

学校开展专业业务活动及其辅助活动中，除了上述人员经费、消耗实物资源的费用外，还会发生的多种费用化的支出，例如教职工报销因调研、与外校交流和学习等活动发生的差旅费，教职工报销因参加技术技能等培训的培训费，学校举办学术交流、教学技能等会议费；按月支付水费、电费、邮电费、物业管理费等，以及根据维修（护）进度支付设备设施日常维修（护）费。

学校发生上述费用化时，在财务会计部分，按照归属于开展专业活动及其辅助活动的金额，借记"业务活动费用"科目，贷记"财政拨款收入""零余额账户用款额度"等科目。

支付上述费用的款项时，在预算会计部分，按照实际支付的金额，借记"事业支出"科目，贷记"财政拨款预算收入""资金结存"科目。

例266 【开展业务活动发生其他各项费用】本年7月末，某幼儿园收到本月的水费、电费、网络和电话费账单显示，本月发生水费9 600元、电费8 200元、网络和电话费12 000元。学校通过财政直接支付方式支付以上各项费用。学校编制如下会计分录：

财务会计（5001 业务活动费用）	预算会计（7201 事业支出）
本年7月末，支付发生的各项费用	
借：业务活动费用——商品和服务支出——水费 　　　9 600 　业务活动费用——商品和服务支出——电费 　　　8 200 　业务活动费用——商品和服务支出——邮电费 　　　12 000 　贷：财政拨款收入　29 800	借：事业支出——商品和服务支出——水费 　　　9 600 　事业支出——商品和服务支出——电费 　　　8 200 　事业支出——商品和服务支出——邮电费 　　　12 000 　贷：财政拨款预算收入　29 800

（二）先支付后开展活动的业务

预付款项或暂付款项，在财务会计部分，都涉及预先支付款项，后根据业务活动进行结算两个环节；在预算会计部分，在支付款项时如确定明确的资金用途，可进行预算会计部分的核算。

1) 预付款项

开展业务活动过程中发生预付账款,在财务会计部分,按照实际支付的金额,借记"预付账款"科目,贷记"财政拨款收入""零余额账户用款额度""银行存款"等科目。在预算会计部分,按照实际支付的金额,借记"事业支出"科目,贷记"财政拨款预算收入""资金结存"科目。

对于预付账款进行结算时,属于因开展业务活动费用类支付的,在财务会计部分,按照结算的金额,借记"业务活动费用"科目,贷记"预付账款"科目。属于购置开展业务活动的库存物品、固定资产等资产的,应按照购置资产的业务进行核算,后续在开展业务活动过程中实际使用资产时,再计入业务活动费用。

例 267 【预付开展业务活动的各类款项】某职业学校选送部分学生在 7 月 1 日至 8 月 31 日中到企业实习基地进行为期 2 个月的实习。6 月 15 日,学校为这部分学生购买了实习期间的保险,通过财政直接支付方式支付 50 040 元。学校编制如下会计分录:

财务会计(5001 业务活动费用)	预算会计(7201 事业支出)
(1) 本年 6 月 15 日,预付学生实习保险费	

借:预付账款   50 040
  贷:财政拨款收入   50 040
	借:事业支出——商品和服务支出——其他商品和服务支出——学生活动费 50 040
	  贷:财政拨款预算收入 50 040

(2) 本年 7 月 31 日,学生实习期间结算预付实习保险费	
借:业务活动费用 25 020 贷:预付账款 25 020	——
(3) 本年 8 月 31 日,学生实习期间结算预付实习保险费	
借:业务活动费用 25 020 贷:预付账款 25 020	——

例 268 【开展业务活动的预付款项】学校准备在 11 月 10 日举行学生文艺汇演活动。9 月 5 日,学校根据与某剧场签订的协议,预付文艺汇演场地 30% 租金 3 000 元,剩余 70% 租金 11 月底前支付。此外,学校租借某演艺公司的服装道具,9 月 10 日预付租金 1 500 元,押金 20 000 元。11 月 10 日,学校如期举办文艺汇演活动。11 月 12 日,将租借道具还给演艺公司,并办理押金退回手续。11 月 15 日,支付汇演场地租金 7 000 元。学校通过零余额账户支付以上款项。11 月 18 日,收到财政部门的押金退库通知。学校编制如下会计分录:

财务会计(5001 业务活动费用)	预算会计(7201 事业支出)
(1) 本年 9 月 5 日,预付文艺汇演场地租金	

借:预付账款   3 000
  贷:零余额账户用款额度   3 000
	借:事业支出——商品和服务支出——租赁费 3 000
	  贷:资金结存——零余额账户用款额度
	             3 000

财务会计(5001 业务活动费用)	预算会计(7201 事业支出)
(2) 本年9月10日,预付服装道具租金	

借:预付账款 1 500
  贷:零余额账户用款额度 1 500
	借:事业支出——商品和服务支出——租赁费
	  1 500
	  贷:资金结存——零余额账户用款额度
	  1 500

(3) 本年9月10日,暂付服装道具押金	
借:其他应收款 20 000 贷:零余额账户用款额度 20 000	—
(4) 本年11月10日,举行文艺汇演进行结算	

借:业务活动费用 11 500
  贷:预付账款 4 500
    应付账款 7 000	

(5) 本年11月15日,支付剩余场地租金	

借:应付账款 7 000
  贷:零余额账户用款额度 7 000
	借:事业支出——商品和服务支出——租赁费
	  7 000
	  贷:资金结存——零余额账户用款额度
	  7 000

(6) 本年11月18日,收到财政部门的押金退库通知	
借:零余额账户用款额度 20 000 贷:其他应收款 20 000	—

2) 暂付款项

对于支付暂付款项,在财务会计部分,按照暂付款项的金额,借记"其他应收款"科目,贷记"银行存款"等科目。由于未确定实际用途,预算会计部分可暂不进行会计核算。

对于暂付款项进行结算或报销时,在预算会计部分,对属于开展专业业务活动及其辅助活动支出的,按照结算或报销的金额,借记"事业支出"科目,贷记"财政拨款预算收入""资金结存"科目。

(三) 从收入中提取专用基金

按照规定从收入中提取专用基金并计入费用,在财务会计部分,一般按照预算会计下基于预算收入计算提取的金额,借记"业务活动费用"科目,贷记"专用基金"科目。国家另有规定的,从其规定。

例 269 【从收入中按照一定比例计提专用基金】本年9月25日,学校收到财政返还的学费收入 1 600 000 元,根据财务规定按照 5% 的比例提取专用基金。学校编制如下会计分录:

财务会计(5001 业务活动费用)	预算会计(7201 事业支出)
本年9月25日,从收入中按照一定比例提取基金并计入费用	
借:业务活动费用 80 000 贷:专用基金 80 000	—

（四）当年的购货退回等业务

发生当年购货退回等业务,对于已计入本年业务活动费用的,在财务会计部分,按照收回或应收的金额,借记"财政拨款收入""零余额账户用款额度""银行存款""其他应收款"等科目,贷记"业务活动费用"科目。

开展专业业务活动及其辅助活动过程中因购货退回等发生款项退回,或者发生差错更正的,属于当年支出收回的,在预算会计部分,按照收回或更正的金额,借记"财政拨款预算收入""资金结存"科目,贷记"事业支出"科目。

例270 【**本年发生与业务活动相关的购货退回**】本年6月中旬,多名教师反映其领用的光投影笔在使用过程中产品存在质量问题。该批激光笔为学校本年5月统一购入,每支280元,共购入20支,其中12支被领用,货款已于本年5月末通过零余额账户支付。经查,该批次激光笔都具有共性缺陷。学校联系了供应商,经双方协商,学校将购入的激光笔退货,供应商收到后在15内退款给学校。6月26日,学校将20支激光笔快递至供应商处。7月8日,学校收到财政部门的退款通知,5 600元用款额度已经恢复。学校编制如下会计分录:

财务会计(5001 业务活动费用)	预算会计(7201 事业支出)
(1) 本年6月26日,当年购入的激光笔当年退回	
借:其他应收款　　　　　　5 600 　贷:库存物品　　　　　　　　3 360 　　　业务活动费用　　　　　　2 240	——
(2) 本年7月8日,收到退货的退款通知	
借:零余额账户用款额度　　5 600 　贷:其他应收款　　　　　　　5 600	借:资金结存——零余额账户用款额度　5 600 　贷:事业支出——商品和服务支出　　　5 600 　　　　　　　——办公费

（五）年末(期末)结转

1. 财务会计部分结转

年末(期末),将"业务活动费用"科目本期发生额转入本期盈余,借记"本期盈余"科目,贷记"业务活动费用"科目。

2. 预算会计部分结转

年末,将"事业支出"科目本年发生额中的专项资金收入转入非财政拨款结转,借记"非财政拨款结转——本年收支结转"科目,贷记"事业支出"科目下各专项资金支出明细科目;将"事业支出"科目本年发生额中的非专项资金支出转入其他结余,借记"其他结余"科目,贷记"事业支出"科目下各非专项资金支出明细科目。

例271 【**年末(期末)结转**】本年末学校结账前,财务会计部分"业务活动费用"科目的借方发生额为615 000元;预算会计部分"事业支出"的借方发生额为925 000元,其中属于专项资金的支出为415 000元,属于非专项资金的支出为510 000元。学校年末结转时编制如下会计分录：

财务会计（5001 业务活动费用）	预算会计（7201 事业支出）
年末（期末）结转	（1）年末结转，属于专项资金支出
	借：非财政拨款结转——本年收支结转　415 000 　　贷：事业支出——专项资金支出　　　　415 000
借：本期盈余　　　　615 000 　　贷：业务活动费用　　　615 000	（2）年末结转，属于非专项资金支出
	借：其他结余　　　　510 000 　　贷：事业支出——非专项资金支出　　510 000

【解析75】　5101 单位管理费用｜7201 事业支出

一、业务描述

学校的所有业务活动都服务于人才培养，各类活动的目的和作用不同。为了区分学校开展"专业业务活动和辅助活动"与"行政和后勤管理部门开展的后勤管理活动"的成本费用，在财务会计核算时分别用两个费用科目进行核算，学校开展专业活动和辅助活动发生的费用，在"业务活动费用"科目中核算，而开展行政和后勤管理活动发生的费用，在"单位管理费用"科目中核算。学校行政和后勤管理部门开展的管理活动，从限定范围来看，一方面活动的人员是行政和后勤部门人员，另一方面活动的内容是行政管理活动、后勤管理活动和其他管理活动。

二、科目设置

1. 单位管理费用

"单位管理费用"科目是财务会计核算使用的科目，核算学校行政及后勤管理部门开展管理活动发生的各项费用，包括学校行政及后勤管理部门发生的人员经费、公用经费、资产折旧（摊销）等费用，以及由学校统一负担的离退休人员经费、工会经费、诉讼费、中介费等。

为了核算不同对象、不同项目、不同业务使用的资源，"单位管理费用"科目应当按照项目、费用类别、支付对象等进行明细核算。为了满足成本核算需要，"单位管理费用"科目下还可按照"工资福利费用""商品和服务费用""对个人和家庭的补助费用""固定资产折旧费""无形资产摊销费"等成本项目设置明细科目，归集能够直接计入学校管理活动或采用一定方法计算后计入学校管理活动的费用。

期末结转后，"单位管理费用"科目应无余额。

2. 事业支出

"事业支出"科目是预算会计核算使用的科目。学校开展行政和后勤管理活动实际发生的各项现金流出，也通过"事业支出"科目核算。结合学校开展的行政和后勤管理活动，以及部门预算管理的有关要求，明细科目的设置应反映以下信息：

（1）反映业务活动的细分类型。尽管学校开展专业活动和辅助活动的费用在"业务活动费用"科目中核算，开展行政管理、后勤保障等活动的费用在"单位管理费用"科目中核算，但从资金支出的角度，学校可以根据发生的教育、科研、医疗、行政管理、后勤保障等活动,设置"事业支出"科目的明细科目。

(2)反映资金的来源。学校分别按照"财政拨款支出""非财政专项资金支出"和"其他资金支出"进行明细核算。对取得的一般公共预算财政拨款、政府性基金预算财政拨款等财政拨款,还应当在"财政拨款支出"明细科目下按照财政拨款的种类进行明细核算。

(3)反映"基本支出"和"项目支出"的情况。基本支出是学校为完成日常工作任务发生的支出,包括人员支出和公用支出。项目支出是学校为完成特定工作任务发生的支出,如大型购置、大型修缮等,要求专款专用。

(4)反映具体项目的情况。在"项目支出"明细科目下按照具体项目进行明细核算。

(5)反映支出功能分类和经济分类的情况。按照《政府收支分类科目》中"支出功能分类科目"的项级科目进行明细核算。在"基本支出"和"项目支出"明细科目下应当按照《政府收支分类科目》中"部门预算支出经济分类科目"的款级科目进行明细核算。

对于预付款项,可通过在本科目下设置"待处理"明细科目进行明细核算,待确认具体支出项目后再转入本科目下相关明细科目。年末结转前,应将本科目"待处理"明细科目余额全部转入本科目下相关明细科目。

年末结转后,"事业支出"科目应无余额。

三、典型业务

(一) 先开展活动后支付的业务

1. 开展行政和后勤管理活动而发生的人员薪酬

学校行政和后勤管理人员的薪酬分为计提薪酬和支付薪酬两个环节。通常情况下,学校先根据行政和后勤管理人员的工作情况计算薪酬,然后再进行实际支付。

1)计提教职工的薪酬

计提教职工的薪酬时,在财务会计部分,对行政和后勤管理人员按照计算确定应支付的薪酬金额,借记"单位管理费用"科目,贷记"应付职工薪酬"科目;按照税法规定计算应代扣代缴的社会保障缴费、住房公积金和个人所得税金额,借记"应付职工薪酬"科目,贷记"其他应付款"科目和"其他应交税费——应交个人所得税"科目。

2)支付教职工的薪酬

向行政和后勤管理人员支付薪酬时,在财务会计部分,按照向行政和后勤管理人员实际支付工资、津贴补贴等薪酬的金额,借记"应付职工薪酬"科目,贷记"财政拨款收入""零余额账户用款额度""银行存款"等科目。在预算会计部分,按照实际支付的金额,借记"事业支出"科目,贷记"财政拨款预算收入""资金结存"科目。

代缴行政和后勤管理人员的保障性缴费、住房公积金等和个人所得税时,在财务会计部分,按照代缴保障性缴费等和代缴个人所得税的金额,借记"其他应付款"科目和"其他应交税费——应交个人所得税"科目,贷记"财政拨款收入""零余额账户用款额度""银行存款"等科目。在预算会计部分,按照实际代缴的金额,借记"事业支出"科目,贷记"财政拨款预算收入""资金结存"科目。

例 272 【计提并发放行政和后勤管理人员薪酬】本年 4 月末,学校人事科室根据教职工的职级、工作业绩、考勤等情况制作薪酬发放表,学校的行政和后勤部门 4 月教职工薪酬总额为 550 000 元,其中应代扣代缴的社会保障缴费为 27 500 元,应代扣代缴的个人所得税为 33 000 元。5 月 5 日,通过财政直接支付方式发放行政和后勤部门教职工薪酬,并代缴教职工的社会保障缴费和个人所得税。学校编制如下会计分录:

财务会计(5101 单位管理费用)	预算会计(7201 事业支出)
(1) 本年 4 月末,计提行政和后勤管理部门的教职工薪酬	
借:单位管理费用　　　　　　550 000 　　贷:应付职工薪酬　　　　　　550 000	—
同时,处理代扣代缴社会保障缴费和个人所得税	
借:应付职工薪酬——基本工资　　60 500 　　贷:其他应付款　　　　　　　27 500 　　　其他应交税费——应交个人所得税　33 000	—
(2) 本年 5 月 5 日,财政直接支付方式发放行政和后勤管理部门的教职工薪酬	
借:应付职工薪酬——基本工资　　489 500 　　贷:财政拨款收入　　　　　　489 500	借:事业支出——工资和福利支出 489 500 　　贷:财政拨款预算收入　　　　489 500
(3) 本年 5 月 5 日,实际缴纳管理和后勤部门教职工的社会保障缴费和个人所得税	
借:其他应付款　　　　　　　27 500 　其他应交税费——应交个人所得税　33 000 　　贷:财政拨款收入　　　　　　60 500	借:事业支出——工资和福利支出　60 500 　　贷:财政拨款预算收入　　　　60 500

2. 开展行政和后勤管理活动而发生的外聘人员咨询费和劳务费

学校因聘任校外专家开展财务咨询、法律咨询等活动,需向受聘专家和劳务人员支付咨询费和劳务费。这通常分两个环节,一是根据工作量和劳务费标准计提咨询费和劳务费,二是实际支付咨询费和劳务费。

1) 计提咨询费和劳务费

计提外聘专家的咨询费和外聘劳务人员的咨询费和劳务费时,在财务会计部分,根据外聘人员的实际工作计算应支付咨询费和劳务费的金额,借记"单位管理费用"科目,按照代扣代缴个人所得税的金额,贷记"其他应交税费——应交个人所得税"科目,按照扣税后应付或实际支付的金额,贷记"其他应付款"科目。

2) 实际支付咨询费和劳务费

实际支付外聘专家的咨询费和外聘人员的劳务费时,在财务会计部分,原计入其他应付款的,按照实际支付咨询费和劳务费的金额,借记"其他应付款"科目,贷记"财政拨款收入""零余额账户用款额度""银行存款"等科目。在预算会计部分,按照实际支付的数额,借"事业支出"科目,贷记"财政拨款预算收入""资金结存"科目。

按照规定代扣代缴个人所得税时,在财务会计部分,按照实际缴纳的金额,借记"其他应交税费——应交个人所得税"科目,贷记"财政拨款收入""零余额账户用款额度""银行存款"科目。在预算会计部分,按照实际缴纳的金额,借记"事业支出"科目,贷记"财政拨款预算收入""资金结存"科目。

例 273 【结算后勤服务的劳务派遣服务费】学校食堂实行自主经营,通过招投标与某具有独立法人资质的餐饮服务机构签订了食堂劳务用工派遣服务协议,由餐饮服务机构派遣人员开展食堂的餐饮服务。双方约定每月结算劳务派遣服务费。本年 3 月 25 日,学校根据双方签订的合同向餐饮机构支付当月劳务派遣劳务费 160 000 元,款项通过财政直接支付方式支付。学校编制如下会计分录:

财务会计(5101 单位管理费用)	预算会计(7201 事业支出)
本年 3 月 25 日,结算食堂劳务派遣劳务费	
借:单位管理费用　　　　　160 000 　贷:财政拨款收入　　　　　　160 000	借:事业支出——工资和福利支出——其他工资福利支出——外聘教职工支出 　　　　　　　　　　　　　　160 000 　贷:财政拨款预算收入　　　　160 000

例274 【因开展行政和后勤管理活动支付外聘人员的咨询费和劳务费】本年 1 月 28 日,学校聘请一名律师审核经济合同,劳务费 2 000 元,代扣代缴个人所得税为 400 元,实际支付 1 600 元。学校通过零余额账户支付外聘专家薪酬,并缴纳代扣的个人所得税。学校编制如下会计分录:

财务会计(5101 单位管理费用)	预算会计(7201 事业支出)
(1) 本年 1 月 28 日,计提时外聘专家劳务费	
借:单位管理费用　　　　　2 000 　贷:其他应付款　　　　　　2 000	——
同时,处理代扣代缴社会个人所得税	
借:其他应付款　　　　　　400 　贷:其他应交税费——应交个人所得税　400	——
(2) 本年 1 月 28 日,实际支付外聘专家劳务费	
借:其他应付款　　　　　　1 600 　贷:零余额账户用款额度　　　1 600	借:事业支出——商品和服务支出——咨询费 　　　　　　　　　　　　　　1 600 　贷:资金结存　　　　　　　　1 600
(3) 本年 1 月 28 日,缴纳代扣个人所得税	
借:其他应交税费——应交个人所得税　400 　贷:零余额账户用款额度　　　400	借:事业支出——商品和服务支出——咨询费 　　　　　　　　　　　　　　400 　贷:资金结存　　　　　　　　400

3. 计提并支付由学校统一负担的离退休人员经费

学校统一负担的离退休人员经费,分为计提和发放两个环节。通常情况下,学校先根据行离退休人员的离休金和退休金标准计算应发放的金额,然后再进行实际支付。

1) 计提离退休人员的离退休金

计提离退休人员的离退休金时,在财务会计部分,按照有关政策计算确定应支付离退休人员的离退休金的金额,借记"单位管理费用"科目,贷记"应付职工薪酬"科目。

2) 支付离退休人员的离退休金

支付离退休人员的离退休金时,在财务会计部分,按照向离退休人员支付离退休金的金额,借记"应付职工薪酬"科目,贷记"财政拨款收入""零余额账户用款额度""银行存款"等科目。在预算会计部分,按照实际支付的数额,借"事业支出"科目,贷记"财政拨款预算收入""资金结存"科目。

4. 开展行政和后勤管理活动而领用库存物品

学校取得材料、物资等入库后备用,记入"库存物品"科目。领用库存物品,需根据用途计入有关费用。开展行政和后勤管理活动中领用库存用品,在财务会计部分,按照领用库存物品的账面余额,借记"单位管理费用"科目,贷记"库存物品"科目。

例 275 【购置和领用行政和后勤管理活动所需物品】本年 7 月 11 日,学校为改善学生住宿条件,通过财政直接支付方式支付新购置一批台灯和窗帘,金额为 286 800 元,当日验收合格后入库。7 月末,财务部门收到库存物品的领用清单显示,台灯和窗帘已经领用。学校编制如下会计分录:

财务会计(5101 单位管理费用)	预算会计(7201 事业支出)
(1) 本年 7 月 11 日,购置学生宿舍的台灯和窗帘	

借:库存物品   286 800
  贷:财政拨款收入   286 800
	借:事业支出——商品和服务支出——专用材料费——其他材料费 286 800
	  贷:财政拨款预算收入 286 800

(2) 本年 7 月末,领用学生宿舍的台灯和窗帘	
借:单位管理费用 286 800 贷:库存物品 286 800	—

5. 开展行政和管理活动而购置和使用固定资产、无形资产

取得固定资产、无形资产的使用期限超过 1 年,对于可以计提折旧的固定资产和使用寿命有限的无形资产,在计提固定资产累计折旧和无形资产累计摊销时,根据用途计入有关费用。学校行政及后勤管理部门开展管理活动过程中,使用固定资产和无形资产时,在财务会计部分,每月根据使用的固定资产和无形资产应计提折旧、应分摊的累计摊销的金额,借记"单位管理费用"科目,贷记"固定资产累计折旧"科目、"无形资产累计摊销"科目。

例 276 【开展行政和后勤活动而购置和使用固定资产、无形资产等非流动资产】本年 7 月,学校通过政府采购平台购置学生宿舍楼使用的一批家具,包括床、衣柜、书桌、书架、座椅,价款 540 000 元。根据协议,学校收到产品并验收合格后 15 日内向供应商支付款项的 95%;产品 3 个月内无质量问题,在质保期结束后的 15 日内向供应商支付剩余款项的 5%。8 月 25 日,收到家具后进行了安装。9 月 5 日,学校支付学生宿舍款项的 95%。12 月 10 日,学校经资产管理部门确认未发生质量问题,将剩余质保金支付给供应商。以上款项均通过财政直接支付方式付款。学校对学生宿舍家具的折旧年限为 15 年。学校编制如下会计分录:

财务会计(5101 单位管理费用)	预算会计(7201 事业支出)
(1) 本年 8 月 25 日,购置宿舍用家具并验收后入库	

借:固定资产   540 000
  贷:应付账款   513 000
     其他应付款——质保金   27 000
	—

中小学校执行新政府会计准则制度的实务解析

财务会计（5101 单位管理费用）	预算会计（7201 事业支出）
（2）本年 9 月 5 日，支付购置宿舍用家具的款项	
借：应付账款　　　　　　513 000 　　贷：财政拨款收入　　　　　513 000	借：事业支出——资本性支出——其他资本性支出——家具、用具和装具购置　513 000 　　贷：财政拨款预算收入　　　　513 000
（3）本年 9 月、10 月、11 月，分别对学生宿舍用家具计提累计折旧	
借：单位管理费用　　　　　3 000 　　贷：固定资产累计折旧　　　3 000	——
（4）本年 12 月 10 日，支付购置学生宿舍用家具的质保金	
借：其他应付款　　　　　27 000 　　贷：财政拨款收入　　　　27 000	借：事业支出——资本性支出——其他资本性支出——家具、用具和装具购置　27 000 　　贷：财政拨款预算收入　　　　27 000

6. 开展行政和后勤管理活动而发生其他各项费用

因诉讼纠纷发生诉讼费或其他属于行政和后勤活动发生的其他费用时，在财务会计部分，按照费用确认金额，借记"单位管理费用"科目，贷记"财政拨款收入""零余额账户用款额度""银行存款"等科目。

支付诉讼费或其他属于行政和后勤活动发生的其他费用时，在预算会计部分，按照实际支付的金额，借记"事业支出"科目，贷记"财政拨款预算收入""资金结存"科目。

例 277 【因开展行政和后勤管理活动发生其他各项费用】本年 4 月 22 日，因经济纠纷，学校通过零余额账户支付的方式诉讼费 1 350 元。学校编制如下会计分录：

财务会计（5101 单位管理费用）	预算会计（7201 事业支出）
本年 4 月 22 日，支付诉讼费	
借：单位管理费用　　　　　1 350 　　贷：零余额账户用款额度　　1 350	借：事业支出——商品和服务支出——其他商品和服务支出——诉讼费　1 350 　　贷：资金结存　　　　　　　1 350

例 278 【因开展行政和后勤管理活动发生其他各项费用】本年 7 月末，某住宿制学校的宿舍区收到本月的水费、电费账单显示，本月发生水费 8 600 元、电费 4 200 元。学校通过财政直接支付方式支付以上各项费用。学校编制如下会计分录：

财务会计（5101 单位管理费用）	预算会计（7201 事业支出）
本年 7 月末，支付学生宿舍发生的各项费用	
借：单位管理费用　　　　12 800 　　贷：财政拨款收入　　　　12 800	借：事业支出——商品和服务支出——水费 　　　　　　　　　　　　　8 600 　　事业支出——商品和服务支出——电费 　　　　　　　　　　　　　4 200 　　贷：财政拨款预算收入　　12 800

（二）先支付后开展活动的业务

开展行政和后勤管理活动而发生预付款项或暂付款项,在财务会计部分,都涉及预先支付款项,后根据业务活动进行结算两个环节;在预算会计部分,在支付款项时如确定明确的资金用途,可进行预算会计部分的核算。

1. 预付款项

开展行政和后勤管理活动过程中发生预付款项,在财务会计部分,按照实际支付的金额,借记"预付账款"科目,贷记"财政拨款收入""零余额账户用款额度""银行存款"等科目。对于预付账款进行结算时,属于因开展行政和后勤管理活动的费用的,在财务会计部分,按照结算的金额,借记"单位管理费用"科目,贷记"预付账款"科目。属于购置开展单位行政和后勤管理活动的库存物品、固定资产等资产的,应按照购置资产的业务进行核算,后续在开展行政和后勤管理活动过程中实际使用资产时,再计入单位管理费用。

在预算会计部分,按照实际支付的金额,借记"事业支出"科目,贷记"财政拨款预算收入""资金结存"科目。

例279 【预付开展行政和后勤管理活动的各类款项】本年 1 月 5 日,某住宿制学校根据协议向物业管理公司预付学生第一个月的物业管理费 50 000 元,款项通过财政直接支付的方式支付。学校编制如下会计分录:

财务会计(5101 单位管理费用)	预算会计(7201 事业支出)
（1）本年 1 月 5 日,预付学生宿舍的物业管理费	

借:预付账款   50 000
  贷:财政拨款收入   50 000
	借:事业支出——商品和服务支出——物业管理费 50 000
	  贷:财政拨款预算收入 50 000

（2）本年 1 月 31 日,结算学生宿舍第一个月的物业管理费	
借:单位管理费用 50 000 贷:预付账款 50 000	——

2. 暂付款项

对于支付暂付款项,在财务会计部分,按照暂付款项的金额,借记"其他应收款"科目,贷记"银行存款"等科目。由于未确定实际用途,预算会计部分可暂不进行会计核算。

对于暂付款项进行结算或报销时,在预算会计部分,归属于开展行政和后勤管理活动支出的,按照结算或报销的金额,借记"事业支出"科目,贷记"财政拨款预算收入""资金结存"科目。

（三）当年的购货退回等业务

发生当年购货退回等业务,对于已计入本年单位管理费用的,在财务会计部分,按照收回或应收的金额,借记"财政拨款收入""零余额账户用款额度""银行存款""其他应收款"等科目,贷记"单位管理费用"科目。

开展行政和后勤管理活动过程中因购货退回等发生款项退回,或者发生差错更正的,属于当年支出收回的,在预算会计部分,按照收回或更正的金额,借记"财政拨款预算收入""资金结存"科目,贷记"事业支出"科目。

例280 【本年发生与行政和后勤管理活动相关的购货退回】本年 10 月中旬,多名学生反映其寝室的台灯在使用过程中产品存在质量问题。该批台灯为学校本年8月统一购入,货款240 000元已于本年9月初通过零余额账户支付。经查,该批次产品都具有共性缺陷。学校联系了供应商,经双方协商,学校将购入的台灯退货,供应商收到后在10内退款给学校。9月20日,学校将台灯快递至供应商处。10月12日,学校收到财政部门的退款通知,240 000元用款额度已经恢复。学校编制如下会计分录:

财务会计(5101 单位管理费用)	预算会计(7201 事业支出)
(1) 本年9月20日,当年购入的学生宿舍用台灯当年退回	
借:其他应收款　　　　　240 000 　　贷:单位管理费用　　　　　240 000	—
(2) 本年10月12日,收到退货的退款通知	
借:零余额账户用款额度　　240 000 　　贷:其他应收款　　　　　240 000	借:资金结存　　　　　　240 000 　　贷:事业支出　　　　　　240 000

(四) 年末(期末)结转

1. 财务会计部分结转

年末(期末),将"单位管理费用"科目本期发生额转入本期盈余,借记"本期盈余"科目,贷记"单位管理费用"科目。

2. 预算会计部分结转

年末,将"事业支出"科目本年发生额中的专项资金收入转入非财政拨款结转,借记"非财政拨款结转——本年收支结转"科目,贷记"事业支出"科目下各专项资金支出明细科目;将"事业支出"科目本年发生额中的非专项资金支出转入其他结余,借记"其他结余"科目,贷记"事业支出"科目下各非专项资金明细科目。

例281 【年末(期末)结转】本年末学校结账前,财务会计部分"单位管理费用"科目的借方发生额为515 000元;预算会计部分"事业支出"的借方发生额为825 000元,其中属于专项资金收入的支出为315 000元,属于非专项资金收入的支出为510 000元。学校年末结转时编制如下会计分录:

财务会计(5101 单位管理费用)	预算会计(7201 事业支出)
年末(期末)结转	(1) 年末结转,属于专项资金支出
	借:非财政拨款结转——本年收支结转　315 000 　　贷:事业支出——专项资金支出　　　315 000
借:本期盈余　　　　　515 000 　　贷:单位管理费用　　　　515 000	(2) 年末结转,属于非专项资金支出
	借:其他结余　　　　　　510 000 　　贷:事业支出——非专项资金支出　　510 000

四、业务辨析

业务活动费用和单位管理费用的区分:

政府会计主体取得财政拨款,向社会公众提供公共服务。区分政府会计主体的业务活动费用和单位管理费用,有助于反映各类公共服务耗费的直接费用和费用成本。从科目定义来看,"业务活动费用"科目核算的是学校开展"专业业务活动和辅助活动"的费用,而"单位管理费用"科目核算的是开展"行政和后勤管理部门开展的后勤管理活动"的费用。对于学校而言,培养德智体美劳全面发展的社会主义接班人,要形成全员、全过程、全方位育人格局,从广义上理解,学校办学过程中发生绝大多数资源耗费都与育人有关,因而业务活动费用和单位管理费用都构成了学校的育人成本。

为了进一步准确反映学校用于开展教育教学活动的费用,结合政府会计制度的科目设定,需进一步对"单位管理费用"加以明确。区分业务活动费用和单位管理费用,可以从使用经济资源的对象、用途、管理方式等方面来判断。具体而言,可以从以下几个方面理解单位管理费用的核算范围:

(1)纳入单位管理费用的行政及后勤管理部门人员经费,是指主要从事行政及后勤工作人员的经费。对于中小学校既承担教学任务又承担部分行政或后勤工作的人员经费,根据岗位划分和承担的主要工作来区分计入业务活动费用或单位管理费用。

(2)纳入单位管理费用的行政及后勤管理部门公用经费,是指行政及后勤管理部门使用的公用经费。如果行政及后勤管理部门支付,但属于开展学校教育教学活动的,应计入业务活动费用。例如,普通学校使用的水电费等资源耗费,主要用于学校教学设施,是教育教学活动的基本条件,需计入业务活动费用;但如果是住宿制学校的学生宿舍是为学生提供生活保障,学生宿舍发生水电费,就需要计入单位管理费用。

(3)纳入单位管理费用的行政及后勤管理部门使用资产的折旧和摊销,限定的是行政及后勤管理部门使用的资产。因而,从使用对象来看,固定资产或无形资产主要由行政及后勤管理部门使用。对于师生共同使用的多用途固定资产或无形资产,所计提的折旧和摊销,应计入业务活动费用。

(4)学校统一负担的离退休人员经费、工会经费、诉讼费、中介费等,与学生的教育教学不直接相关,也纳入单位管理费用的核算范围。

【解析76】 5201 经营费用|7301 经营支出

一、业务描述

学校办学的主要目的是开展教育教学活动培养人才。非义务教育阶段学校在专业业务活动及其辅助活动之外,开展了非独立核算经营活动,利用其教育教学过程中的产品或服务专长获得收益,应对经营活动的收入、费用,以及预算收入和预算支出进行核算。

非义务教育阶段学校开展非独立核算经营活动,应当以不影响正常教育教学活动为前提,且收入和费用、预算收入和预算支出的核算不能与正常教育教学活动的核算混淆。在开展非独立核算经营活动中,应当加强经济核算,正确归集实际发生的各项费用;不能直接归集的,应当按照规定的比例合理分摊。

二、科目设置

1. 经营费用

"经营费用"科目是财务会计核算使用的科目,核算学校在专业业务活动及其辅助活动之外开展非独立核算经营活动发生的各项费用。

"经营费用"科目应当按照经营活动类别、项目、支付对象等进行明细核算。为了满足成本核算需要,本科目下还可按照"工资福利费用""商品和服务费用""对个人和家庭的补助费用""固定资产折旧费""无形资产摊销费"等成本项目设置明细科目,归集能够直接计入学校经营活动或采用一定方法计算后计入学校经营活动的费用。

期末结转后,"经营费用"科目应无余额。

2. 经营支出

"经营支出"科目是预算会计核算使用的科目,核算学校在专业业务活动及其辅助活动之外开展非独立核算经营活动实际发生的各项现金流出。

"经营支出"科目应当按照经营活动类别、项目、《政府收支分类科目》中"支出功能分类科目"的项级科目和"部门预算支出经济分类科目"的款级科目等进行明细核算。

对于预付款项,可通过在"经营支出"科目下设置"待处理"明细科目进行明细核算,待确认具体支出项目后再转入"经营支出"科目下相关明细科目。年末结转前,应将"经营支出——待处理"明细科目余额全部转入"经营支出"科目下相关明细科目。

年末结转后,"经营支出"科目应无余额。

三、典型业务

(一) 先开展活动后支付的业务

1. 开展经营活动而发生的人员薪酬

学校开展经营活动人员发生的薪酬分为计提薪酬和支付薪酬两个环节。通常情况下,学校先根据经营活动人员的工作情况计算薪酬,然后再进行实际支付。

1) 计提经营活动人员的薪酬

计提教职工薪酬时,在财务会计部分,对开展经营活动人员按照计算确定应支付的薪酬金额,借记"经营费用"科目,贷记"应付职工薪酬"科目;按照税法规定计算应代扣代缴的社会保障缴费、住房公积金和个人所得税金额,借记"应付职工薪酬"科目,贷记"其他应付款"科目和"其他应交税费——应交个人所得税"科目。

2) 支付经营活动人员的薪酬

支付教职工薪酬时,在财务会计部分,按照向经营活动人员实际支付工资、津贴补贴等薪酬的金额,借记"应付职工薪酬"科目,贷记"银行存款"等科目。在预算会计部分,按照实际支付薪酬的金额,借"经营支出"科目,贷记"资金结存"科目。

代缴经营活动人员的社会保障缴费、住房公积金和个人所得税时,在财务会计部分,按照代缴或缴纳的金额,借记"其他应付款"科目和"其他应交税费——应交个人所得税"科目,贷记"财政拨款收入""零余额账户用款额度""银行存款"科目。在预算会计部分,按照实际代缴的金额,借记"经营支出"科目,贷记"财政拨款预算收入""资金结存"科目。

例282 【因开展经营活动计提并支付人员的薪酬】本年7月末,某餐饮职业技术学校利用周末开设培训班,人事科室根据开设培训班和参与培训人员的培训学时等情况制作薪酬发放表,7月与经营活动有关的人员薪酬总额为120 000元,其中应代扣代缴的社会保障缴费为6 000元,应代扣代缴的个人所得税为9 600元。8月5日,通过银行存款方式发放人员薪酬,并代缴经营人员的社会保障缴费和个人所得税。学校编制如下会计分录:

财务会计(5201 经营费用)		预算会计(7301 经营支出)	
(1) 本年 7 月末,计提经营人员的薪酬			
借:经营费用 120 000		—	
贷:应付职工薪酬 120 000			
同时,处理代扣代缴社会保障缴费和个人所得税			
借:应付职工薪酬 15 600		—	
贷:其他应付款 6 000			
其他应交税费——应交个人所得税 9 600			
(2) 本年 8 月 5 日,发放经营人员薪酬			
借:应付职工薪酬 10 400		借:经营支出 10 400	
贷:银行存款 10 400		贷:资金结存 10 400	
(3) 本年 8 月 5 日,实际缴纳教职工的社会保障缴费和个人所得税			
借:其他应付款 6 000		借:经营支出 15 600	
其他应交税费——应交个人所得税 9 600		贷:资金结存 15 600	
贷:银行存款 15 600			

2. 开展经营活动而发生的外聘人员的咨询费和劳务费

在开展经营活动过程中,学校聘任校外专家和劳务人员开展进行专业咨询和劳务,需向外聘专家和劳务人员支付咨询费和劳务费。这通常分两个环节,一是根据工作量和劳务费标准计提咨询费和劳务费,二是实际支付咨询费和劳务费。

1) 计提咨询费和劳务费

计提外聘专家的咨询费和外聘劳务人员的咨询费和劳务费时,在财务会计部分,根据外聘人员的实际工作计算应支付咨询费和劳务费的金额,借记"经营费用"科目,按照代扣代缴个人所得税的金额,贷记"其他应交税费——应交个人所得税"科目,按照扣税后应付或实际支付的金额,贷记"其他应付款"科目。

2) 实际支付咨询费和劳务费

实际支付外聘专家的咨询费和外聘人员的劳务费时,在财务会计部分,原计入其他应付款的,按照实际支付咨询费和劳务费的金额,借记"其他应付款"科目,贷记"银行存款"等科目。在预算会计部分,按照实际支付的数额,借记"经营支出"科目,贷记"资金结存"科目。

按照规定代扣代缴个人所得税时,在财务会计部分,按照实际缴纳的金额,借记"其他应交税费——应交个人所得税"科目,贷记"银行存款"等科目。在预算会计部分,按照实际缴纳的金额,借记"经营支出"科目,贷记"资金结存"科目。

例 283 【因开展经营活动支付外聘人员的咨询费和劳务费】本年某中等职业学校技术学校特聘请一专业人员为学校的培训活动设计一款宣传画册,设计费为 3 500 元,代扣代缴个人所得税为 700 元。11 月 18 日,学校收到宣传画册。11 月 20 日,学校通过银行存款支付外聘人员薪酬,并缴纳代扣的个人所得税。学校编制如下会计分录:

财务会计(5201 经营费用)	预算会计(7301 经营支出)
(1) 本年 11 月 18 日,计提时外聘专家劳务费	
借:经营费用　　　　　3 500　　　　　 　贷:其他应付款　　　　　3 500	—
同时,处理代扣代缴社会个人所得税	
借:其他应付款　　　　　700　　　　　 　贷:其他应交税费——应交个人所得税　　700	—
(2) 本年 11 月 20 日,实际支付外聘专家劳务费	
借:其他应付款　　　　　2 800　　　　　 　贷:银行存款　　　　　2 800	借:经营支出　　　　　2 800　　　　　 　贷:资金结存　　　　　2 800
(3) 本年 11 月 20 日,缴纳代扣个人所得税	
借:其他应交税费——应交个人所得税　700 　贷:银行存款　　　　　700	借:经营支出　　　　　700　　　　　 　贷:资金结存　　　　　700

3. 开展经营活动领用库存物品

学校取得材料、物资等入库后备用,记入"库存物品"科目。领用库存物品,需根据用途计入有关费用。开展经营活动中领用库存用品,在财务会计部分,按照领用库存物品的账面余额,借记"经营费用"科目,贷记"库存物品"科目。

例 284 【购置和领用经营活动所需物品】本年 5 月 11 日,学校通过银行存款支付方式支付购置一批用于经营活动的材料金额 6 800 元,当日验收合格后入库。本月末,财务部门收到库存物品的领用清单显示,本月开展经营活动领用的材料金额为 2 700 元。学校编制如下会计分录:

财务会计(5201 经营费用)	预算会计(7301 经营支出)
(1) 本年 5 月 11 日,购置材料	
借:库存物品　　　　　6 800　　　　　 　贷:银行存款　　　　　6 800	借:经营支出　　　　　6 800　　　　　 　贷:资金结存　　　　　6 800
(2) 本年 5 月末,开展经营活动领用各类材料	
借:经营费用　　　　　2 700　　　　　 　贷:库存物品　　　　　2 700	—

4. 开展经营活动而购置和使用固定资产、无形资产

取得固定资产、无形资产的使用期限超过 1 年。对于固定资产和使用寿命有限的无形资产,在计提固定资产累计折旧和无形资产累计摊销时,根据用途计入有关费用。学校开展经营活动过程中,使用固定资产和无形资产时,在财务会计部分,每月根据使用的固定资产和无形资产应计提累计折旧、应分摊的累计摊销的金额,借记"经营费用"科目,贷记"固定资产累计折旧"科目、"无形资产累计摊销"科目。

例 285 【因开展经营活动购置和使用固定资产、无形资产等非流动资产】某职业技术学校,为将产品进行包装出售,购置 1 台产品包装机,价款 18 000 元。根据协议,学校

收到包装机并验收合格后 15 日内向供应商支付款项的 90%；如 3 个月内无质量问题，在质保期结束后的 15 日内向供应商支付剩余款项的 10%。3 月 1 日，收到包装机收后在经营活动中投入使用。3 月 12 日，学校通过银行存款支付方式支付了包装机款项的 90%。6 月 10 日，学校经资产管理部门确认未发生质量问题，将剩余质保金支付给供应商。学校对包装机的折旧年限为 10 年。学校编制如下会计分录：

财务会计（5201 经营费用）		预算会计（7301 经营支出）	
（1）本年 3 月 1 日，购置包装机验收后入库			
借：固定资产	18 000		
贷：应付账款	16 200	—	
其他应付款	1 800		
（2）本年 3 月 12 日，支付包装机款项			
借：应付账款	16 200	借：经营支出	16 200
贷：银行存款	16 200	贷：资金结存	16 200
（3）本年 3 月、4 月、5 月，分别对经营活动用包装机计提累计折旧			
借：经营费用	150		
贷：固定资产累计折旧	150	—	
（4）本年 6 月 10 日，支付购置包装机的质保金			
借：其他应付款	1 800	借：经营支出	1 800
贷：银行存款	1 800	贷：资金结存	1 800

5. 开展经营活动而发生其他各项费用

收到水费、电费等账单，在财务会计部分，按照属于经营活动的水费、电费等金额，借记"经营费用"科目，贷记"应付账款""银行存款"等科目。

支付水费、电费等账单时，在财务会计部分，原计入应付账款的，需按照实际支付水费、电费的金额，借记"应付账款"科目，贷记"银行存款"科目。支付水费、电费等账单时，在预算会计部分，按照实际支付的金额，借记"经营支出"科目，贷记"资金结存"科目。

例 286 【因开展业务活动发生其他各项费用】本年 7 月末，某职业技术学校收到本月的水费、电费账单，其中因开展经营活动发生的水费 2 600 元、电费 3 200 元。学校通过银行存款支付方式支付以上各项费用。学校编制如下会计分录：

财务会计（5201 经营费用）		预算会计（7301 经营支出）	
本年 7 月末，支付经营活动发生的各项费用			
借：经营费用	5 800	借：经营支出	5 800
贷：银行存款	5 800	贷：资金结存	5 800

6. 开展经营活动而发生税金及附加、其他税费

1）计算缴纳税费

因开展经营活动发生的城市维护建设税、教育费附加、地方教育费附加、车船税、房产税、城镇土地使用税等，在财务会计部分，按照计算确定应交纳的金额，借记"经营费用"科目,贷记"其他应交税费"等科目。

开展经营活动发生其他各项费用时,在财务会计部分,按照费用确认金额,借记"经营费用"科目,贷记"银行存款""应付账款""其他应付款"等科目。

2) 实际缴纳税费

实际缴纳因开展经营活动的相关税费以及发生的其他各项支出,在财务会计部分,原记入"应付账款""其他应付款"等科目的,按照实际缴纳税费的金额,借记"其他应交税费""应付账款""其他应付款"等科目,贷记"银行存款"科目。

实际缴纳因开展经营活动的相关税费以及发生的其他各项支出时,在预算会计部分,按照实际支付的金额,借记"经营支出"科目,贷记"资金结存"科目。

例287 【学校因开展业务活动负担税金及附加】本年7月末,某职业学校因开展经营活动计算应缴纳的应交房产税4 500元、城镇土地使用税1 500元。8月3日,学校通过银行存款缴纳以上税金和税费。学校编制如下会计分录:

财务会计(5201 经营费用)	预算会计(7301 经营支出)
(1) 本年7月末,确认经营活动应缴纳的其他应交税费	
借:经营费用　　　　　　　　6 000 　贷:其他应交税费——应交房产税　　4 500 　　　其他应交税费——应交城镇土地使用税 　　　　　　　　　　　　　　1 500	—
(2) 本年8月3日,支付其他应交税费	
借:其他应交税费——应交房产税　　4 500 　　其他应交税费——应交城镇土地使用税 　　　　　　　　　　　　　　1 500 　　贷:银行存款　　　　　　　6 000	借:经营支出　　　　　　　6 000 　贷:资金结存　　　　　　　6 000

(二) 先支付后开展活动的业务

预付款项或暂付款项,在财务会计部分,都涉及预先支付款项,后根据业务活动进行结算两个环节;在预算会计部分,在支付款项时如确定明确的资金用途,可进行预算会计部分的核算。

1. 预付款项

开展经营活动过程中发生预付账款,在财务会计部分,按照实际支付的金额,借记"预付账款"科目,贷记"财政拨款收入""零余额账户用款额度""银行存款"科目。在预算会计部分,按照实际支付的金额,借记"经营支出"科目,贷记"资金结存"科目。

对于预付账款进行结算时,属于因开展经营活动的费用的,在财务会计部分,按照结算的金额,借记"经营费用"科目,贷记"预付账款"科目。属于购置开展经营活动的库存物品、固定资产等资产的,应按照购置资产的业务进行核算,后续在开展经营活动过程中实际使用资产时,再记入经营费用。

2. 暂付款项

对于支付暂付款项,在财务会计部分,按照暂付款项的金额,借记"其他应收款"科目,贷记"银行存款"科目。由于未确定实际用途,预算会计部分可暂不进行会计核算。

对于暂付款项进行结算或报销时,在预算会计部分,归属于经营活动支出的,按照结算或报销的金额,借记"经营支出"科目,贷记"资金结存"科目。

例 288 【预付开展经营活动的各类款项】某职业技术学校开设周末培训班,租赁另一单位的场地作为周末培训班经营场所,每月租金为 10 000 元。本年 6 月 20 日,学校通过银行存款预付了 7 月份的租金。学校编制如下会计分录:

财务会计(5201 经营费用)		预算会计(7301 经营支出)	
(1) 本年 6 月 20 日,预付经营场所的租金			
借:预付账款	10 000	借:经营支出	10 000
贷:银行存款	10 000	贷:资金结存	10 000
(2) 本年 7 月 31 日,结算预付经营场所的租金			
借:经营费用	10 000	—	
贷:预付账款	10 000		

(三) 当年的购货退回等业务

发生当年购货退回等业务,对于已计入本年经营费用的,在财务会计部分,按照收回或应收的金额,借记"银行存款""其他应收款"等科目,贷记"经营费用"科目。

开展经营活动过程中因购货退回等发生款项退回,或者发生差错更正的,属于当年支出收回的,在预算会计部分,按照收回或更正的金额,借记"资金结存"科目,贷记"经营支出"科目。

例 289 【本年发生与经营活动相关的购货退回】本年 6 月中旬,某职业技术学校教师在对外经营性培训过程中发现其领用的一批材料存在质量问题。该批材料为学校本年 5 月统一购入,货款 8 000 元已于本年 5 月末通过银行存款方式支付,被领用的部分为 1 400 元。经查,该批次材料都具有共性缺陷。学校联系了供应商,经双方协商,学校将购入的材料退货,供应商收到后在 10 内退款给学校。6 月 28 日,学校将更换后的材料快递至供应商处。7 月 7 日,学校收到银行的退款到账通知。学校编制如下会计分录:

财务会计(5201 经营费用)		预算会计(7301 经营支出)	
(1) 本年 6 月 28 日,当年购入用于经营活动的材料当年退回			
借:其他应收款	8 000	—	
贷:库存物品	6 600		
经营费用	1 400		
(2) 本年 7 月 7 日,收到退货的退款通知			
借:银行存款	8 000	借:资金结存	8 000
贷:应收账款	8 000	贷:经营支出	8 000

(四) 年末(期末)结转

1. 财务会计部分结转

年末(期末),将"经营费用"科目本期发生额转入本期盈余,借记"本期盈余"科目,贷记"经营费用"科目。

2. 预算会计部分结转

年末,将"经营支出"科目本年发生额转入经营结余,借记"经营结余"科目,贷记"经营支出"科目。

例290 【年末(期末)结转】本年末学校结账前,财务会计部分"经营费用"科目的借方发生额为275 000元;预算会计部分"经营支出"科目的借方发生额为300 000元。学校年末结转时编制如下会计分录:

财务会计(5201 经营费用)		预算会计(7301 经营支出)	
年末(期末)结转		年末结转	
借:本期盈余	275 000	借:经营结余	300 000
贷:经营费用	275 000	贷:经营支出	300 000

【解析77】 5301 资产处置费用 | *

一、业务描述

学校在办学过程中由于多种原因而处置资产。资产处置的形式多样,包括无偿调拨、出售、出让、转让、置换、对外捐赠、报废、毁损以及货币性资产损失核销等。资产处置会导致资产减少,能够带来经济利益的经济资源流出,但与存货和固定资产等资产的正常使用存在差异,采用"资产处置费用"科目能够反映跟资产处置业务有关的费用。

二、科目设置

"资产处置费用"科目是财务会计核算使用的科目,核算学校经批准处置资产时发生的费用,包括转销的被处置资产价值,以及在处置过程中发生的相关费用或者处置收入小于相关费用形成的净支出。资产处置的形式按照规定包括无偿调拨、出售、出让、转让、置换、对外捐赠、报废、毁损以及货币性资产损失核销等。"资产处置费用"科目应当按照处置资产的类别、资产处置的形式等进行明细核算。期末结转后,"资产处置费用"科目应无余额。

学校在资产清查中查明的资产盘亏、毁损以及资产报废等,应当先通过"待处理财产损溢"科目进行核算,再将处理资产价值和处理净支出记入"资产处置费用"科目。

短期投资、长期股权投资、长期债券投资的处置,按照相关资产科目的规定进行账务处理。

三、典型业务

(一)不通过"待处理财产损溢"科目核算的资产处置

不通过"待处理财产损溢"科目核算的资产处置,也应按照国有资产管理的规定和主管部门的要求进行报批,经审批后进行处置,可能涉及"资产处置费用"科目核算的包括以下几个环节:

(1) 结转处置资产的账面价值。按照规定报经批准处置资产时,按照处置资产的账面价值,借记"固定资产累计折旧""无形资产累计摊销"等科目,按照处置资产的账面余额,贷记"库存物品""固定资产""无形资产""其他应收款""在建工程"等科目,借差记入"资产处置费用"科目。

（2）处置资产过程中仅发生相关费用的情况。在财务会计部分，按照实际发生金额，借记"资产处置费用"科目，贷记"银行存款""库存现金"等科目。如用预算资金支付相关费用，在预算会计部分，还应按照实际支付的金额，借记"其他支出"科目，贷记"资金结存"科目。

（3）处置资产过程中取得收入并发生相关费用的情况。按照有关规定，如收款需要上缴财政的，会涉及"应缴财政款"科目的核算。处置资产过程中取得收入并发生相关费用时，在财务会计部分，按照取得的价款，借记"库存现金""银行存款"等科目，按照处置资产过程中发生的相关费用，贷记"银行存款""库存现金"等科目，按照其差额，借记"资产处置费用"科目或贷记"应缴财政款"等科目。

涉及增值税业务的，相关账务处理参见"应交增值税"科目。

例 291【不通过"待处理财产损溢"科目处置库存物品和固定资产】本年 1 月 15 日，学校经批准后，向遭受地震灾害的结对学校捐赠一批物资，包括文具用品，价值 20 000 元；10 台电脑，原值 60 000 元，已计提折旧 12 000 元。1 月 18 日，学校通过零余额账户支付该批物资运费 3 000 元。学校编制如下会计分录：

财务会计（5301 资产处置费用）		预算会计	
（1）本年 1 月 15 日，转出捐赠资产			
借：资产处置费用	68 000	—	
固定资产累计折旧——电脑	12 000		
贷：库存物品	20 000		
固定资产——电脑	60 000		
（2）本年 1 月 18 日，支付运费			
借：资产处置费用	3 000	借：其他支出	3 000
贷：零余额账户用款额度	3 000	贷：资金结存	3 000

（二）通过"待处理财产损溢"科目核算的资产处置

"待处理财产损溢"科目反映了对资产的处理过程。资产清查过程中查明的各种资产盘盈、盘亏和报废、毁损等情况，都需要通过"待处理财产损溢"科目核算。

1. 学校账款核对中发现的现金短缺，属于无法查明原因的

在财务会计部分，报经批准核销时，借记"资产处置费用"科目，贷记"待处理财产损溢"科目。

2. 学校资产清查过程中盘亏或者毁损、报废的存货、固定资产、无形资产等

报经批准处理盘亏或者毁损、报废的存货、固定资产、无形资产等资产时，在财务会计部分，按照处理资产价值，借记"资产处置费用"科目，贷记"待处理财产损溢——待处理财产价值"科目。处理收支结清时，在财务会计部分，处理过程中所取得收入小于所发生相关费用的，按照相关费用减去处理收入后的净支出，借记"资产处置费用"科目，贷记"待处理财产损溢——处理净收入"科目。

如在处置报废资产过程中用预算资金支付相关费用，在预算会计部分，还应按照实际支付的金额，借记"其他支出"科目，贷记"资金结存"科目。

例 292【通过"待处理财产损溢"科目核算，报废存货和固定资产】本年 11 月 20 日，学校根据国有资产处置管理相关规定，经校内各部门申请，实验室与国有资产管理科室核实，校长办公会批复同意，对一批超过使用年限、无维修价值、且不能继续正常使用的设备作报废处置。报废设备共计 20 台（套），账面原值为 615 200 元，已计提累计折旧 610 000 元。12 月 10 日，收到经主管部门同意报废处置的批复。学校按照有关规定进行处理，12 月 23 日，学校为处置该批报废资产通过银行存款支付运费等 2 300 元；12 月 25 日，收到报废资产的变价收入 5 000 元。按规定，资产处置的收支净额应上缴财政。学校编制如下会计分录：

财务会计（5301 资产处置费用）	预算会计
（1）本年 11 月 20 日，结转报废资产的账面价值	
借：待处理财产损溢——待处理财产价值 5 200 　　固定资产累计折旧——设备　　610 000 　　贷：固定资产—设备　　　　　　　615 200	—
（2）本年 12 月 10 日，经批准处理	
借：资产处置费用　　　　　　　　　　5 200 　　贷：待处理财产损溢——待处理财产价值 5 200	—
（3）本年 12 月 23 日，支付报废资产的运费	
借：待处理财产损溢——处理净收入　　2 300 　　贷：银行存款　　　　　　　　　　　2 300	—
（4）本年 12 月 25 日，收到处置报废资产的变价收入	
借：银行存款　　　　　　　　　　　　5 000 　　贷：待处理财产损溢——处理净收入　5 000	—
（5）本年 12 月 25 日，处置报废资产的收支净额	
借：待处理财产损溢——处理净收入　　2 700 　　贷：应缴财政款　　　　　　　　　　2 700	—

例 293 【通过"待处理财产损溢"科目核算，盘亏存货和固定资产】本年 11 月 28 日，学校在开展资产清查过程中发现资产账实不符：少了 2 个移动硬盘，价值 1 200 元；少了 4 张办公座椅，账面金额为 4 000 元，已计提折旧 1 600 元。经查明原因后，12 月 5 日收到由责任人赔偿的 800 元。学校编制如下会计分录：

财务会计（5301 资产处置费用）	预算会计
（1）本年 11 月 28 日，盘亏存货和固定资产	
借：待处理财产损溢——待处理财产价值 3 600 　　固定资产累计折旧——办公家具　1 600 　　贷：库存物品　　　　　　　　　　　1 200 　　　　固定资产——办公家具　　　　　4 000	—
（2）本年 12 月 5 日，收到责任人赔偿款	

财务会计（5301 资产处置费用）		预算会计	
借：银行存款	800	借：资金结存	800
贷：待处理财产损溢——处理净收入	800	贷：其他支出	800

（3）本年 12 月 5 日，结转盘亏资产的净损失，并确认上缴财政款

财务会计		预算会计
借：资产处置费用 3 600		
贷：待处理财产损溢——待处理财产价值 3 600		
同时，		—
借：待处理财产损溢——处理净收入 800		
贷：应缴财政款 800		

（三）年末（期末）结转

财务会计部分结转：

年末（期末），在财务会计部分结转，将"资产处置费用"科目本期发生额转入本期盈余，借记"本期盈余"科目，贷记"资产处置费用"科目。

例 294 【年末（期末）结转】本年末学校结账前，财务会计部分"资产处置费用"科目的借方发生额为 195 000 元。学校年末结转时编制如下会计分录：

财务会计（5301 资产处置费用）		预算会计
年末（期末）结转		
借：本期盈余	195 000	—
贷：资产处置费用	195 000	

【解析 78】 5401 上缴上级费用｜7401 上缴上级支出

一、业务描述

对于有上级单位和附属单位的学校，在办学过程中会与上级单位和附属单位发生经济往来。学校与上级单位发生经济往来，应符合财政部门和主管部门的规定。

二、科目设置

1. 上缴上级费用

"上缴上级费用"科目是财务会计核算使用的科目，核算学校按照财政部门和主管部门的规定上缴上级单位款项发生的费用。

"上缴上级费用"科目应当按照收缴款项单位、缴款项目等进行明细核算。

期末结转后，"上缴上级费用"科目应无余额。

2. 上缴上级支出

"上缴上级支出"科目是预算会计使用的科目，核算事业单位按照财政部门和主管部门的规定上缴上级学校款项发生的现金流出。

"上缴上级支出"科目应当按照收缴款项单位、缴款项目、《政府收支分类科目》中"支出功能分类科目"的项级科目和"部门预算支出经济分类科目"的款级科目等进行明细核算。

年末结转后，"上缴上级支出"科目应无余额。

三、典型业务

(一) 发生上缴上级的费用和支出

学校发生上缴上级支出的,在财务会计部分,按照实际上缴的金额或者按照规定计算出应当上缴上级学校的金额,借记"上缴上级费用"科目,贷记"银行存款""其他应付款"等科目。

按照规定将款项上缴上级单位的,在预算会计部分,按照实际上缴的金额,借记"上缴上级支出"科目,贷记"资金结存"科目。

例 295 【向上级单位缴款】本年 12 月 20 日,某职业技术学校根据财务规定测算本年度应向上级单位缴款 180 000 元,经学校决策机构审议通过。12 月 28 日,学校向上级单位支付了款项。学校编制如下会计分录:

财务会计(5401 上缴上级费用)		预算会计(7401 上缴上级支出)	
(1) 本年 12 月 20 日,按照实际上缴的金额或者按照规定计算出应当上缴的金额			
借:上缴上级费用	180 000	——	
贷:其他应付款	180 000		
(2) 本年 12 月 28 日,向上级单位支付应上缴资金			
借:其他应付款	180 000	借:上缴上级支出	180 000
贷:银行存款	180 000	贷:资金结存——货币资金	180 000

(二) 年末(期末)结转

1. 财务会计部分结转

年末(期末),将"上缴上级费用"科目本期发生额转入本期盈余,借记"本期盈余"科目,贷记"上缴上级费用"科目。

2. 预算会计部分结转

年末,将"上缴上级支出"科目本年发生额转入其他结余,借记"其他结余"科目,贷记"上缴上级支出"科目。

例 296 【年末(期末)结转】本年末学校结账前,财务会计部分"上缴上级费用"科目的借方发生额为 295 000 元;预算会计部分"上缴上级支出"的借方发生额为 295 000 元。学校年末结转时编制如下会计分录:

财务会计(5401 上缴上级费用)		预算会计(7401 上缴上级支出)	
年末(期末)结转		年末结转	
借:本期盈余	295 000	借:其他结余	295 000
贷:上缴上级费用	295 000	贷:上缴上级支出	295 000

【解析 79】 5501 对附属单位补助费用丨7501 对附属单位补助支出

一、业务描述

对于有上级单位和附属单位的学校,在办学过程中会与上级单位和附属单位发生经济往来。学校与附属单位发生经济往来,应符合财政部门和主管部门的规定。同时,学校只能用财政拨款收入以外的收入对附属单位进行补助。

二、科目设置

1. 对附属单位补助费用

"对附属单位补助费用"科目是财务会计核算使用的科目,核算学校用财政拨款收入之外的收入对附属单位补助发生的费用。

"对附属单位补助费用"科目应当按照接受补助单位、补助项目等进行明细核算。

期末结转后,"对附属单位补助费用"科目应无余额。

2. 对附属单位补助支出

"对附属单位补助支出"科目是预算会计核算使用的科目,核算学校用财政拨款预算收入之外的收入对附属单位补助发生的现金流出。

"对附属单位补助支出"科目应当按照接受补助单位、补助项目、《政府收支分类科目》中"支出功能分类科目"的项级科目和"部门预算支出经济分类科目"的款级科目等进行明细核算。

年末结转后,"对附属单位补助支出"科目应无余额。

三、典型业务

(一) 发生对附属单位补助的费用和支出

学校发生对附属单位补助支出的,在财务会计部分,按照实际补助的金额或者按照规定计算出应当补助附属单位的金额,借记"对附属单位补助费用"科目,贷记"银行存款""其他应付款"等科目。

按照规定将款项上缴上级单位的,在预算会计部分,按照实际上缴的金额,借记"对附属单位补助支出"科目,贷记"资金结存"科目。

例 297 【对附属单位补助】本年 12 月 22 日,某职业技术学校根据财务规定测算本年度可向附属单位补助 320 000 元,经学校决策机构审议通过。12 月 28 日,学校向附属单位支付了补助款。学校编制如下会计分录:

财务会计(5501 对附属单位补助费用)	预算会计(7501 对附属单位补助支出)
(1)本年 12 月 22 日,按照实际上缴的金额或者按照规定计算出应当上缴的金额	
借:对附属单位补助费用 320 000 贷:其他应付款 320 000	—
(2)本年 12 月 28 日,向附属单位支付补助资金	

借:其他应付款   320 000
   贷:银行存款   320 000
	借:对附属单位补助支出 320 000
	   贷:资金结存——货币资金 320 000

(二) 年末(期末)结转

1. 财务会计部分结转

年末(期末),将"对附属单位补助费用"科目本期发生额转入本期盈余,借记"本期盈余"科目,贷记"对附属单位补助费用"科目。

2. 预算会计部分结转

年末,将"对附属单位补助支出"本年发生额转入其他结余,借记"其他结余"科目,贷记"对附属单位补助支出"科目。

例 298 【年末(期末)结转】本年末学校结账前,财务会计部分"对附属单位补助费用"科目的借方发生额为 335 000 元;预算会计部分"对附属单位补助支出"科目的借方发生额为 335 000 元。学校年末结转时编制如下会计分录:

财务会计(5501 对附属单位补助费用)		预算会计(7501 对附属单位补助支出)	
年末(期末)结转		年末结转	
借:本期盈余	335 000	借:其他结余	335 000
贷:对附属单位补助费用	335 000	贷:对附属单位补助支出	335 000

【解析 80】 5801 所得税费用 | *

一、业务描述

非义务阶段的学校在开展经营活动过程中,根据我国《企业所得税法》的规定,有缴纳企业所得税的义务,需进行会计核算。

二、科目设置

"所得税费用"科目核算有企业所得税缴纳义务的学校按规定缴纳企业所得税所形成的费用。期末结转后,"所得税费用"科目应无余额。

三、典型业务

(一)发生企业所得税纳税义务

1. 确认应交所得税义务

确认应交所得税义务,在财务会计部分,按照税法规定计算的应交税金数额,借记"所得税费用"科目,贷记"其他应交税费——单位应交所得税"科目。

2. 实际缴纳所得税

实际缴纳企业所得税时,在财务会计部分,按照缴纳金额,借记"其他应交税费——单位应交所得税"科目,贷记"银行存款"科目。在预算会计部分,按照实际缴纳金额,借记"非财政拨款结余——累计结余"科目,贷记"资金结存"科目。

例 299 【发生所得税纳税义务】本年末,某职业技术学校按照企业所得税法的规定计算学校的经营活动应缴纳企业所得 188 000 元;下年初,通过银行存款向税务机关缴纳所得税。学校编制如下会计分录:

财务会计(5801 所得税费用)		预算会计
(1)本年末,按照规定计算应当缴纳的企业所得税		
借:所得税费用 　　　　　　　188 000		——
贷:其他应交税费——单位应交所得税 188 000		
(2)下年初,实际缴纳企业所得税		
借:其他应交税费——单位应交所得税 188 000		借:非财政拨款结余——累计结余 188 000
贷:银行存款 　　　　　　　188 000		贷:资金结存 　　　　　　　188 000

(二) 年末(期末)结转

财务会计部分结转：

年末,在财务会计部分结转时,将"所得税费用"科目本期发生额转入本期盈余,借记"本期盈余"科目,贷记"所得税费用"科目。

例 300 【年末(期末)结转】本年末学校结账前,财务会计部分"所得税费用"科目的借方发生额为 45 000 元。学校年末结转时编制如下会计分录:

财务会计(5801 所得税费用)	预算会计
年末(期末)结转	
借：本期盈余　　　　　　45 000 　　贷：所得税费用　　　　　　45 000	—

【解析 81】∗ |7601 投资支出

一、业务描述

非义务教育阶段学校在保证学校正常运转和事业发展的前提下,按照国家有关规定可以对外投资的,应当履行相关审批程序,经审批后按照有关规定进行对外投资。非义务教育阶段学校的对外投资,可以依法利用货币资金、实物、无形资产等方式向其他单位投资。

中小学校不得使用财政拨款及其结余进行对外投资,不得从事股票、期货、基金、企业债券等投资,国家另有规定的除外。中小学校以实物、无形资产等非货币性资产对外投资的,应当按照国家有关规定进行资产评估,合理确定资产价值。义务教育阶段学校不得对外投资。

非义务教育阶段学校通过货币资金方式的对外投资,如果纳入预算管理,会涉及预算会计中"投资支出"科目的核算,同时在财务会计部分按照投资的形式通过"短期投资""长期股权投资"或"长期债券投资"科目核算。

二、科目设置

"投资支出"科目是预算会计核算使用的科目,核算非义务教育阶段学校以货币资金对外投资发生的现金流出,应当按照投资类型、投资对象等进行明细核算。

"投资支出"科目应当按照投资类型、投资对象、《政府收支分类科目》中"支出功能分类科目"的项级科目和"部门预算支出经济分类科目"的款级科目等进行明细核算。

年末结转后,"投资支出"科目应无余额。

三、典型业务

(一) 本年度以货币资金对外投资

本年度以货币资金对外投资时,在财务会计部分,根据取得投资的形式,分别通过"短期投资""长期股权投资"或"长期债券投资"等科目进行核算。

在预算会计部分,按照投资金额和所支付的相关税费金额的合计数,借记"投资支出"科目,贷记"资金结存"科目。

例 301 【以货币方式对外投资】某职业技术学校经审批,本年 6 月 25 日用银行存款

购买为期 6 个月的政府债券,支付价款为 101 000 元,票面利率为 1.8%。取得投资时,学校编制如下会计分录:

财务会计	预算会计(7601 投资支出)
本年 6 月 25 日,以货币资金购买政府债券	
借:短期投资　　　　　　101 000 　贷:银行存款　　　　　　　101 000	借:投资支出　　　　　　101 000 　贷:资金结存——货币资金　101 000

(二)出售、对外转让或到期收回本年度以货币资金取得的对外投资

"投资支出"反映了本年以货币资金形式取得的对外投资。出售、对外转让或到期收回本年取得的对外投资,都是收回投资成本并终止对外投资,应在收回投资时结转投资支出。投资收益因管理方式不同,在会计核算时存在差异。按规定投资收益纳入学校预算,可以确认为学校的投资预算收益,通过"投资预算收益"科目核算。按规定投资收益上缴财政,则不能确认为学校的投资预算收益。

出售、对外转让或到期收回本年度以货币资金取得的对外投资,在财务会计部分,按照处置短期投资、长期股权投资或长期债券投资的方式进行核算。在预算会计部分,按如下方式处理:

1)按规定将投资收益纳入学校预算

如果按规定将投资收益纳入学校预算,按照实际收到的金额,借记"资金结存"科目,按照取得投资时"投资支出"科目的发生额,贷记"投资支出"科目,按照其差额,贷记或借记"投资预算收益"科目。

2)按规定将投资收益上缴财政

如果按规定将投资收益上缴财政的,按照取得投资时"投资支出"科目的发生额,借记"资金结存"科目,贷记"投资支出"科目。

例 302　【**本年出售本年以货币方式购入的对外投资**】某职业技术学校经审批,本年9 月 25 日将 6 月用银行存款购入的政府债券出售,取得价款 101 250 元。出售前,该项投资的成本为 100 600 元,应收利息为 300 元。出售投资时,学校编制如下会计分录:

财务会计	预算会计(7601 投资支出)
(1)本年 9 月 25 日,出售本年度以货币资金取得的政府债券,如果投资收益纳入学校预算管理	
借:银行存款　　　　　　101 250 　贷:短期投资　　　　　　　100 600 　　应收利息　　　　　　　　300 　　投资收益　　　　　　　　350	借:资金结存——货币资金　　101 250 　贷:投资支出　　　　　　　100 600 　　投资预算收益　　　　　　650
(2)本年 9 月 25 日,出售本年度以货币资金取得的政府债券,如果投资收益应上缴财政	
借:银行存款　　　　　　101 250 　贷:短期投资　　　　　　　100 600 　　应收利息　　　　　　　　300 　　应缴财政款　　　　　　　350	借:资金结存——货币资金　　100 600 　贷:投资支出　　　　　　　100 600

（三）出售、对外转让或到期收回以前年度以货币资金取得的对外投资

"投资支出"反映了本年以货币资金形式取得的对外投资。出售、对外转让或到期收回以前年度取得的对外投资，由于在以前年度结账时，投资成本结转至上年度结余，因而收回投资成本时应结转其他结余。投资收益因管理方式不同，在会计核算时存在差异。按规定将投资收益纳入学校预算，可以确认为学校的投资预算收益，通过"投资预算收益"科目核算。按规定将投资收益上缴财政，则不能确认为学校的投资预算收益。

出售、对外转让或到期收回以前年度以货币资金取得的对外投资，在财务会计部分，按照处置短期投资、长期股权投资或长期债券投资的方式处理。在预算会计部分，按如下方式处理：

1) 按规定将投资收益纳入学校预算

出售、对外转让或到期收回以前年度以货币资金取得的对外投资的，如果按规定将投资收益纳入学校预算，按照实际收到的金额，借记"资金结存"科目，按照取得投资时"投资支出"科目的发生额，贷记"其他结余"科目，按照其差额，贷记或借记"投资预算收益"科目。

2) 按规定将投资收益上缴财政

如果按规定将投资收益上缴财政的，按照取得投资时"投资支出"科目的发生额，借记"资金结存"科目，贷记"其他结余"科目。

例303 【本年出售以前年度以货币方式购入的对外投资】某职业技术学校经审批，本年7月25日将去年1月用银行存款购入的政府债券出售，取得价款102 800元。出售前，该项投资的成本为100 600元，应收利息为1 000元。出售投资时，学校编制如下会计分录：

财务会计	预算会计（7601 投资支出）
（1）本年7月25日，出售以前年度以货币资金取得的政府债券，如果投资收益纳入学校预算管理	
借：银行存款　　　　　　102 800 　贷：短期投资　　　　　　100 600 　　　应收利息　　　　　　　1 000 　　　投资收益　　　　　　　1 200	借：资金结存——货币资金　　102 800 　贷：其他结余　　　　　　　100 600 　　　投资预算收益　　　　　　2 200
（2）本年7月25日，出售以前年度以货币资金取得的政府债券，如果投资收益应上缴财政	
借：银行存款　　　　　　102 800 　贷：短期投资　　　　　　100 600 　　　应收利息　　　　　　　1 000 　　　应缴财政款　　　　　　1 200	借：资金结存——货币资金　　100 600 　贷：其他结余　　　　　　　100 600

（四）年末结转

预算会计部分结转：

年末，在预算会计部分结转，将"投资支出"科目本期发生额转入其他结余，借记"其他结余"科目，贷记"投资支出"科目。

例304 【年末结转】本年末学校结账前，预算会计部分"投资支出"科目的借方发生额为185 000元。学校年末结转时编制如下会计分录：

财务会计	预算会计(7601 投资支出)
	年末结转
—	借：其他结余 185 000 　贷：投资支出 185 000

【解析82】＊ | 7701 债务还本支出

一、业务描述

非义务教育阶段学校经批准,可以从银行等金融机构借入短期或者长期借款。学校借入短期借款和长期借款后,应根据与金融机构的约定支付利息,到期偿还本金。严禁义务教育阶段学校举借债务,非义务教育阶段学校也不得违反规定举借债务。

如果学校的债务资金纳入预算管理,按照规定取得的债务资金,通过"债务预算收入"科目核算,按照规定偿还债务本金,通过"债务还本支出"科目核算。同时,在财务会计部分按照债务的形式通过"短期借款"或"长期借款"科目核算。

二、科目设置

"债务还本支出"科目是预算会计核算使用的科目,核算非义务教育阶段学校偿还自身承担的纳入预算管理的从金融机构举借的债务本金的现金流出。

"债务还本支出"科目应当按照贷款学校、贷款种类、《政府收支分类科目》中"支出功能分类科目"的项级科目和"部门预算支出经济分类科目"的款级科目等进行明细核算。

年末结转后,本科目应无余额。

三、典型业务

(一)偿还短期或长期借款

偿还各项短期或长期借款时,在财务会计部分,通过"短期借款""长期借款"科目核算处理。在预算会计部分,按照偿还的借款本金,借记"债务还本支出"科目,贷记"资金结存"科目。

例305 【偿还短期或长期借款】某职业技术学校经审批,本年6月25日用财政性银行存款偿还3年前从银行借入的借款本金5 000 000元和一次还本付息的利息570 000元。学校编制如下会计分录:

财务会计	预算会计(7701 债务还本支出)
本年6月25日,以非财政性货币资金偿还长期借款的本金	
借：长期借款——本金 5 000 000 　长期借款——应计利息 570 000 　贷：银行存款 5 570 000	借：债务还本支出 5 000 000 　其他支出——利息支出 570 000 　贷：资金结存——货币资金 5 570 000

(二)年末结转

预算会计部分结转:

年末,将"债务还本支出"科目本期发生额转入其他结余,借记"其他结余"科目,贷记"债务还本支出"科目。

例306 【年末结转】本年末学校结账前,预算会计部分"债务还本支出"科目的借方发生额为 2 185 000 元。学校年末结转时编制如下会计分录：

财务会计	预算会计（7701 债务还本支出）
	年末结转
—	借：其他结余　　　　　　　2 185 000 　贷：债务还本支出　　　　　　　2 185 000

【解析83】　5901 其他费用 | 7901 其他支出

一、业务描述

学校开展的各种活动的费用,在财务会计中通过不同科目进行核算：开展专业业务活动及其辅助活动的费用通过"业务活动费用"科目核算；行政和后勤管理部门开展的后勤管理活动通过"单位管理费用"科目核算；学校在专业业务活动及其辅助活动之外开展非独立核算经营活动发生的各项费用通过"经营费用"科目核算；学校经批准处置资产时发生的费用通过"资产处置费用"科目核算；按照财政部门和主管部门的规定上缴上级单位款项发生的费用通过"上缴上级费用"科目核算；核算学校用财政拨款收入之外的收入对附属单位补助发生的费用通过"对附属单位补助费用"科目核算；有企业所得税缴纳义务的学校按规定缴纳企业所得税所形成的费用通过"所得税费用"科目核算,除了以上活动外其他活动的费用需要通过"其他费用"科目来核算。

学校开展各种活动支出的预算资金,在预算会计中通过不同科目进行核算：用于事业活动的预算资金通过"事业支出"科目核算；用于经营活动的预算资金通过"经营支出"科目核算；用于上缴上级单位的预算资金支出通过"上缴上级支出"科目核算；用于对附属单位补助的预算资金支出通过"对附属单位补助支出"科目核算；用于对外投资的预算资金支出通过"投资支出"科目核算；用于对金融机构借款的债务还本预算资金通过"债务还本支出"科目核算；除了以上活动外还有其他活动的预算资金支出需要通过"其他支出"科目来核算。

"其他费用"科目是在财务会计部分核算其他活动的费用,"其他支出"科目是在预算会计部分核算其他活动的预算支出。两者的异同包括：

（1）与现金支付相关同时涉及"其他费用"科目和"其他支出"科目核算的其他活动。从核算的活动形式来看,财务会计部分核算的其他活动与预算会计核算的其他活动,包括由现金支付的共性活动,如现金资产捐赠、支付利息、现金罚没支出等,这些活动会同时涉及"其他费用"科目和"其他支出"科目的核算。

（2）与现金支付相关需通过"其他支出"科目核算但不对应"其他费用"科目核算的其他活动。接受捐赠（无偿调入）和对外捐赠（无偿调出）非现金资产发生的税费支出、在资产置换过程中发生的相关税费支出,在预算会计部分均通过"其他支出"科目核算。

接受捐赠（无偿调入）和对外捐赠（无偿调出）非现金资产发生的税费支出、在资产置换过程中发生的相关税费支出,由于交易方式不同、资产确定的成本方式不同等可能在"资产处置费用""其他费用"科目中核算,也可能计入资产成本。具体而言,需在财务会计中的核算要考虑以下因素（见图7-3）：①资产是否属于受托代理资产；②非现金资产的成本是否能可靠确定,是以名义金额入账或无法确定成本,还是以确定的成本入账;③资产取得和处置非现金资产的业务形式,是捐赠业务、无偿调拨业务,还是与受托代理业务相关;④非现金资产的取得和处置非现金资产的影响,是增加资产,还是减少资产。

(3)仅需通过"其他费用"科目核算的其他活动。学校按照规定对收回后不需上缴财政的应收账款和其他应收款计提坏账准备时,无预算资金的支出,仅需要通过"其他费用"科目进行核算。

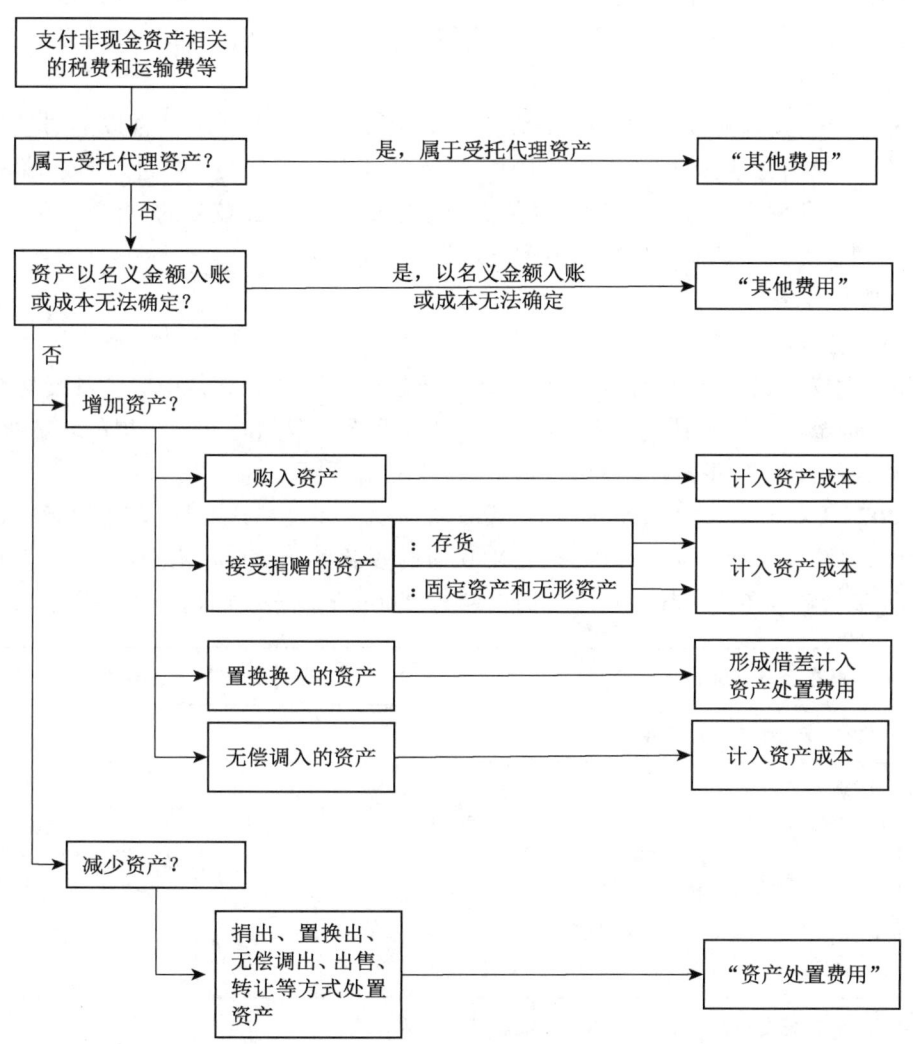

图 7-3　学校支付的与非现金资产有关的税费和运输费选用财务会计科目判断图

二、科目设置

1. 其他费用

"其他费用"科目是财务会计核算使用的科目,核算学校发生的除业务活动费用、单位管理费用、经营费用、资产处置费用、上缴上级费用、附属单位补助费用、所得税费用以外的各项费用,包括利息费用、坏账损失、罚没支出、现金资产捐赠支出以及相关税费、运输费等。"其他费用"科目应当按照其他费用的类别等进行明细核算。

2. 其他支出

"其他支出"科目是预算会计核算使用的科目,核算学校除事业支出、经营支出、上缴上级支出、对附属单位补助支出、投资支出、债务还本支出以外的各项现金流出,包括利息支出、对外捐赠现金支出、现金盘亏损失、接受捐赠(调入)和对外捐赠(调出)非现金资产发生的税费支出、资产置换过程中发生的相关税费支出、罚没支出等。

"其他支出"科目应当设置"财政拨款支出""非财政专项资金支出"和"其他资金支出"明细科目,并按照《政府收支分类科目》中"支出功能分类科目"的项级科目和"部门预算支出经济分类科目"的款级科目等进行明细核算。其他支出中如有专项资金支出,还应按照具体项目进行明细核算。

有一般公共预算财政拨款、政府性基金预算财政拨款等两种或两种以上财政拨款的事业单位,还应当在"财政拨款支出"明细科目下按照财政拨款的种类进行明细核算。

学校发生利息支出、捐赠支出等其他支出金额较大或业务较多的,可单独设置"其他支出——利息支出""其他支出——捐赠支出"等明细科目。

三、典型业务

(一) 发生与坏账有关业务

年末,学校按照规定对收回后不需上缴财政的应收账款和其他应收款计提坏账准备时,按照计提金额,借记"其他费用"科目,贷记"坏账准备"科目;冲减多提的坏账准备时,按照冲减金额,借记"坏账准备"科目,贷记"其他费用"科目。

例 307 【发生坏账】本年 3 月 4 日,学校收回以前年度确认的坏账 5 000 元。6 月 18 日,收到法院债务人破产的通知,确认无法收回的应收款为 8 000 元。本年末,学校根据账龄分析法确定本年应计提坏账准备的金额为 2 600 元。学校编制如下会计分录:

财务会计(5901 其他费用)	预算会计(7901 其他支出)
(1) 本年 3 月 4 日,收回以前年度确认的坏账	
借:坏账准备　　　　　　　5 000 　　贷:其他费用　　　　　　　5 000	—
(2) 本年 6 月 18 日,确认无法收回的坏账	
借:坏账准备　　　　　　　8 000 　　贷:应收账款　　　　　　　8 000	—
(3) 本年末,按照规定对应收账款和其他应收款计提坏账准备	
借:其他费用　　　　　　　2 600 　　贷:坏账准备　　　　　　　2 600	—

(二) 计提并支付利息

1. 计提利息

按期计算确认借款利息费用时,在财务会计部分,按照计算确定的金额,借记"在建工程"科目或者"其他费用——利息费用"科目,贷记"应付利息""长期借款——应计利息"科目。

2. 支付利息

支付银行借款利息时,在财务会计部分,按照实际支付的金额,借记"应付利息""长期借款——应计利息"科目,贷记"银行存款"科目。在预算会计部分,按照实际支付的金额,借记"其他支出——利息支出"科目,贷记"资金结存"科目。

例308 【计提并支付利息】本年3月1日,非义务教育阶段学校借入长期借款未设定用途;6月30日,计提本季度长期借款应支付的利息13 400元;7月2日,通过银行存款支付利息13 400元。学校编制与借款利息有关的会计分录:

财务会计(5901 其他费用)	预算会计(7901 其他支出)
(1) 本年6月30日,计提借款利息费用	
借:其他费用　　　　　　13 400 　贷:应付利息　　　　　　　　13 400	——
(2) 本年7月2日,实际支付利息费用	
借:应付利息　　　　　　13 400 　贷:银行存款　　　　　　　　13 400	借:其他支出　　　　　　13 400 　贷:资金结存——货币资金　13 400

(三) 对外捐赠现金资产

对外捐赠现金资产时,在财务会计部分,按照捐赠金额,借记"其他费用——捐赠费用"科目,贷记"银行存款"科目。在预算会计部分,按照捐赠金额,借记"其他支出——捐赠支出"科目,贷记"资金结存——货币资金"科目。

例309 【对外捐赠现金资产】学校经上级部门批准,将80 000元捐赠给遭受自然灾害的西部结对学校。本年7月10日,学校通过银行存款进行了支付。学校编制如下会计分录:

财务会计(5901 其他费用)	预算会计(7901 其他支出)
本年7月10日,向西部结对学校捐赠资金	
借:其他费用　　　　　　80 000 　贷:银行存款　　　　　　　　80 000	借:其他支出　　　　　　80 000 　贷:资金结存——货币资金　80 000

(四) 现金盘亏损失

每日现金账款核对中如发现现金短缺,在财务会计部分,按照短缺的现金金额,借记"待处理财产损溢"科目,贷记"库存现金"科目。如发现现金短缺,在预算会计部分,按照短缺的现金金额,借记"其他支出——现金盘亏损失"科目,贷记"资金结存——货币资金"科目。

经核实,属于应当由有关人员赔偿的,在财务会计部分,按照收到的赔偿金额,借记"其他应收款"科目,属于现金短缺净损失的金额,借记"资产处置费用",按照原短缺的现金金额,贷记"待处理财产损溢"科目。按照收到的赔偿金额,借记"资金结存——货币资金"科目,贷记"其他支出——现金盘亏损失"科目。

例310 【现金盘亏】本年8月20日,学校举办培训,由财务人员收取会议费;在收取会议费的过程中,核对当日现金账款时发现短缺900元。经反复核对,报经主管领导后,学校编制如下会计分录：

财务会计（5901 其他费用）		预算会计（7901 其他支出）	
本年 8 月 20 日，发现现金短缺			
借：待处理财产损溢	900	借：其他支出	900
贷：库存现金	900	贷：资金结存——货币资金	900

例 311 【现金盘亏处理】本年 8 月 25 日，学校对收取培训会议费过程中发生现金盘亏的当事人进行处理，根据学校的财务规定，由责任人进行赔偿。8 月 28 日，责任人向财务部门支付赔偿金 900 元。学校编制如下会计分录：

财务会计（5901 其他费用）		预算会计（7901 其他支出）	
（1）本年 8 月 25 日，经责任人赔偿现金盘亏资金			
借：其他应收款	900	——	
贷：待处理财产损溢	900		
（2）本年 8 月 28 日，责任人赔偿现金盘亏资金			
借：库存现金	900	借：资金结存——货币资金	900
贷：其他应收款	900	贷：其他支出	900

（五）接受捐赠（无偿调入）以名义金额入账的非现金资产和受托代理资产发生税费等支出

接受捐赠（无偿调入）非现金资产按照名义金额入账的，由接受捐赠（无偿调入）方承担的相关税费、运输费等，在财务会计部分，按照相关税费、运输费的金额，借记"其他费用"科目，贷记"银行存款""零余额账户用款额度""财政拨款收入"等科目。支付相关税费、运输费等时，在预算会计部分，按照支付相关税费、运输费的金额，借记"其他支出"科目，贷记"财政拨款预算收入""资金结存"科目。

发生的与受托代理资产相关的税费、运输费、保管费等，在财务会计部分，按照相关税费、运输费的金额，借记"其他费用"科目，贷记"银行存款""零余额账户用款额度""财政拨款收入"等科目。支付相关税费、运输费等时，在预算会计部分，按照支付相关税费、运输费的金额，借记"其他支出"科目，贷记"财政拨款预算收入""资金结存"科目。

例 312 【接受捐赠（无偿调入）按照名义金额入账的非现金资产发生税费等支出】本年 9 月 15 日，学校接受某知名校友捐赠的一幅山水画作，以名义金额 1 元入账，同时发生运费 2 800 元，通过零余额账户用款额度支付。学校编制如下会计分录：

财务会计（5901 其他费用）		预算会计（7901 其他支出）	
本年 9 月 15 日，接受以名义金额入账的固定资产，发生运输费等			
借：固定资产	1		
贷：捐赠收入	1		
同时：			
借：其他费用	2 800	借：其他支出	2 800
贷：零余额账户用款额度	2 800	贷：资金结存	2 800

例 313 【受托代理资产发生税费等支出】本年 12 月 15 日,学校接受其他单位委托临时保管一批物资,保管期限为 3 个月,该批物资价值 187 000 元,通过零余额账户支付运费 1 852 元。学校编制如下会计分录:

财务会计(5901 其他费用)		预算会计(7901 其他支出)	
本年 12 月 15 日,受托代理资产发生运输费等			
借:受托代理资产	187 000		
贷:受托代理负债	187 000		
同时:			
借:其他费用	1 852	借:其他支出	1 852
贷:零余额账户用款额度	1 852	贷:资金结存	1 852

(六)资产置换过程中发生的相关税费支出

资产置换过程中发生的相关税费,按照资产置换业务进行财务会计和预算会计的处理核算。具体参见"库存物品"科目中关于资产置换的处理。

(七)罚没支出等其他支出

发生罚没等其他支出时,在财务会计部分,按照实际支出金额,借记"其他费用"科目,贷记"银行存款"等科目。在预算会计部分,按照实际支出金额,借记"其他支出"科目,贷记"资金结存"等科目。

例 314 【发生罚没等支出】本年 7 月 28 日,学校收到消防部门的罚单,金额为 3 800元。8 月 2 日,学校通过银行存款支付了罚金。学校编制如下会计分录:

财务会计(5901 其他费用)		预算会计(7901 其他支出)	
(1)本年 7 月 28 日,收到罚单			
借:其他费用	3 800	——	
贷:其他应付款	3 800		
(2)本年 8 月 2 日,支付罚金			
借:其他应付款	3 800	借:其他支出	3 800
贷:银行存款	3 800	贷:资金结存——货币资金	3 800

(八)年末(期末)结转

1. 财务会计部分结转

年末(期末),将"其他费用"科目本期发生额转入本期盈余,借记"本期盈余"科目,贷记"其他费用"科目。

2. 预算会计部分结转

年末,将"其他支出"科目本年发生额中的专项资金收入转入非财政拨款结转,借记"非财政拨款结转——本年收支结转"科目,贷记"其他支出"科目下各专项资金支出明细科目;将"其他支出"科目本年发生额中的非专项资金支出转入其他结余,借记"其他结余"科目,贷记"其他支出"科目下各非专项资金支出明细科目。

例 315 【年末(期末)结转】本年末学校结账前,财务会计部分"其他费用"科目的借方发生额为 405 000 元;预算会计部分"其他支出"的借方发生额为 326 000 元,其中属于专项资金收入的支出为 220 000 元,属于非专项资金收入的支出为 106 000 元。学校年末结转时编制如下会计分录:

财务会计(5901 其他费用)		预算会计(7901 其他支出)	
年末(期末)结转		(1) 年末结转,属于专项资金支出	
		借:非财政拨款结转——本年收支结转	220 000
		贷:其他支出——专项资金支出	220 000
借:本期盈余	405 000	(2) 年末结转,属于非专项资金支出	
贷:其他费用	405 000		
		借:其他结余	106 000
		贷:其他支出——非专项资金支出	106 000

第8章

预算结余的核算

8.1 预算结余的特征

预算会计采用收付实现制核算,反映预算资金流入、流出和结存的情况。

政府会计制度设置"资金结存"科目,即"预算资金流入－预算资金流出＝预算资金结存"来反映预算资金余额的变化;同时,预算资金存在三种状态——零余额账户用款额度、货币资金和财政应返还额度,"资金结存"科目下设置了反映预算资金结存状态的明细科目。

对于学校和其他事业单位而言,不同来源的部门预算资金管理要求有所差异,预算资金的余额要区分不同来源资金的结存情况,这个过程是通过取得预算收入,发生预算支出,形成预算结余这一过程实现,即通过预算会计等式"预算收入－预算支出＝预算结余"来实现。为便于对不同类型经费的管理,新制度在设计预算结余类科目时,设置"财政拨款结转""财政拨款结余""非财政拨款结转""非财政拨款结余""专用结余""经营结余""其他结余"等预算结余类科目。这些预算结余类科目反映了预算结余的核算特点和结转路径:

(1) 预算结余按照预算资金的来源分类分别进行结转。与在预算收入中通过不同的科目区分多种来源的预算收入不同,预算结余还需要体现主管部门进行预算管理的要求。因此,从结转的角度来看,预算结转结余区分了四类资金的结转:①反映同级财政拨款预算资金变化的财政拨款收支结转结余。②反映除同级财政拨款、经营预算资金外各非同级财政拨款专项预算资金变化的结转结余。③反映经营预算资金变化的经营收支结余。④除以上三种资金外的其他预算资金的结转结余。

(2) 项目预算资金结转结余变化情况。项目预算资金有特定用途,需要根据项目的立项要求在项目存续期间使用资金。为了反映项目存续期间和项目结束后预算资金管理的要求,预算结余科目设置了项目资金的结转科目、项目资金的结余科目。结合结转对不同资金分类要求,预算结余中设置反映项目存续期间有关结余类科目——"财政拨款结转"和"非财政拨款结转",设置反映项目结束有关的结余类科目——"财政拨款结余"和"非财政拨款结余"。同时,使用不同来源资金的项目结束后,可以按规定将结转资金转入结余资金,包括"财政拨款结转"转入"财政拨款结余","非财政拨款结转"转入"非财政拨款结余"。

(3) 根据单位实际情况提取具有专门用途的资金。核算学校按照规定从非财政拨款结余中提取的具有专门用途的资金的变动和滚存情况。

预算结余的组成及结转主要路径如图 8-1 所示。

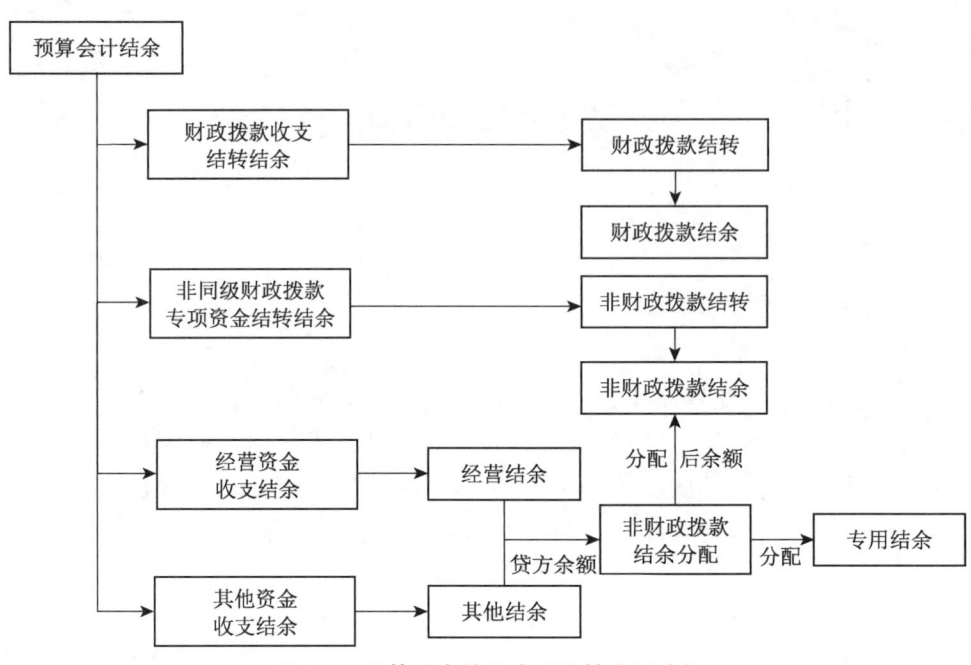

图 8-1　预算结余的组成及结转主要路径

8.2　预算结余分类核算

【解析 84】　8001 资金结存

一、业务描述

作为政府会计主体的学校,预算资金是开展业务活动的主要经费来源。设置"资金结存"科目,以反映预算资金流入、流出、调整和滚存等情况。由于预算资金有银行存款,也有财政预算指标;财政预算指标可能归属本年度,也可能归属于以前年度,因而根据预算资金的管理方式设置三个明细科目——"货币资金""零余额账户用款额度"和"财政应返还额度"。为了便于预算资金的管理、使用和预算执行,预算资金的增减变动,要结合预算资金的管理方式,以及影响预算资金的形式,进行正确的会计核算。

二、科目设置

"资金结存"科目是预算会计核算使用的科目,核算学校纳入部门预算管理的资金的流入、流出、调整和滚存等情况。

"资金结存"科目应当设置下列明细科目:

(1)"零余额账户用款额度":本明细科目核算实行国库集中支付的学校根据财政部门批复的用款计划收到和支用的零余额账户用款额度。年末结转后,本明细科目应无余额。

(2)"货币资金":本明细科目核算学校以库存现金、银行存款、其他货币资金形态存在的资金。本明细科目年末借方余额,反映学校尚未使用的货币资金。

(3)"财政应返还额度":本明细科目核算实行国库集中支付的学校可以使用的以前

年度财政直接支付资金额度和财政应返还的财政授权支付资金额度。本明细科目下可设置"财政直接支付""财政授权支付"两个明细科目进行明细核算。本科目明细科目年末借方余额,反映学校应收财政返还的资金额度。

采用财政直接支付方式使用本年度预算资金,由于预算收入和预算支出相抵,没有结存的预算资金,因而不影响"资金结存"科目。

三、典型业务

"资金结存"科目的增减变动,反映了预算资金的变化。"资金结存"科目的明细科目反映了不同形式的预算资金,在预算资金增减变化时,需要根据预算资金的管理方式,以及业务对预算资金的影响选择明细科目。

(一)预算资金流入

1. 财政授权支付方式

财政授权支付方式下,学校根据代理银行转来的财政授权支付额度到账通知书,在财务会计部分,按照通知书中的授权支付额度,借记"零余额账户用款额度"科目,贷记"财政拨款收入"科目。在预算会计部分,按照通知书中的授权支付额度,借记"资金结存——零余额账户用款额度"科目,贷记"财政拨款预算收入"科目。

2. 以国库集中支付以外的其他支付方式

以国库集中支付以外的其他支付方式取得预算收入时,在财务会计部分,按照实际收到的金额,借记"银行存款"科目,贷记"财政拨款收入""事业收入""经营收入"等科目。在预算会计部分,按照实际收到的金额,借记"资金结存——货币资金"科目,贷记"财政拨款预算收入""事业预算收入""经营预算收入"等科目。

例 316 【收到授权支付额度】本年 1 月 5 日,学校收到代理银行授权支付到账通知显示,授权支付的额度为 980 000 元。学校编制如下会计分录:

财务会计	预算会计(8001 资金结存)
本年1月5日,收到财政授权支付的额度	
借:零余额账户用款额度　　980 000 　贷:财政拨款收入　　　　　980 000	借:资金结存——零余额账户用款额度 　　　　　　　　　　　　　　　980 000 　贷:财政拨款预算收入　　　　980 000

例 317 【通过国库集中支付以外的其他支付方式下取得预算收入】学校的预算资金采用国库集中支付以外的其他方式管理。本年 1 月 10 日,学校收到代理银行通知显示,财政拨款 4 250 000 元、学费收入 750 000 元到账。学校编制如下会计分录:

财务会计	预算会计(8001 资金结存)
本年1月10日,国库集中支付以外的其他支付方式	
借:银行存款　　　　　5 000 000 　贷:财政拨款收入　　　4 250 000 　　事业收入　　　　　　750 000	借:资金结存——货币资金　　5 000 000 　贷:财政拨款预算收入　　　4 250 000 　　事业预算收入　　　　　　750 000

(二)预算资金流出

1. 财政授权支付方式下,使用本年度零余额账户用款额度

财政授权支付方式下,发生相关支出时,在财务会计部分,按照实际支付的金额,借

记"业务活动费用""单位管理费用"等科目,贷记"零余额账户用款额度"科目。在预算会计部分,按照实际支付的金额,借记"事业支出"等科目,贷记"资金结存——零余额账户用款额度"科目。

例 318 【发生预算支出】本年 3 月 15 日,学校收到购置的打印纸,通过零余额账户支付购置试卷印刷纸款项 8 100 元。3 月 18 日,通过零余额账户支付预付学生调研活动的租车费 1 500 元。学校编制如下会计分录:

财务会计	预算会计(8001 资金结存)
(1)本年 3 月 15 日,零余额账户支付打印纸购置费	
借:库存物品　　　　　　　8 100 　贷:零余额账户用款额度　　　8 100	借:事业支出——商品和服务支出——专用材料费　　　　　　　　　　8 100 　贷:资金结存——零余额账户用款额度 　　　　　　　　　　　　　8 100
(2)本年 3 月 18 日,零余额账户预付租车费	
借:预付账款　　　　　　　1 500 　贷:零余额账户用款额度　　　1 500	借:事业支出——商品和服务支出——其他商品和服务支出——学生活动费　1 500 　贷:资金结存——零余额账户用款额度 　　　　　　　　　　　　　1 500

2. 从零余额账户提取现金

从零余额账户提取现金时,在财务会计部分,根据提取现金的金额,借记"库存现金"科目,贷记"零余额账户用款额度"科目。在预算会计部分,根据提取现金的金额,借记"资金结存——货币资金"科目,贷记"资金结存——零余额账户用款额度"科目。退回现金时,作相反的会计分录。

例 319 【从零余额账户提取现金】本年 4 月 8 日,学校因业务需要从零余额账户提取现金 2 000 元。学校编制如下会计分录:

财务会计	预算会计(8001 资金结存)
本年 4 月 8 日,从零余额账户提取现金	
借:库存现金　　　　　　　2 000 　贷:零余额账户用款额度　　　2 000	借:资金结存——货币资金　　　2 000 　贷:资金结存——零余额账户用款额度 　　　　　　　　　　　　　2 000

3. 使用以前年度财政直接支付额度

使用以前年度财政直接支付额度发生支出时,在财务会计部分,按照实际支付的金额,借记"业务活动费用""单位管理费用"等科目,贷记"财政应返还额度"科目。在预算会计部分,按照实际支付的金额,借记"事业支出"等科目,贷记"资金结存——财政应返还额度"科目。

4. 国库集中支付以外的其他支付方式

国库集中支付以外的其他支付方式下,发生相关支出时,在财务会计部分,借记"业务活动费用""单位管理费用"等科目,贷记"银行存款""库存现金"科目。在预算会计部分,按照实际支付的金额,借记"事业支出""经营支出"等科目,贷记"资金结存——货币资金"科目。

例 320 【发生预算支出】学校的预算资金采用国库集中支付以外的其他方式管理。本年 5 月 5 日,学校通过银行存款支付批量购置的白板笔、墨水、文件夹等教学用具用品款项 5 800 元,上述教学用具用品已于当日验收合格后入库。本年 5 月 25 日,通过银行存款支付当月网络电话费 6 200 元。学校编制如下会计分录:

财务会计	预算会计(8001 资金结存)
(1) 本年 5 月 5 日,通过银行存款支付教学用具用品费	
借:库存物品　　　　　　　5 800　　　　　　 贷:银行存款　　　　　　　　　　5 800	借:事业支出——商品和服务支出——办公费　　　　　　　　　　　　　　5 800　　　 贷:资金结存——货币资金　　　　5 800
(2) 本年 5 月 25 日,通过银行存款支付网络费	
借:业务活动费　　　　　　6 200　　　　　　 贷:银行存款　　　　　　　　　　6 200	借:事业支出　　　　　　　　　　6 200　　　 贷:资金结存——货币资金　　　　6 200

(三)上缴或注销财政拨款结转结余资金

1. 按照规定上缴财政拨款结转结余资金或注销财政拨款结转结余资金额度

按照规定上缴财政拨款结转结余资金或注销财政拨款结转结余资金额度,在财务会计部分,按照实际上缴资金数额或注销的资金额度,借记"累计盈余"科目,贷记"财政应返还额度""零余额账户用款额度""货币资金"科目。在预算会计部分,借记"财政拨款结转——归集上缴"科目或"财政拨款结余——归集上缴"科目,贷记"资金结存——财政应返还额度/零余额账户用款额度/货币资金"科目。

例 321 【按规定注销财政拨款结转结余额度】年末,学校按规定将未使用完毕的预算指标注销。12 月 31 日,根据本年度财政直接支付预算指标数为 7 000 000 元,当年财政直接支付实际支出数为 6 450 000 元,需注销的额度为 550 000 元,其中属于未完成的项目支出部分为 350 000 元,属于未使用的基本支出部分为 200 000 元;在注销的额度中,属于当年额度是 400 000 元,属于以前年度额度是 150 000 元。学校编制如下会计分录:

财务会计	预算会计(8001 资金结存)
本年 12 月 31 日,注销财政拨款结转结余额度	
借:累计盈余　　　　　　　550 000　　　　 贷:财政应返还额度　　　　　150 000　　　 零余额账户用款额度　　400 000	借:财政拨款结转——归集上缴　350 000　　　 财政拨款结余——归集上缴　200 000　　 贷:资金结存——财政应返还额度 150 000　　 资金结存——零余额账户用款额度　　　　　　　　　　　　　　　400 000

2. 按规定向原资金拨入单位缴回非财政拨款结转资金

按规定向原资金拨入单位缴回非财政拨款结转资金,在财务会计部分,按照实际缴回资金的金额,借记"累计盈余"科目,贷记"财政应返还额度""零余额账户用款额度""货币资金"科目。在预算会计部分,按照实际缴回资金的金额,借记"非财政拨款结转——缴回资金"科目,贷记"资金结存——货币资金"科目。

例 322 【按规定缴回非财政拨款结转资金】年末,学校获得省级财政部门拨付的非同级财政拨款在项目期结束后剩余 186 000 元,需按规定缴回。本年 12 月 28 日,学校将款剩余资金 186 000 元缴回。学校编制如下会计分录:

财务会计	预算会计(8001 资金结存)
本年 12 月 28 日,缴回非财政拨款结转资金	
借:累计盈余 186 000 贷:银行存款 186 000	借:非财政拨款结转—缴回资金 186 000 贷:资金结存——货币资金 186 000

3. 调入财政拨款结转资金

收到从其他单位调入的财政拨款结转资金时,在财务会计部分,按照实际调入资金的金额,借记"财政应返还额度""零余额账户用款额度""货币资金"科目,贷记"累计盈余"科目。在预算会计部分,按照实际调入资金的金额,借记"资金结存——财政应返还额度/零余额账户用款额度/货币资金"科目,贷记"财政拨款结转——归集调入"科目。

例 323 【收到调入的财政拨款结转资金】本年 10 月 10 日,学校收到同级财政部门调入的财政拨款结转资金 132 000 元,用于开展专项项目。学校编制如下会计分录:

财务会计	预算会计(8001 资金结存)
本年 10 月 10 日,收到调入的财政拨款结转资金	
借:零余额账户用款额度 132 000 贷:累计盈余 132 000	借:资金结存——零余额账户用款额度 132 000 贷:财政拨款结转——归集调入 132 000

(四)按照规定使用专用基金

按照规定使用专用基金时,在财务会计部分调整专用基金,需根据使用方式进行处理。如费用化的,按照实际使用专用基金的金额,借记"专用基金"科目,贷记"银行存款"等科目。如果购置固定资产、无形资产的,按照实际支付的金额,借记"固定资产""无形资产"等科目,贷记"银行存款"等科目;同时,借记"专用基金"科目,贷记"累计盈余"科目。

按照规定使用专用基金时,在预算会计部分,按照使用专用资金的金额,借记"专用结余"科目[从非财政拨款结余中提取的专用基金]或"事业支出"等科目[从预算收入中计提的专用基金],贷记"资金结存——货币资金"科目。

例 324 【使用专用基金】本年 6 月 25 日,学校使用从非财政拨款结余中计提专用基金 5 000 元,用于支持学生的创新活动。学校编制如下会计分录:

财务会计	预算会计(8001 资金结存)
本年 6 月 25 日,使用专用基金用于支持学生创新活动	
借:专用基金 5 000 贷:银行存款 5 000	借:专用结余 5 000 贷:资金结存——货币资金 5 000

(五) 因购货退回、发生差错更正等调整预算资金

因购货退回、发生差错更正等退回国库直接支付、授权支付款项,或者收回货币资金的,视退回和差错发生的年度而进行不同的处理:

(1) 属于本年度支付的,在财务会计部分,因退货而退款的金额或更正差错的金额,借记"财政拨款收入"科目或者"财政应返还额度""零余额账户用款额度""银行存款"等科目,贷记"业务活动费用""单位管理费用""库存物品""在建工程""固定资产"等科目。如因退回固定资产或无形资产,需冲销已计提的固定资产折旧或无形资产累计摊销的,还需按照应冲销的金额,借记"固定资产累计折旧""无形资产累计摊销"科目,贷记"业务活动费用""单位管理费用"等科目。

在预算会计部分,实际收到退款的或经批准调整预算资金额度的,按照退款或退回国库直接支付、授权支付款项的金额,借记"财政拨款预算收入"科目或者"资金结存——财政应返还额度/零余额账户用款额度/货币资金"科目,贷记"事业支出"等科目。

(2) 属于以前年度支付的,在财务会计部分,因退货而退款的金额或更正差错的金额,借记"财政应返还额度""零余额账户用款额度""银行存款"等科目,贷记"以前年度盈余调整""库存物品""在建工程""固定资产"等科目。如因退回固定资产或无形资产,需冲销已计提的固定资产折旧或无形资产累计摊销的,还需按照应冲销的金额,借记"固定资产累计折旧""无形资产累计摊销"科目,贷记"以前年度盈余调整"科目。

在预算会计部分,实际收到退款的或经批准调整预算资金额度的,借记"资金结存——财政应返还额度/零余额账户用款额度/货币资金"科目,贷记"财政拨款结转""财政拨款结余""非财政拨款结转""非财政拨款结余"科目。

例 325 【因购货退回、发生差错更正等调整预算资金】1月初,学校收到一笔来自某杂志社退款 880 元通知。该笔款项系去年学校通过同级财政拨款支付,用于预订 4 份杂志的费用,因该杂志社停刊而将款项退回。本年 1 月 25 日,学校收到财政部门拨款额度调整通知,该项退款作为上年度预算指标的返还。学校编制如下会计分录:

财务会计	预算会计(8001 资金结存)
本年 1 月 25 日,收到以前年度发生支出的退款	
借:财政应返还额度　　　　880 　贷:以前年度盈余调整　　　880	借:资金结存——财政应返还额度　　880 　贷:财政拨款结余——年初余额调整　880

例 326 【因购货退回、发生差错更正等调整预算资金】本年 4 月 25 日,学校财务发现上月的一笔业务账务处理存在差错,通过财政直接支付方式支付的学生竞赛报名费 600 元,误记成 1 600 元。学校编制如下会计分录:

财务会计	预算会计(8001 资金结存)
本年 4 月 25 日,更正本年度差错	
借:财政拨款收入　　　　1 000 　贷:业务活动费用　　　　1 000	借:财政拨款预算收入　　　1 000 　贷:事业支出　　　　　　1 000

（六）有企业所得税缴纳义务的非义务教育阶段学校缴纳企业所得税

有企业所得税缴纳义务的非义务教育阶段学校缴纳企业所得税时,在财务会计部分,按照实际缴纳金额,借记"其他应交税费——单位应交所得税"科目,贷记"银行存款"科目。在预算会计部分,按照实际缴纳金额,借记"非财政拨款结余——累计结余"科目,贷记"资金结存——货币资金"科目。

例 327 【有企业所得税缴纳义务的非义务教育阶段学校实际缴纳企业所得税】本年 6 月 25 日,学校中等职业学校通过银行存款缴纳应交企业所得税 155 600 元。学校编制如下会计分录:

财务会计	预算会计（8001 资金结存）
本年 6 月 25 日,使用专用基金用于支持学生创新活动	
借:其他应交税费——单位应交所得税 155 600 　　贷:银行存款　　　　　　　　　　155 600	借:非财政拨款结余——累计结余 155 600 　　贷:资金结存——货币资金　　　　155 600

（七）年末本年度财政直接支付预算指标数的调整

1. 未使用的本年度财政直接支付预算指标数结转到下一年度

年末,根据本年度财政直接支付预算指标数与当年财政直接支付实际支出数的差额,在财务会计部分,按照差额,借记"财政应返还额度"科目,贷记"财政拨款收入"科目。在预算会计部分,按照差额,借记"资金结存——财政应返还额度"科目,贷记"财政拨款预算收入"科目。

例 328 【年末确认未下达的财政用款额度】本年 12 月 25 日,学校未下达的财政用款额度为 460 000 元,经财政审批后确定于下一年度拨付,拨付方式为财政直接支付。学校编制如下会计分录:

财务会计	预算会计（8001 资金结存）
本年 12 月 25 日,年末确认未下达的财政用款额度	
借:财政应返还额度——财政直接支付 460 000 　　贷:财政拨款收入　　　　　　　　460 000	借:资金结存——财政应返还额度 460 000 　　贷:财政拨款预算收入　　　　　　460 000

2. 未使用的本年度财政授权支付预算指标数作注销处理

年末,学校依据代理银行提供的对账单作注销额度时,在财务会计部分,根据注销的额度,借记"财政应返还额度——财政授权支付"科目,贷记"零余额账户用款额度"科目。在预算会计部分,根据注销的额度,借记"资金结存——财政应返还额度"科目,贷记"资金结存——零余额账户用款额度"科目。

例 329 【年末注销用款额度】本年 12 月 25 日,学校根据代理银行提供的对账单,注销额度 173 000 元。学校编制如下会计分录:

财务会计	预算会计（8001 资金结存）
本年 12 月 25 日,年末注销财政用款额度	
借:财政应返还额度——财政授权支付 173 000 　　贷:零余额账户用款额度　　　　　　173 000	借:资金结存——财政应返还额度 173 000 　　贷:资金结存——零余额账户用款额度 　　　　　　　　　　　　　　　　173 000

3. 下年初,学校依据代理银行提供的额度恢复到账通知书作恢复额度

下年初,学校收到恢复零余额账户用款额度的银行到账通知,或收到上年末未下达的零余额账户用款额度的银行到账通知,在财务会计部分,按照恢复的额度,借记"零余额账户用款额度"科目,贷记"财政应返还额度"科目。在预算会计部分,按照恢复的额度,借记"资金结存——零余额账户用款额度"科目,贷记"资金结存——财政应返还额度"科目。

例 330 【年末注销零余额账户用款额度,下年初恢复】本年 1 月 16 日,学校代理银行提供的用款额度恢复到账通知书,恢复上年用款额度 150 000 元。学校编制如下会计分录:

财务会计	预算会计(8001 资金结存)
本年 1 月 16 日,恢复上年末注销的额度	
借:零余额账户用款额度　　　　150 000 　贷:财政应返还额度——财政授权支付 150 000	借:资金结存——零余额账户用款额度 　　　　　　　　　　　　　　150 000 　贷:资金结存——财政应返还额度 150 000

四、业务辨析

取得财政直接支付方式的财政拨款,不影响"资金结存"科目的核算。但会影响"财政拨款预算收入"和"事业支出"等科目的核算。因此,对于学校可使用的财政拨款资金,除了已记入"资金结存"科目的金额外,还有取得的财政直接支付方式的财政拨款额度。

【解析85】 8101 财政拨款结转

一、业务描述

预算结余是指政府会计主体预算年度内预算收入扣除预算支出后的资金余额,以及历年滚存的资金余额,包括结转资金和结余资金。结转资金是指预算安排项目的支出年终尚未执行完毕或者因故未执行,且下年需要按原用途继续使用的资金。来自同级财政部门的财政拨款,在扣除项目支出后下年需要按原用途继续使用的资金,通过"财政拨款结转"来反映。导致财政拨款结转资金变化的因素包括:①年初数的调整,即会计差错更正、以前年度收支调整对财政拨款结转年初数的影响。②财政调拨对可使用财政拨款结转资金的影响。③年末结转的影响,包括本年收支结转和累计结转的影响。

二、科目设置

"财政拨款结转"科目是预算会计核算使用的科目,核算学校取得的同级财政拨款结转资金的调整、结转和滚存情况"财政拨款结转"科目应当设置下列明细科目。

1. 与会计差错更正、以前年度支出收回相关的明细科目

"年初余额调整":本明细科目核算因发生会计差错更正、以前年度支出收回等原因,需要调整财政拨款结转的金额。年末结转后,本明细科目应无余额。

2. 调整财政拨款结转资金相关的明细科目

"归集调入":本明细科目核算按照规定从其他学校(单位)调入财政拨款结转资金时,实际调增的额度数额或调入的资金数额。年末结转后,本明细科目应无余额。

"归集调出":本明细科目核算按照规定向其他学校(单位)调出财政拨款结转资金时,实际调减的额度数额或调出的资金数额。年末结转后,本明细科目应无余额。

"归集上缴"：本明细科目核算按照规定上缴财政拨款结转资金时，实际核销的额度数额或上缴的资金数额。年末结转后，本明细科目应无余额。

"单位内部调剂"：本明细科目核算经财政部门批准对财政拨款结余资金改变用途，调整用于本学校其他未完成项目等的调整金额。年末结转后，本明细科目应无余额。

3. 与年末财政拨款结转业务相关的明细科目

"本年收支结转"：本明细科目核算学校本年度财政拨款收支相抵后的余额。年末结转后，本明细科目应无余额。

"累计结转"：本明细科目核算学校滚存的财政拨款结转资金。本明细科目年末贷方余额，反映学校财政拨款滚存的结转资金数额。

"财政拨款结转"科目还应当设置"基本支出结转""项目支出结转"两个明细科目，并在"基本支出结转"明细科目下按照"人员经费""日常公用经费"进行明细核算，在"项目支出结转"明细科目下按照具体项目进行明细核算；同时，本科目还应按照《政府收支分类科目》中"支出功能分类科目"的相关科目进行明细核算。

有一般公共预算财政拨款、政府性基金预算财政拨款等两种或两种以上财政拨款的，还应当在"财政拨款结转"科目下按照财政拨款的种类进行明细核算。

"财政拨款结转"科目年末贷方余额，反映学校滚存的财政拨款结转资金数。

财政拨款结转和财政拨款结余明细科目设置比较如图 8-2 所示。

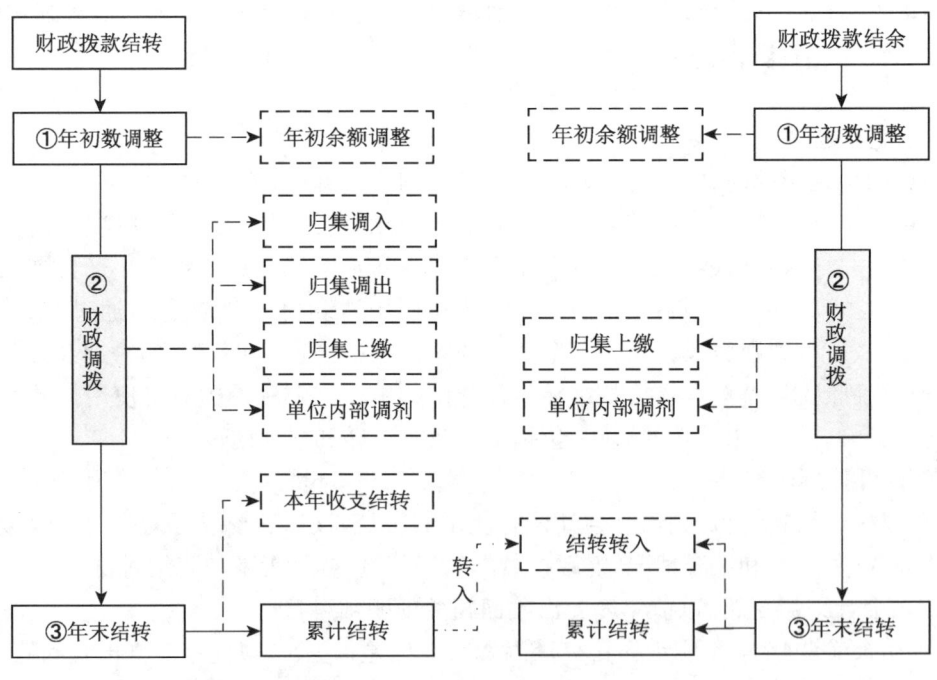

注：虚线表示年末结转后余额。

图 8-2　财政拨款结转和财政拨款结余明细科目设置比较

三、典型业务

(一) 因会计差错更正、以前年度支出收回以前年度财政拨款结转资金

学校发现并更正会计差错，以及因购货退回、预付款项收回等原因，对以前年度发生与项目相关并可以延续使用的财政拨款结转资金进行调整时,需调整"资金结存",同时调整"财政拨款结转"。

(1)因发生会计差错更正退回以前年度国库直接支付、授权支付款项或财政性货币资金,或者因发生会计差错更正增加以前年度国库直接支付、授权支付支出或财政性货币资金支出,属于以前年度财政拨款结转资金的,在财务会计部分,按照调整的预算资金金额,借记或贷记"零余额账户用款额度""财政应返还额度""银行存款"科目,贷记或借记"以前年度盈余调整"等科目。在预算会计部分,按照调整的预算资金金额,借记或贷记"资金结存——财政应返还额度/零余额账户用款额度/货币资金"科目,贷记或借记"财政拨款结转——年初余额调整"科目。

例331【更正会计差错,调整以前年度财政拨款结转资金】本年4月初,学校发现一项下年9月到期的2年期项目,其上年度的项目支出核算存在差错,预算会计部分多记支出40 000元,财务会计部分多记费用40 000元。学校向主管部门报批调整。4月16日,学校收到代理银行授权支付到账通知,因差错更正恢复"零余额账户用款额度"40 000元。学校编制如下会计分录:

财务会计	预算会计(8101 财政拨款结转)
本年4月16日,更正会计差错,调整以前年度财政拨款结转资金	
借:零余额账户用款额度　　　　40 000 　贷:以前年度盈余调整　　　　　　40 000	借:资金结存——零余额账户用款额度 　　　　　　　　　　　　　　40 000 　贷:财政拨款结转——年初余额调整 　　　　　　　　　　　　　　40 000

例332【更正会计差错,调整以前年度财政拨款结转资金】本年6月初,学校发现一项下年9月到期的2年期项目,其上年度的项目支出核算存在差错,预算会计部分少记支出67 000元,财务会计部分少记费用67 000元。学校向主管部门报批调整。6月16日,学校收到代理银行授权支付到账通知,因差错更正调减"财政应返还额度"67 000元。学校编制如下会计分录:

财务会计	预算会计(8101 财政拨款结转)
本年6月16日,更正会计差错,调整以前年度财政拨款结转资金	
借:以前年度盈余调整　　　　　67 000 　贷:财政应返还额度　　　　　　67 000	借:财政拨款结转——年初余额调整 　　　　　　　　　　　　　　67 000 　贷:资金结存——财政应返还额度　67 000

(2)因购货退回、预付款项收回等,发生以前年度支出又收回国库的直接支付、授权支付款项,或收回财政性货币资金,属于以前年度财政拨款结转资金的,在财务会计部分,按照调整的金额,借记或贷记"零余额账户用款额度""财政应返还额度""银行存款"科目,贷记或借记"以前年度盈余调整""库存物品"等科目。对于预算资金调整的,在预算会计部分,按照调整的预算资金金额,借记或贷记"资金结存——财政应返还额度/零余额账户用款额度/货币资金"科目,贷记或借记"财政拨款结转——年初余额调整"科目。

例333 **【收到项目退款,调整项目结转资金】**上年12月,学校委托一家公司设计一套人工智能(AI)教学器具,根据协议通过财政拨款的项目经费预付210 000元(含材料费);本年项目仍处于进行中。本年4月初,受托公司将教学器具交付学校,同时退回剩余材料费9 200元。经审批后,根据该项退款调整财政应返还额度。4月23日,学校收到代理银行的到账通知。学校编制如下会计分录:

财务会计	预算会计(8101 财政拨款结转)
本年4月23日,收到以前年度的款项退回	
借:零余额账户用款额度　　　　　9 200 　　贷:预付账款　　　　　　　　　　　9 200	借:资金结存——财政应返还额度　9 200 　　贷:财政拨款结转——年初余额调整 9 200

(二) 调整财政拨款结转资金

学校在实施特定项目过程中,由于内外部因素会导致主管部门调整财政拨款结转资金,具体形式包括归集调入、归集调出、归集上缴和单位内部调剂。调整财政拨款结转资金不影响学校已审批的预算指标,但会增减学校可使用的财政拨款资金。

1. 按照规定从其他学校(单位)调入财政拨款结转资金

按照规定从其他学校(单位)调入财政拨款结转资金的,在财务会计部分,按照实际调增的额度或调入资金的金额,在财务会计部分,借记"财政应返款额度""零余额账户用款额度""银行存款"科目,贷记"累计盈余"科目。在预算会计部分,按照实际调增的额度或调入资金的金额,借记"资金结存——财政应返还额度/零余额账户用款额度/货币资金"科目,贷记"财政拨款结转——归集调入"科目。

例334 **【归集调入财政拨款结转资金】**本年8月10日,学校收到代理银行的到账通知,主管部门从其他学校调入的财政拨款资金500 000元用于特色教育项目建设,纳入本年度的零余额账户用款额度。学校编制如下会计分录:

财务会计	预算会计(8101 财政拨款结转)
本年8月10日,收到调入财政拨款结转资金	
借:零余额账户用款额度　　　　500 000 　　贷:累计盈余　　　　　　　　　500 000	借:资金结存——零余额账户用款额度 　　　　　　　　　　　　　　　500 000 　　贷:财政拨款结转——归集调入　500 000

2. 按照规定向其他学校(单位)调出财政拨款结转资金

按照规定向其他学校(单位)调出财政拨款结转资金的,在财务会计部分,按照实际调减的额度或调出资金的金额,借记"累计盈余"科目,贷记"财政应返款额度""零余额账户用款额度""银行存款"科目。在预算会计部分,按照实际调减的额度或调出资金的金额,借记"财政拨款结转——归集调出"科目,贷记"资金结存——财政应返还额度/零余额账户用款额度/货币资金"科目。

例335 **【归集调出财政拨款结转资金】**学校上年初立项的项目,本年初因外部环境发生变化,导致项目无法顺利实施,经向主管部门申请终止该项目。学校本年2月15日收到通知,主管部门同意终止该财政拨款资金支持的项目,并将该项目的财政拨款结转

资金 335 000 元调出,注销本年度的财政应返还额度。学校编制如下会计分录:

财务会计	预算会计(8101 财政拨款结转)
本年 2 月 5 日,财政拨款资金调出	
借:累计盈余　　　　　　　　335 000 　贷:财政应返还额度　　　　　　335 000	借:财政拨款结转——归集调出　335 000 　贷:资金结存——财政应返还额度 335 000

3. 按照规定上缴财政拨款结转资金或注销财政拨款结转资金额度

按照规定上缴财政拨款结转资金或注销财政拨款结转资金额度的,在财务会计部分,按照实际上缴资金的金额或注销资金的额度,借记"累计盈余"科目,贷记"财政应返还额度""零余额账户用款额度""银行存款"科目。在预算会计部分,按照实际上缴资金的金额或注销资金的额度,借记"财政拨款结转——归集上缴"科目,贷记"资金结存——财政应返还额度/零余额账户用款额度/货币资金"科目。

例 336 【上缴财政拨款结转资金】学校上年初立项的项目,本年初因外部环境发生变化,导致项目无法顺利实施,经向主管部门申请终止该项目。本年 2 月 18 日收到通知,主管部门同意终止该财政拨款资金支持的项目,学校将该项目的财政拨款结转资金 355 000 元上缴,注销本年度零余额账户用款额度。学校编制如下会计分录:

财务会计	预算会计(8101 财政拨款结转)
本年 2 月 18 日,财政拨款资金上缴	
借:累计盈余　　　　　　　　355 000 　贷:零余额账户用款额度　　　　355 000	借:财政拨款结转——归集上缴　355 000 　贷:资金结存——零余额账户用款额度 　　　　　　　　　　　　　355 000

4. 经财政部门批准在单位内部调剂财政拨款结转资金

经财政部门批准对财政拨款结余资金改变用途,调整用于本学校基本支出或其他未完成项目支出的,在预算会计部分,按照批准调剂的金额,借记"财政拨款结余——单位内部调剂"科目,贷记"财政拨款结转——单位内部调节"科目。如果不改变预算拨款的形式,在财务会计部分,无需进行账务处理。

例 337 【单位内部调剂财政拨款结转资金】本年 12 月 20 日,学校的财政拨款结余资金余额 300 000 元,经审批后可用于学校的教学专项。学校编制如下会计分录:

财务会计	预算会计(8101 财政拨款结转)
本年 12 月 20 日,经审批后将财政拨款结余资金转入财政拨款结转资金	
—	借:财政拨款结余——单位内部调剂　980 000 　贷:财政拨款结转——单位内部调剂　980 000

(三)年末财政拨款结转

1. 年末财政拨款结转

在预算会计部分,将财政拨款预算收入本年发生额转入"财政拨款结转"科目,借记"财政拨款预算收入"科目,贷记"财政拨款结转——本年收支结转"科目;将各项支出中财政拨款支出本年发生额转入"财政拨款结转"科目,借记"财政拨款结转——本年收支结转"科目,贷记各项支出的"财政拨款支出"明细科目。

例338 【年末结转】本年末学校结账前,在预算会计部分,"财政拨款预算收入"科目的贷方发生额为1 965 000元,"事业支出——财政拨款支出"明细科目贷方发生额为1 200 000元。学校年末结转时编制如下会计分录:

财务会计	预算会计(8101 财政拨款结转)
	(1)年末,结转财政拨款预算收入
—	借:财政拨款预算收入　　　　　　　　1 965 000 　贷:财政拨款结转——本年收支结转　　　1 965 000
	(2)年末,结转事业支出的财政拨款支出
—	借:财政拨款结转——本年收支结转　　1 200 000 　贷:事业支出——财政拨款支出　　　1 200 000

2. 年末冲销有关明细科目余额

在预算会计部分,将"财政拨款结转——本年收支结转、年初余额调整、归集调入、归集调出、归集上缴、单位内部调剂"余额转入"财政拨款结转——累计结转"科目。结转后,除"财政拨款结转——累计结转"科目外,其他明细科目应无余额。

例339 【年末结转】本年末学校结账前,在预算会计部分,"财政拨款结转——本年收支结转、年初余额调整、归集调入、单位内部调剂"明细科目贷方余额分别是856 000元、40 000元、200 000元、100 000元;"财政拨款结转——归集调出、归集上缴"明细科目的借方余额分别是120 000元、80 000元。学校年末结转时编制如下会计分录:

财务会计	预算会计(8101 财政拨款结转)
	(1)年末结转,冲销财政拨款结转有关明细科目借方余额
—	借:财政拨款结转——累计结转　　　　　200 000 　贷:财政拨款结转——归集调出　　　　120 000 　　　财政拨款结转——归集上缴　　　　80 000
	(2)年末结转,冲销财政拨款结转有关明细科目贷方余额
—	借:财政拨款结转——本年收支结转　　856 000 　　财政拨款结转——年初余额调整　　40 000 　　财政拨款结转——归集调入　　　　200 000 　　财政拨款结转——单位内部调剂　　100 000 　贷:财政拨款结转——累计结转　　　1 196 000

3. 按照有关规定将符合财政拨款结余性质的项目余额转入财政拨款结余

在预算会计部分,年末完成上述结转后,应当对财政拨款结转各明细项目执行情况进行分析,按照有关规定将符合财政拨款结余性质的项目余额转入财政拨款结余,借记"财政拨款结转——累计结转"科目,贷记"财政拨款结余——结转转入"科目。

例340 【年末将符合结余性质资金转入财政拨款结余】本年末学校结账前,在预算会计部分,"财政拨款——累计结转"贷方余额为780 000元,其中属于已经结束项目的资金为230 000元。学校年末结转时编制如下会计分录:

财务会计	预算会计（8101 财政拨款结转）
	年末，符合结余性质资金转入财政拨款结余
—	借：财政拨款结转——累计结转 230 000 贷：财政拨款结余——结转转入 230 000

【解析 86】 8102 财政拨款结余

一、业务描述

预算结余是指政府会计主体预算年度内预算收入扣除预算支出后的资金余额，以及历年滚存的资金余额，包括结余资金和结转资金。结余资金是指年度预算执行终了，预算收入实际完成数扣除预算支出和结转资金后剩余的资金。来自同级财政部门的财政拨款预算收入，在扣除支出后下年需要按原用途继续使用的资金，通过"财政拨款结余"来反映。导致财政拨款结余资金变化的因素包括：①年初数的调整，即会计差错更正、以前年度收支调整对财政拨款结余年初数的影响。②财政调拨对可使用财政拨款结余资金的影响。③年末结转的影响，包括财政拨款结转资金转入和累计结余的影响。

二、科目设置

"财政拨款结余"科目是预算会计核算使用的科目，核算学校取得的同级财政拨款项目支出结余资金的调整、结转和滚存情况。财政拨款结余科目应当设置下列明细科目。

1. 与会计差错更正、以前年度支出收回相关的明细科目

"年初余额调整"：本明细科目核算因发生会计差错更正、以前年度支出收回等原因，需要调整财政拨款结余的金额。年末结转后，本明细科目应无余额。

2. 调整财政拨款结余资金相关的明细科目

"归集上缴"：本明细科目核算按照规定上缴财政拨款结余资金时，实际核销的额度数额或上缴的资金数额。年末结转后，本明细科目应无余额。

"单位内部调剂"：本明细科目核算经财政部门批准对财政拨款结余资金改变用途，调整用于本学校其他未完成项目等的调整金额。年末结转后，本明细科目应无余额。

3. 与年末财政拨款结余业务相关的明细科目

"结转转入"：本明细科目核算学校按照规定转入财政拨款结余的财政拨款结转资金。年末结转后，本明细科目应无余额。

"累计结余"：本明细科目核算学校滚存的财政拨款结余资金。本明细科目年末贷方余额，反映学校财政拨款滚存的结余资金数。

"财政拨款结余"科目还应当按照具体项目、《政府收支分类科目》中"支出功能分类科目"的相关科目等进行明细核算。

有一般公共预算财政拨款、政府性基金预算财政拨款等两种或两种以上财政拨款的，还应当在本科目下按照财政拨款的种类进行明细核算。

"财政拨款结余"科目年末贷方余额，反映学校滚存的财政拨款结余资金数额。

三、典型业务

（一）因会计差错更正、以前年度支出收回调整以前年度财政拨款结余资金

学校发现并更正会计差错，以及因购货退回、预付款项收回等原因，对以前年度发生与项目相关且项目资金的收支已结转至财政拨款结余的业务,需调整"资金结存",同时调整"财政拨款结余"。

1. 与会计差错更正相关且属于以前年度财政拨款结余的调整

因发生会计差错更正退回以前年度国库直接支付、授权支付款项或财政性货币资金,或者因发生会计差错更正增加以前年度国库直接支付、授权支付支出或财政性货币资金支出,属于以前年度财政拨款结余资金的,在财务会计部分,按照应调整预算资金的金额,借记或贷记"零余额账户用款额度""财政应返还额度""银行存款"科目,贷记或借记"以前年度盈余调整"等科目。在预算会计部分,按照应调整预算资金的金额,借记或贷记"资金结存——财政应返还额度/零余额账户用款额度/货币资金"科目,贷记或借记"财政拨款结余——年初余额调整"科目。

例 341 【更正会计差错,调整以前年度财政拨款结余资金】本年 2 月初,学校发现一项去年已经完成的项目,其上年度的项目支出核算存在差错,预算会计部分多记支出 104 000 元,财务会计部分多记费用 104 000 元。学校向主管部门报批调整。2 月 16 日,学校收到代理银行授权支付到账通知,因差错更正将增加"财政应返还额度"104 000 元。学校编制如下会计分录:

财务会计		预算会计(8102 财政拨款结余)	
本年 2 月 16 日,更正会计差错,调整以前年度财政拨款结余资金			
借:财政应返还额度	104 000	借:资金结存——财政应返还额度 104 000	
贷:以前年度盈余调整	104 000	贷:财政拨款结余——年初余额调整	
			104 000

例 342 【更正会计差错,调整以前年度财政拨款结余资金】本年 3 月初,学校发现一项去年已经完成的项目,其上年度的项目支出核算存在差错,预算会计部分少记支出 67 000 元,财务会计部分少记费用 67 000 元。学校向主管部门报批调整。3 月 16 日,学校收到代理银行授权支付到账通知,因差错更正调减"零余额账户用款额度"67 000 元。学校编制如下会计分录:

财务会计		预算会计(8102 财政拨款结余)	
本年 3 月 16 日,更正会计差错,调整以前年度财政拨款结余资金			
借:以前年度盈余调整	67 000	借:财政拨款结余——年初余额调整	
贷:零余额账户用款额度	67 000		67 000
		贷:资金结存——零余额账户用款额度	
			67 000

2. 与退货退款等相关且属于以前年度财政拨款结余的调整

因购货退回、预付款项收回等,发生以前年度支出又收回国库的直接支付、授权支付款项或收回财政性货币资金,属于以前年度财政拨款结余资金的,在财务会计部分,按照调整的金额,借记或贷记"零余额账户用款额度""财政应返还额度""银行存款"科目,贷记或借记"以前年度盈余调整""库存物品"等科目。在预算会计部分,按照调整的预算资金金额,借记或贷记"资金结存——财政应返还额度/零余额账户用款额度/货币资金"科目,贷记或借记"财政拨款结余——年初余额调整"科目。

例 343 【收到项目退款,调整项目结余资金】上年 11 月,学校根据教学项目的需要,购置了一批教学用品,入库后被领用。上年 12 月,学校在使用这批教学用品过程中发现质量问题,与供应商协商处理,年末结转前尚未达成一致意见。该教学项目已于上年 12 月结束。本年 1 月,供应商同意对该批教学用品退货并退款 8 200 元。经审批后,根据该项退款调整财政应返还额度。1 月 23 日,学校收到代理银行的到账通知。学校编制如下会计分录:

财务会计	预算会计(8102 财政拨款结余)
本年 1 月 23 日,收到以前年度的款项退回	
借:财政应返还额度　　　　　　 8 200 　　贷:以前年度盈余调整　　　　　 8 200	借:资金结存——财政应返还额度　 8 200 　　贷:财政拨款结余——年初余额调整 8 200

(二)调整财政拨款结余资金

学校在开展特定项目过程中,由于内外部因素会导致主管部门调整财政拨款结余资金,具体形式包括归集上缴和单位内部调剂。调整财政拨款结余资金不影响学校已审批的预算指标,但会增减学校可使用的财政拨款资金。

1. 按照规定上缴财政拨款结余资金或注销财政拨款结余资金额度

按照规定上缴财政拨款结余资金或注销财政拨款结余资金额度的,在财务会计部分,按照实际上缴资金或注销资金额度的金额,借记"累计盈余"科目,贷记"财政应返款额度""零余额账户用款额度""银行存款"科目。在预算会计部分,按照实际上缴资金或注销资金额度的金额,借记"财政拨款结余——归集上缴"科目,贷记"资金结存——财政应返还额度/零余额账户用款额度/货币资金"科目。

例 344 【归集上缴财政拨款结余资金】学校上年初立项的项目,本年初因外部环境发生变化,导致项目无法顺利实施,经向主管部门申请终止该项目。本年 2 月 18 日收到通知,主管部门同意终止该财政拨款资金支持的项目,学校将该项目的财政拨款结余资金 355 000 元上缴,注销本年度零余额账户用款额度。学校编制如下会计分录:

财务会计	预算会计(8102 财政拨款结余)
本年 2 月 18 日,财政拨款资金上缴	
借:累计盈余　　　　　　　　 355 000 　　贷:零余额账户用款额度　　　 355 000	借:财政拨款结余——归集上缴　 355 000 　　贷:资金结存——零余额账户用款额度 　　　　　　　　　　　　　　 355 000

2. 经财政部门批准在单位内部调剂财政拨款结余资金

经财政部门批准对财政拨款结余资金改变用途,调整用于本学校基本支出或其他未完成项目支出的,按照批准调剂的金额,在预算会计部分,借记"财政拨款结余——单位内部调剂"科目,贷记"财政拨款结转——单位内部调剂"科目。

例 345 【单位内部调剂财政拨款结余资金】本年 2 月 5 日,学校经财政部门批准,将财政拨款的基本支出经费结余的资金用途进行调整,用于补足学校的开展体育教育专项,调整金额为 280 000 元。学校编制如下会计分录:

财务会计	预算会计（8102 财政拨款结余）
本年 2 月 5 日，经批准将基本支出经费结余的资金调整为用于体育教育专项	
—	借：财政拨款结余——单位内部调剂　　980 000 　　贷：财政拨款结转——单位内部调剂　　980 000

（三）年末财政拨款结转和结余

1. 将符合财政拨款结余性质的项目余额转入财政拨款结余

在预算会计部分，对财政拨款结转各明细项目执行情况进行分析，按照有关规定将符合财政拨款结余性质的项目余额转入财政拨款结余，借记"财政拨款结转——累计结转"科目，贷记"财政拨款结转——结转转入"。

例 346　【年末将符合结余性质资金转入财政拨款结余】本年末学校结账前，在预算会计部分，"财政拨款结转——累计结转"贷方余额为 880 000 元，其中属于已经结束项目的资金为 210 000 元。学校年末结转时编制如下会计分录：

财务会计	预算会计（8102 财政拨款结余）
	年末，符合结余性质资金转入财政拨款结余
—	借：财政拨款结转——累计结转　　210 000 　　贷：财政拨款结余——结转转入　　210 000

2. 年末冲销有关明细科目余额

在预算会计部分，将"财政拨款结余——年初余额调整、归集上缴、单位内部调剂、结转转入"余额转入"财政拨款结余——累计结余"科目。结转后，本科目除"累计结余"明细科目外，其他明细科目应无余额。

例 347　【年末结转】本年末学校结账前，在预算会计部分，"财政拨款结余——单位内部调剂、结转转入"明细科目贷方余额分别是 100 000 元、250 000 元；"财政拨款结余——年初余额调整"明细科目的借方余额是 20 000 元。学校年末结转时编制如下会计分录：

财务会计	预算会计（8102 财政拨款结余）
	（1）年末结转，冲销财政拨款结余有关明细科目借方余额
—	借：财政拨款结余——累计结余　　20 000 　　贷：财政拨款结余——年初余额调整　　20 000
	（2）年末结转，冲销财政拨款结余有关明细科目贷方余额
—	借：财政拨款结余——结转转入　　100 000 　　　　财政拨款结余——单位内部调剂　　250 000 　　贷：财政拨款结余——累计结余　　350 000

【解析 87】　8201 非财政拨款结转

一、业务描述

预算结余是指政府会计主体预算年度内预算收入扣除预算支出后的资金余额，以及历年滚存的资金余额,包括结余资金和结转资金。结转资金是指预算安排项目的支出年终尚未执行完毕或者因故未执行,且下年需要按原用途继续使用的资金。学校除财政拨款收支、经营收支以外各非同级财政拨款专项资金的调整、结转和滚存情况,通过"非财政拨款结转"来反映。导致非财政拨款结转资金变化的因素包括:①年初数的调整,即会计差错更正、以前年度收支调整对非财政拨款结转年初数的影响。②财政调拨对可使用非财政拨款结转资金的影响。③按照规定计提项目间接费用或管理费影响。④年末结转的影响,包括本年收支和累计结转的影响。

二、科目设置

"非财政拨款结转"科目是预算会计核算使用的科目,核算学校除财政拨款收支、经营收支以外各非同级财政拨款专项资金的调整、结转和滚存情况。"非财政拨款结转"科目应当设置下列明细科目。

1. 与会计差错更正、以前年度支出收回相关的明细科目

"年初余额调整":本明细科目核算因发生会计差错更正、以前年度支出收回等原因,需要调整非财政拨款结转的金额。年末结转后,本明细科目应无余额。

2. 调整非财政拨款结余资金相关的明细科目

"缴回资金":本明细科目核算按照规定缴回非财政拨款结转资金时,实际缴回的资金数额。年末结转后,本明细科目应无余额。

3. 与提取项目间接费用或管理费业务相关的明细科目

"项目间接费用或管理费":本明细科目核算学校取得的科研项目预算收入中,按照规定计提项目间接费用或管理费的数额。年末结转后,本明细科目应无余额。

4. 与年末非财政拨款结余业务相关的明细科目

"本年收支结转":本明细科目核算学校本年度非同级财政拨款专项收支相抵后的余额。年末结转后,本明细科目应无余额。

"累计结转":本明细科目核算学校滚存的非同级财政拨款专项结转资金。本明细科目年末贷方余额,反映学校非同级财政拨款滚存的专项结转资金数额。

"非财政拨款结转"科目还应当按照具体项目、《政府收支分类科目》中"支出功能分类科目"的相关科目等进行明细核算。

"非财政拨款结转"科目年末贷方余额,反映学校滚存的非同级财政拨款专项结转资金数额。

非财政拨款结转与非财政拨款结余明细科目设置比较如图 8-3 所示。

三、典型业务

(一) 因会计差错更正、以前年度支出收回以前年度非财政拨款结转资金

学校发现并更正会计差错,以及因购货退回、预付款项收回等原因,对以前年度发生与项目相关且项目资金的收支已转入非财政拨款结转的业务调整时,需调整"资金结存",同时调整"非财政拨款结转"。

1. 与会计差错相关且属于以前年度非同级财政拨款资金调整

因发生会计差错更正退回以前年度非同级财政拨款资金的,或者因发生会计差错更正增加或减少以前年度非同级财政拨款资金的,在财务会计部分,按照应调整的金额,借记或贷记"银行存款"等科目,贷记或借记"以前年度盈余调整"等科目。在预算会计部

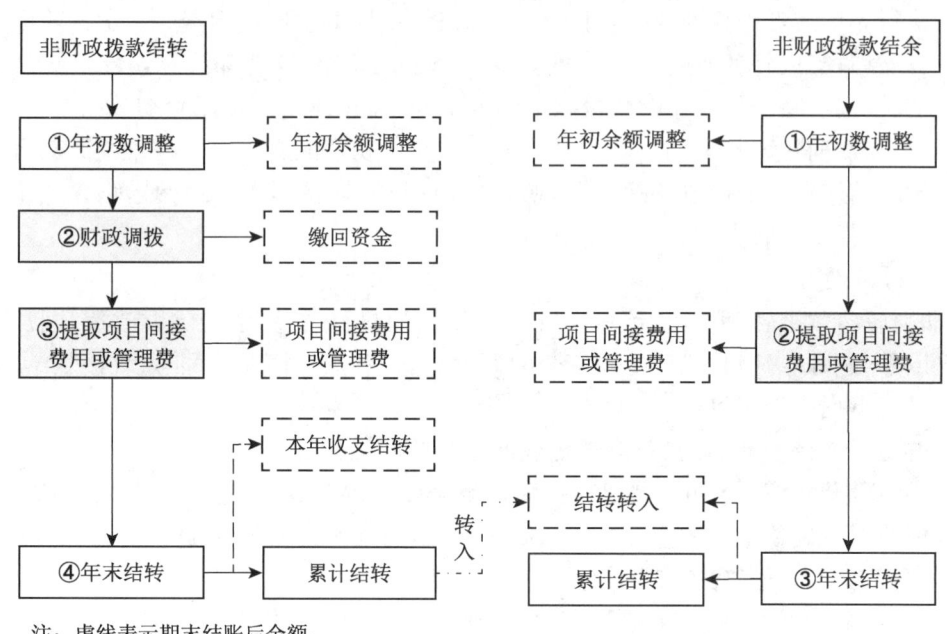

注：虚线表示期末结账后余额。

图 8-3 非财政拨款结转与非财政拨款结余明细科目设置比较

分,按照应调整的金额,借记或贷记"资金结存——货币资金"科目,贷记或借记"非财政拨款结转——年初余额调整"科目。

例 348 【更正会计差错,调整以前年度非同级财政拨款专项资金】本年 1 月初,学校发现上年度的项目支出核算存在差错,预算会计部分支出多记 55 000 元,财务会计部分费用多记 55 000 元。该项目的资金来自上级财政拨款专项,且项目仍处于建设过程中。学校其向主管部门报批调整。2 月 14 日,学校收到代理银行到账通知,更正差错而调增银行存款 55 000 元。学校编制如下会计分录:

财务会计		预算会计（8201 非财政拨款结转）	
本年 2 月 14 日,更正会计差错,调整以前年度非同级财政拨款专项资金			
借:银行存款	55 000	借:资金结存——货币资金	55 000
贷:以前年度盈余调整	55 000	贷:非财政拨款结转——年初余额调整	
			55 000

例 349 【更正会计差错,调整以前年度非同级财政拨款专项资金】本年 1 月初,学校发现上年度的项目支出核算存在差错,预算会计部分支出少记 26 000 元,财务会计部分费用少记 26 000 元。该项目的资金来自事业收入的专项,且项目仍处于建设过程中。学校其向主管部门报批调整。2 月 18 日,学校收到代理银行到账通知,更正差错而调减银行存款 26 000 元。学校编制如下会计分录:

中小学校执行新政府会计准则制度的实务解析

财务会计	预算会计（8201 非财政拨款结转）
本年 2 月 18 日，更正会计差错，调整以前年度非同级财政拨款专项资金	
借：以前年度盈余调整　　　　26 000　　　　　　　　 　　贷：银行存款　　　　　　　　　　　26 000	借：非财政拨款结转——年初余额调整 　　　　　　　　　　　　　　　　　26 000 　　贷：资金结存——货币资金　　　26 000

2. 与退货退款相关且属于以前年度非同级财政拨款资金调整

因购货退回、预付款项收回等发生以前年度支出又收回货币资金，属于以前年度非同级财政拨款专项资金的，在财务会计部分，按照应调整预算资金的金额，借记或贷记"银行存款"等科目，贷记或借记"以前年度盈余调整""库存物品"等科目。在预算会计部分，按照应调整预算资金的金额，借记或贷记"资金结存——货币资金"科目，贷记或借记"非财政拨款结转——年初余额调整"科目。

例 350　【收到项目退款，调整非同级财政拨款专项资金】上年 11 月，学校根据教学项目的需要，购置了一批教学用品，入库后被领用。上年 12 月，学校在使用这批教学用品过程中发现质量问题，与供应商协商处理，年末结转前尚未达成一致意见。该项目的资金来自捐赠收入的专项，且项目仍处于建设过程中。本年 1 月，供应商同意对该批教学用品退货并退款 7 500 元。经审批后，该项退款调整银行存款，1 月 28 日学校收到代理银行的到账通知。学校编制如下会计分录：

财务会计	预算会计（8201 非财政拨款结转）
本年 1 月 28 日，收到以前年度非同级财政拨款专项资金退回	
借：银行存款　　　　　　　　7 500　　　　　　　 　　贷：以前年度盈余调整　　　　　　7 500	借：资金结存——货币资金　　　7 500 　　贷：非财政拨款结转——年初余额调整 　　　　　　　　　　　　　　　　　7 500

（二）按照规定从科研项目预算收入中提取项目管理费或间接费

按照规定从科研项目预算收入中提取项目管理费或间接费，在财务会计部分，按照提取金额，借记"单位管理费用"科目，贷记"预提费用"科目。在预算会计部分，按照提取金额，借记"非财政拨款结转——项目间接费用或管理费用"科目，贷记"非财政拨款结余——项目间接费用或管理费"科目。

使用已提取的项目管理费或间接费，在财务会计部分，按使用的金额，借记"预提费用"科目，贷记"银行存款"等科目。在预算会计部分按照使用的金额，借记"事业支出"科目，贷记"资金结存"等科目。

例 351　【按规定提取科研项目的管理费或间接费】本年 3 月 18 日，学校收到教师获得市级教育主管部门立项的科研项目经费 100 000 元，并按规定提取 10% 科研项目间接费。下年项目正常结项，通过立项部门验收。下年 9 月，科研项目负责人申请使用间接费 10 000 元，用于对参加科研项目团队成员进行奖励，申请经学校批准；9 月 20 日，用银行存款发放科研项目绩效。学校编制如下会计分录：

财务会计	预算会计（8201 非财政拨款结转）
（1）本年 3 月 18 日，按规定提取科研项目间接费	
借：单位管理费用　　　　　　10 000 　　贷：预提费用——项目间接费或管理费　10 000	借：非财政拨款结转——项目间接费用或管理费 　　　　　　　　　　　　　　10 000 　　贷：非财政拨款结余——项目间接费用或 　　　管理费　　　　　　　　10 000
（2）下年 9 月 20 日，使用已提取的间接费	
借：预提费用　　　　　　　　10 000 　　贷：银行存款　　　　　　10 000	借：事业支出　　　　　　　　10 000 　　贷：资金结存　　　　　　10 000

（三）按照规定缴回非财政拨款结转资金

按照规定缴回非财政拨款结转资金的，在财务会计部分，按照实际缴回资金的金额，借记"累计盈余"科目，贷记"银行存款"等科目。在预算会计部分，按照实际缴回资金的金额，借记"非财政拨款结转——缴回资金"科目，贷记"资金结存——货币资金"科目。

例 352　【学校按规定缴回非财政拨款结转资金】本年 11 月 15 日，学校按规定通过银行存款缴回上级部门立项的专项项目结转资金 16 800 元，该项目本年 9 月已经结项。学校编制如下会计分录：

财务会计	预算会计（8201 非财政拨款结转）
本年 11 月 15 日，按规定缴回非财政拨款财政结转资金	
借：累计盈余　　　　　　　　16 800 　　贷：银行存款　　　　　　16 800	借：非财政拨款结转——缴回资金　16 800 　　贷：资金结存——货币资金　　16 800

（四）年末非财政拨款结转和结余

1. 年末，本年非同级财政拨款专项资金的收支结转

（1）结转非同级财政拨款专项资金的预算收入。将事业预算收入、上级补助预算收入、附属单位上缴预算收入、非同级财政拨款预算收入、债务预算收入、其他预算收入本年发生额中的专项资金收入转入"非财政拨款结转——本年收支结转"科目，借记"事业预算收入""上级补助预算收入""附属单位上缴预算收入""非同级财政拨款预算收入""债务预算收入""其他预算收入"科目下各专项资金收入明细科目，贷记"非财政拨款结转——本年收支结转"科目。

（2）结转非同级财政拨款专项资金的预算支出。将事业支出、其他支出本年发生额中的非财政拨款专项资金支出转入非财政拨款结转，借记"非财政拨款结转——本年收支结转"科目，贷记"事业支出""其他支出"科目下各非财政拨款专项资金支出明细科目。

例 353　【年末结转】本年末学校结账前，在预算会计部分，"事业预算收入"专项资金明细科目贷方余额为 2 200 000 元，"非同级财政拨款预算收入"专项资金明细科目贷方余额为 600 000 元，"其他预算收入"科目下各专项资金收入明细科目贷方余额为 400 000 元；"事业支出"专项资金支出明细科目借方发生额为 1 850 000 元，"其他支出"专项资金支出明细科目借方发生额为 200 000 元。学校年末结转时编制如下会计分录：

财务会计	预算会计（8201 非财政拨款结转）	
	(1) 年末结转,结转非同级财政拨款专项资金的预算收入	
—	借：事业预算收入——专项资金——项目支出 　　非同级财政拨款预算收入——专项资金——项目支出 　　其他预算收入——专项资金——项目支出 　　贷：非财政拨款结转——本年收支结转	2 200 000 600 000 400 000 3 200 000
	(2) 年末结转,结转非同级财政拨款专项资金的预算支出	
—	借：非财政拨款结转——本年收支结转 　　贷：事业支出——专项资金——项目支出 　　其他支出——专项资金——项目支出	2 050 000 1 850 000 200 000

2. 年末冲销有关明细科目余额

年末,在预算会计部分冲销"非财政拨款结转"有关明细科目余额,将"非财政拨款结转——年初余额调整、项目间接费用或管理费、缴回资金、本年收支结转"科目余额转入"非财政拨款结转——累计结转"科目。结转后,本科目除"累计结转"明细科目外,其他明细科目应无余额。

例 354 【年末结转】本年末学校结账前,在预算会计部分,"非财政拨款结转——年初余额调整、项目间接费用或管理费、本年收支结转"明细科目贷方余额分别是 100 000 元、250 000 元、850 000 元;"非财政拨款结转——缴回资金"明细科目的借方余额是 20 000 元。学校年末结转时编制如下会计分录:

财务会计	预算会计（8201 非财政拨款结转）	
	(1) 年末结转,冲销财非政拨款结转有关明细科目借方余额	
—	借：非财政拨款结转——年初余额调整 　　非财政拨款结转——项目间接费或管理费 　　非财政拨款结转——本年收支结转 　　贷：非财政拨款结转——累计结转	100 000 250 000 850 000 1 200 000
	(2) 年末结转,冲销非财政拨款结转有关明细科目贷方余额	
—	借：非财政拨款结转——累计结转 　　贷：非财政拨款结转——缴回资金	200 000 200 000

3. 留归学校使用的非财政拨款专项(项目已完成)剩余资金转入非财政拨款结余

年末,在预算会计部分,完成上述结转后应当对非财政拨款专项结转资金各项目情况进行分析,将留归本学校使用的非财政拨款专项(项目已完成)剩余资金转入非财政拨款结余,借记"非财政拨款结转——累计结转"科目,贷记"非财政拨款结余——结转转入"科目。

例 355 【学校年末将符合结余性质资金转入非财政拨款结余】本年末学校结账前,在预算会计部分,"非财政拨款结转——累计结转"贷方余额为 880 000 元,其中属于已经结束项目的资金为 234 000 元。学校年末结转时编制如下会计分录:

财务会计	预算会计（8201 非财政拨款结转）
	年末，符合结余性质资金转入非财政拨款结余
—	借：非财政拨款结转——累计结转　　　　234 000 　贷：非财政拨款结余——结转转入　　　　　　234 000

【解析88】　8202 非财政拨款结余

一、业务描述

预算结余是指政府会计主体预算年度内预算收入扣除预算支出后的资金余额，以及历年滚存的资金余额，包括结余资金和结转资金。结余资金是指年度预算执行终了，预算收入实际完成数扣除预算支出和结转资金后剩余的资金。学校非同级财政拨款、非专项结余资金的调整、结转和滚存情况，通过"非财政拨款结余"来反映。导致非财政拨款结转资金变化的因素包括：①年初数的调整，即会计差错更正、以前年度收支调整对非财政拨款结余年初数的影响。②按照规定计提项目间接费用或管理费影响。③年末结转的影响，包括非财政拨款结转资金转入和累计结余的影响。

二、科目设置

"非财政拨款结余"科目是预算会计核算使用的科目，核算学校历年滚存的非限定用途的非同级财政拨款结余资金，主要为非财政拨款结余扣除结余分配后滚存的金额。"非财政拨款结余"科目应当设置下列明细科目。

1. 与会计差错更正、以前年度支出收回相关的明细科目

"年初余额调整"：本明细科目核算因发生会计差错更正、以前年度支出收回等原因，需要调整非财政拨款结余的金额。年末结转后，本明细科目应无余额。

2. 与提取项目间接费用或管理费业务相关的明细科目

"项目间接费用或管理费"：本明细科目核算学校取得的科研项目预算收入中，按照规定计提的项目间接费用或管理费数额。年末结转后，本明细科目应无余额。

3. 与年末财政拨款结余业务相关的明细科目

"结转转入"：本明细科目核算按照规定留归学校使用，由学校统筹调配，纳入学校非财政拨款结余的非同级财政拨款专项剩余资金。年末结转后，本明细科目应无余额。

"累计结余"：本明细科目核算学校历年滚存的非同级财政拨款、非专项结余资金。本明细科目年末贷方余额，反映学校非同级财政拨款滚存的非专项结余资金数额。

"非财政拨款结余"科目还应当按照《政府收支分类科目》中"支出功能分类科目"的相关科目进行明细核算。

三、典型业务

(一) 因会计差错更正、以前年度支出收回以前年度非财政拨款结余资金

学校发现并更正会计差错，以及因购货退回、预付款项收回等原因，对以前年度发生已转入非财政拨款结余的业务进行调整时，需调整"资金结存"，同时调整"非财政拨款结余"。

1. 与会计差错更正相关且属于以前年度非财政拨款结余的调整

因发生会计差错更正退回以前年度非财政拨款结余的资金，或者因发生会计差错更正而调整以前年度非财政拨款结余的资金的,在财务会计部分,按照应调整预算资金的金额,借记或贷记"银行存款"科目,贷记或借记"以前年度盈余调整"等科目。在预算会计部分,按照应调整预算资金的金额,借记或贷记"资金结存——货币资金"科目,贷记或借记"非财政拨款结余——年初余额调整"科目。

例356 【更正会计差错,调整以前年度非财政拨款结余资金】本年2月初,学校发现一项上年度的项目支出核算存在差错,预算会计部分支出多记54 000元,财务会计部分费用多记54 000元。该项目的资金来自事业预算收入专项,且项目已经结束。2月22日,学校完成更正会计差错的审批程序,收到代理银行账通知,因差错更正调增银行存款54 000元。学校编制如下会计分录:

财务会计	预算会计(8202 非财政拨款结余)
本年2月22日,更正会计差错,调整以前年度非财政拨款结余资金	
借:银行存款　　　　　　　54 000 　　贷:以前年度盈余调整　　　　54 000	借:资金结存——货币资金　　　54 000 　　贷:非财政拨款结余——年初余额调整 　　　　　　　　　　　　　　　54 000

例357 【更正会计差错,调整以前年度财政拨款结余资金】本年3月初,学校发现一项去年已经完成的项目,其上年度的项目支出核算存在差错,预算会计部分支出少记29 000元,财务会计部分费用少记29 000元。该项目的资金来自上级财政拨款预算收入专项,且项目已经结束。3月16日,学校完成更正会计差错的审批程序,收到代理银行账通知,因差错更正调减银行存款29 000元。学校编制如下会计分录:

财务会计	预算会计(8202 非财政拨款结余)
本年3月16日,更正会计差错,调整以前年度财政拨款结余资金	
借:以前年度盈余调整　　　29 000 　　贷:银行存款　　　　　　　29 000	借:财政拨款结余——年初余额调整　　29 000 　　贷:资金结存——货币资金　　　29 000

2. 与退货退款等相关且属于以前年度非财政拨款结余的调整

因购货退回、预付款项收回等,发生以前年度支出又收回的非同级财政拨款、非专项结余资金,在财务会计部分,按照收回预算资金的金额,借记或贷记"银行存款"等科目,贷记或借记"以前年度盈余调整""库存物品"等科目。在预算会计部分,按照收回预算资金的金额,借记或贷记"资金结存——货币资金"等科目,贷记或借记"非财政拨款结余——年初余额调整"科目。

例358 【收到项目退款,调整非财政拨款结余资金】上年12月,学校根据教学项目的需要购置了一批实验器具,入库后被领用。随后,实验室在使用这批实验器具过程中发现质量问题,与供应商协商处理,年末结转前尚未达成一致意见。该教学项目已于上年12月结束。本年1月,供应商同意对该批实验器具退货并退款8 950元。经审批后,根据该项退款调整财政应返还额度。1月23日,学校收到代理银行的到账通知。学校编制如下会计分录:

财务会计	预算会计（8202 非财政拨款结余）
本年 1 月 23 日，收到以前年度的非财政拨款、非专项资金退回	
借：财政应返还额度　　　　8 950 　　贷：以前年度盈余调整　　　8 950	借：资金结存——财政应返还额度　　8 950 　　贷：非财政拨款结余——年初余额调整　8 950

（二）按照规定从科研项目预算收入中提取项目管理费或间接费

按照规定从科研项目预算收入中提取项目管理费或间接费，在财务会计部分，按照提取金额，借记"单位管理费用"科目，贷记"预提费用"科目。在预算会计部分，按照提取金额，借记"非财政拨款结转——项目间接费用或管理费用"科目，贷记"非财政拨款结余——项目间接费用或管理费"科目。

使用已提取的项目管理费或间接费，在财务会计部分，按使用的金额，借记"预提费用"科目，贷记"银行存款"等科目。在预算会计部分按照使用的金额，借记"事业支出"科目，贷记"资金结存"等科目。

例 359 【按规定提取科研项目的管理费或间接费】本年 2 月 18 日，某职业学校收到教师获得企业委托立项的科研项目经费 120 000 元，并按规定提取 5% 科研项目管理费。根据学校科研项目经费提取和使用间接费和管理费的规定，9 月 20 日分配该项目应负担以银行存款支付的水电费 1 800 元。学校编制如下会计分录：

财务会计	预算会计（8202 非财政拨款结余）
（1）本年 2 月 18 日，按规定提取科研项目管理费	
借：单位管理费用　　　　　　　　　6 000 　　贷：预提费用——项目间接费或管理费　6 000	借：非财政拨款结转——项目间接费用或管理费 　　　　　　　　　　　　　　　　　6 000 　　贷：非财政拨款结余——项目间接费用或 　　　　管理费　　　　　　　　　　5 000
（2）本年 9 月 20 日，使用已提取的科研项目管理费	
借：预提费用　　　　　　　　1 800 　　贷：银行存款　　　　　　　1 800	借：事业支出　　　　　　　　1 800 　　贷：资金结存　　　　　　　1 800

（三）有企业所得税缴纳义务的事业单位实际缴纳企业所得税

有企业所得税缴纳义务的非义务阶段学校实际缴纳企业所得税时，在财务会计部分，按照缴纳金额，借记"其他应交税费——单位应交所得税"科目，贷记"银行存款"科目。在预算会计部分，按照缴纳金额，借记"非财政拨款结余——累计结余"，贷记"资金结存——货币资金"科目。

例 360 【缴纳企业所得税】某职业学校开展经营活动，本年 1 月 18 日，向税务机关缴纳企业所得税 120 000 元。学校编制如下会计分录：

财务会计	预算会计（8202 非财政拨款结余）
本年 1 月 18 日，实际缴纳企业所得税	
借：其他应交税费——单位应交所得税 120 000 　　贷：银行存款　　　　　　　　120 000	借：非财政拨款结余——累计结余 120 000 　　贷：资金结存——货币资金　　120 000

中小学校执行新政府会计准则制度的实务解析

（四）年末非财政拨款结转和结余

1. 留归学校使用的非财政拨款专项（项目已完成）剩余资金转入非财政拨款结余

年末，在预算会计部分，完成"非财政拨款结转"结转后应当对非财政拨款专项结转资金各项目情况进行分析，将留归学校使用的非财政拨款专项（项目已完成）剩余资金转入非财政拨款结余，借记"非财政拨款结转——累计结转"科目，贷记"非财政拨款结余——结转转入"科目。这部分的会计处理与"非财政拨款结转"的处理相同。

例 361 【年末将符合结余性质资金转入非财政拨款结余】本年末学校结账前，在预算会计部分，"非财政拨款结转——累计结转"贷方余额为 660 000 元，其中属于已经结束项目的资金为 220 000 元。学校年末结转时编制如下会计分录：

财务会计	预算会计（8202 非财政拨款结余）
	（1）年末，符合结余性质资金转入非财政拨款结余
—	借：非财政拨款结转——累计结转　　　　　　　　　　220 000 　　贷：非财政拨款结余——结转转入　　　　　　　　　　　220 000

2. 年末冲销有关明细科目余额

年末，在预算会计部分，需冲销"非财政拨款结余"有关明细科目余额，将"非财政拨款结余——年初余额调整、项目间接费用或管理费、结转转入"科目结转入"非财政拨款结余——累计结余"科目。结转后，除"非财政拨款结余——累计结余"科目外，其他明细科目应无余额。

例 362 【年末结转】本年末学校结账前，在预算会计部分，"非财政拨款结余——项目间接费用或管理费、结转转入"明细科目贷方余额分别是 150 000 元、220 000 元；"非财政拨款结余——年初余额调整"明细科目的借方余额是 100 000 元。学校年末结转时编制如下会计分录：

财务会计	预算会计（8202 非财政拨款结余）
	（1）年末结转，冲销非财政拨款结余有关明细科目借方余额
—	借：非财政拨款结余——累计结余　　　　　　　　　　100 000 　　贷：非财政拨款结余——年初余额调整　　　　　　　　　100 000
	（2）年末结转，冲销非财政拨款结余有关明细科目贷方余额
—	借：非财政拨款结余——项目间接费用或管理费　　　　150 000 　　　非财政拨款结余——结转转入　　　　　　　　　　220 000 　　贷：非财政拨款结余——累计结余　　　　　　　　　　　370 000

3. 年末将"非财政拨款结余分配"科目余额转入非财政拨款结余

年末，在预算会计部分，"非财政拨款结余分配"科目为借方余额的，按照余额的金额，借记"非财政拨款结余——累计结余"科目，贷记"非财政拨款结余分配"科目；"非财政拨款结余分配"科目为贷方余额的，按照余额的金额，借记"非财政拨款结余分配"科目，贷记"非财政拨款结余——累计结余"科目。

例 363 【年末将"非财政拨款结余分配"科目余额转入非财政拨款结余】本年末学校

结账前,在预算会计部分,"非财政拨款结余分配"贷方余额为 278 000 元。学校年末结转时编制如下会计分录:

财务会计	预算会计(8202 非财政拨款结余)	
	年末,符合结余性质资金转入非财政拨款结余	
—	借:非财政拨款结余分配	278 000
	贷:非财政拨款结余——累计结余	278 000

【解析 89】 8301 专用结余

一、业务描述

学校在办学过程中为了给特定的教育教学业务提供资源保障,确保特定的教育教学业务活动得到资源保障,会根据实际情况按规定提取和设定专门用途的资金。例如,学校设定用于学生科创活动基金、教师专业发展基金等专用资金。学校提取和设定了专门用途的资金,不能再将资金移作其他用途。学校按规定从预算结余资金中提取专门用途的资金以及使用的过程,通过"专用结余"科目来反映(按规定设定专门用途的资金以及使用的过程,不在"专用结余"科目中反映)。

二、科目设置

"专用结余"科目是预算会计核算使用的科目,核算学校按照规定从其他结余或经营结余(贷方余额)中提取的具有专门用途的资金的变动和滚存情况。"专用结余"科目应当按照专用结余的类别进行明细核算。"专用结余"科目年末贷方余额,反映学校从其他结余或经营结余(贷方余额)中提取的专用基金的累计滚存数额。

三、典型业务

(一)提取专用基金增加专用结余

1. 从本年度其他结余或经营经余中提取专用结余

根据有关规定从本年度其他结余或经营结余中提取结余的,在预算会计部分,按照提取金额,借记"非财政拨款结余分配"科目,贷记"专用结余"科目。在财务会计部分,按照提取的金额,借记"本年盈余分配"科目,贷记"专用基金"科目。

例 364 【结余分配形成专用结余】本年末学校结账前,在预算会计部分,"非财政拨款结余分配"贷方余额为 780 000 元。学校根据财务管理有关规定,提取专用结余 280 000 元,用于学校教师的发展。学校年末结转时编制如下会计分录:

财务会计		预算会计(8301 专用结余)	
年末,提取专用结余			
借:本年盈余分配	280 000	借:非财政拨款结余分配	280 000
贷:专用基金	280 000	贷:专用结余	280 000

2. 从预算收入中提取专用结余

从预算收入中提取并计入费用的专用基金,在财务会计部分确认专用基金并计入费用,按照提取的金额,借记"业务活动费用"科目,贷记"专用基金"科目。

例 365 【从预算收入中提取专用结余】本年 9 月 20 日,学校根据财务管理规定,从收到财政返还的学费收入中提取专用结余 98 000 元,用作学生的奖助学基金。学校编制如下会计分录:

财务会计	预算会计(8301 专用结余)
本年 9 月 20 日,从预算收入中提取专用结余	
借:业务活动费用　　　　　98 000 　贷:专用基金　　　　　　　　　980 000	—

(二) 使用专用基金减少专用结余

学校根据规定使用从其他结余或经营结余中提取的专用结余时:

(1) 对于费用化的,在财务会计部分,按照使用的金额,借记"专用基金"科目,贷记"银行存款"等科目。在预算会计部分,按照使用的金额,借记"专用结余"科目,贷记"资金结存——货币资金"科目。

(2) 对于形成固定资产和无形资产的,在财务会计部分,按照使用的金额,借记"固定资产""无形资产"科目,贷记"银行存款"等科目。同时,按照专用基金使用金额,借记"专用基金"科目,贷记"累计盈余"科目。

例 366 【学校使用专用结余】本年 7 月 10 日至 7 月 25 日,学校举行教师培训,提升教师运用互联网技术的教学能力。7 月 29 日,学校向培训机构支付培训费 80 000 元,培训所使用的资金是专用结余中教师发展专项资金。学校编制如下会计分录:

财务会计	预算会计(8301 专用结余)
本年 7 月 29 日,使用专用结余	
借:业务活动费用　　　　　80 000 　贷:银行存款　　　　　　　　　80 000	
同时:	借:事业支出　　　　　　　80 000 　贷:资金结存——货币资金　　　　80 000
借:专用基金　　　　　　　80 000 　贷:累计盈余　　　　　　　　　80 000	

四、业务辨析

1. 专用结余与专用基金的辨析

"专用基金"科目核算学校按照规定提取或设置的具有专门用途的净资产,主要包括职工福利基金等。"专用结余"科目核算学校按照规定从非财政拨款结余中提取的具有专门用途的资金的变动和滚存情况。两者既有联系也有区别,可以从以下几个方面进行理解。

1) 从核算范围来看

专用结余和专用基金都限定了用途,专用结余由预算资金形成,而专用基金包括预算资金、非现金资产等其他净资产,核算范围比专用结余广。

2) 从形成方式来看

专用结余通过结余分配形成。专用基金通过盈余分配、从收入中提取、设定三种方式形成。

3）从相互影响来看

通过结余分配形成专用结余时，要进行预算会计和财务会计的核算。而设定方式形成"专用基金"时，如以非现金资产设定专用基金，则仅涉及财务会计的核算。

4）从核算特点来看

从结余分配形成专用结余，对该部分预算资金设定了专门用途；使用专用结余时，调整资金结存，并不影响预算支出。从结余分配形成专用结余的预算资金，并不影响各年度预算资金的预算指标和通过预算支出的使用。

2. 专用结余与限定性捐赠的辨析

学校收到限定用途的捐赠，纳入预算管理的，在预算会计和财务会计分别确认为"其他预算收入——捐赠预算收入"和"捐赠收入"科目，用途是由捐赠人设定。专用结余是学校根据实际需要从经营结余和其他结余中提取，是专门用途的资金，用途是由学校设定。因此，专用结余与限定性捐赠核算的是不同的业务。

【解析90】 8401 经营结余

一、业务描述

非义务教育阶段学校开展非独立核算经营活动，应符合财务制度的要求。非义务教育阶段学校取得经营活动的预算资金结存与同级财政拨款预算资金的结存、非同级财政拨款专项资金、其他预算资金的结存区分。预算年度内经营活动形成预算收入扣除预算支出后的资金余额，以及历年滚存资金的情况，通过"经营结余"来反映。

二、科目设置

"经营结余"科目是预算会计核算使用的科目，核算非义务教育阶段学校本年度经营活动收支相抵后余额弥补以前年度经营亏损后的余额。"经营结余"科目可以按照经营活动类别进行明细核算。年末结转后，"经营结余"科目一般无余额；如为借方余额，反映非义务教育阶段学校累计发生的经营亏损。

三、典型业务

（一）年末结转

年末，在预算会计部分，将"经营预算收入"科目本年发生额转入"经营结余"科目，借记"经营预算收入"科目，贷记"经营结余"科目；将"经营支出"科目本年发生额转入"经营结余"科目，借记"经营结余"科目，贷记"经营支出"科目。

例367 【年末结转】本年末学校结账前，在预算会计部分，"经营预算收入"贷方余额为295 000元，"经营支出"借方余额为265 000元。学校年末结转时编制如下会计分录：

财务会计	预算会计（8401 经营结余）	
	（1）年末，结转经营预算收入	
—	借：经营预算收入 　　贷：经营结余	295 000 295 000
	（2）年末，结转经营支出	

财务会计	预算会计（8401 经营结余）	
—	借：经营结余 　　贷：经营支出	265 000 265 000

（二）转入"非财政拨款结余分配"科目

在预算会计部分，完成上述结转后，如"经营结余"科目为贷方余额，将"经营结余"科目贷方余额转入"非财政拨款结余分配"科目，借记"经营结余"科目，贷记"非财政拨款结余分配"科目；如"经营结余"科目为借方余额，为经营亏损，不予结转。

例 368 【年末结转】本年末学校结账前，在预算会计部分，"经营结余"贷方余额为148 000 元。学校年末结转时编制如下会计分录：

财务会计	预算会计（8401 经营结余）	
年末，经营结余转入非财政拨款结余分配		
—	借：经营结余 　　贷：非财政拨款结余分配	148 000 148 000

【解析 91】 8501 其他结余

一、业务描述

预算结余是指政府会计主体预算年度内预算收入扣除预算支出后的资金余额，以及历年滚存的资金余额，包括结余资金和结转资金。结余资金是指年度预算执行终了，预算收入实际完成数扣除预算支出和结转资金后剩余的资金。

学校预算年度除财政拨款收支、非同级财政专项资金收支和经营收支以外各项收支相抵后的余额，通过"其他结余"科目来反映。

二、科目设置

"其他结余"科目是预算会计核算使用的科目，核算学校本年度除财政拨款收支、非同级财政专项资金收支和经营收支以外各项收支相抵后的余额。年末结转后，"其他结余"科目应无余额。

三、典型业务

（一）年末结转

年末，在预算会计部分，进行其他结余结转：

（1）结转与其他结余有关的收入。将事业预算收入、上级补助预算收入、附属单位上缴预算收入、非同级财政拨款预算收入、债务预算收入、其他预算收入本年发生额中的非专项资金收入以及投资预算收益本年发生额转入"其他结余"科目，借记"事业预算收入""上级补助预算收入""附属单位上缴预算收入""非同级财政拨款预算收入""债务预算收入""其他预算收入"科目下各非专项资金明细科目和"投资预算收益"科目，贷记"其他结余"科目（"投资预算收益"科目本年发生额为借方净额时，借记"其他结余"科目，贷记"投资预算收益"科目）。

（2）结转与其他结余有关的支出。将事业支出、其他支出本年发生额中的非同级财政非专项资金支出,以及上缴上级支出、对附属单位补助支出、投资支出、债务还本支出本年发生额转入其他结余,借记"其他结余"科目,贷记"事业支出""其他支出"科目下各非同级财政、非专项资金支出明细科目和"上缴上级支出""对附属单位补助支出""投资支出""债务还本支出"科目。

例 369 【年末结转】本年末某非义务教育阶段学校结账前,在预算会计部分,事业预算收入、上级补助预算收入、非同级财政拨款预算收入、债务预算收入、其他预算收入本年发生额中的非专项资金收入贷方余额分别为 4 200 000 元、500 000 元、600 000 元、2 000 000 元、180 000 元,投资收益的借方余额为 150 000 元。事业支出、其他支出本年发生额中的非同级财政非专项资金支出的本年发生额分别为 7 000 000 元、80 000 元,以及对附属单位补助支出本年发生额为 100 000 元。学校年末结转时编制如下会计分录:

财务会计	预算会计(8501 其他结余)
	(1)年末,结转其他结余有关收入

—	借:事业预算收入——非专项资金收入 4 200 000
	    上级补助预算收入——非专项资金收入 500 000
	    非同级财政拨款预算收入——非专项资金收入 600 000
	    债务预算收入——非专项资金收入 2 000 000
	    其他预算收入——非专项资金收入 180 000
	      贷:其他结余 7 330 000
	         投资预算收益 150 000

	(2)年末,结转其他结余有关支出

—	借:其他结余 7 180 000
	      贷:事业支出——非同级财政、非专项资金支出 7 000 000
	         其他支出——非同级财政、非专项资金支出 80 000
	         对附属单位补助支出 100 000

(二)其他结余的余额转入非财政拨款结余分配

在预算会计部分,完成上述结转后,学校将"其他结余"科目余额转入"非财政拨款结余分配"科目。当"其他结余"科目为贷方余额时,借记"其他结余"科目,贷记"非财政拨款结余分配"科目;当"其他结余"科目为借方余额时,借记"非财政拨款结余分配"科目,贷记"其他结余"科目。

例 370 【年末结转】本年末学校结账前,在预算会计部分,与其他结余有关的收入和支出结转后贷方余额为 450 000 元。学校年末结转时编制如下会计分录:

财务会计	预算会计(8501 其他结余)
	年末,其他结余的余额转入非财政拨款结余分配
—	借:其他结余 450 000 贷:非财政拨款结余分配 450 000

【解析92】 8701 非财政拨款结余分配

一、业务描述

学校在办学过程中为了给特定的教育教学业务提供资源保障,确保特定的教育教学业务活动得到资源保障,按规定从预算结余资金中提取专门用途的资金,即"专用结余",是对预算结余的一个分配过程。提取专用结余,需要确定可分配的资金。在会计核算上,需要把符合提取条件的资金进行归集,再按照提取的额度进行分配。"非财政拨款结余分配"科目的核算就体现了这一个过程。

二、科目设置

"非财政拨款结余分配"科目是预算会计使用的科目,核算学校本年度非财政拨款结余分配的情况和结果。年末结转后,本科目应无余额。

三、典型业务

(一)其他结余和经营结余转入非财政拨款结余分配

1. 其他结余转入

年末,在预算会计部分,将"其他结余"科目余额转入,当"其他结余"科目为贷方余额时,借记"其他结余"科目,贷记"非财政拨款结余分配"科目;当"其他结余"科目为借方余额时,借记"非财政拨款结余分配"科目,贷记"其他结余"科目。

2. 经营结余转入

年末,在预算会计部分,将"经营结余"科目贷方余额转入,借记"经营结余"科目,贷记"非财政拨款结余分配"科目。

例371 【将经营结余和其他结余转入非财政拨款结余分配】本年末学校结账前,在预算会计部分,"其他结余"科目贷方余额为 880 000 元,"经营结余"科目贷方余额200 000 元。学校年末结转时编制如下会计分录:

财务会计	预算会计(8701 非财政拨款结余分配)	
	年末,经营结余和其他结余转入非财政拨款结余分配	
—	借:其他结余	880 000
	经营结余	200 000
	贷:非财政拨款结余分配	1 080 000

(二)提取专用基金增加专用结余

学校根据有关规定从本年度其他结余或经营结余中提取专用结余的,在预算会计部分,按照提取金额,借记"非财政拨款结余分配"科目,贷记"专用结余"科目。在财务会计部分,按照提取的金额,借记"本年盈余分配"科目,贷记"专用基金"科目。

例372 【提取专用结余】本年末学校结账前,在预算会计部分,"非财政拨款结余分配"贷方余额为 880 000 元。学校根据财务管理有关规定,提取专用结余 320 000 元,用于学校教师的发展。学校年末结转时编制如下会计分录:

财务会计		预算会计（8701 非财政拨款结余分配）	
年末，提取专用结余			
借：本年盈余分配	320 000	借：非财政拨款结余分配	320 000
贷：专用基金	320 000	贷：专用结余	320 000

（三）年末将"非财政拨款结余分配"科目余额转入非财政拨款结余

年末，在预算会计部分，按照规定完成上述处理后，将本科目余额转入非财政拨款结余。如"非财政拨款结余分配"科目为借方余额，借记"非财政拨款结余——累计结余"科目，贷记"非财政拨款结余分配"科目；如"非财政拨款结余分配"科目为贷方余额，借记"非财政拨款结余分配"科目，贷记本科目"非财政拨款结余——累计结余"科目。

例 373 【年末将"非财政拨款结余分配"科目余额转入非财政拨款结余】本年末学校结账前，在预算会计部分，"非财政拨款结余分配"借方余额为 108 000 元。学校年末结转时编制如下会计分录：

财务会计	预算会计（8701 非财政拨款结余分配）	
年末，符合结余性质资金转入非财政拨款结余		
—	借：非财政拨款结余——累计结余	108 000
	贷：非财政拨款结余分配	108 000

第 9 章

政府会计的报表编制

9.1 政府会计的报表概述

9.1.1 报表的作用

政府财务报告和决算报告是政府会计主体进行会计核算的最终产品,是会计信息传递给使用者的载体,也是进行预算管理和决策制定的基础。政府财务报告和决算报告的使用者包括各级人民代表大会常务委员会、债权人、各级政府及其有关部门、政府会计主体自身和其他利益相关者。

政府会计的报表是财务报告和决算报告的核心内容,对中小学校各个层面的使用者都有重要的作用:

(1) 学校的财务报表准确、完整地反映了资产负债等财务状况,教育教学运行成本以及和现金流量等有关信息,反映了中小学校提供教育等公共受托责任履行情况,有助于财政主管部门、教育主管部门等作出决策或者进行监督和管理,也有助于社会公众的监督。

(2) 学校预算会计报表反映了政府预算执行情况有关的信息,反映了预算收支的年度执行结果,有助于决算报告财政主管部门、教育主管部门等进行监督和管理,并为编制后续年度预算提供参考和依据,也有助于社会公众的监督。

(3) 政府会计与 2014 年修订的《中华人民共和国预算法》、现行部门预算和决算制度的要求和口径基本保持一致,也与现行行政事业单位财务规则、财务制度的要求相适应;在资产、负债的核算方面,与现行行政事业单位财务管理规则、制度和国有资产管理规定保持协调;在基本建设会计核算方面,与基本建设财务规则的要求保持一致。因而,政府会计的报表也反映对上述法规的执行情况。

9.1.2 报表的分类

政府财务报告是反映政府会计主体某一特定日期的财务状况和某一会计期间的运行情况和现金流量等信息的文件。政府财务报告应当包括财务报表和其他应当在财务报告中披露的相关信息和资料。政府会计的报表格式如表 9-1 所示。

财务报表是对政府会计主体财务状况、运行情况和现金流量等信息的结构性表述。财务报表包括财务会计报表和附注。财务会计报表至少应当包括资产负债表、收入费用表和现金流量表。资产负债表是反映政府会计主体在某一特定日期的财务状况的报表。收入费用表是反映政府会计主体在一定会计期间运行情况的报表。现金流量表是反映政府会计主体在一定会计期间现金及现金等价物流入和流出情况的报表。附注是对在资产负债表、收入费用表、现金流量表等报表中列示项目所作的进一步说明，以及对未能在这些报表中列示项目的说明。

政府决算报告是综合反映政府会计主体年度预算收支执行结果的文件。政府决算报告应当包括决算报表和其他应当在决算报告中反映的相关信息和资料。预算会计报表包括预算收入支出表、预算结转结余变动表、财政拨款预算收入支出表。预算收入支出表，反映学校在某一会计年度内各项预算收入、预算支出和预算收支差额的情况。预算结转结余变动表，反映学校在某一会计年度内预算结转结余的变动情况。财政拨款预算收入支出表，反映学校本年财政拨款预算资金收入、支出及相关变动的具体情况。

表 9-1　政府会计的报表格式

编号	报表名称	编制期
财务报表		
会政财 01 表	资产负债表	月度、年度
会政财 02 表	收入费用表	月度、年度
会政财 03 表	净资产变动表	年度
会政财 04 表	现金流量表	年度
	附注	年度
预算会计报表		
会政预 01 表	预算收入支出表	年度
会政预 02 表	预算结转结余变动表	年度
会政预 03 表	财政拨款预算收入支出表	年度

9.1.3　报表编制的基本要求

明确报表编制的基本要求，有助于提供高质量的政府财务报告和政府决算报告。

1. 报表编制应当以政府会计制度为依据

学校应当根据政府会计制度的规定编制真实、完整的财务报表和预算会计报表，不得违反政府会计制度的规定随意改变财务报表和预算会计报表的编制基础、编制依据、编制原则和方法，也不得随意改变政府会计制度规定的财务报表和预算会计报表有关数据的会计口径。

2. 报表编制应当以政府会计主体持续运行为基础

政府会计核算应当以政府会计主体持续运行为前提，报表编制也应当以政府会计主体持续运行为基础。政府会计主体应当以实际发生的经济业务或者事项为依据进行会计核算,如实反映各项会计要素的情况和结果,保证会计信息真实可靠。根据实际发生的经济业务或者事项,按照《政府会计准则——基本准则》和其他政府会计具体准则进行确认和计量,在此基础上编制财务报表和预算会计报表。

3. 报表编制应当以日常会计核算和账簿为支撑

财务报表和预算会计报表应当根据登记完整、核对无误的账簿记录和其他有关资料编制,做到数字真实、计算准确、内容完整、编报及时。

4. 报表列报的项目应该体现完整性和重要性

学校应按照政府会计制度规定了的报表样式、内容,完整反映报表项目,不得遗漏特定的报表项目,也不得违反政府会计制度的规定,将明确规定的报表项目进行拆分。

性质或功能不同的项目,应当在财务报表和预算会计报表中单独列报,但不具有重要性的项目除外;性质或功能类似的项目,其所属类别具有重要性的,应当按其类别分别在财务报表和预算会计报表中单独列报。在财务会计核算中,如某些项目的重要性程度不足以在资产负债表、利润表、现金流量表或所有者权益变动表中单独列示,但对附注却具有重要性,则应当在附注中单独披露。

重要性是指在合理预期下,报表某项目的省略或错报会影响使用者据此作出经济决策或对使用者理解正确的信息产生误导,那么该项目具有重要性。重要性应当根据政府会计主体所处的具体环境,从项目的性质和金额两方面予以判断。判断项目性质的重要性,应当考虑该项目在性质上是否纳入部门预算管理,对收入费用的影响等。判断项目金额大小的重要性,既要考虑金额的绝对量,也要结合报表结构,关注项目金额与直接相关项目金额的比重或所属报表单列项目金额的比重。

5. 报表项目的列报应当在各个会计期间保持一致

报表项目的列报应当在各个会计期间保持一致,不得随意变更,但政府会计制度要求改变财务报表项目的列报,以及政府会计制度允许的其他情况除外。报表项目的一致性,有助于使用者了解同一政府会计主体提供不同时期发生的相同或者相似的经济业务或者事项的可比信息,以及不同政府会计主体提供具有可比性的会计信息,从而有利于使用者的分析、比较和决策。

6. 报表列报的项目不能相互抵销

财务报表中的资产项目和负债项目的金额、收入项目和费用项目的金额不得相互抵销,但其他政府会计准则制度另有规定的除外。资产项目或负债项目按扣除备抵项目后的净额列示,不属于抵销。资产项目或负债项目按扣除备抵项目后的净额列示,不属于抵销。

预算会计报表中预算收入项目、预算支出项目、预算结余项目的金额不得相互抵销。

7. 报表列报的项目应当提供可比数据

当期财务报表和预算会计报表的列报,至少应当提供所有列报项目上一个可比会计期间的比较数据,以及与理解当期财务报表和预算会计报表相关的说明。学校按规定变更财务报表和预算会计报表的列报项目的,应当至少对可比期间的数据按照当期的列报要求进行调整,并披露调整的原因和性质。

9.2 财务报表

9.2.1 资产负债表

一、资产负债表的作用

资产负债表是反映政府会计主体在某一特定日期的财务状况的报表,反映学校某一特定日期全部资产、负债和净资产的情况。资产负债表的作用包括:

(1)反映学校在某个特定日期控制的预期能够产生服务潜力或者带来经济利益流入的经济资源的总量,其中包括预计在1年内(含1年)耗用或者可以变现的资产情况,货币资产和非货币资产的情况等。

(2)反映学校在某个特定日期承担的预期会导致经济资源流出政府会计主体的现时义务的总量,其中包括预计在1年内(含1年)偿还的负债情况等。

(3)反映学校在某个特定日期拥有的资产扣除负债后的净额情况,其中包括具有专门用途的净资产情况等。

二、资产负债表的内容和结构

(一)资产负债表的内容

1.资产项目

资产项目反映学校在某个特定日期控制的预期能够产生服务潜力或者带来经济利益流入的经济资源。资产项目按照流动性分为流动资产和非流动资产。流动资产是指预计在1年内(含1年)耗用或者可以变现的资产,包括货币资金、短期投资、应收及预付款项、存货等。非流动资产是指流动资产以外的资产,包括固定资产、在建工程、无形资产、长期投资等。

2.负债项目

负债项目反映学校在某个特定日期承担的预期会导致经济资源流出政府会计主体的现时义务。负债项目按照流动性分为流动负债和非流动负债。流动负债是指预计在1年内(含1年)偿还的负债,包括应付及预收款项、应付职工薪酬、应缴款项等。非流动负债是指流动负债以外的负债,包括长期应付款、长期借款等。

3.净资产项目

净资产项目反映学校在某个特定日期拥有的资产扣除负债后的净额。净资产项目按照形成来源和用途,分为累计盈余、专用基金等。

(二)资产负债表的结构

资产负债表反映了学校资产、负债和净资产之间的相互关系,按照一定的分类标准和顺序,予以适当排列而成。资产负债表的结构建立在"资产=负债+净资产"这一会计等式基础上。

我国政府会计的资产负债表采用账户式报表结构。账户式资产负债表分为左右两方,资产项目列于报表左方,负债和净资产列于报表右方,这也体现了报表项目之间的平衡关系。以报表的表头为基准,资产项目中流动性越大,变现能力越强的排列在前;反之,排列在后。负债项目中流动性越强,要求偿还期限越短的排列在前;反之,排列在后。

净资产项目是按照形成净资产的来源和影响来排列,日常业务形成的排列在前,其他排列在后。资产负债表的样式如表 9-2 所示。

表 9-2 资产负债表

会政财 01 表

编制单位: 　　　　　　　　　年　月　日　　　　　　　　　　单位:元

资产	期末余额	年初余额	负债和净资产	期末余额	年初余额
流动资产:			**流动负债:**		
货币资金			短期借款		
短期投资			应交增值税		
财政应返还额度			其他应交税费		
应收票据			应缴财政款		
应收账款净额			应付职工薪酬		
预付账款			应付票据		
应收股利			应付账款		
应收利息			应付政府补贴款		
其他应收款净额			应付利息		
存货			预收账款		
待摊费用			其他应付款		
一年内到期的非流动资产			预提费用		
其他流动资产			一年内到期的非流动负债		
流动资产合计			其他流动负债		
非流动资产:			**流动负债合计**		
长期股权投资			**非流动负债:**		
长期债券投资			长期借款		
固定资产原值			长期应付款		
减:固定资产累计折旧			预计负债		
固定资产净值			其他非流动负债		
工程物资			**非流动负债合计**		
在建工程			受托代理负债		
无形资产原值			**负债合计**		
减:无形资产累计摊销					
无形资产净值					

资产	期末余额	年初余额	负债和净资产	期末余额	年初余额
研发支出					
公共基础设施原值					
减：公共基础设施累计折旧（摊销）					
公共基础设施净值					
公共基础设施净值					
政府储备物资					
文物文化资产					
保障性住房原值					
减：保障性住房累计折旧			**净资产：**		
保障性住房净值			累计盈余		
长期待摊费用			专用基金		
待处理财产损溢			权益法调整		
其他非流动资产			无偿调拨净资产 *		—
非流动资产合计			本期盈余 *		—
受托代理资产			**净资产合计**		
资产总计			**负债和净资产总计**		

三、资产负债表的编制方法

资产负债表设置"期末余额"栏和"年初余额"栏，通过前后两期的数据比较，报表使用者可以根据项目的动态变化，分析单位财务状况的变化趋势。

（一）"年初余额"栏的填列

资产负债表中"年初余额"栏内的各项数字，应当根据上年末资产负债表"期末余额"栏内的数字填列。

如果本年度资产负债表规定的项目的名称和内容同上年度不一致，应当对上年末资产负债表项目的名称和数字按照本年度的规定进行调整，将调整后的数字填入本表"年初余额"栏内。

如果本年度学校发生了因前期差错更正、会计政策变更等调整以前年度盈余的事项，还应当对"年初余额"栏中的有关项目金额进行相应调整。

（二）"期末余额"栏的填列

1."期末余额"栏的填列方法

资产负债表中"期末余额"栏内的各项数字，应当以有关账户的期末余额为基础填列。编制资产负债表时，是从账簿系统进入报表系统，需要由账户数据转化为报表的项目信息，有的可以直接填列，有的需要通过拆分、合并等调整后填列。资产负债表中"期末余额"栏内的各项数字的填列方式分为以下几种情况。

1）根据某总账的期末余额直接填列

在资产负债表中，绝大多数资产类和负债类的报表项目可以根据对应总账账户的余额直接填列。这类方式填报的报表项目数量最多，也在资产负债报表中占比最大。除以下举例的"根据若干总账的期末余额计算填列""根据有关账户和明细账户的余额分析计算填列""根据有关账户余额抵减其备抵账户余额后的净额填列"，其他报表项目都是根据总账账户的期末余额填列。

2）根据若干总账的期末余额计算填列

根据若干总账的期末余额计算填列的方法，是将若干总账账户的余额加以归并填列于某项目，按照类别提供性质相同的会计信息。典型的项目包括"货币资金"项目、"存货"项目、"其他流动资产"项目、"其他非流动资产"项目、"受托代理资产"项目、"其他流动负债"项目、"其他非流动负债"项目。资产负债表中的"流动资产合计"项目、"非流动资产合计"项目、"资产总计"项目、"流动负债合计"项目、"非流动负债合计"项目、"负债合计"项目、"净资产合计"项目、"负债和净资产总计"项目，是根据各自分类项目的金额合计数填列。

3）根据有关账户和明细账户的余额分析计算填列

为了反映资产和负债的流动性变化，某些非流动资产项目和非流动负债项目，需要根据有关账户和明细账户的余额分析计算填列。资产负债表中的"一年内到期的非流动资产"项目、"长期债券投资"项目、"一年内到期的非流动负债"项目、"长期借款"项目、"长期应付款"项目，都属于这类根据有关账户和明细账户的余额分析计算填列的典型项目。

4）根据有关账户余额抵减其备抵账户余额后的净额填列

有些报表项目反映了部分账户余额抵减其备抵账户余额后的净额。例如，计提坏账准备、累计折旧、累计摊销的资产项目，应根据资产账户的期末余额减去相应的"坏账准备""固定资产累计折旧""无形资产累计摊销""公共基础设施累计折旧（摊销）""保障性住房累计折旧"等账户的期末余额后按照净额填列。以这种方式填列的典型项目，包括"应收账款净额"项目、"其他应收款净额"项目、"固定资产净值"项目、"无形资产净值"项目、"公共基础设施净值"项目、"保障性住房净值"项目。

2."期末余额"栏的分类填报

1）资产类项目

（1）"货币资金"项目，反映学校期末库存现金、银行存款、零余额账户用款额度、其他货币资金的合计数。本项目应当根据"库存现金""银行存款""零余额账户用款额度""其他货币资金"科目的期末余额的合计数填列；若学校存在通过"库存现金""银行存款"科目核算的受托代理资产还应当按照前述合计数扣减"库存现金""银行存款"科目下"受托代理资产"明细科目的期末余额后的金额填列。

例 374 **【"货币资金"项目填列】**本年 12 月 31 日，"库存现金""银行存款""零余额账户用款额度""其他货币资金"科目的账户余额分别为 19 000 元、1 250 000 元、0 元、180 000 元，其中，"银行存款"明细科目中属于受托代理资产的为 320 000 元。本年度资产负债报表中，"货币资金"项目的"期末余额"栏应填列 1 129 000 元［19 000 ＋

（1 250 000－320 000）＋180 000]。

（2）"短期投资"项目，反映非义务教育学校期末持有的短期投资账面余额。本项目应当根据"短期投资"科目的期末余额填列。

（3）"财政应返还额度"项目，反映学校期末财政应返还额度的金额。本项目应当根据"财政应返还额度"科目的期末余额填列。

（4）"应收票据"项目，反映学校期末持有的应收票据的票面金额。本项目应当根据"应收票据"科目的期末余额填列。

（5）"应收账款净额"项目，反映学校期末尚未收回的应收账款减去已计提的坏账准备后的净额。本项目应当根据"应收账款"科目的期末余额减去"坏账准备"科目中对应收账款计提的坏账准备的期末余额后的金额填列。

例 375 【"应收账款净额"项目填列】本年 12 月 31 日，"应收账款"科目的期末余额为 224 000 元；"坏账准备"科目中对应收账款计提的坏账准备的期末余额为 60 000 元。本年度资产负债报表中，"应收账款净额"项目的"期末余额"栏应填列 164 000 元（224 000－60 000）。

（6）"预付账款"项目，反映学校期末预付给商品或者劳务供应单位的款项。本项目应当根据"预付账款"科目的期末余额填列。

（7）"应收股利"项目，反映学校期末因股权投资而应收取的现金股利或应当分得的利润。本项目应当根据"应收股利"科目的期末余额填列。

（8）"应收利息"项目，反映学校期末因债券投资等而应收取的利息。事业单位购入的到期一次还本付息的长期债券投资持有期间应收的利息，不包括在本项目内。本项目应当根据"应收利息"科目的期末余额填列。

（9）"其他应收款净额"项目，反映学校期末尚未收回的其他应收款减去已计提的坏账准备后的净额。本项目应当根据"其他应收款"科目的期末余额减去"坏账准备"科目中对其他应收款计提的坏账准备的期末余额后的金额填列。

例 376 【"其他应收款净额"项目填列】本年 12 月 31 日，"其他应收账款"科目的期末余额为 108 000 元；"坏账准备"科目中对其他应收账款计提的坏账准备的期末余额为 20 000 元。本年度资产负债报表中，"应收账款净额"项目的"期末余额"栏应填列 88 000 元（108 000－20 000）。

（10）"存货"项目，反映学校期末存储的存货的实际成本。本项目应当根据"在途物品""库存物品""加工物品"科目的期末余额的合计数填列。

例 377 【"存货"项目填列】本年 12 月 31 日，"在途物品""库存物品""加工物品"科目的账户余额分别为 176 000 元、3 240 000 元、480 000 元。本年度资产负债报表中，"存货"项目的"期末余额"栏应填列 3 896 000 元（176 000＋3 240 000＋480 000）。

（11）"待摊费用"项目，反映学校期末已经支出，但应当由本期和以后各期负担的分摊期在 1 年以内（含 1 年）的各项费用。本项目应当根据"待摊费用"科目的期末余额填列。

（12）"一年内到期的非流动资产"项目，反映学校期末非流动资产项目中将在 1 年内（含 1 年）到期的金额，如学校将在 1 年内（含 1 年）到期的长期债券投资金额。本项目应当根据"长期债券投资"等科目的明细科目的期末余额分析填列。

例 378 【"一年内到期的非流动资产"项目填列】本年 12 月 31 日,"长期债券投资"科目的期末余额为 850 000 元,其中将在 1 年内(含 1 年)到期的长期债券投资的期末余额为 250 000 元。本年度资产负债报表中,"一年内到期的非流动资产"项目的"期末余额"栏应填列 250 000 元。

(13)"其他流动资产"项目,反映学校期末除本表中上述各项之外的其他流动资产的合计金额。本项目应当根据有关科目期末余额的合计数填列。

(14)"流动资产合计"项目,反映学校期末流动资产的合计数。本项目应当根据本表中"货币资金""短期投资""财政应返还额度""应收票据""应收账款净额""预付账款""应收股利""应收利息""其他应收款净额""存货""待摊费用""一年内到期的非流动资产""其他流动资产"项目金额的合计数填列。

(15)"长期股权投资"项目,反映学校期末持有的长期股权投资的账面余额。本项目应当根据"长期股权投资"科目的期末余额填列。

(16)"长期债券投资"项目,反映学校期末持有的长期债券投资的账面余额。本项目应当根据"长期债券投资"科目的期末余额减去其中将于 1 年内(含 1 年)到期的长期债券投资余额后的金额填列。

例 379 【"长期债券投资"项目填列】本年 12 月 31 日,"长期债券投资"科目的期末余额为 850 000 元,其中将在 1 年内(含 1 年)到期的长期债券投资的期末余额为 250 000 元。本年度资产负债报表中,"长期债券投资"项目的"期末余额"栏应填列 600 000 元(850 000-250 000)。

(17)"固定资产原值"项目,反映学校期末固定资产的原值。本项目应当根据"固定资产"科目的期末余额填列。

(18)"固定资产累计折旧"项目,反映学校期末固定资产已计提的累计折旧金额。本项目应当根据"固定资产累计折旧"科目的期末余额填列。

(19)"固定资产净值"项目,反映学校期末固定资产的账面价值。本项目应当根据"固定资产"科目期末余额减去"固定资产累计折旧"科目期末余额后的金额填列。

例 380 【"固定资产净额"项目填列】本年 12 月 31 日,"固定资产"科目的期末余额为 50 508 000 元;"固定资产累计折旧"科目的期末余额为 8 146 000 元。本年度资产负债报表中,"固定资产净额"项目的"期末余额"栏应填列 42 362 000 元(50 508 000-8 146 000)。

(20)"工程物资"项目,反映学校期末为在建工程准备的各种物资的实际成本。本项目应当根据"工程物资"科目的期末余额填列。

(21)"在建工程"项目,反映学校期末所有的建设项目工程的实际成本。本项目应当根据"在建工程"科目的期末余额填列。

(22)"无形资产原值"项目,反映学校期末无形资产的原值。本项目应当根据"无形资产"科目的期末余额填列。

(23)"无形资产累计摊销"项目,反映学校期末无形资产已计提的累计摊销金额。本项目应当根据"无形资产累计摊销"科目的期末余额填列。

(24)"无形资产净值"项目,反映学校期末无形资产的账面价值。本项目应当根据"无形资产"科目期末余额减去"无形资产累计摊销"科目期末余额后的金额填列。

例 381 【"无形资产净值"项目填列】本年 12 月 31 日,"无形资产"科目的期末余额为 964 000 元;"无形资产累计摊销"科目的期末余额为 144 600 元。本年度资产负债报表中,"无形资产净额"项目的"期末余额"栏应填列 819 400 元(964 000－144 600)。

(25)"研发支出"项目,反映学校期末正在进行的无形资产开发项目开发阶段发生的累计支出数。本项目应当根据"研发支出"科目的期末余额填列。

(26)"公共基础设施原值"项目,反映学校期末控制的公共基础设施的原值。本项目应当根据"公共基础设施"科目的期末余额填列。

(27)"公共基础设施累计折旧(摊销)"项目,反映学校期末控制的公共基础设施已计提的累计折旧和累计摊销金额。本项目应当根据"公共基础设施累计折旧(摊销)"科目的期末余额填列。

(28)"公共基础设施净值"项目,反映学校期末控制的公共基础设施的账面价值。本项目应当根据"公共基础设施"科目期末余额减去"公共基础设施累计折旧(摊销)"科目期末余额后的金额填列。

(29)"政府储备物资"项目,反映学校期末控制的政府储备物资的实际成本。本项目应当根据"政府储备物资"科目的期末余额填列。

(30)"文物文化资产"项目,反映学校期末控制的文物文化资产的成本。本项目应当根据"文物文化资产"科目的期末余额填列。

(31)"保障性住房原值"项目,反映学校期末控制的保障性住房的原值。本项目应当根据"保障性住房"科目的期末余额填列。

(32)"保障性住房累计折旧"项目,反映学校期末控制的保障性住房已计提的累计折旧金额。本项目应当根据"保障性住房累计折旧"科目的期末余额填列。

(33)"保障性住房净值"项目,反映学校期末控制的保障性住房的账面价值。本项目应当根据"保障性住房"科目期末余额减去"保障性住房累计折旧"科目期末余额后的金额填列。

(34)"长期待摊费用"项目,反映学校期末已经支出,但应由本期和以后各期负担的分摊期限在 1 年以上(不含 1 年)的各项费用。本项目应当根据"长期待摊费用"科目的期末余额填列。

(35)"待处理财产损溢"项目,反映学校期末尚未处理完毕的各种资产的净损失或净溢余。本项目应当根据"待处理财产损溢"科目的期末借方余额填列;如"待处理财产损溢"科目期末为贷方余额,以"－"号填列。

(36)"其他非流动资产"项目,反映学校期末除本表中上述各项之外的其他非流动资产的合计数。本项目应当根据有关科目的期末余额合计数填列。

(37)"非流动资产合计"项目,反映学校期末非流动资产的合计数。本项目应当根据本表中"长期股权投资""长期债券投资""固定资产净值""工程物资""在建工程""无形资产净值""研发支出""公共基础设施净值""政府储备物资""文物文化资产""保障性住房净值""长期待摊费用""待处理财产损溢""其他非流动资产"项目金额的合计数填列。

(38)"受托代理资产"项目,反映学校期末受托代理资产的价值。本项目应当根据"受托代理资产"科目的期末余额与"库存现金""银行存款"科目下"受托代理资产"明细科目的期末余额的合计数填列。

例 382 【"受托代理资产"项目填列】本年 12 月 31 日,"受托代理资产"科目的期末余额为 287 000 元,"银行存款"科目中属于受托代理资产的为 320 000 元,"库存现金"科目中无属于受托代理资产的现金。本年度资产负债报表中,"受托代理资产"项目的"期末余额"栏应填列 607 000 元(287 000+320 000)。

(39)"资产总计"项目,反映学校期末资产的合计数。本项目应当根据本表中"流动资产合计""非流动资产合计""受托代理资产"项目金额的合计数填列。

2)负债类项目

(1)"短期借款"项目,反映学校期末短期借款的余额。本项目应当根据"短期借款"科目的期末余额填列。

(2)"应交增值税"项目,反映学校期末应缴未缴的增值税税额。本项目应当根据"应交增值税"科目的期末余额填列;如"应交增值税"科目期末为借方余额,以"一"号填列。

(3)"其他应交税费"项目,反映学校期末应缴未缴的除增值税以外的税费金额。本项目应当根据"其他应交税费"科目的期末余额填列;如"其他应交税费"科目期末为借方余额,以"一"号填列。

(4)"应缴财政款"项目,反映学校期末应当上缴财政但尚未缴纳的款项。本项目应当根据"应缴财政款"科目的期末余额填列。

(5)"应付职工薪酬"项目,反映学校期末按有关规定应付给职工及为职工支付的各种薪酬。本项目应当根据"应付职工薪酬"科目的期末余额填列。

(6)"应付票据"项目,反映学校期末应付票据的金额。本项目应当根据"应付票据"科目的期末余额填列。

(7)"应付账款"项目,反映学校期末应当支付但尚未支付的偿还期限在 1 年以内(含 1 年)的应付账款的金额。本项目应当根据"应付账款"科目的期末余额填列。

(8)"应付政府补贴款"项目,反映负责发放政府补贴的行政单位期末按照规定应当支付给政府补贴接受者的各种政府补贴款余额。本项目应当根据"应付政府补贴款"科目的期末余额填列。

(9)"应付利息"项目,反映学校期末按照合同约定应支付的借款利息。学校到期一次还本付息的长期借款利息不包括在本项目内。本项目应当根据"应付利息"科目的期末余额填列。

(10)"预收账款"项目,反映学校期末预先收取但尚未确认收入和实际结算的款项余额。本项目应当根据"预收账款"科目的期末余额填列。

(11)"其他应付款"项目,反映学校期末其他各项偿还期限在 1 年内(含 1 年)的应付及暂收款项余额。本项目应当根据"其他应付款"科目的期末余额填列。

(12)"预提费用"项目,反映学校期末已预先提取的已经发生但尚未支付的各项费用。本项目应当根据"预提费用"科目的期末余额填列。

(13)"一年内到期的非流动负债"项目,反映学校期末将于 1 年内(含 1 年)偿还的非流动负债的余额。本项目应当根据"长期应付款""长期借款"等科目的明细科目的期末余额分析填列。

例 383 【"一年内到期的非流动负债"项目填列】本年 12 月 31 日,"长期应付款"科目的期末余额为 480 000 元,其中将于 1 年内(含 1 年)偿还的非流动负债的余额为

120 000元;"长期借款"科目的期末余额为2 000 000元,其中将于1年内(含1年)偿还的非流动负债的余额为300 000元。本年度资产负债报表中,"一年内到期的非流动负债"项目的"期末余额"栏应填列420 000元(120 000+300 000)。

(14)"其他流动负债"项目,反映学校期末除本表中上述各项之外的其他流动负债的合计数。本项目应当根据有关科目的期末余额的合计数填列。

(15)"流动负债合计"项目,反映学校期末流动负债合计数。本项目应当根据本表"短期借款""应交增值税""其他应交税费""应缴财政款""应付职工薪酬""应付票据""应付账款""应付政府补贴款""应付利息""预收账款""其他应付款""预提费用""一年内到期的非流动负债""其他流动负债"项目金额的合计数填列。

(16)"长期借款"项目,反映学校期末长期借款的余额。本项目应当根据"长期借款"科目的期末余额减去其中将于1年内(含1年)到期的长期借款余额后的金额填列。

例384 【"长期借款"项目填列】本年12月31日,"长期借款"科目的期末余额为2 000 000元,其中将于1年内(含1年)偿还的非流动负债的余额为300 000元。本年度资产负债报表中,"长期借款"项目的"期末余额"栏应填列1 700 000元(2 000 000－300 000)。

(17)"长期应付款"项目,反映学校期末长期应付款的余额。本项目应当根据"长期应付款"科目的期末余额减去其中将于1年内(含1年)到期的长期应付款余额后的金额填列。

例385 【"长期应付款"项目填列】本年12月31日,"长期应付款"科目的期末余额为480 000元,其中将于1年内(含1年)偿还的非流动负债的余额为120 000元。本年度资产负债报表中,"长期应付款"项目的"期末余额"栏应填列360 000元(480 000－120 000)。

(18)"预计负债"项目,反映学校期末已确认但尚未偿付的预计负债的余额。本项目应当根据"预计负债"科目的期末余额填列。

(19)"其他非流动负债"项目,反映学校期末除本表中上述各项之外的其他非流动负债的合计数。本项目应当根据有关科目的期末余额合计数填列。

(20)"非流动负债合计"项目,反映学校期末非流动负债合计数。本项目应当根据本表中"长期借款""长期应付款""预计负债""其他非流动负债"项目金额的合计数填列。

(21)"受托代理负债"项目,反映学校期末受托代理负债的金额。本项目应当根据"受托代理负债"科目的期末余额填列。

(22)"负债合计"项目,反映学校期末负债的合计数。本项目应当根据本表中"流动负债合计""非流动负债合计""受托代理负债"项目金额的合计数填列。

3)净资产类项目

(1)"累计盈余"项目,反映学校期末未分配盈余(或未弥补亏损)以及无偿调拨净资产变动的累计数。本项目应当根据"累计盈余"科目的期末余额填列。

(2)"专用基金"项目,反映学校期末累计提取或设置但尚未使用的专用基金余额。本项目应当根据"专用基金"科目的期末余额填列。

(3)"权益法调整"项目,反映学校期末在被投资单位除净损益和利润分配以外的所有者权益变动中累积享有的份额。本项目应当根据"权益法调整"科目的期末余额填列;

如"权益法调整"科目期末为借方余额,以"—"号填列。

(4)"无偿调拨净资产"项目,反映学校本年度截至报告期期末无偿调入的非现金资产价值扣减无偿调出的非现金资产价值后的净值。本项目仅在月度报表中列示,年度报表中不列示。月度报表中本项目应当根据"无偿调拨净资产"科目的期末余额填列;"无偿调拨净资产"科目期末为借方余额时,以"—"号填列。

(5)"本期盈余"项目,反映学校本年度截至报告期期末实现的累计盈余或亏损。本项目仅在月度报表中列示,年度报表中不列示。月度报表中本项目应当根据"本期盈余"科目的期末余额填列;"本期盈余"科目期末为借方余额时,以"—"号填列。

(6)"净资产合计"项目,反映学校期末净资产合计数。本项目应当根据本表中"累计盈余""专用基金""权益法调整""无偿调拨净资产"[月度报表]、"本期盈余"[月度报表]项目金额的合计数填列。

(7)"负债和净资产总计"项目,应当按照本表中"负债合计""净资产合计"项目金额的合计数填列。

9.2.2 收入费用表

一、收入费用表的作用

收入费用表是反映学校一个会计期间运行情况的报表,反映了学校在某一会计期间内发生的收入、费用及当期盈余情况。收入费用表的作用包括:

(1)反映学校在某一会计期间内取得的收入情况,包括办学过程中取得财政性投入的情况,如同级财政拨款收入、非同级财政拨款收入的情况,开展教育教学的业务活动及其辅助活动实现的事业收入,来自上级单位补助、附属单位上缴的收入,开展经营活动取得经营收入,以及投资、租赁等业务取得收入的情况。

(2)反映学校在某一会计期间内发生的费用情况,包括开展专业业务活动及其辅助活动所发生的业务活动费用,行政及后勤管理部门开展管理活动发生单位管理费用,处置资产的费用,上缴上级单位、对附属单位补助的费用,与经营活动有关的经营费用、所得税费用,以及其他费用的情况。

(3)使报表使用者了解学校在某一会计期间内取得的盈余情况。

二、收入费用表的内容和结构

(一)收入费用表的内容

1. 本期收入

收入项目反映了报告期内导致学校净资产增加的、含有服务潜力或者经济利益的经济资源的流入。根据资源的来源,本期收入包括:财政拨款收入、事业收入、上级补助收入、附属单位上缴收入、经营收入、非同级财政拨款收入、投资收益、捐赠收入、利息收入、租金收入、其他收入。

2. 本期费用

费用项目反映了报告期内导致学校净资产减少的、含有服务潜力或者经济利益的经济资源的流出。根据资源的用途,本期费用包括:业务活动费用、单位管理费用、经营费用、资产处置费用、上缴上级费用、对附属单位补助费用、所得税费用、其他费用。

3. 本期盈余

本期盈余项目反映学校本期收入扣除本期费用后的净额。

（一）收入费用表的结构

收入费用表采用单步式格式，报表项目反映了"收入－费用＝盈余"这一会计等式。收入项目和费用项目分别在"本月数""本年累计数"两栏中列示金额。收入费用表的样式如表9-3所示。

表9-3 收入费用表

会政财02表

编制单位：   年　月　日   单位：元

项目	本月数	本年累计数
一、本期收入		
（一）财政拨款收入		
其中：政府性基金收入		
（二）事业收入		
（三）上级补助收入		
（四）附属单位上缴收入		
（五）经营收入		
（六）非同级财政拨款收入		
（七）投资收益		
（八）捐赠收入		
（九）利息收入		
（十）租金收入		
（十一）其他收入		
其中：食堂净收入		
二、本期费用		
（一）业务活动费用		
（二）单位管理费用		
（三）经营费用		
（四）资产处置费用		
（五）上缴上级费用		
（六）对附属单位补助费用		
（七）所得税费用		
（八）其他费用		
三、本期盈余		

一、收入费用表的编制方法

（一）"本月数"栏的填列

收入费用表的"本月数"栏反映各项目的本月实际发生数。编制年度收入费用表时，应当将本栏改为"本年数"，反映本年度各项目的实际发生数。

如果本年度收入费用表规定的项目的名称和内容同上年度不一致，应当对上年度收入费用表项目的名称和数字按照本年度的规定进行调整，将调整后的金额填入本年度收入费用表的"上年数"栏内。

如果本年度单位发生了因前期差错更正、会计政策变更等调整以前年度盈余的事项，还应当对年度收入费用表中"上年数"栏中的有关项目金额进行相应调整。

（二）"本年累计数"栏的填列

收入费用表的"本年累计数"栏反映各项目自年初至报告期期末的累计实际发生数。编制年度收入费用表时，应当将本栏改为"上年数"，反映上年度各项目的实际发生数，"上年数"栏应当根据上年年度收入费用表中"本年数"栏内所列数字填列。

1. 本期收入

（1）"本期收入"项目，反映学校本期收入总额。本项目应当根据本表中"财政拨款收入""事业收入""上级补助收入""附属单位上缴收入""经营收入""非同级财政拨款收入""投资收益""捐赠收入""利息收入""租金收入"和"其他收入"项目金额的合计数填列。

（2）"财政拨款收入"项目，反映学校本期从同级政府财政部门取得的各类财政拨款。本项目应当根据"财政拨款收入"科目的本期发生额填列。

（3）"政府性基金收入"项目，反映学校本期取得的财政拨款收入中属于政府性基金预算拨款的金额。本项目应当根据"财政拨款收入"相关明细科目的本期发生额填列。

（4）"事业收入"项目，反映学校本期开展专业业务活动及其辅助活动实现的收入。本项目应当根据"事业收入"科目的本期发生额填列。

（5）"上级补助收入"项目，反映学校本期从主管部门和上级单位收到或应收的非财政拨款收入。本项目应当根据"上级补助收入"科目的本期发生额填列。

（6）"附属单位上缴收入"项目，反映学校本期收到或应收的独立核算的附属单位按照有关规定上缴的收入。本项目应当根据"附属单位上缴收入"科目的本期发生额填列。

（7）"经营收入"项目，反映学校本期在专业业务活动及其辅助活动之外开展非独立核算经营活动实现的收入。本项目应当根据"经营收入"科目的本期发生额填列。

（8）"非同级财政拨款收入"项目，反映学校本期从非同级政府财政部门取得的财政拨款，不包括事业单位因开展科研及其辅助活动从非同级财政部门取得的经费拨款。本项目应当根据"非同级财政拨款收入"科目的本期发生额填列。

（9）"投资收益"项目，反映学校本期股权投资和债券投资所实现的收益或发生的损失。本项目应当根据"投资收益"科目的本期发生额填列；如为投资净损失，以"－"号填列。

（10）"捐赠收入"项目，反映学校本期接受捐赠取得的收入。本项目应当根据"捐赠收入"科目的本期发生额填列。

（11）"利息收入"项目，反映学校本期取得的银行存款利息收入。本项目应当根据"利息收入"科目的本期发生额填列。

（12）"租金收入"项目，反映学校本期经批准利用国有资产出租取得并按规定纳入本校预算管理的租金收入。本项目应当根据"租金收入"科目的本期发生额填列。

（13）"其他收入"项目，反映学校本期取得的除以上收入项目外的其他收入的总额。本项目应当根据"其他收入"科目的本期发生额填列。

（14）"食堂净收入"项目，反映学校食堂本年收入和费用相抵后的净额金额。本项目应当根据本年度食堂收入和费用相抵后的净额合计数填列；如本年度食堂收入和费用相抵后的净额合计数为负数，则以"－"号填列。

2. 本期费用

（1）"本期费用"项目，反映学校本期费用总额。本项目应当根据本表中"业务活动费用""单位管理费用""经营费用""资产处置费用""上缴上级费用""对附属单位补助费用""所得税费用"和"其他费用"项目金额的合计数填列。

（2）"业务活动费用"项目，反映学校本期为实现其职能目标，依法履职或开展专业业务活动及其辅助活动所发生的各项费用。本项目应当根据"业务活动费用"科目的本期发生额填列。

（3）"单位管理费用"项目，反映学校本期本级行政及后勤管理部门开展管理活动发生的各项费用，以及由单位统一负担的离退休人员经费、工会经费、诉讼费、中介费等。本项目应当根据"单位管理费用"科目的本期发生额填列。

（4）"经营费用"项目，反映学校本期在专业业务活动及其辅助活动之外开展非独立核算经营活动发生的各项费用。本项目应当根据"经营费用"科目的本期发生额填列。

（5）"资产处置费用"项目，反映学校本期经批准处置资产时转销的资产价值以及在处置过程中发生的相关费用或者处置收入小于处置费用形成的净支出。本项目应当根据"资产处置费用"科目的本期发生额填列。

（6）"上缴上级费用"项目，反映学校按照规定上缴上级单位款项发生的费用。本项目应当根据"上缴上级费用"科目的本期发生额填列。

（7）"对附属单位补助费用"项目，反映学校用财政拨款收入之外的收入对附属单位补助发生的费用。本项目应当根据"对附属单位补助费用"科目的本期发生额填列。

（8）"所得税费用"项目，反映有企业所得税缴纳义务的事业单位本期计算应交纳的企业所得税。本项目应当根据"所得税费用"科目的本期发生额填列。

（9）"其他费用"项目，反映学校本期发生的除以上费用项目外的其他费用的总额。本项目应当根据"其他费用"科目的本期发生额填列。

3. 本期盈余

"本期盈余"项目，反映学校本期收入扣除本期费用后的净额。本项目应当根据本表中"本期收入"项目金额减去"本期费用"项目金额后的金额填列；如为负数，以"－"号填列。

9.2.3 净资产变动表

一、净资产变动表的作用

净资产变动表反映学校在某一会计年度内净资产项目的变动情况。净资产变动表的作用如下：

（1）反映学校在某一会计年度内净资产变动的总量变化、结构情况，了解某一个会计年度内累计盈余增加变动情况、专用基金增减变动情况、权益法调整增减变动情况，以及某一个会计年度内净资产总量增减变动情况。

（2）反映学校在某一会计年度内净资产变动的来源，了解由于本年盈余、无偿调拨净资产、归集调整预算结转结余、提取或设置专用基金（从预算收入中提取、从预算结余中提取、设置的专用基金、使用专用基金）、权益法调整原因引起的净资产变动情况。

二、净资产变动表的内容和结构

（一）净资产变动表的内容

1. 本年年初余额

"本年年初余额"是本年度净资产变动的起点，没有发生会计差错或退货退款等业务调整年初余额的情况下，"本年年初余额"等于"上年年末余额"。如果有"以前年度盈余调整"，"本年年初余额"应该是调整后的年初余额，此时"本年年初余额"应等于"上年年末余额±以前年度盈余调整"。

2. 本年变动金额

"本年变动金额"按照净资产变动的原因进行分类，具体分为"本年盈余""无偿调拨净资产""归集调整预算结转结余""提取或设置专用基金（从预算收入中提取、从预算结余中提取、设置的专用基金）""使用专用基金""权益法调整"。

3. 本年年末余额

"本年年末余额"反映了从"本年年初余额"经"本年变动金额"调整后的最终结果。

（二）净资产变动表的结构

净资产变动表采用矩阵的形式反映净资产增减变动的情况。净资产变动表的行项目反映了净资产从本年年初余额转变为本年年末余额的变动过程，即"上年年末余额±以前年度盈余调整＝本年年初余额""本年年初余额±本年变动金额＝本年年末余额"。

净资产变动报表的列项目分为"本年数"栏和"上年数"栏两个主栏，每一栏下面分为"累计盈余"栏、"专用基金"栏、"权益法调整"栏、"净资产合计"栏，以说明各行项目对"累计盈余""专用基金""权益法调整""净资产合计"的影响。"本年数"和"上年数"也反映了两个会计年度净资产变动的比较信息。净资产变动表的样式如表9-4所示。

表 9-4　净资产变动表

会政财 03 表

编制单位：　　　　　　　　　年　月　日　　　　　　　　　单位：元

项　目	本年数				上年数			
	累计盈余	专用基金	权益法调整	净资产合计	累计盈余	专用基金	权益法调整	净资产合计
一、上年年末余额								
二、以前年度盈余调整（减少以"－"号填列）		—	—			—	—	
三、本年年初余额								

项　目	本年数				上年数			
	累计盈余	专用基金	权益法调整	净资产合计	累计盈余	专用基金	权益法调整	净资产合计
四、本年变动金额（减少以"—"号填列）								
（一）本年盈余		—	—			—	—	
（二）无偿调拨净资产		—	—			—	—	
（三）归集调整预算结转结余		—	—			—	—	
（四）提取或设置专用基金		—	—			—	—	
其中：从预算收入中提取	—		—		—		—	
从预算结余中提取			—				—	
设置的专用基金	—		—		—		—	
（五）使用专用基金			—				—	
（六）权益法调整	—	—			—	—		
五、本年年末余额								

注："—"标识单元格不需填列。

三、净资产变动表的编制方法

（一）"上年数"栏的填列

净资产变动表"上年数"栏反映上年度各项目的实际变动数，应当根据上年度净资产变动表中"本年数"栏内所列数字填列。

如果上年度净资产变动表规定的项目的名称和内容与本年度不一致，应对上年度净资产变动表项目的名称和数字按照本年度的规定进行调整，将调整后金额填入本年度净资产变动表"上年数"栏内。

（二）"本年数"栏的填列

净资产变动表"本年数"栏反映本年度各项目的实际变动数。部分项目填报时根据有关项目的本年度发生额填列，如"以前年度盈余调整"行、"本年盈余"行、"无偿调拨净资产"行和"权益法调整"行的填列。部分项目填报时根据有关项目明细账记录的分析进行填列，如"归集调整预算结转结余"行应当根据"累计盈余"科目明细账记录的分析进行填列；"提取或设置专用基金"行根据"从预算收入中提取"行、"从预算结余中提取"行、"设置的专用基金"行需根据对"专用基金"科目明细账记录的分析进行填列。净资产变动表项目的具体填列如下：

（1）"上年年末余额"行，反映学校净资产各项目上年年末的余额。本行各项目应当根据"累计盈余""专用基金""权益法调整"科目上年年末余额填列。

（2）"以前年度盈余调整"行，反映学校本年度调整以前年度盈余的事项对累计盈余进行调整的金额。本行"累计盈余"项目应当根据本年度"以前年度盈余调整"科目转入"累计盈余"科目的金额填列；如调整减少累计盈余，以"－"号填列。

（3）"本年年初余额"行，反映经过以前年度盈余调整后，学校净资产各项目的本年年初余额。本行"累计盈余""专用基金""权益法调整"项目应当根据其各自在"上年年末余额"和"以前年度盈余调整"行对应项目金额的合计数填列。

（4）"本年变动金额"行，反映学校净资产各项目本年变动总金额。本行"累计盈余""专用基金""权益法调整"项目应当根据其各自在"本年盈余""无偿调拨净资产""归集调整预算结转结余""提取或设置专用基金""使用专用基金""权益法调整"行对应项目金额的合计数填列。

（5）"本年盈余"行，反映学校本年发生的收入、费用对净资产的影响。本行"累计盈余"项目应当根据年末由"本期盈余"科目转入"本年盈余分配"科目的金额填列；如转入时借记"本年盈余分配"科目，则以"－"号填列。

（6）"无偿调拨净资产"行，反映学校本年无偿调入、调出非现金资产事项对净资产的影响。本行"累计盈余"项目应当根据年末由"无偿调拨净资产"科目转入"累计盈余"科目的金额填列；如转入时借记"累计盈余"科目，则以"－"号填列。

（7）"归集调整预算结转结余"行，反映学校本年财政拨款结转结余资金归集调入、归集上缴或调出，以及非财政拨款结转资金缴回对净资产的影响。本行"累计盈余"项目应当根据"累计盈余"科目明细账记录分析填列；如归集调整减少预算结转结余，则以"－"号填列。

（8）"提取或设置专用基金"行，反映学校本年提取或设置专用基金对净资产的影响。本行"累计盈余"项目应当根据"从预算结余中提取"行"累计盈余"项目的金额填列。本行"专用基金"项目应当根据"从预算收入中提取""从预算结余中提取""设置的专用基金"行"专用基金"项目金额的合计数填列。

（9）"从预算收入中提取"行，反映学校本年从预算收入中提取专用基金对净资产的影响。本行"专用基金"项目应当通过对"专用基金"科目明细账记录的分析，根据本年按有关规定从预算收入中提取基金的金额填列。

（10）"从预算结余中提取"行，反映学校本年根据有关规定从本年度非财政拨款结余或经营结余中提取专用基金对净资产的影响。本行"累计盈余""专用基金"项目应当通过对"专用基金"科目明细账记录的分析，根据本年按有关规定从本年度非财政拨款结余或经营结余中提取专用基金的金额填列；本行"累计盈余"项目以"－"号填列。

（11）"设置的专用基金"行，反映学校本年根据有关规定设置的其他专用基金对净资产的影响。本行"专用基金"项目应当通过对"专用基金"科目明细账记录的分析，根据本年按有关规定设置的其他专用基金的金额填列。

（12）"使用专用基金"行，反映学校本年按规定使用专用基金对净资产的影响。本行"累计盈余""专用基金"项目应当通过对"专用基金"科目明细账记录的分析，根据本年按规定使用专用基金的金额填列；本行"专用基金"项目以"－"号填列。

（13）"权益法调整"行，反映学校本年按照被投资单位除净损益和利润分配以外的所有者权益变动份额而调整长期股权投资账面余额对净资产的影响。本行"权益法调整"

项目应当根据"权益法调整"科目本年发生额填列;若本年净发生额为借方时,以"－"号填列。

（14）"本年年末余额"行,反映学校本年各净资产项目的年末余额。本行"累计盈余""专用基金""权益法调整"项目应当根据其各自在"本年年初余额""本年变动金额"行对应项目金额的合计数填列。

（15）本表各行"净资产合计"项目,应当根据所在行"累计盈余""专用基金""权益法调整"项目金额的合计数填列。

9.2.4 现金流量表

一、现金流量表的作用

现金流量表是反映学校在某一会计年度内现金流入和流出的信息,反映学校开展日常活动、投资活动、筹资活动的现金流入和流出情况。

现金流量表应当采用直接法编制。现金流量表是按照收付实现制原则编制,将权责发生制下的盈余信息调整为收付实现制下的现金流量信息,便于报表使用者了解单位的盈余质量。

二、现金流量表的内容和结构

（一）现金流量表的内容

现金流量表所指的现金,是指学校的库存现金以及其他可以随时用于支付的款项,包括库存现金、可以随时用于支付的银行存款、其他货币资金、零余额账户用款额度、财政应返还额度,以及通过财政直接支付方式支付的款项。

现金流量表反映了学校现金产生的主要来源和影响因素。学校的现金流量分为"日常活动产生的现金流量""投资活动产生的现金流量""筹资活动产生的现金流量"三大类,每一类活动的现金流量都分为现金流入和现金流出两部分,每一部分体现了该类现金流量主要活动对现金的影响。"汇率变动对现金的影响额"是外币现金对现金流量的影响。

（二）现金流量表的结构

现金流量表根据业务活动的性质和现金流量的来源,按照"日常活动产生的现金流量""投资活动产生的现金流量""筹资活动产生的现金流量"设置填报项目,并对每类现金流量的流入和流出情况进行小计汇总。现金流量表设立"本年金额"栏和"上年金额"栏,提供两个会计年度现金流量的比较信息。现金流量表的样式如表9-5所示。

表 9-5　现金流量表

会政财 04 表

编制单位:　　　　　　　　　年　月　日　　　　　　　　　单位:元

项目	本年金额	上年金额
一、日常活动产生的现金流量:		
财政基本支出拨款收到的现金		
财政非资本性项目拨款收到的现金		

项目	本年金额	上年金额
事业活动收到的除财政拨款以外的现金		
收到的其他与日常活动有关的现金		
日常活动的现金流入小计		
购买商品、接受劳务支付的现金		
支付给职工以及为职工支付的现金		
支付的各项税费		
支付的其他与日常活动有关的现金		
日常活动的现金流出小计		
日常活动产生的现金流量净额		
二、投资活动产生的现金流量：		
收回投资收到的现金		
取得投资收益收到的现金		
处置固定资产、无形资产、公共基础设施等收回的现金净额		
收到的其他与投资活动有关的现金		
投资活动的现金流入小计		
购建固定资产、无形资产、公共基础设施等支付的现金		
对外投资支付的现金		
上缴处置固定资产、无形资产、公共基础设施等净收入支付的现金		
支付的其他与投资活动有关的现金		
投资活动的现金流出小计		
投资活动产生的现金流量净额		
三、筹资活动产生的现金流量：		
财政资本性项目拨款收到的现金		
取得借款收到的现金		
收到的其他与筹资活动有关的现金		
筹资活动的现金流入小计		
偿还借款支付的现金		
偿还利息支付的现金		
支付的其他与筹资活动有关的现金		
筹资活动的现金流出小计		
筹资活动产生的现金流量净额		
四、汇率变动对现金的影响额		
五、现金净增加额		

三、现金流量表的编制方法

（一）"上年金额"栏的填列

现金流量表"上年金额"栏反映各项目的上年实际发生数，应当根据上年现金流量表中"本年金额"栏内所列数字填列。

如果本年度现金流量表规定的项目的名称和内容同上年度不一致，应当对上年度现金流量表项目的名称和数字按照本年度的规定进行调整，将调整后金额填入本年度现金流量表的"上年金额"栏。

（二）"本年金额"栏的填列

现金流量表"本年金额"栏反映各项目的本年实际发生数。只有影响现金流量变动的经济业务和事项，才会在现金流量表中反映。由于财务会计中有关会计科目是按照权责发生制进行核算，因此在填报各项目的金额时，需要结合产生现金流量的活动分类，根据财务会计的有关科目和对应的与现金流量有关的"库存现金""银行存款""其他货币资金""零余额账户用款额度""财政拨款收入"等科目及其所属明细科目的记录分析进行填列。

1. 日常活动产生的现金流量

（1）"财政基本支出拨款收到的现金"项目，反映学校本年接受财政基本支出拨款取得的现金。本项目应当根据"零余额账户用款额度""财政拨款收入""银行存款"等科目及其所属明细科目的记录分析填列。

（2）"财政非资本性项目拨款收到的现金"项目，反映学校本年接受除用于购建固定资产、无形资产、公共基础设施等资本性项目以外的财政项目拨款取得的现金。本项目应当根据"银行存款""零余额账户用款额度""财政拨款收入"等科目及其所属明细科目的记录分析填列。

（3）"事业活动收到的除财政拨款以外的现金"项目，反映学校本年开展专业业务活动及其辅助活动取得的除财政拨款以外的现金。本项目应当根据"库存现金""银行存款""其他货币资金""应收账款""应收票据""预收账款""事业收入"等科目及其所属明细科目的记录分析填列。

（4）"收到的其他与日常活动有关的现金"项目，反映学校本年收到的除以上项目之外的与日常活动有关的现金。本项目应当根据"库存现金""银行存款""其他货币资金""上级补助收入""附属单位上缴收入""经营收入""非同级财政拨款收入""捐赠收入""利息收入""租金收入""其他收入"等科目及其所属明细科目的记录分析填列。

（5）"日常活动的现金流入小计"项目，反映学校本年日常活动产生的现金流入的合计数。本项目应当根据本表中"财政基本支出拨款收到的现金""财政非资本性项目拨款收到的现金""事业活动收到的除财政拨款以外的现金""收到的其他与日常活动有关的现金"项目金额的合计数填列。

（6）"购买商品、接受劳务支付的现金"项目，反映学校本年在日常活动中用于购买商品、接受劳务支付的现金。本项目应当根据"库存现金""银行存款""财政拨款收入""零余额账户用款额度""预付账款""在途物品""库存物品""应付账款""应付票据""业务活动费用""单位管理费用""经营费用"等科目及其所属明细科目的记录分析填列。

（7）"支付给职工以及为职工支付的现金"项目，反映学校本年支付给职工以及为职工支付的现金。本项目应当根据"库存现金""银行存款""零余额账户用款额度""财政拨款收入""应付职工薪酬""业务活动费用""单位管理费用""经营费用"等科目及其所属明细科目的记录分析填列。

（8）"支付的各项税费"项目，反映学校本年用于缴纳日常活动相关税费而支付的现金。本项目应当根据"库存现金""银行存款""零余额账户用款额度""应交增值税""其他应交税费""业务活动费用""单位管理费用""经营费用""所得税费用"等科目及其所属明细科目的记录分析填列。

（9）"支付的其他与日常活动有关的现金"项目，反映学校本年支付的除上述项目之外与日常活动有关的现金。本项目应当根据"库存现金""银行存款""零余额账户用款额度""财政拨款收入""其他应付款""业务活动费用""单位管理费用""经营费用""其他费用"等科目及其所属明细科目的记录分析填列。

（10）"日常活动的现金流出小计"项目，反映学校本年日常活动产生的现金流出的合计数。本项目应当根据本表中"购买商品、接受劳务支付的现金""支付给职工以及为职工支付的现金""支付的各项税费""支付的其他与日常活动有关的现金"项目金额的合计数填列。

（11）"日常活动产生的现金流量净额"项目，应当按照本表中"日常活动的现金流入小计"项目金额减去"日常活动的现金流出小计"项目金额后的金额填列；如为负数，以"—"号填列。

2. 投资活动产生的现金流量

（1）"收回投资收到的现金"项目，反映学校本年出售、转让或者收回投资收到的现金。本项目应该根据"库存现金""银行存款""短期投资""长期股权投资""长期债券投资"等科目的记录分析填列。

（2）"取得投资收益收到的现金"项目，反映学校本年因对外投资而收到被投资单位分配的股利或利润，以及收到投资利息而取得的现金。本项目应当根据"库存现金""银行存款""应收股利""应收利息""投资收益"等科目的记录分析填列。

（3）"处置固定资产、无形资产、公共基础设施等收回的现金净额"项目，反映学校本年处置固定资产、无形资产、公共基础设施等非流动资产所取得的现金，减去为处置这些资产而支付的有关费用之后的净额。由于自然灾害所造成的固定资产等长期资产损失而收到的保险赔款收入，也在本项目反映。本项目应当根据"库存现金""银行存款""待处理财产损溢"等科目的记录分析填列。

（4）"收到的其他与投资活动有关的现金"项目，反映学校本年收到的除上述项目之外与投资活动有关的现金。对于金额较大的现金流入，应当单列项目反映。本项目应当根据"库存现金""银行存款"等有关科目的记录分析填列。

（5）"投资活动的现金流入小计"项目，反映学校本年投资活动产生的现金流入的合计数。本项目应当根据本表中"收回投资收到的现金""取得投资收益收到的现金""处置固定资产、无形资产、公共基础设施等收回的现金净额""收到的其他与投资活动有关的现金"项目金额的合计数填列。

（6）"购建固定资产、无形资产、公共基础设施等支付的现金"项目，反映学校本年购买和建造固定资产、无形资产、公共基础设施等非流动资产所支付的现金。融资租入固定资产支付的租赁费不在本项目反映,在筹资活动的现金流量中反映。本项目应当根据"库存现金""银行存款""固定资产""工程物资""在建工程""无形资产""研发支出""公共基础设施""保障性住房"等科目的记录分析填列。

(7)"对外投资支付的现金"项目,反映学校本年为取得短期投资、长期股权投资、长期债券投资而支付的现金。本项目应当根据"库存现金""银行存款""短期投资""长期股权投资""长期债券投资"等科目的记录分析填列。

(8)"上缴处置固定资产、无形资产、公共基础设施等净收入支付的现金"项目,反映本年单位将处置固定资产、无形资产、公共基础设施等非流动资产所收回的现金净额予以上缴财政所支付的现金。本项目应当根据"库存现金""银行存款""应缴财政款"等科目的记录分析填列。

(9)"支付的其他与投资活动有关的现金"项目,反映学校本年支付的除上述项目之外与投资活动有关的现金。对于金额较大的现金流出,应当单列项目反映。本项目应当根据"库存现金""银行存款"等有关科目的记录分析填列。

(10)"投资活动的现金流出小计"项目,反映学校本年投资活动产生的现金流出的合计数。本项目应当根据本表中"购建固定资产、无形资产、公共基础设施等支付的现金""对外投资支付的现金""上缴处置固定资产、无形资产、公共基础设施等净收入支付的现金""支付的其他与投资活动有关的现金"项目金额的合计数填列。

(11)"投资活动产生的现金流量净额"项目,应当按照本表中"投资活动的现金流入小计"项目金额减去"投资活动的现金流出小计"项目金额后的金额填列;如为负数,以"—"号填列。

3. 筹资活动产生的现金流量

(1)"财政资本性项目拨款收到的现金"项目,反映学校本年接受用于购建固定资产、无形资产、公共基础设施等资本性项目的财政项目拨款取得的现金。本项目应当根据"银行存款""零余额账户用款额度""财政拨款收入"等科目及其所属明细科目的记录分析填列。

(2)"取得借款收到的现金"项目,反映学校本年举借短期借款、长期借款所收到的现金。本项目应当根据"库存现金""银行存款""短期借款""长期借款"等科目记录分析填列。

(3)"收到的其他与筹资活动有关的现金"项目,反映学校本年收到的除上述项目之外与筹资活动有关的现金。对于金额较大的现金流入,应当单列项目反映。本项目应当根据"库存现金""银行存款"等有关科目的记录分析填列。

(4)"筹资活动的现金流入小计"项目,反映学校本年筹资活动产生的现金流入的合计数。本项目应当根据本表中"财政资本性项目拨款收到的现金""取得借款收到的现金""收到的其他与筹资活动有关的现金"项目金额的合计数填列。

(5)"偿还借款支付的现金"项目,反映学校本年偿还借款本金所支付的现金。本项目应当根据"库存现金""银行存款""短期借款""长期借款"等科目的记录分析填列。

(6)"偿付利息支付的现金"项目,反映学校本年支付的借款利息等。本项目应当根据"库存现金""银行存款""应付利息""长期借款"等科目的记录分析填列。

(7)"支付的其他与筹资活动有关的现金"项目,反映学校本年支付的除上述项目之外与筹资活动有关的现金,如融资租入固定资产所支付的租赁费。本项目应当根据"库存现金""银行存款""长期应付款"等科目的记录分析填列。

(8)"筹资活动的现金流出小计"项目,反映学校本年筹资活动产生的现金流出的合计数。本项目应当根据本表中"偿还借款支付的现金""偿付利息支付的现金""支付的其他与筹资活动有关的现金"项目金额的合计数填列。

(9)"筹资活动产生的现金流量净额"项目,应当按照本表中"筹资活动的现金流入小计"项目金额减去"筹资活动的现金流出小计"金额后的金额填列;如为负数,以"-"号填列。

4. 汇率变动对现金的影响额

"汇率变动对现金的影响额"项目,反映学校本年外币现金流量折算为人民币时,所采用的现金流量发生日的汇率折算的人民币金额与外币现金流量净额按期末汇率折算的人民币金额之间的差额。

5. 现金净增加额

"现金净增加额"项目,反映学校本年现金变动的净额。本项目应当根据本表中"日常活动产生的现金流量净额""投资活动产生的现金流量净额""筹资活动产生的现金流量净额"和"汇率变动对现金的影响额"项目金额的合计数填列;如为负数,以"-"号填列。

9.2.5 报表附注

一、报表附注的作用和内容

报表附注是对在会计报表中列示的项目所作的进一步说明,以及对未能在会计报表中列示项目的说明。附注是财务报表的重要组成部分。凡对报表使用者的决策有重要影响的会计信息,不论政府会计准则制度是否有明确规定,学校均应当充分披露。

二、报表附注的主要内容

(一)学校的基本情况

学校应当简要披露其基本情况,包括单位主要职能、主要业务活动、所在地、预算管理关系等。

(二)会计报表编制基础

(三)遵循政府会计准则、制度的声明

(四)重要会计政策和会计估计

学校应当采用与其业务特点相适应的具体会计政策,并充分披露报告期内采用的重要会计政策和会计估计,主要包括以下内容:

(1)会计期间。

(2)记账本位币,外币折算汇率。

(3)坏账准备的计提方法。

(4)存货类别、发出存货的计价方法、存货的盘存制度,以及低值易耗品和包装物的摊销方法。

(5)长期股权投资的核算方法。

(6)固定资产分类、折旧方法、折旧年限和年折旧率;融资租入固定资产的计价和折旧方法。

（7）无形资产的计价方法；使用寿命有限的无形资产，其使用寿命估计情况；使用寿命不确定的无形资产，其使用寿命不确定的判断依据；单位内部研究开发项目划分研究阶段和开发阶段的具体标准。

（8）公共基础设施的分类、折旧（摊销）方法、折旧（摊销）年限，以及其确定依据。

（9）政府储备物资分类，以及确定其发出成本所采用的方法。

（10）保障性住房的分类、折旧方法、折旧年限。

（11）其他重要的会计政策和会计估计。

（12）本期发生重要会计政策和会计估计变更的，变更的内容和原因、受其重要影响的报表项目名称和金额、相关审批程序，以及会计估计变更开始适用的时点。

（五）会计报表重要项目说明

学校应当按照资产负债表和收入费用表项目列示顺序，采用文字和数据描述相结合的方式披露重要项目的明细信息。报表重要项目的明细金额合计，应当与报表项目金额相衔接。报表重要项目说明应包括但不限于下列内容。

1. 货币资金

货币资金的披露格式如表9-6所示。

表9-6　货币资金的披露格式

项目	期末余额	年初余额
库存现金		
银行存款		
其他货币资金		
合计		

2. 应收账款

应收账款按照债务人类别披露的格式如表9-7所示。

表9-7　应收账款的披露格式

债务人类别	期末余额	年初余额
政府会计主体：		
部门内部单位		
单位1		
……		
部门外部单位		
单位1		
……		
其他：		
单位1		
……		
合计		

注1："部门内部单位"是指纳入单位所属部门财务报告合并范围的单位（下同）。

注2：有应收票据、预付账款、其他应收款的，可比照应收账款进行披露。

中小学校执行新政府会计准则制度的实务解析

3. 存货

存货的披露格式如表9-8所示。

表9-8 存货的披露格式

存货种类	期末余额	年初余额
1.		
……		
合计		

4. 其他流动资产

其他流动资产的披露格式如表9-9所示。

表9-9 其他流动资产的披露格式

项目	期末余额	年初余额
1.		
……		
合计		

注：有长期待摊费用、其他非流动资产的，可比照其他流动资产进行披露。

5. 长期投资

（1）长期债券投资的披露格式如表9-10所示。

表9-10 长期债券投资的披露格式

债券发行主体	年初余额	本期增加额	本期减少额	期末余额
1.				
……				
合计				

注：有短期投资的，可比照长期债券投资进行披露。

（2）长期股权投资的披露格式如表9-11所示。

表9-11 长期股权投资的披露格式

被投资单位	核算方法	年初余额	本期增加额	本期减少额	期末余额
1.					
……					

（3）当期发生的重大投资净损益项目、金额及原因。

6. 固定资产

（1）固定资产的披露格式如表9-12所示。

表9-12 固定资产的披露格式

项目	年初余额	本期增加额	本期减少额	期末余额
一、原值合计				
其中：房屋及构筑物				

项目	年初余额	本期增加额	本期减少额	期末余额
通用设备				
专用设备				
文物和陈列品				
图书、档案				
家具、用具、装具及动植物				
二、累计折旧合计				
其中：房屋及构筑物				
通用设备				
专用设备				
家具、用具、装具				
三、账面价值合计				
其中：房屋及构筑物				
通用设备				
专用设备				
文物和陈列品				
图书、档案				
家具、用具、装具及动植物				

（2）已提足折旧的固定资产名称、数量等情况。

（3）出租、出借固定资产以及固定资产对外投资等情况。

7. 在建工程

在建工程的披露格式如表 9-13 所示。

表 9-13　在建工程的披露格式

项目	年初余额	本期增加额	本期减少额	期末余额
1.				
……				
合计				

8. 无形资产

（1）各类无形资产的披露格式如表 9-14 所示。

表 9-14　无形资产的披露格式

项目	年初余额	本期增加额	本期减少额	期末余额
一、原值合计				
1.				
……				

项目	年初余额	本期增加额	本期减少额	期末余额
二、累计摊销合计				
1.				
……				
三、账面价值合计				
1.				
……				

（2）计入当期损益的研发支出金额、确认为无形资产的研发支出金额。

（3）无形资产出售、对外投资等处置情况。

9. 公共基础设施

（1）公共基础设施的披露格式如表 9-15 所示。

表 9-15　公共基础设施的披露格式

项目	年初余额	本期增加额	本期减少额	期末余额
原值合计				
市政基础设施				
1.				
……				
交通基础设施				
1.				
……				
水利基础设施				
1.				
……				
其他				
……				
累计折旧合计				
市政基础设施				
1.				
……				
交通基础设施				
1.				

项目	年初余额	本期增加额	本期减少额	期末余额
……				
水利基础设施				
1.				
……				
其他				
……				
账面价值合计				
市政基础设施				
1.				
……				
交通基础设施				
1.				
……				
水利基础设施				
1.				
……				
其他				
……				

（2）确认为公共基础设施的单独计价入账的土地使用权的账面余额、累计摊销额及变动情况。

（3）已提取折旧继续使用的公共基础设施的名称、数量等。

10. 政府储备物资

政府储备物资的披露格式如表 9-16 所示。

表 9-16 政府储备物资的披露格式

物资类别	年初余额	本期增加额	本期减少额	期末余额
1.				
……				
合计				

注：如单位有因动用而发出需要收回或者预期可能收回，但期末尚未收回的政府储备物资，应当单独披露其期末账面余额。

11. 受托代理资产

受托代理资产的披露格式如表 9-17 所示。

表 9-17 受托代理资产的披露格式

资产类别	年初余额	本期增加额	本期减少额	期末余额
货币资金				
受托转赠物资				
受托存储保管物资				
罚没物资				
其他				
合计				

12. 应付账款

应付账款按照债权人类别的披露格式如表 9-18 所示。

表 9-18 应付账款的披露格式

债权人类别	期末余额	年初余额
政府会计主体：		
部门内部单位		
单位 1		
……		
部门外部单位		
单位 1		
……		
其他：		
单位 1		
……		
合计		

注：有应付票据、预收账款、其他应付款、长期应付款的，可比照应付账款进行披露。

13. 其他流动负债

其他流动负债的披露格式如表 9-19 所示。

表 9-19 其他流动负债的披露格式

项目	期末余额	年初余额
1.		
……		
合计		

注：有预计负债、其他非流动负债的，可比照其他流动负债进行披露。

14. 长期借款

（1）长期借款按照债权人的披露格式如表 9-20 所示。

表 9-20　长期借款的披露格式

债权人	期末余额	年初余额
1.		
……		
合计		

注：有短期借款的，可比照长期借款进行披露。

（2）单位有基建借款的，应当分基建项目披露长期借款年初数、本年变动数、年末数及到期期限。

15. 事业收入

事业收入按照收入来源的披露格式如表 9-21 所示。

表 9-21　事业收入的披露格式

收入来源	本期发生额	上期发生额
来自财政专户管理资金		
本部门内部单位		
单位 1		
……		
本部门以外同级政府单位		
单位 1		
……		
其他		
单位 1		
……		
合计		

16. 非同级财政拨款收入

非同级财政拨款收入按收入来源的披露格式如表 9-22 所示。

表 9-22　非同级财政拨款收入的披露格式

收入来源	本期发生额	上期发生额
本部门以外同级政府单位		
单位 1		
……		
本部门以外非同级政府单位		
单位 1		
……		
合计		

17. 其他收入

其他收入按照收入来源的披露格式如表 9-23 所示。

表 9-23　其他收入的披露格式

收入来源	本期发生额	上期发生额
本部门内部单位		
单位 1		
……		
本部门以外同级政府单位		
单位 1		
……		
本部门以外非同级政府单位		
单位 1		
……		
其他		
单位 1		
……		
合计		

18. 业务活动费用

（1）按经济分类的披露格式如表 9-24 所示。

表 9-24　业务活动费用按经济分类的披露格式

项目	本期发生额	上期发生额
工资福利费用		
商品和服务费用		
对个人和家庭的补助费用		
对企业补助费用		
固定资产折旧费		
无形资产摊销费		
公共基础设施折旧（摊销）费		
保障性住房折旧费		
计提专用基金		
……		
合计		

注：有单位管理费用、经营费用的，可比照（业务活动费用）此表进行披露。

（2）按支付对象的披露格式如表 9-25 所示。

表 9-25 业务活动费用按支付对象的披露格式

支付对象	本期发生额	上期发生额
本部门内部单位		
单位 1		
……		
本部门以外同级政府单位		
单位 1		
……		
其他		
单位 1		
……		
合　计		

注：有单位管理费用、经营费用的，可比照（业务活动费用）此表进行披露。

19. 其他费用

其他费用按照类别的披露格式如表 9-26 所示。

表 9-26 其他费用的披露格式

费用类别	本期发生额	上期发生额
利息费用		
坏账损失		
罚没支出		
……		
合　计		

20. 本期费用

本期费用按照经济分类的披露格式如表 9-27 所示。

表 9-27 本期费用的披露格式

项目	本年数	上年数
工资福利费用		
商品和服务费用		
对个人和家庭的补助费用		
对企业补助费用		
固定资产折旧费		
无形资产摊销费		
公共基础设施折旧（摊销）费		
保障性住房折旧费		

项目	本年数	上年数
计提专用基金		
所得税费用		
资产处置费用		
上缴上级费用		
对附属单位补助费用		
其他费用		
本期费用合计		

注：单位在按照政府会计准则制度规定编制收入费用表的基础上，可以根据需要按照此表披露的内容编制收入费用表。

（六）本年盈余与预算结余的差异情况说明

为了反映学校财务会计和预算会计因核算基础和核算范围不同所产生的本年盈余数与本年预算结余数之间的差异，学校应当按照重要性原则，对本年度发生的各类影响收入（预算收入）和费用（预算支出）的业务进行适度归并和分析，披露将年度预算收入支出表中"本年预算收支差额"调节为年度收入费用表中"本期盈余"的信息。有关披露格式如表9-28所示。

表 9-28　本年盈余与预算结余的差异披露格式

项目	金额
一、本年预算结余（本年预算收支差额）	
二、差异调节	—
（一）重要事项的差异	
加：1. 当期确认为收入但没有确认为预算收入	
（1）应收款项、预收账款确认的收入	
（2）接受非货币性资产捐赠确认的收入	
2. 当期确认为预算支出但没有确认为费用	
（1）支付应付款项、预付账款的支出	
（2）为取得存货、政府储备物资等计入物资成本的支出	
（3）为购建固定资产等的资本性支出	
（4）偿还借款本息支出	
减：1. 当期确认为预算收入但没有确认为收入	
（1）收到应收款项、预收账款确认的预算收入	
（2）取得借款确认的预算收入	

项目	金额
2. 当期确认为费用但没有确认为预算支出	
（1）发出存货、政府储备物资等确认的费用	
（2）计提的折旧费用和摊销费用	
（3）确认的资产处置费用（处置资产价值）	
（4）应付款项、预付账款确认的费用	
（二）其他事项差异	
三、本年盈余（本年收入与费用的差额）	

【解析93】 本年盈余与预算结余的差异来源

表 9-29 中公式（1）表明，"本年盈余与预算结余的差异＝本年盈余－本年预算结余"，本年盈余与预算结余的差异反映了财务会计中核算的本年盈余和预算会计中核算本年预算结余之间的差异。

表 9-29 本年盈余与预算结余的差异构成分析

（1）本年盈余与预算结余的差异＝本年盈余－本年预算结余
　　　　　　　　　　　　＝（本年收入－本年费用）－（本年预算收入－本年预算支出）
（2）本年盈余与预算结余的差异＝①（本年收入－本年预算收入）－②（本年费用－本年预算支出）
（3）本年盈余与预算结余的差异＝（③本年收入＋④本年预算支出）－（⑤本年预算收入＋⑥本年费用）

由于"本年盈余＝本年收入－本年费用""本年预算结余＝本年预算收入－本年预算支出"，表 9-29 中公式（2）中①和②表明，"本年盈余与预算结余的差异"就由财务会计中核算的收入和预算会计核算的预算收入形成的差异、财务会计中核算的费用和预算会计核算的预算支出形成的差异两部分组成。

根据表 9-29 中公式（2）还可以变形为公式（3），公式（3）即为表 9-28 中"重要事项的差异"的 4 个组成部分。如果形成本年盈余与预算结余的差异，"公式（3）中的③本年收入"指该经济业务在"当期确认为收入但没有确认为预算收入"，"公式（3）中的④本年预算支出"指该经济业务在"当期确认为预算支出但没有确认为费用"，"公式（3）中的⑤本年预算收入"指该经济业务在"当期确认为预算收入但没有确认为收入"，"公式（3）中的⑥本年费用"指该经济业务在"当期确认为费用但没有确认为预算支出"。

此外，仅对资产、负债产生影响的经济业务，不会形成"本年盈余与预算结余的差异"。

【解析94】 当期确认为收入但没有确认为预算收入

本年盈余与预算结余的差异中，"当期确认为收入但没有确认为预算收入"产生了差异影响是因为：该类经济业务在财务会计部分根据协议等确认了收入，但在预算会计部分未收到预算资金而没有确认预算收入。形成这类差异的主要业务类别,包括应收款项、预收账款确认的收入,以及接受非货币性资产捐赠确认的收入。

例386 【当期确认为收入但没有确认为预算收入:应收款项、预收账款确认的收入】本年3月13日,非义务教育阶段学校将应税产品销售给某企业,商品售价为200 000元,税率为3%;当日发出产品,产品的成本为162 000元;款项尚未收到。该经济业务中因"应收款项、预收账款确认的收入"对本年盈余与预算结余的差异产生影响如下:

项目	财务会计	预算会计
会计分录	本年3月13日,销售应税产品 借:应收账款　　　　　　206 000 　贷:经营收入　　　　　　　200 000 　　　应交增值税　　　　　　　6 000	—
差异分析	本年盈余=200 000	本年预算结余=0
产生差异	本年盈余与预算结余的差异=本年盈余-本年预算结余=200 000	—

注:1.本例中分析"应收款项、预收账款确认的收入"对本年盈余与预算结余的差异影响,对本例中在财务会计部分还需根据发出应税产品,将产品成本结转至经营费用的会计分录省略。2.本例中未产生预算资金的收支,不需进行预算会计核算,因而对本年预算结余的影响为0

例387 【当期确认为收入但没有确认为预算收入:接受非货币性资产捐赠确认的收入】本年4月15日,学校接受某信息技术企业捐赠学校的20台电脑;捐赠企业提供的发票显示,20台电脑的价税合计金额为146 900元;当日收到电脑,验收后入库。该经济业务中因"接受非货币性资产捐赠确认的收入"对本年盈余与预算结余的差异产生影响如下:

项目	财务会计	预算会计
会计分录	本年4月15日,接受企业捐赠20台电脑 借:固定资产　　　　　　146 900 　贷:捐赠收入　　　　　　　146 900	—
差异分析	本年盈余=146 9000	本年预算结余=0
产生差异	本年盈余与预算结余的差异=本年盈余-本年预算结余=146 900	

注:本例中未产生预算资金的收支,不需进行预算会计核算,因而对本年预算结余的影响为0

【解析95】 当期确认为预算支出但没有确认为费用

本年盈余与预算结余的差异中,"当期确认为预算支出但没有确认为费用"产生了差异影响是因为:该类经济业务在预算会计部分因支出预算资金而确认了预算支出,但因尚未开展有关业务活动而形成经济资源消耗,未在财务会计部分确认费用。形成这类差异的主要业务类别,包括支付应付款项、预付账款的支出,为取得存货、政府储备物资等计入物资成本的支出,为购建固定资产等的资本性支出,以及偿还借款本息支出。

例 388 【当期确认为预算支出但没有确认为费用:支付应付款项、预付账款的支出】本年 4 月 22 日,学校根据协议,通过零余额账户预付租赁场馆举办 3 天学生活动的租金,款项 15 200 元。该经济业务中因"支付应付款项、预付账款的支出"对本年盈余与预算结余的差异产生影响如下:

项目	财务会计	预算会计
会计分录	本年 2 月 22 日,支付购置一批教学用品款 借:预付账款　　　　　　　15 200 　　贷:零余额账户用款额度　　　15 200	借:事业支出——商品和服务支出—— 　　租赁费　　　　　　　15 200 　　贷:资金结存——零余额账户用款 　　　　额度　　　　　　　15 200
差异分析	本年盈余＝0	本年预算结余＝0－15 200＝－15 200
产生差异	本年盈余与预算结余的差异＝本年盈余－本年预算结余＝0－(－15 200)＝15 200	

注:本例中财务会计部分未影响收入或费用,因而对本年盈余的影响为 0

例 389 【当期确认为预算支出但没有确认为费用:为取得存货、政府储备物资等计入物资成本的支出】本年 2 月 18 日,学校购入一批办公用品,通过零余额账户用款额度支付 4 800 元;当日收到办公用品,验收合格入库。该经济业务中因"为取得存货、政府储备物资等计入物资成本的支出"对本年盈余与预算结余的差异产生影响如下:

项目	财务会计	预算会计
会计分录	本年 2 月 22 日,支付购置一批教学用品款 借:库存物品　　　　　　　4 800 　　贷:零余额账户用款额度　　　4 800	借:事业支出——商品和服务支出—— 　　办公费　　　　　　　4 800 　　贷:资金结存——零余额账户用款 　　　　额度　　　　　　　4 800
差异分析	本年盈余＝0	本年预算结余＝0－4 800＝－4 800
产生差异	本年盈余与预算结余的差异＝本年盈余－本年预算结余＝0－(－4 800)＝4 800	

注:本例中财务会计部分未影响收入或费用,因而对本年盈余的影响为 0

例 390 【当期确认为预算支出但没有确认为费用:为购建固定资产等的资本性支出】本年 2 月,学校通过招投标采购创新实验室设备,设备价款为 420 000 元。6 月 25 日,学校收到中标公司交付的创新实验室设备,验收合格后投入使用;当日,学校通过零余额账户用款额度支付创新实验室设备采购款 399 000 元、质保金 21 000 元。在质保期结束后,根据质保期设备运行情况予以支付。该经济业务中因"为购建固定资产等的资本性支出"对本年盈余与预算结余的差异产生影响如下:

项目	财务会计	预算会计
会计分录	本年 6 月 25 日，支付购入创新实验室设备采购款 借：固定资产　　　　　　　420 000 　　贷：零余额账户用款额度　　399 000 　　　　其他应付款　　　　　 21 000	借：事业支出——资本性支出——专用 　　设备购置　　　　　　　399 000 　　贷：资金结存——零余额账户用款 　　　　额度　　　　　　　　399 000
差异分析	本年盈余＝0	本年预算结余＝0－399 000＝－399 000
产生差异	本年盈余与预算结余的差异＝本年盈余－本年预算结余＝0－（－399 000）＝399 000	

注：本例中财务会计部分未影响收入或费用，因而对本年盈余的影响为 0

例 391 【当期确认为预算支出但没有确认为费用：偿还借款本息支出】非义务教育阶段学校，本年 7 月 15 日通过银行存款偿还一笔 2 年期借款的本金 1 200 000 元和第二年的借款利息 66 000 元。该经济业务中因"偿还借款本息支出"对本年盈余与预算结余的差异产生影响如下：

项目	财务会计	预算会计
会计分录	本年 7 月 15 日，偿还长期借款和最后一次利息 借：长期借款　　　　　1 200 000 　　应付利息　　　　　　 66 000 　　贷：银行存款　　　　1 860 000	借：债务还本支出　　　 1 200 000 　　其他支出　　　　　　 66 000 　　贷：资金结存——货币资金——银 　　　　行存款　　　　 1 860 000
差异分析	本年盈余＝0	本年预算结余＝0－1 200 000－66 000＝ －1 860 000
产生差异	本年盈余与预算结余的差异＝本年盈余－本年预算结余＝0－（－1 860 000）＝ 1 860 000	

注：本例中财务会计部分未影响收入或费用，因而对本年盈余的影响为 0

【解析 96】　当期确认为预算收入但没有确认为收入

本年盈余与预算结余的差异中，"当期确认为预算收入但没有确认为收入"产生了差异影响是因为：该类经济业务在预算会计部分因收到预算资金而确认了预算收入，但因尚未满足财务会计收入确认条件，未在财务会计部分确认收入。形成这类差异的主要业务类别，包括收到应收款项、预收账款确认的预算收入，以及取得借款确认的预算收入。

例 392 【当期确认为预算收入但没有确认为收入：收到应收款项、预收账款确认的预算收入】某企业聘请非义务教育阶段学校在 11 月为其组织员工培训，本年 9 月 13 日，学校收到该企业预付的培训费 42 000 元。学校经主管部门批准将培训收入纳入预算管理。该经济业务中因"收到应收款项、预收账款确认的预算收入"对本年盈余与预算结余的差异产生影响如下：

项目	财务会计	预算会计
会计分录	本年9月13日,收到企业预付培训款	
	借:银行存款　　　　　　42 000 　贷:预收账款　　　　　　　42 000	借:资金结存——货币资金——银行存款 　　　　　　　　　　　　　　　42 000 　贷:事业预算收入　　　　　42 000
差异分析	本年盈余=0	本年预算结余=42 000
产生差异	本年盈余与预算结余的差异=本年盈余-本年预算结余=0-42 000=-42 000	

注:本例中财务会计部分未影响收入或费用,因而对本年盈余的影响为0

例393　【当期确认为预算收入但没有确认为收入:取得借款确认的预算收入】本年10月10日,非义务教育阶段学校经批准向银行借入一笔6个月短期借款500 000元。该经济业务中因"取得借款确认的预算收入"对本年盈余与预算结余的差异产生影响如下:

项目	财务会计	预算会计
会计分录	本年10月10日,向银行借入短期借款	
	借:银行存款　　　　　　500 000 　贷:短期借款　　　　　　　500 000	借:资金结存——货币资金——银行存款 　　　　　　　　　　　　　　500 000 　贷:债务预算收入　　　　　500 000
差异分析	本年盈余=0	本年预算结余=500 000
产生差异	本年盈余与预算结余的差异=本年盈余-本年预算结余=0-500 000=-500 000	

注:本例中财务会计部分未影响收入或费用,因而对本年盈余的影响为0

【解析97】　当期确认为费用但没有确认为预算支出

本年盈余与预算结余的差异中,"当期确认为费用但没有确认为预算支出"产生了差异影响是因为:该类业务活动已经开展而消耗经济资源,在财务会计部分确认为费用,但尚未支付预算资金,在预算会计部分未确认支出。形成这类差异的主要业务类别,包括发出存货、政府储备物资等确认的费用,计提的折旧费用和摊销费用,确认的资产处置费用(处置资产价值),以及应付款项、预付账款确认的费用。

例394　【当期确认为费用但没有确认为预算支出:发出存货、政府储备物资等确认的费用】本年5月末,学校仓库发出库存物品的情况显示,教学活动领用的实验材料等材料金额为78 000元。该经济业务中因"发出存货、政府储备物资等确认的费用"对本年盈余与预算结余的差异产生影响如下:

项目	财务会计	预算会计
会计分录	本年5月末,发出库存物品	
	借:业务活动费用　　　　78 000 　贷:库存物品　　　　　　　78 000	—

项目	财务会计	预算会计
差异分析	本年盈余＝0－78 000＝－78 000	本年预算结余＝0
产生差异	本年盈余与预算结余的差异＝本年盈余－本年预算结余＝－78 000－0＝－78 000	

注：本例中未产生预算资金的收支，不需进行预算会计核算，因而对本年预算结余的影响为0

例395 【当期确认为费用但没有确认为预算支出：计提的折旧费用和摊销费用】本年6月末，学校对各类设备设施计提累计折旧，计入业务活动费用的金额为1 700 000元。该经济业务中因"计提的折旧费用和摊销费用"对本年盈余与预算结余的差异产生影响如下：

项目	财务会计	预算会计
会计分录	本年6月末，计提固定资产的累计折旧 借：业务活动费用　　　　　1 700 000 　　贷：固定资产累计折旧　　　1 700 000	—
差异分析	本年盈余＝0－1 700 000＝－1 700 000	本年预算结余＝0
产生差异	本年盈余与预算结余的差异＝本年盈余－本年预算结余＝－1 700 000－0＝－1 700 000	

注：本例中未产生预算资金的收支，不需进行预算会计核算，因而对本年预算结余的影响为0

例396 【当期确认为费用但没有确认为预算支出：确认的资产处置费用（处置资产价值）】本年11月12日，盘亏1台设备，设备的原值为7 200元，已计提累计折旧6 800元；11月28日，学校报经批准后计入资产处置费用。该经济业务中因"确认的资产处置费用（处置资产价值）"对本年盈余与预算结余的差异产生影响如下：

项目	财务会计	预算会计
会计分录1	本年11月12日，盘亏一台电脑（不产生本年盈余与预算结余的差异） 借：待处理财产损溢——待处理财产价值400 　　固定资产累计折旧　　　　　6 800 　　贷：固定资产　　　　　　　　7 200	—
会计分录2	本年11月28日，报经批准后对盘亏电脑进行处理 借：资产处置费用　　　　　　　400 　　贷：待处理财产损溢——待处理财产价值400	—
会计分录2的差异分析	本年盈余＝0－400＝－400	本年预算结余＝0
会计分录2产生差异	本年盈余与预算结余的差异＝本年盈余－本年预算结余＝－400－0＝－400	

注：会计分录1中仅涉及资产的核算，不产生本年盈余与预算结余的差异。会计分录2中未产生预算资金的收支，不需进行预算会计核算，因而对本年预算结余的影响为0

例397 【当期确认为费用但没有确认为预算支出：应付款项、预付账款确认的费用】学校 2 年前通过招投标采购"校园互动管理平台"；2 年质保期结束，学校决定继续购买中标信息科技公司的平台维护服务。根据双方签订的协议，每年的平台维护费为 6 500 元，合同期限为 3 年，服务期自本年 1 月 1 日开始；平台服务费按年支付，每年服务期结束后的 10 个工作日内支付。该经济业务中因"应付款项、预付账款确认的费用"对本年盈余与预算结余的差异产生影响如下：

项目	财务会计	预算会计
会计分录	本年 3 月末，确认应付课程平台服务费 借：业务活动费用　　　　　　　6 500 　贷：应付账款　　　　　　　　6 500	—
差异分析	本年盈余＝0－6 500＝－6 500	本年预算结余＝0
产生差异	本年盈余与预算结余的差异＝本年盈余－本年预算结余＝－6 500－0＝－6 500	

注：本例中未产生预算资金的收支，不需进行预算会计核算，因而对本年预算结余的影响为 0

根据以上例 387 至例 398 的分析，上述经济业务对本年盈余与预算结余的差异产生影响在"本年盈余与预算结余的差异披露表"中填列情况如表 9-30 所示。

表 9-30　本年盈余与预算结余的差异披露表

项目	金额（元）	
一、本年预算结余(本年预算收支差额)		
二、差异调节	—	
(一)重要事项的差异		
加：1. 当期确认为收入但没有确认为预算收入		
(1)应收款项、预收账款确认的收入	200 000	(例 386)
(2)接受非货币性资产捐赠确认的收入	146 900	(例 387)
2. 当期确认为预算支出但没有确认为费用		
(1)支付应付款项、预付账款的支出	15 200	(例 388)
(2)为取得存货、政府储备物资等计入物资成本的支出	4 800	(例 389)
(3)为购建固定资产等的资本性支出	399 000	(例 390)
(4)偿还借款本息支出	1 860 000	(例 391)
减：1. 当期确认为预算收入但没有确认为收入		
(1)收到应收款项、预收账款确认的预算收入	42 000	(例 392)
(2)取得借款确认的预算收入	500 000	(例 393)
2. 当期确认为费用但没有确认为预算支出		
(1)发出存货、政府储备物资等确认的费用	78 000	(例 394)
(2)计提的折旧费用和摊销费用	1 700 000	(例 395)

中小学校执行新政府会计准则制度的实务解析

项目	金额（元）	
（3）确认的资产处置费用（处置资产价值）	400	（例396）
（4）应付款项、预付账款确认的费用	6 500	（例397）
（二）其他事项差异		
三、本年盈余（本年收入与费用的差额）		

（七）其他重要事项说明

（1）资产负债表日存在的重要或有事项说明。没有重要或有事项的，也应说明。

（2）以名义金额计量的资产名称、数量等情况，以及以名义金额计量理由的说明。

（3）通过债务资金形成的固定资产、公共基础设施、保障性住房等资产的账面价值、使用情况、收益情况及与此相关的债务偿还情况等的说明。

（4）重要资产置换、无偿调入（出）、捐入（出）、报废、重大毁损等情况的说明。

（5）事业单位将单位内部独立核算单位的会计信息纳入本单位财务报表情况的说明。

（6）政府会计具体准则中要求附注披露的其他内容。

（7）有助于理解和分析单位财务报表需要说明的其他事项。

9.3 预算会计报表

9.3.1 预算收入支出表

一、预算收入支出表的作用

预算收入支出表反映学校在某一会计年度内各项预算收入、预算支出和预算收支差额的情况，反映了学校预算执行情况和年度执行结果。预算收入支出表按照年度编制。预算收入支出表的作用包括：

（1）反映了学校在某一会计年度内预算收入的总额，以及本年度不同来源的预算收入情况。

（2）反映了学校在某一会计年度内预算支出的总额，以及本年度用于事业支出等预算支出的情况。

（3）反映了学校在某一会计年度内预算收支差额的情况。

二、预算收入支出表的内容和结构

（一）预算收入支出表的内容

1. 本年预算收入

本年预算收入反映了学校在预算年度内依法取得的并纳入预算管理的现金流入，包括财政拨款预算收入（含政府性基金收入）、事业预算收入、上级补助预算收入、附属单位上缴预算收入、经营预算收入、债务预算收入、非同级财政拨款预算收入、投资预算收益、其他预算收入（含利息预算收入、捐赠预算收入、租金预算收入、食堂净预算收入）。

2. 本年预算支出

本年预算支出反映了学校在预算年度内依法取得的并纳入预算管理的现金流出,包括事业支出、经营支出、上缴上级支出、对附属单位补助支出、投资支出、债务还本支出、其他支出(含利息支出、捐赠支出)。

3. 本年预算收支差额

本年预算收支差额反映了本年预算收入和本年预算支出的差额。

(二) 预算收入支出表的结构

预算收入支出表的格式采用单步式,报表结构体现了"本期预算收入-本期预算支出=本期预算收支差额"这一会计等式。预算收入支出表中"本年数"栏、"上年数"栏的数据,提供了两个预算年度预算收入支出的比较信息。预算收入支出表的样式如表 9-31 所示。

表 9-31 预算收入支出表

会政预 01 表

编制单位:　　　　　　　　　　年　月　日　　　　　　　　　　单位:元

项目	本年数	上年数
一、本年预算收入		
（一）财政拨款预算收入		
其中：政府性基金收入		
（二）事业预算收入		
（三）上级补助预算收入		
（四）附属单位上缴预算收入		
（五）经营预算收入		
（六）债务预算收入		
（七）非同级财政拨款预算收入		
（八）投资预算收益		
（九）其他预算收入		
其中：利息预算收入		
捐赠预算收入		
租金预算收入		
食堂净预算收入		
二、本年预算支出		
（一）行政支出	—	—
（二）事业支出		
（三）经营支出		
（四）上缴上级支出		

项目	本年数	上年数
（五）对附属单位补助支出		
（六）投资支出		
（七）债务还本支出		
（八）其他支出		
其中：利息支出		
捐赠支出		
三、本年预算收支差额		

三、预算收入支出表的编制方法

（一）"上年数"栏的填列

预算收入支出表"上年数"栏反映各项目上年度的实际发生数，应当根据上年度预算收入支出表中"本年数"栏内所列数字填列。

如果本年度预算收入支出表规定的项目的名称和内容同上年度不一致，应当对上年度预算收入支出表项目的名称和数字按照本年度的规定进行调整，将调整后金额填入本年度预算收入支出表的"上年数"栏。

（二）"本年数"栏的填列

预算收入支出表"本年数"栏反映各项目的本年实际发生数。大部分报表项目根据预算收入科目、预算支出科目的本年发生额填列。部分报表项目需要根据预算收入科目、预算支出科目明细账记录的分析进行填列，如"利息预算收入"项目、"捐赠预算收入"项目、"租金预算收入"项目需根据"其他预算收入"科目明细账记录的分析进行填列；"利息支出"项目、"捐赠支出"项目需根据"其他支出"科目明细账记录的分析进行填列。

1. 本年预算收入

（1）"本年预算收入"项目，反映学校本年预算收入总额。本项目应当根据本表中"财政拨款预算收入""事业预算收入""上级补助预算收入""附属单位上缴预算收入""经营预算收入""债务预算收入""非同级财政拨款预算收入""投资预算收益"和"其他预算收入"项目金额的合计数填列。

（2）"财政拨款预算收入"项目，反映学校本年从同级政府财政部门取得的各类财政拨款。本项目应当根据"财政拨款预算收入"科目的本年发生额填列。

（3）"政府性基金收入"项目，反映学校本年取得的财政拨款收入中属于政府性基金预算拨款的金额。本项目应当根据"财政拨款预算收入"相关明细科目的本年发生额填列。

（4）"事业预算收入"项目，反映学校本年开展专业业务活动及其辅助活动取得的预算收入。本项目应当根据"事业预算收入"科目的本年发生额填列。

（5）"上级补助预算收入"项目，反映学校本年从主管部门和上级单位取得的非财政补助预算收入。本项目应当根据"上级补助预算收入"科目的本年发生额填列。

（6）"附属单位上缴预算收入"项目，反映学校本年收到的独立核算的附属单位按照有关规定上缴的预算收入。本项目应当根据"附属单位上缴预算收入"科目的本年发生额填列。

（7）"经营预算收入"项目,反映学校本年在专业业务活动及其辅助活动之外开展非独立核算经营活动取得的预算收入。本项目应当根据"经营预算收入"科目的本年发生额填列。

（8）"债务预算收入"项目,反映学校本年按照规定从金融机构等借入的纳入部门预算管理的债务预算收入。本项目应当根据"债务预算收入"科目的本年发生额填列。

（9）"非同级财政拨款预算收入"项目,反映学校本年从非同级政府财政部门取得的财政拨款。本项目应当根据"非同级财政拨款预算收入"科目的本年发生额填列。

（10）"投资预算收益"项目,反映学校本年取得的按规定纳入单位预算管理的投资收益。本项目应当根据"投资预算收益"科目的本年发生额填列。

（11）"其他预算收入"项目,反映学校本年取得的除上述收入以外的纳入单位预算管理的各项预算收入。本项目应当根据"其他预算收入"科目的本年发生额填列。

（12）"利息预算收入"项目,反映学校本年取得的利息预算收入。本项目应当根据"其他预算收入"科目的明细记录分析填列。学校单设"利息预算收入"科目的,应当根据"利息预算收入"科目的本年发生额填列。

（13）"捐赠预算收入"项目,反映学校本年取得的捐赠预算收入。本项目应当根据"其他预算收入"科目的明细账记录分析填列。学校单设"捐赠预算收入"科目的,应当根据"捐赠预算收入"科目的本年发生额填列。

（14）"租金预算收入"项目,反映学校本年取得的租金预算收入。本项目应当根据"其他预算收入"科目的明细账记录分析填列。学校单设"租金预算收入"科目的,应当根据"租金预算收入"科目的本年发生额填列。

（15）"食堂净预算收入"项目,反映学校本年食堂预算收支的净额。本项目应当根据食堂本年预算收入和预算支出相抵后的金额填列。如果食堂预算收入和支出相抵后的净额合计数为负数,则以"—"号填列。

2. 本年预算支出

（1）"本年预算支出"项目,反映学校本年预算支出总额。本项目应当根据本表中"行政支出""事业支出""经营支出""上缴上级支出""对附属单位补助支出""投资支出""债务还本支出"和"其他支出"项目金额的合计数填列。

（2）"事业支出"项目,反映学校本年开展专业业务活动及其辅助活动发生的支出。本项目应当根据"事业支出"科目的本年发生额填列。

（3）"经营支出"项目,反映学校本年在专业业务活动及其辅助活动之外开展非独立核算经营活动发生的支出。本项目应当根据"经营支出"科目的本年发生额填列。

（4）"上缴上级支出"项目,反映学校本年按照财政部门和主管部门的规定上缴上级单位的支出。本项目应当根据"上缴上级支出"科目的本年发生额填列。

（5）"对附属单位补助支出"项目,反映学校本年用财政拨款收入之外的收入对附属单位补助发生的支出。本项目应当根据"对附属单位补助支出"科目的本年发生额填列。

（6）"投资支出"项目,反映学校本年以货币资金对外投资发生的支出。本项目应当根据"投资支出"科目的本年发生额填列。

（7）"债务还本支出"项目，反映学校本年偿还自身承担的纳入预算管理的从金融机构举借的债务本金的支出。本项目应当根据"债务还本支出"科目的本年发生额填列。

（8）"其他支出"项目，反映学校本年除以上支出以外的各项支出。本项目应当根据"其他支出"科目的本年发生额填列。

（9）"利息支出"项目，反映学校本年发生的利息支出。本项目应当根据"其他支出"科目的明细账记录分析填列。学校单设"利息支出"科目的，应当根据"利息支出"科目的本年发生额填列。

（10）"捐赠支出"项目，反映学校本年发生的捐赠支出。本项目应当根据"其他支出"科目的明细账记录分析填列。学校单设"捐赠支出"科目的，应当根据"捐赠支出"科目的本年发生额填列。

3. 本年预算收支差额

"本年预算收支差额"项目，反映学校本年各项预算收支相抵后的差额。本项目应当根据本表中"本期预算收入"项目金额减去"本期预算支出"项目金额后的金额填列；如相减后金额为负数，以"－"号填列。

9.3.2 预算结转结余变动表

一、预算结转结余变动表的作用

预算结转结余变动表，反映学校在某一会计年度内预算结转结余的变动情况，反映学校不同来源资金的预算收支结存变动情况。预算结转结余变动表按照年度编制。预算结转结余变动表的作用包括：

（1）反映本年度末预算结转结余情况，以及预算结转结余的变动过程，涉及年初余额的调整和本年度变动情况。

（2）反映本年度不同来源资金形成的结转结余情况，包括财政拨款结转结余和其他资金结转结余的情况。

（3）反映引起预算结转结余变动因素下的影响。

二、预算结转结余变动表的内容和结构

（一）预算结转结余变动表的内容

1. 年初预算结转结余

"年初预算结转结余"是本年度结转结余变动的起点，也是上个年度预算结转结余的结果。

2. 年初余额调整

"年初余额调整"反映了因会计差错更正、退货退款等原因导致对年初结转结余的调整，包括对财政拨款结转结余的调整和其他资金结转结余的调整。

3. 本年变动金额

"本年变动金额"反映本年财政拨款结转结余的变动情况和其他资金结转结余的变动情况。财政拨款结转结余，反映因本年收支差额、归集调入、归集上缴或调出而变动的情况。其他资金结转结余，因本年收支差额、缴回资金、使用专用结余、支付所得税而变动的情况。

4. 年末预算结转结余余额

"年末预算结转结余"反映了从"年初预算结转结余"经"年初余额调整""本年变动金额"调整后的最终结果。

(二) 预算结转结余变动表的结构

预算结转结余变动表的格式,体现了本年末预算结转结余变动的过程,即"年初预算结转结余±年初余额调整±本年变动金额=年末预算结转结余"。预算结转结余变动表设置"本年数"栏和"上年数"栏,提供两个年度预算结转结余变动的比较信息。预算结转结余变动表的样式如表9-32所示。

表 9-32 预算结转结余变动表

会政预 02 表

编制单位: 年 月 日 单位:元

项 目	本年数	上年数
一、年初预算结转结余		
(一)财政拨款结转结余		
(二)其他资金结转结余		
二、年初余额调整(减少以"一"号填列)		
(一)财政拨款结转结余		
(二)其他资金结转结余		
三、本年变动金额(减少以"一"号填列)		
(一)财政拨款结转结余		
1.本年收支差额		
2.归集调入		
3.归集上缴或调出		
(二)其他资金结转结余		
1.本年收支差额		
2.缴回资金		
3.使用专用结余		
4.支付所得税		
四、年末预算结转结余		
(一)财政拨款结转结余		
1.财政拨款结转		
2.财政拨款结余		
(二)其他资金结转结余		
1.非财政拨款结转		

项　　目	本年数	上年数
2. 非财政拨款结余		
3. 专用结余		
4. 经营结余（如有余额，以"－"号填列）		

三、预算结转结余变动表的编制方法

（一）"上年数"栏的填列

预算结转结余变动表"上年数"栏反映各项目的上年实际发生数，应当根据上年度预算结转结余变动表中"本年数"栏内所列数字填列。

如果本年度预算结转结余变动表规定的项目的名称和内容同上年度不一致，应当对上年度预算结转结余变动表项目的名称和数字按照本年度的规定进行调整，将调整后金额填入本年度预算结转结余变动表的"上年数"栏。

（二）"本年数"栏的填列

预算结转结余变动表"本年数"栏反映各项目的本年实际发生数。本表中部分报表项目根据有关科目的年初数、本年发生数的合计数填列；还有部分项目需要根据有关科目明细账记录的分析进行填列，特别是要对"财政拨款结转""财政拨款结余""非财政拨款结转""非财政拨款结余""专用结余""经营结余"的明细科目进行分析。

1. 年初预算结转结余

（1）"年初预算结转结余"项目，反映学校本年预算结转结余的年初余额。本项目应当根据本项目下"财政拨款结转结余""其他资金结转结余"项目金额的合计数填列。

（2）"财政拨款结转结余"项目，反映学校本年财政拨款结转结余资金的年初余额。本项目应当根据"财政拨款结转""财政拨款结余"科目本年年初余额合计数填列。

（3）"其他资金结转结余"项目，反映学校本年其他资金结转结余的年初余额。本项目应当根据"非财政拨款结转""非财政拨款结余""专用结余""经营结余"科目本年年初余额的合计数填列。

2. 年初余额调整

（1）"年初余额调整"项目，反映学校本年预算结转结余年初余额调整的金额。本项目应当根据本项目下"财政拨款结转结余""其他资金结转结余"项目金额的合计数填列。

（2）"财政拨款结转结余"项目，反映学校本年财政拨款结转结余资金的年初余额调整金额。本项目应当根据"财政拨款结转""财政拨款结余"科目下"年初余额调整"明细科目的本年发生额的合计数填列；如调整减少年初财政拨款结转结余，则以"－"号填列。

（3）"其他资金结转结余"项目，反映学校本年其他资金结转结余的年初余额调整金额。本项目应当根据"非财政拨款结转""非财政拨款结余"科目下"年初余额调整"明细科目的本年发生额的合计数填列；如调整减少年初其他资金结转结余，则以"－"号填列。

3. 本年变动金额

（1）"本年变动金额"项目，反映学校本年预算结转结余变动的金额。本项目应当根据本项目下"财政拨款结转结余""其他资金结转结余"项目金额的合计数填列。

（2）"财政拨款结转结余"项目，反映学校本年财政拨款结转结余资金的变动。本项目应当根据本项目下"本年收支差额""归集调入""归集上缴或调出"项目金额的合计数填列。

"本年收支差额"项目，反映学校本年财政拨款资金收支相抵后的差额。本项目应当根据"财政拨款结转"科目下"本年收支结转"明细科目本年转入的预算收入与预算支出的差额填列；如差额为负数，以"－"号填列。

"归集调入"项目，反映学校本年按照规定从其他单位归集调入的财政拨款结转资金。本项目应当根据"财政拨款结转"科目下"归集调入"明细科目的本年发生额填列。

"归集上缴或调出"项目，反映学校本年按照规定上缴的财政拨款结转结余资金及按照规定向其他单位调出的财政拨款结转资金。本项目应当根据"财政拨款结转""财政拨款结余"科目下"归集上缴"明细科目，以及"财政拨款结转"科目下"归集调出"明细科目本年发生额的合计数填列，以"－"号填列。

（3）"其他资金结转结余"项目，反映学校本年其他资金结转结余的变动。本项目应当根据本项目下"本年收支差额""缴回资金""使用专用结余""支付所得税"项目金额的合计数填列。

"本年收支差额"项目，反映学校本年除财政拨款外的其他资金收支相抵后的差额。本项目应当根据"非财政拨款结转"科目下"本年收支结转"明细科目、"其他结余"科目、"经营结余"科目本年转入的预算收入与预算支出的差额的合计数填列；如差额为负数，以"－"号填列。

"缴回资金"项目，反映学校本年按照规定缴回的非财政拨款结转资金。本项目应当根据"非财政拨款结转"科目下"缴回资金"明细科目本年发生额的合计数填列，以"－"号填列。

"使用专用结余"项目，反映本年事业单位根据规定使用从非财政拨款结余或经营结余中提取的专用基金的金额。本项目应当根据"专用结余"科目明细账中本年使用专用结余业务的发生额填列，以"－"号填列。

"支付所得税"项目，反映有企业所得税缴纳义务的事业单位本年实际缴纳的企业所得税金额。本项目应当根据"非财政拨款结余"明细账中本年实际缴纳企业所得税业务的发生额填列，以"－"号填列。

4. 年末预算结转结余

（1）"年末预算结转结余"项目，反映学校本年预算结转结余的年末余额。本项目应当根据本项目下"财政拨款结转结余""其他资金结转结余"项目金额的合计数填列。

（2）"财政拨款结转结余"项目，反映学校本年财政拨款结转结余的年末余额。本项目应当根据本项目下"财政拨款结转""财政拨款结余"项目金额的合计数填列。

本项目下"财政拨款结转""财政拨款结余"项目，应当分别根据"财政拨款结转""财政拨款结余"科目的本年年末余额填列。

（3）"其他资金结转结余"项目，反映学校本年其他资金结转结余的年末余额。本项目应当根据本项目下"非财政拨款结转""非财政拨款结余""专用结余""经营结余"项目金额的合计数填列。

本项目下"非财政拨款结转""非财政拨款结余""专用结余""经营结余"项目，应当分别根据"非财政拨款结转""非财政拨款结余""专用结余""经营结余"科目的本年年末余额填列。

9.3.3 财政拨款预算收入支出表

一、财政拨款预算收入支出表的作用

财政拨款预算收入支出表,反映学校本年财政拨款预算资金收入、支出及相关变动的具体情况,反映了年度财政拨款结转结余的形成过程。财政拨款预算收入支出表按照年度编制。财政拨款预算收入支出表的作用包括:

(1)详细提供年度财政拨款结转结余的变动过程,年初财政拨款结转结余因调整年初财政拨款结转结余、本年归集调入、本年归集上缴或调出、单位内部调剂、本年财政拨款收入、本年财政拨款支出的影响产生变动情况。

(2)详细提供财政拨款中一般公共预算财政拨款、政府性基金预算财政拨款等不同来源的财政拨款资金收支存情况,以及各类资金中基本支出经费、项目支出经费的结转结余情况。

二、财政拨款预算收入支出表的内容和结构

(一)财政拨款预算收入支出表的内容

1. 财政拨款的资金组成

财政拨款预算收入的来源,包括一般公共预算财政拨款、政府性基金预算财政拨款等;不同来源经费的基本支出经费、项目支出经费情况。

2. 财政拨款的资金变动过程

年初财政拨款结转结余,因调整年初财政拨款结转结余、本年归集调入、本年归集上缴或调出、单位内部调剂、本年财政拨款收入、本年财政拨款支出的影响产生变动情况。

3. 年末财政拨款结转结余

不同来源的财政拨款变动结果,对年末财政拨款结转结余的影响。

(二)财政拨款预算收入支出表的结构

财政拨款预算收入支出表采用矩阵式结构。"项目"栏反映了财政拨款预算收入的来源。其他栏反映了各类资金项目的变动过程。财政拨款预算收入支出表的样式如表9-33所示。

表 9-33　财政拨款预算收入支出表

会政预 03 表

编制单位:　　　　　　　　　　年　月　日　　　　　　　　　　单位:元

项目	年初财政拨款结转结余		调整年初财政拨款结转结余	本年归集调入	本年归集上缴或调出	单位内部调剂		本年财政拨款收入	本年财政拨款支出	年末财政拨款结转结余	
	结转	结余				结转	结余			结转	结余
一、一般公共预算财政拨款											
(一)基本支出											

项目	年初财政拨款结转结余		调整年初财政拨款结转结余	本年归集调入	本年归集上缴或调出	单位内部调剂		本年财政拨款收入	本年财政拨款支出	年末财政拨款结转结余	
	结转	结余				结转	结余			结转	结余
1.人员经费											
2.日常公用经费											
（二）项目支出											
1.××项目											
2.××项目											
……											
二、政府性基金预算财政拨款											
（一）基本支出											
1.人员经费											
2.日常公用经费											
（二）项目支出											
1.××项目											
2.××项目											
……											
总计											

三、财政拨款预算收入支出表的编制方法

（一）表中"项目"栏内各项目

财政拨款预算收入支出表"项目"栏内各项目,应当根据学校取得的财政拨款种类分项设置。其中,"项目支出"项目下,根据每个项目设置;学校取得除一般公共财政预算拨款和政府性基金预算拨款以外的其他财政拨款的,应当按照财政拨款种类增加相应的资金项目及其明细项目。

（二）表中其他栏及其对应项目的填列

（1）"年初财政拨款结转结余"栏中各项目,反映学校年初各项财政拨款结转结余的金额。各项目应当根据"财政拨款结转""财政拨款结余"科目及其所属明细科目的年初余额填列。本栏中各项目的数额应当与上年度财政拨款预算收入支出表中"年末财政拨款结转结余"栏中各项目的数额相等。

（2）"调整年初财政拨款结转结余"栏中各项目,反映学校对年初财政拨款结转结余的调整金额。各项目应当根据"财政拨款结转""财政拨款结余"科目下"年初余额调整"明细科目及其所属明细科目的本年发生额填列;如调整减少年初财政拨款结转结余,以

"—"号填列。

（3）"本年归集调入"栏中各项目，反映学校本年按规定从其他单位调入的财政拨款结转资金金额。各项目应当根据"财政拨款结转"科目下"归集调入"明细科目及其所属明细科目的本年发生额填列。

（4）"本年归集上缴或调出"栏中各项目，反映学校本年按规定实际上缴的财政拨款结转结余资金，及按照规定向其他单位调出的财政拨款结转资金金额。各项目应当根据"财政拨款结转""财政拨款结余"科目下"归集上缴"科目和"财政拨款结转"科目下"归集调出"明细科目，及其所属明细科目的本年发生额填列，以"—"号填列。

（5）"单位内部调剂"栏中各项目，反映学校本年财政拨款结转结余资金在单位内部不同项目等之间的调剂金额。各项目应当根据"财政拨款结转"和"财政拨款结余"科目下的"单位内部调剂"明细科目及其所属明细科目的本年发生额填列；对单位内部调剂减少的财政拨款结余金额，以"—"号填列。

（6）"本年财政拨款收入"栏中各项目，反映学校本年从同级财政部门取得的各类财政预算拨款金额。各项目应当根据"财政拨款预算收入"科目及其所属明细科目的本年发生额填列。

（7）"本年财政拨款支出"栏中各项目，反映学校本年发生的财政拨款支出金额。各项目应当根据"行政支出""事业支出"等科目及其所属明细科目本年发生额中的财政拨款支出数的合计数填列。

（8）"年末财政拨款结转结余"栏中各项目，反映学校年末财政拨款结转结余的金额。各项目应当根据"财政拨款结转""财政拨款结余"科目及其所属明细科目的年末余额填列。

第 10 章

学校常见经济业务的会计核算过程

10.1 学校的主要经济业务过程

学校主要经济业务的核算过程如图 10-1 所示。

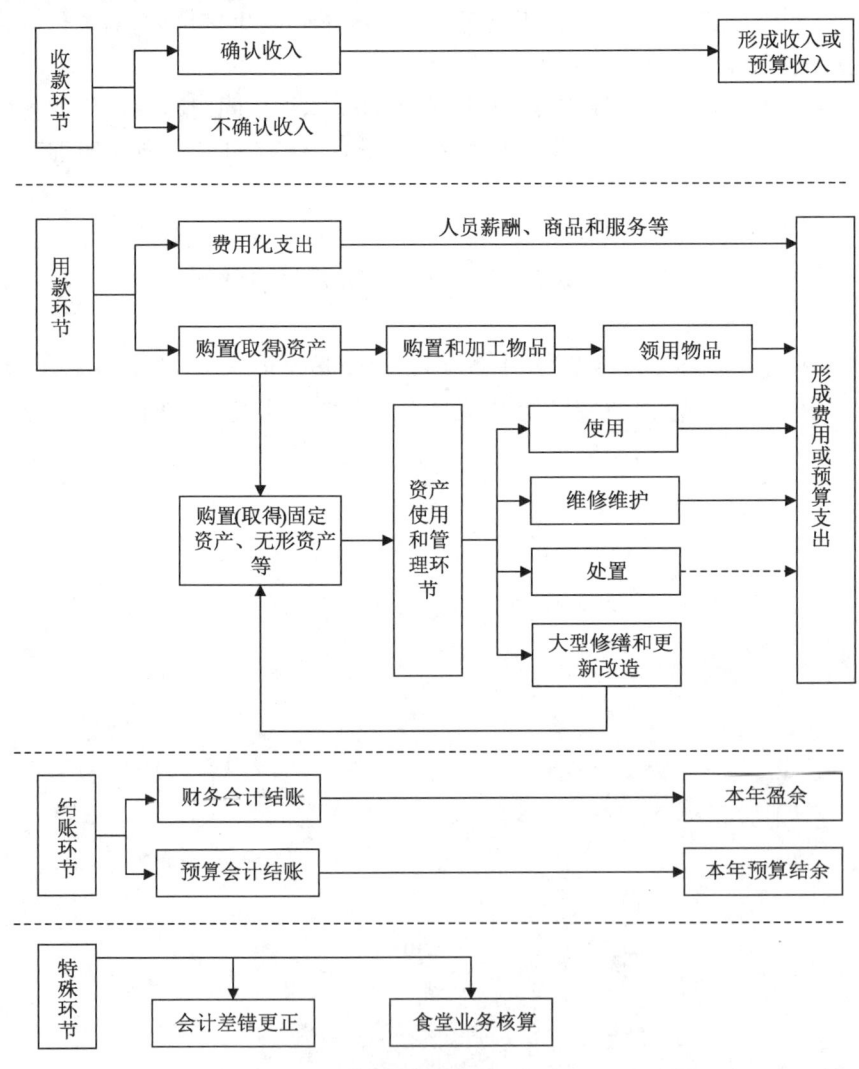

图 10-1 学校主要经济业务核算过程

学校对经济业务进行会计核算,需根据经济业务的特点、影响,按照会计要素及会计科目的确认条件选择正确的会计科目,对经济业务进行确认。同时,还应按照正确的计量赋予会计科目对应的金额,对经济业务进行计量。前述第 2 章至第 8 章围绕影响会计科目核算的经济业务,对影响会计科目增减变动的会计核算进行了全面的分析。

从对经济业务的会计核算过程来看,主要分为时点业务和过程业务。时点业务通常在某个时点完成会计核算,如报销差旅费、支付水电费等。过程业务通常需要按照经济业务的合同、项目单位审批的项目建设要求等,按照业务推进的过程和产生的财务影响进行会计核算。为了便于理解和反映学校主要经济业务的全貌,本章结合学校的业务特点,对学校的主要经济业务的全过程会计核算进行归纳。

中小学校的主要经济业务,包括开展办学活动需要取得资金;获得资金后再按照预算要求进行使用;资金用于费用性支出或者购置资产;购置的资产在使用期限内使用、维护,定期或不定期进行资产盘点;报经批准后,处置资产;年末(期末)进行结账。

10.2 取得收入或收款

10.2.1 取得财政拨款和非同级财政拨款

财政拨款和非同级财政拨款是学校取得的财政性办学经费,也是学校办学的主要经费来源。在国库集中支付制度下,财政拨款有财政直接支付、财政授权支付两种方式。学校取得财政拨款和非同级财政拨款的主要会计核算如表 10-1 所示。

表 10-1　学校取得财政拨款和非同级财政拨款的主要会计核算

典型业务和事项内容		取得收入或收款阶段		核算提示
		财务会计	预算会计	
收到拨款并确认收入	(1) 取得财政拨款	① 以财政直接支付方式取得财政拨款		(1) 区分拨款来源,是同级财政拨款还是非同级拨款; (2) 区分拨款的取得方式,是财政直接支付还是财政授权支付; (3) 区分拨款用途,是基本支出经费还是项目支出经费
		借:库存物品/固定资产/业务活动费用/应付职工薪酬等 　贷:财政拨款收入	借:事业支出等 　贷:财政拨款预算收入	
		② 以财政授权支付方式取得财政拨款		
		借:零余额账户用款额度 　贷:财政拨款收入	借:资金结存——零余额账户用款额度 　贷:财政拨款预算收入	
		③ 以其他方式取得财政拨款		
		借:银行存款 　贷:财政拨款收入	借:资金结存——货币资金 　贷:财政拨款预算收入	
	(2) 取得非同级财政拨款	① 应收或实际收到非同级财政拨款		
		借:其他应收款/银行存款等 　贷:非同级财政拨款收入 实际收到非同级财政拨款时: 借:银行存款 　贷:非同级财政拨款收入	实际收到非同级财政拨款时: 借:资金结存——货币资金 　贷:非同级财政拨款预算收入	

10.2.2　收取学费等事业收入

学校收取学生缴纳的学费、住宿费、保育费等事业性收费，采用财政专户返还方式的，需在收款后上缴财政专户，经财政专户返回时才能确认为事业预算收入。

学校收取学生缴纳的伙食费、校车费、校外活动费、军训伙食费等服务性收费，采用除财政专户返还方式、应收款项方式外的其他方式，在收到款项时确认事业预算收入。

学校取得学费等事业收入的主要会计核算如表 10-2 所示。

表 10-2　学校取得学费等事业收入的主要会计核算

典型业务和事项内容		取得收入或收款阶段		核算提示
		财务会计	预算会计	
取得学费等事业收入	（1）采用财政专户返还方式的学费等事业收入	① 收取学费等应上缴财政专户的事业收入		采用财政专户返还方式的学费等事业收入，只能在上缴财政专户后再返还学校时确认收入
		借：银行存款 　贷：应缴财政款——应缴财政专户款	—	
		② 向财政专户上缴款项		
		借：应缴财政款 　贷：银行存款	—	
		③ 收到从财政专户返还的款项		
		借：银行存款等 　贷：事业收入	借：资金结存——货币资金 　贷：事业预算收入	
	（2）采用其他方式	① 收取不需上缴财政专户的服务性收费		服务性收费应纳入预算管理，在收到款项时确认收入
		借：银行存款等 　贷：事业收入	借：资金结存——货币资金 　贷：事业预算收入	

10.2.3　发生往来款

学校的各类暂收款项，是由学校暂时收取，在经济活动结束后需退还原付款单位或个人，不构成本单位收入的款项，如押金、定金、保证金及其他暂时收取的各种款项等。学校的各类暂收款应按照招标文件、采购合同等约定，及时办理退还、支付手续。

学校的暂付款项，是由学校暂时支付，在经济活动结束后需收回款项，不构成学校收入的款项，如暂给校内单位、个人的各种款项、为教职工和学生垫付的款项等。

学校发生往来款的主要会计核算如表 10-3 所示。

表 10-3　学校发生往来款的主要会计核算

典型业务和事项内容		取得收入或收款阶段		核算提示
		财务会计	预算会计	
发生往来款	(1) 暂收款	① 收到暂收款		(1) 暂收款应根据暂收款的单位（个人）、经济业务等设置明细科目； (2) 暂收款满足收入确认条件时，确认收入和预算收入，否则退回
		借：银行存款 　贷：其他应付款	—	
		② 按应确认收入金额，确认收入时		
		借：其他应付款 　贷：事业收入等	借：资金结存 　贷：事业预算收入等	
		③ 退回暂收款		
		借：其他应付款 　贷：银行存款	—	
	(2) 暂付款	① 暂付款项		(1) 暂付款应根据暂付款的单位（个人）、经济业务等设置明细科目； (2) 暂付款满足费用确认条件时，确认费用和预算支出，否则退回
		借：其他应收款 　贷：银行存款	—	
		② 按实际报销金额，进行报销时		
		借：业务活动费用/单位管理费用等 　贷：其他应收款	借：事业支出等 　贷：资金结存	
		③ 收回暂付款		
		借：其他应收款 　贷：银行存款	—	

10.2.4　取得和使用专款

学校在办学过程因业务需要取得各类专款，用于开展各类专项工作，按照专款的用途进行专款专用。在会计核算过程中，学校应按照专款的经费来源，以及开展的各类专门项目，对收入和预算收入、费用和预算支出进行明细核算，并进行正确的年末（期末）结转。

学校取得各类资金时需特别关注是否属于专款资金，对需要各级政府共同投入的专项，在会计核算过程中，还需特别注意不同层级财政对该项目的投入和经费使用情况的核算。

学校各类专款的主要会计核算如表 10-4 所示。

表 10-4　学校各类专款的主要会计核算

典型业务和事项内容		取得收入或收款阶段		核算提示
		财务会计	预算会计	
取得和使用专款	（1）取得和使用财政拨款的专款	① 取得财政拨款中以财政直接支付方式的专款		（1）专款核算应结合资金来源、使用专款的项目在取得专款、使用专款环节进行明细核算； （2）财政拨款中的专款在预算会计部分通过"财政拨款结转"进行年末结转
		借：业务活动费用——财政拨款收入——项目支出——A项目等 　　贷：财政拨款收入——项目支出——A项目	借：事业支出——财政拨款预算收入——项目支出——A项目等 　　贷：财政拨款预算收入——项目支出——A项目	
		② 取得财政拨款中以财政授权支付方式的专款		
		借：零余额账户用款额度——项目支出——B项目 　　贷：财政拨款收入——项目支出——B项目	借：资金结存——零余额账户用款额度——项目支出——B项目 　　贷：财政拨款预算收入——项目支出——B项目	
		③ 按规定使用财政拨款中以财政授权支付方式的专款		
		借：业务活动费用——项目支出——B项目等 　　贷：零余额账户用款额度——项目支出——B项目	借：事业支出——财政拨款预算收入——项目支出——B项目等 　　贷：资金结存——项目支出——B项目	
		④ 财政拨款中专款的年末（期末）结转		
		以B项目为例： ● 结转收入： 借：财政拨款收入——项目支出——B项目 　　贷：本期盈余——财政拨款收入——项目支出——B项目 ● 结转费用： 借：本期盈余——财政拨款收入——项目支出——B项目 　　贷：业务活动费用——财政拨款预算收入——项目支出——B项目等	● 结转预算收入： 借：财政拨款预算收入——项目支出——B项目 　　贷：财政拨款结转——本年收支结转——B项目 ● 结转预算支出： 借：财政拨款结转——本年收支结转——B项目 　　贷：事业支出——财政拨款预算收入——项目支出——B项目等	

典型业务和事项内容		取得收入或收款阶段		核算提示
		财务会计	预算会计	
取得和使用专款	（2）取得和使用非同级财政拨款的专款	① 取得非同级财政拨款中的专款 借：银行存款 　　贷：非同级财政拨款收入——项目支出——C项目	借：资金结存——货币资金——项目支出——C项目 　　贷：非同级财政拨款预算收入——项目支出——C项目	非同级财政拨款中的专款在预算会计部分通过"非同级财政拨款结转"进行年末结转
		② 按规定使用非同级财政拨款中的专款 借：业务活动费用——非同级财政拨款预算收入——项目支出——C项目等 　　贷：银行存款——C项目	借：事业支出——非同级财政拨款——项目支出——C项目等 　　贷：资金结存——货币资金——C项目	
		③ 非同级财政拨款专款的年末（期末）结转		
		以C项目为例： ● 结转收入： 借：非同级财政拨款收入——项目支出——C项目 　　贷：本期盈余——非同级财政拨款收入——项目支出——C项目 ● 结转费用： 借：本期盈余——非同级财政拨款收入——项目支出——C项目 　　贷：业务活动费用——非同级财政拨款预算收入——项目支出——C项目等	● 结转预算收入： 借：非同级财政拨款预算收入——项目支出——C项目 　　贷：非财政拨款结转——本年收支结转——项目支出——C项目 ● 结转预算支出： 借：非财政拨款结转——本年收支结转——项目支出——C项目 　　贷：事业支出——非同级财政拨款预算收入——项目支出——C项目等	

10.2.5 取得受托代理款和非税收费

学校的代收款项，由学校代为收取，在经济活动结束后需付给其他收款单位或个人，不构成学校的收入，如教辅材料费、教材费、作业本费、校外社会实践费、研学旅行、军训服装费及校服、基本医疗保险费、体检费等代收费。

学校办学过程中还会发生各类收款业务，如受托代理收款、经主管部门审批取得的非税收入等，虽然有收款，但不能确认收入。

学校取得受托代理款和应缴财政的非税收费的主要会计核算如表 10-5 所示。

表 10-5　学校取得受托代理款和应缴财政的非税收费的主要会计核算

典型业务和事项内容		取得收入或收款阶段		核算提示
		财务会计	预算会计	
受托代理款项	代收学生校服、春游等款项	① 收到代收款项		收到的受托代理款项,不形成学校的收入
		借:银行存款——受托代理资产 　贷:受托代理负债	—	
		② 支付代收款项		
		借:受托代理负债 　贷:银行存款——受托代理资产	—	
各类应缴财政款	收到应缴财政款	① 收到应上缴财政款		收到的各类应缴财政款,不形成学校的收入
		借:银行存款 　贷:应缴财政款	—	
		② 向财政专户上缴款项		
		借:应缴财政款 　贷:银行存款	—	

10.3　使用资金

10.3.1　学生资助

　　党中央、国务院始终高度重视家庭经济困难学生资助工作。多年以来,特别是中共十八大以来,按照党中央、国务院的决策部署,在各方面的共同努力下,我国已建立起覆盖学前教育至研究生教育的、具有中国特色的学生资助政策体系。就基础教育阶段而言,在学前教育阶段,按照"地方先行、中央补助"的原则,各地因地制宜地完善了学前教育的资助政策;在义务教育阶段,全面免除城乡义务教育阶段学生学杂费、免费提供教科书,对家庭经济困难寄宿学生提供生活补助,实施营养改善计划;在普通高中阶段,建立起了国家助学金制度,实施了建档立卡等家庭经济困难学生免学杂费等政策;在中等职业教育阶段,建立了国家助学金制度,实施了国家免学费等政策。从学生资助的资金来源来看,学校可以用财政拨款、非同级财政拨款对学生进行资助,从学费等事业收入中提取学生资助资金、用学校提取的专用基金对学生进行资助,接受捐赠资金对学生进行资助。

　　学校使用不同来源资金开展学生资助活动的主要会计核算如表 10-6 所示。

表 10-6　学校使用不同来源资金开展学生资助活动的主要会计核算

典型业务和事项内容		使用资金阶段：费用化支出		核算提示
		财务会计	预算会计	
学生资助	(1) 用财政拨款对学生进行资助	① 通过财政直接支付的财政拨款用于学生资助		学校获得用于学生资助资金的有多种来源，会计核算应根据不同来源的经费进行会计核算
		借：业务活动费用 　　贷：财政拨款收入	借：事业支出——对个人和家庭——助学金 　　贷：财政拨款预算收入	
		② 通过财政授权支付的财政拨款用于学生资助		
		收到财政拨款时：		
		借：零余额账户用款额度 　　贷：财政拨款收入	借：资金结存——零余额账户用款额度 　　贷：财政拨款预算收入	
		用财政拨款支付时：		
		借：业务活动费用 　　贷：零余额账户用款额度	借：事业支出——对个人和家庭——助学金 　　贷：资金结存——零余额账户用款额度	
	(2) 用非同级财政拨款对学生进行资助	① 收到非同级财政拨款		
		借：银行存款 　　贷：非同级财政拨款收入	借：资金结存——货币资金 　　贷：非同级财政拨款预算收入	
		② 用非同级财政拨款支付		
		借：业务活动费用 　　贷：银行存款	借：事业支出——对个人和家庭——助学金 　　贷：资金结存——货币资金	
	(3) 从收入中提取奖助学金基金用于学生资助	① 从学费收入中提取奖助学基金		
		借：业务活动活动费用 　　贷：专用基金	—	
		② 用奖助学基金进行学生资助		
		借：专用基金 　　贷：银行存款	借：事业支出——对个人和家庭——助学金 　　贷：资金结存——货币资金	
	(4) 接受捐赠资金用于学生资助	① 接受捐赠资金(纳入学校预算)		
		借：银行存款 　　贷：捐赠收入	借：资金结存——货币资金 　　贷：其他预算收入——捐赠收入	
		② 使用捐赠资金进行学生资助		
		借：业务活动费用 　　贷：银行存款	借：事业支出——对个人和家庭——助学金 　　贷：资金结存——货币资金	

10.3.2 教职工薪酬

发放教职工薪酬是学校定期开展的常规工作,通常包括"计提薪酬——代扣代缴个人所得税"和"保障性缴费等款项——支付薪酬——代缴个人所得税、住房公积金和保障性缴费"等款项。在教职工薪酬核算过程中,应结合教职工的岗位、从事的专业活及其辅助活动等活动内容,在确认应付职工薪酬的同时计入有关费用、加工物品、在建工程等资产成本。

学校计提和支付教职工薪酬有关的主要会计核算如表 10-7 所示。

表 10-7　学校计提和支付教职工薪酬有关的主要会计核算

<table>
<tr><th rowspan="2">典型业务和事项
内容</th><th colspan="2">使用资金阶段:费用化支出</th><th rowspan="2">核算
提示</th></tr>
<tr><th>财务会计</th><th>预算会计</th></tr>
<tr><td rowspan="16">计提并支付教职工薪酬</td><td colspan="3">① 计提教职工应发放薪酬</td><td rowspan="16">(1) 计提当期应发放的教职工薪酬,应结合教职工的岗位、开展的业务活动情况,计入费用,或者由加工物品、研发支出、在建工程负担教职工薪酬;
(2) 实际发放薪酬前,应扣除代扣代缴各类款项</td></tr>
<tr><td>借:业务活动费用/单位管理费用/经营费用/加工物品/研发支出/在建工程等
　贷:应付职工薪酬</td><td>—</td></tr>
<tr><td colspan="2">② 扣除代扣代缴教职工的个人所得税</td></tr>
<tr><td>借:应付职工薪酬——基本工资
　贷:其他应交税费——应交个人所得税</td><td>—</td></tr>
<tr><td colspan="2">③ 扣除代扣代缴教职工的社会保障缴费和住房公积金</td></tr>
<tr><td>借:应付职工薪酬——基本工资
　贷:应付职工薪酬——社会保险费/住房公积金</td><td>—</td></tr>
<tr><td colspan="2">④ 代扣为职工垫付的水电费、房租等</td></tr>
<tr><td>借:应付职工薪酬——基本工资
　贷:其他应收款等</td><td>—</td></tr>
<tr><td colspan="2">① 向教职工支付薪酬</td></tr>
<tr><td>借:应付职工薪酬
　贷:财政拨款收入/零余额账户用款额度/银行存款</td><td>借:事业支出/经营支出等
　贷:财政拨款预算收入/资金结存</td></tr>
<tr><td colspan="2">② 代缴已代扣的教职工社会保障缴费和住房公积金</td></tr>
<tr><td>借:应付职工薪酬——社会保险费/住房公积金
　贷:财政拨款收入/零余额账户用款额度/银行存款</td><td>借:事业支出/经营支出等
　贷:财政拨款预算收入/资金结存</td></tr>
<tr><td colspan="2">③ 代缴已代扣教职工的个人所得税</td></tr>
<tr><td>借:其他应交税费——应交个人所得税
　贷:财政拨款收入/零余额账户用款额度/银行存款</td><td>借:事业支出/经营支出等
　贷:财政拨款预算收入/资金结存</td></tr>
</table>

10.3.3 差旅费报销

差旅费是指学校教职工外出学习交流、考察调研等因公出差所发生的市内交通费、国内交通费和住宿费，以及伙食补助费等。学校应当建立健全公务差旅审批制度，严格按照主管部门的差旅费管理的有关规定进行报销管理。

学校各项出差必须按规定进行审批，从严控制出差人数和天数，严格差旅费预算管理，控制差旅费支出规模。出差人员应当按规定等级乘坐交通工具，出差住宿费按财政部制定的分地区住宿费限额标准执行，按规定给予伙食补助费。工作人员出差结束后应及时办理报销手续。差旅费报销时应提供出差审批单、机票、车票、住宿费发票等凭证，住宿费、机票支出等应按规定使用公务卡结算。

学校教职工报销差旅费有关的主要会计核算如表 10-8 所示。

表 10-8　学校教职工报销差旅费有关的主要会计核算

典型业务和事项内容		使用资金阶段：费用化支出		核算提示
		财务会计	预算会计	
报销差旅费	使用公务卡结算差旅费的报销	① 报销差旅费 借：业务活动费用/单位管理费用等 　　贷：其他应付款——公务卡报销[实报公务卡还款金额] 　　　　财政拨款收入/零余额账户用款额度/银行存款[伙食补贴金额] 同时： 借：其他应付款——公务卡报销[实报公务卡还款金额] 　　贷：财政拨款收入/零余额账户用款额度/银行存款	借：事业支出等 　　贷：财政拨款预算收入/资金结存	用公务卡预支的差旅费（交通、住宿等）进行报销时，应偿还公务卡欠款

10.3.4 采购物品和服务

学校办学过程中取得不满足固定资产确认条件的各类材料和物品，在"库存物品""在途物品""加工物品"科目中核算。各类材料和物品的会计核算，主要按照"采购——入库——领用"这几个环节进行。采购物品主要有 3 种付款方式，包括购入商品并直接付款、通过应付账款方式、通过预付账款方式，学校应结合采购物品的方式进行会计核算。

学校办学过程中根据学校的实际需要采购信息系统维护、学生活动的车辆租赁等服务。已按照采购协议接受服务的，按照接受服务的金额记入"业务活动费用""单位管理费用"等科目。采购服务也主要有 3 种付款方式，包括购入服务并直接付款、通过应付账款方式、通过预付账款方式，学校应结合采购物品的方式进行会计核算。同时，采购的服务有完工进度的，还应根据采购合同的要求，按照完工进度进行服务款项的结算。

学校购入商品和服务需通过政府采购以及招投标采购的，还应按照有关规定执行。学校采购物品和服务有关的会计核算如表 10-9 所示。

表 10-9　学校采购物品和服务有关的会计核算

| 典型业务和事项内容 | | 使用资金阶段：费用化支出 | | 核算提示 |
		财务会计	预算会计	
采购物品和服务	（1）采购物品	① 采购材料等各类物品	实际支付款项时： 借：事业支出/经营支出等 　　贷：财政拨款预算收入/资金结存	（1）采购物品主要有3种付款方式：购入商品并直接付款、通过应付账款方式、通过预付账款方式； （2）采购的物品验收入库后记入"库存物品"科目，领用的库存物品，根据用途将其成本费用结转至"业务活动费用"等科目
		直接付款购入： 借：库存物品/在途物品等 　　贷：财政拨款收入/零余额账户用款额度/银行存款		
		以预付账款方式购入： ● 预付账款时： 借：预付账款 　　贷：财政拨款收入/零余额账户用款额度/银行存款 ● 收到物品： 借：库存物品/在途物品等 　　贷：预付账款 　　　　财政拨款收入/零余额账户用款额度/银行存款等[付款差额]		
		以应付账款方式购入： ● 收到物品： 借：库存物品/在途物品等 　　贷：应付账款 ● 实际支付原计入应付账款款项时： 借：应付账款 　　贷：财政拨款收入/零余额账户用款额度/银行存款		
		② 领用材料等各类物品	—	
		借：业务活动费用/单位管理费用等 　　贷：库存物品		
	（2）采购服务	① 采购材料等各类物品	实际支付款项时： 借：事业支出/经营支出等 　　贷：财政拨款预算收入/资金结存	（1）采购服务主要有3种付款方式：购入商品并直接付款、通过应付账款方式、通过预付账款方式； （2）如果所采购服务有进度，应根据接受服务的完工程度支付款项
		直接付款购入： 借：业务活动费用/单位管理费用等 　　贷：财政拨款收入/零余额账户用款额度/银行存款		
		以预付账款方式购入： ● 预付账款时： 借：预付账款 　　贷：财政拨款收入/零余额账户用款额度/银行存款 ● 接受服务，按服务的完工进度结算： 借：业务活动费用/单位管理费用等 　　贷：预付账款 　　　　财政拨款收入/零余额账户用款额度/银行存款等[付款差额]		
		以应付账款方式购入： ● 已接受服务： 借：业务活动费用/单位管理费用等 　　贷：应付账款 ● 实际支付原计入应付账款款项时： 借：应付账款 　　贷：财政拨款收入/零余额账户用款额度/银行存款		

10.3.5 购置和使用固定资产

学校根据教学和业务工作的实际需要,购置各种通用设备,具有专门性能和专门用途的设备,如教学仪器、电教设备,交通工具,炊事机械,医疗器械,音体美劳等教学设备,图书、家具、用具、装具等资源,形成学校的固定资产。通常,学校的固定资产分为六类:房屋及构筑物;专用设备;通用设备;文物和陈列品;图书、档案;家具、用具、装具及动植物。固定资产的主要核算包括购置、使用等环节。

在使用固定资产过程中,可以计提固定资产折旧的固定资产,在使用期限内按月计提固定资产的累计折旧。为了维持设备设施的性能和正常使用,学校进行的固定资产维修维护,予以费用化处理,按照维修维护金额,计入费用。对于增加固定资产使用效能或延长其使用年限而发生的改建、扩建等后续支出,符合固定资产确认条件的予以资本化,通过"在建工程"归集成本,达到使用状态后转入"固定资产"。

学校购入固定资产需通过政府采购以及招投标采购的,还应按照有关规定执行。学校购置和使用固定资产有关的主要会计核算如表 10-10 所示。

表 10-10　学校购置和使用固定资产有关的主要会计核算

典型业务和事项内容		使用资金阶段:资本性支出		核算提示
		财务会计	预算会计	
购置和使用固定资产	(1) 购置固定资产	① 采购不需安装的固定资产		购置固定资产要区分"需要安装的固定资产"和"不需安装的固定资产"
		● 固定资产达到使用状态: 借:固定资产 　贷:应付账款/财政拨款收入/零余额账户用款额度/银行存款等 ● 如原计入应付账款的,在实际支付时: 借:应付账款 　贷:财政拨款收入/零余额账户用款额度/银行存款	实际支付款项时: 借:事业支出/经营支出等 　贷:财政拨款预算收入/资金结存	
		② 采购需安装的固定资产		
		● 安装固定资产: 借:在建工程 　贷:应付账款/财政拨款收入/零余额账户用款额度/银行存款等 ● 如原计入应付账款的,在实际支付时: 借:应付账款 　贷:财政拨款收入/零余额账户用款额度/银行存款	实际支付款项时: 借:事业支出/经营支出等 　贷:财政拨款预算收入/资金结存	
		③ 安装完毕,交付使用		
		借:固定资产 　贷:在建工程	—	

典型业务和事项内容		使用资金阶段：资本性支出		核算提示
		财务会计	预算会计	
购置和使用固定资产	（2）使用固定资产	可以计提累计折旧的固定资产，在使用期限内按月计提固定资产累计折旧		不需计提折旧的固定资产：文物和陈列品；动植物；图书、档案；单独计价入账的土地；以名义金额计量的固定资产。当月增加的固定资产，当月计提固定资产累计折旧
		借：业务活动费用/单位管理费用/经营费用等 贷：固定资产累计折旧	—	
	（3）日常维修维护	使用期限内进行日常维修维护		固定资产的日常维修维护支出，计入费用
		借：业务活动费用/单位管理费用/经营费用 贷：应付账款/财政拨款收入/零余额账户用款额度/银行存款等 如原计入应付账款的，在实际支付时： 借：应付账款 贷：财政拨款收入/零余额账户用款额度/银行存款	实际支付款项时： 借：事业支出/经营支出等 贷：财政拨款预算收入/资金结存	
	（4）大型修缮和改建、扩建	① 将固定资产转入改建、扩建时		增加固定资产使用效能或延长其使用年限而发生的改建、扩建等后续支出，符合固定资产确认条件的，予以资本化
		借：在建工程 固定资产累计折旧 贷：固定资产	—	
		② 按工程进度施工，进行结算		
		借：在建工程 贷：预付账款/应付账款/财政拨款收入/零余额账户用款额度/银行存款等 如原计入应付账款的，在实际支付时： 借：应付账款 贷：财政拨款收入/零余额账户用款额度/银行存款	实际支付款项时： 借：事业支出/经营支出等 贷：财政拨款预算收入/资金结存	
		③ 改扩建过程中替换原资产的某些部分		
		借：待处理财产损溢 贷：在建工程	—	
		④ 工程竣工，验收交付使用		
		借：固定资产 贷：在建工程	—	

10.3.6 资产处置

资产的处置方式包括无偿调拨、出售、出让、转让、置换、对外捐赠、报废、毁损、货币性资产损失核销等。其中,无偿调拨、盘亏或毁损、报废非现金资产是学校涉及较多的资产处置方式。

学校经批准无偿调出资产,盘亏或毁损、报废非现金资产的主要会计核算如表 10-11 所示。

表 10-11 学校经批准无偿调出资产,盘亏或毁损、报废非现金资产的主要会计核算

典型业务和事项内容		使用资金阶段:资产处置		核算提示
		财务会计	预算会计	
资产处置	(1) 经批准无偿调出资产	① 转出调出资产的账面净值		

		借:无偿调拨净资产
		  固定资产累计折旧/无形资产累计摊销
		 贷:固定资产/无形资产
		  库存物品等
			—	

		② 支付归属于调出方的相关费用		
		借:资产处置费用 贷:财政拨款收入/零余额账户用款额度/银行存款	借:其他支出 贷:财政拨款预算收入/资金结存	
	(2) 盘亏或毁损、报废非现金资产	① 转入待处理财产		盘亏或毁损、报废非现金资产,应通过"待处理财产损溢"科目进行核算
		借:待处理财产损溢——待处理财产价值固定资产累计折旧/无形资产累计摊销 贷:固定资产/无形资产 库存物品等	—	
		② 报经批准处理		
		借:资产处置费用 贷:待处理财产损溢——待处理财产价值	—	
		③ 处理毁损、报废实物资产过程中取得的残值或残值变价收入,保险理赔或过失人赔偿		
		借:银行存款/其他应收款等 贷:待处理财产损溢——处理净收入	—	
		④ 处理毁损、报废实物资产过程中发生的相关费用		
		借:待处理财产损溢——处理净收入 贷:银行存款等	—	
		⑤ 处理收支结清,处理收入大于相关费用		
		借:待处理财产损溢——处理净收入 贷:应缴财政款	—	
		⑥ 处理收支结清,处理收入小于相关费用		
		借:资产处置费用 贷:待处理财产损溢——处理净收入	—	

10.4 期末(年末)结转

10.4.1 财务会计的年末(期末)结转

财务会计的期末结转通过"本期盈余"科目核算来完成。在期末结转时,分别结转全部收入和全部费用。年末,本期盈余有余额的,应将本期盈余的余额转入"本年盈余分配"科目。

学校财务会计期末和年末结转的主要会计核算如表 10-12 所示。

表 10-12　学校财务会计期末和年末结转的主要会计核算

<table>
<tr><td rowspan="2" colspan="2">典型业务和事项内容</td><td colspan="2">年末(期末)结转</td><td rowspan="2">核算提示</td></tr>
<tr><td>财务会计</td><td>预算会计</td></tr>
<tr><td rowspan="8">财务会计期末结转</td><td rowspan="4">(1) 期末结转</td><td>① 结转全部收入</td><td></td><td rowspan="4">财务会计的期末结转时,分别按照收入和费用进行结转</td></tr>
<tr><td>借:财政拨款收入/事业收入/非同级财政拨款收入/其他收入等
　贷:本期盈余</td><td>—</td></tr>
<tr><td>② 结转全部费用</td><td></td></tr>
<tr><td>借:本期盈余
　贷:业务活动费用/单位管理费用/资产处置费用/其他费用等</td><td>—</td></tr>
<tr><td rowspan="4">(2) 年末结转</td><td>① 本期盈余科目为贷方余额</td><td></td><td rowspan="4">年末,本期盈余有余额的,应将本期盈余的余额转入"本年盈余分配"科目</td></tr>
<tr><td>借:本期盈余
　贷:本年盈余分配</td><td>—</td></tr>
<tr><td>② 本期盈余科目为借方余额</td><td></td></tr>
<tr><td>借:本年盈余分配
　贷:本期盈余</td><td>—</td></tr>
</table>

10.4.2 预算会计的年末结转

预算会计的年末结转需根据资金性质进行结转,各类预算资金的结转路径如图 8-1 所示。学校预算会计年末结转的主要会计核算如表 10-13 所示。

表 10-13　学校预算会计年末结转的主要会计核算

典型业务和事项内容		年末（期末）结转		核算提示
		财务会计	预算会计	
预算会计的年末结转	（1）财政拨款结转结余	① 结转财政拨款预算收入		年末，财政拨款结转结余后，"财政拨款结转""财政拨款结余"科目的有关明细科目均进行余额冲销后，仅"累计结转"明细科目有余额
		—	借：财政拨款预算收入 　　贷：财政拨款结转——本年收支结转	
		② 结转财政拨款预算支出		
		—	借：财政拨款结转——本年收支结转 　　贷：事业支出等［财政拨款支出部分］	
		③ 年末，将符合结余性质的项目余额转入财政拨款结余		
		—	借：财政拨款结转——累计结转 　　贷：财政拨款结余——结转转入	
	（2）非财政拨款结转结余	① 结转非财政拨款专项资金收入		年末，非财政拨款结转结余后，"非财政拨款结转""非财政拨款结余"科目的有关明细科目均进行余额冲销后，仅"累计结转"明细科目有余额
		—	借：事业预算收入［专项收入］/ 　　非同级财政拨款预算收入［专项收入］/ 　　上级补助预算收入［专项收入］/ 　　附属单位上缴预算收入［专项收入］/ 　　债务预算收入［专项收入］/ 　　其他预算收入［专项收入］ 　　贷：非财政拨款结转——本年收支结转	
		② 结转非财政拨款专项支出		
		—	借：非财政拨款结转——本年收支结转 　　贷：事业支出［非财政、专项支出部分］/ 　　其他支出［非财政、专项支出部分］	
		③ 将留归本单位使用的非财政拨款专项剩余资金转入非财政拨款结余		
		—	借：非财政拨款结转——累计结转 　　贷：非财政拨款结余——结转转入	

典型业务和事项内容		年末（期末）结转		核算提示
		财务会计	预算会计	
（3）经营收支结转		① 结转经营预算收入		（1）对经营资金的结转； （2）经营结余的贷方余额，可按规定转入"非财政拨款结余分配"科目
		—	借：经营预算收入 　贷：经营结余	
		② 结转经营支出		
		—	借：经营结余 　贷：经营支出	
预算会计的年末结转	（4）其他结余	① 结转预算收入（除财政拨款收入、非同级财政专项收入、经营收入外的预算收入）		（1）除财政拨款、非财政专项资金、经营资金外，其他资金的结转； （2）其他结余的贷方余额，可按规定转入"非财政拨款结余分配"科目
		—	借：事业预算收入［非专项收入］/ 　非同级财政拨款预算收入［非专项收入］/ 　上级补助预算收入［非专项收入］/ 　附属单位上缴预算收入［非专项收入］/ 　债务预算收入［非专项收入］/ 　其他预算收入［非专项收入］ 　投资预算收益［贷方余额］ 　贷：其他结余 借：其他结余 　贷：投资预算收益［借方余额］	
		② 结转预算支出（除同级财政拨款支出、非同级财政专项支出、经营支出外的预算支出）		
		—	借：财政拨款结转——本年收支结转 　贷：事业支出［非财政、非专项资金支出部分］/ 　其他支出［非财政、非专项支出部分］/ 　上缴上级支出/ 　对附属单位补助支出/ 　投资支出/ 　债务还本支出	

中小学校执行新政府会计准则制度的实务解析

10.5 其他业务

10.5.1 更正会计差错

会计差错是指会计核算时，学校在确认、计量、记录、报告等方面出现的错误，通常包括计算或记录错误、应用会计政策错误、疏忽或曲解事实产生的错误、财务舞弊等。学校在本期更正会计差错，应按照以下原则进行处理：

(1) 本期发现的与本期相关的会计差错，应当调整本期报表（包括财务报表和预算会计报表，下同）相关项目。

(2) 本期发现的与前期相关的非重大会计差错，应当将其影响数调整相关项目的本期数。

(3) 本期发现的与前期相关的重大会计差错，如影响收入、费用或者预算收支的，应当将其对收入、费用或者预算收支的影响或者累积影响调整发现当期期初的相关净资产项目或者预算结转结余，并调整其他相关项目的期初数；如不影响收入、费用或者预算收支的，应当调整发现当期相关项目的期初数。经上述调整后，视同该差错在差错发生的期间已经得到更正。

更正会计差错的处理方式如图 10-2 所示。

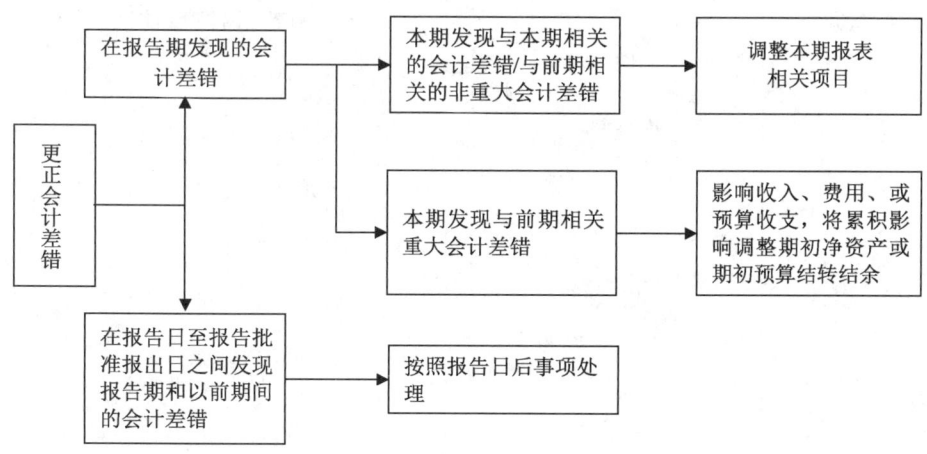

图 10-2　更正会计差错的处理方式

学校在本期更正会计差错的主要会计核算如表 10-14 所示。

表 10-14　学校在本期更正会计差错的主要会计核算

典型业务和事项内容		其他业务		核算提示
		财务会计	预算会计	
更正会计差错	更正报告期发现的会计差错	① 本期发现与本期相关的会计差错/与前期相关的非重大会计差错		对本期发现与本期相关的会计差错/与前期相关的非重大会计差错进行更正时，直接调整本期报表相关项目
		借：资产调增/费用调增[调整资产/费用少记金额] 负债调减科目/收入调减[调整负债/收入多记金额]等 　　贷：负债调增/收入调增[调整负债/收入少记金额] 　　　　资产调减/费用调减[调整资产/费用多记金额]等	借：事业支出等[少记支出金额]/资金结存[少记资金结存金额]/财政拨款预算收入等[多记财政拨款预算收入金额] 　　贷：财政拨款预算收入等[少记财政拨款预算收入金额]/事业支出等[多记支出金额]/资金结存[多记资金结存金额]	
		② 本期发现与前期相关重大会计差错，经批准后处理		
		借：资产调增[调整资产少记金额]/负债调减[调整负债多记金额]等 　　以前年度盈余调整[以前年度的收入调减/费用调增] 　　贷：负债调增[调整负债少记金额]/资产调减[调整资产多记金额]等 　　　　以前年度盈余调整[以前年度的费用调减/收入调增]	借：资金结存[调增资金结存] 　　财政拨款结转——年初余额调整[调减以前年度预算收入/调增以前年度预算支出]/ 　　财政拨款结余——年初余额调整[调减以前年度预算收入/调增以前年度预算支出]/ 　　非财政拨款结转——年初余额调整[调减以前年度预算收入/调增以前年度预算支出]/ 　　非财政拨款结余——年初余额调整[调减以前年度预算收入/调增以前年度预算支出]等 　　贷：财政拨款结转——年初余额调整[调增以前年度预算收入/调减以前年度预算支出]/ 　　　　财政拨款结余——年初余额调整[调增以前年度预算收入/调减以前年度预算支出]/ 　　　　非财政拨款结转——年初余额调整[调增以前年度预算收入/调减以前年度预算支出]/ 　　　　非财政拨款结余——年初余额调整[调增以前年度预算收入/调减以前年度预算支出]等	本期发现与前期相关重大会计差错进行更正时，在财务会计部分，涉及以前年度的收入费用的更正，需通过"以前年度盈余调整"科目进行调账；在预算会计部分，涉及以前年度的预算收入和预算支出调整的，通过结转结余的"年初余额调整"明细科目进行调整

10.5.2 食堂业务核算

中小学校食堂实行独立核算或对食堂收支等主要业务实行独立核算的,年末应当将食堂的报表信息并入学校相关报表的相应项目,并抵销中小学校与食堂的内部业务或事项对中小学校报表的影响。

但是,中小学校在编制收入费用表时,应当将食堂本年收入和费用相抵后的净额并入本表"其他收入"项目金额,并单独填列于该项目下的"食堂净收入"项目。如果食堂收入和费用相抵后的净额合计数为负数,则以"－"号填列。中小学校在编制预算收入支出表时,应当将食堂本年预算收支相抵后的净额并入本表"其他预算收入"项目金额,并单独填列于该项目下的"食堂净预算收入"项目。如果食堂预算收入和支出相抵后的净额合计数为负数,则以"－"号填列。

中小学校应当在年度财务报表附注中提供将食堂财务会计信息纳入学校财务报表情况的说明,包括内部业务或事项抵销处理的情况,食堂本年收入、费用情况。

参考文献

［1］财政部.关于进一步做好政府会计准则制度新旧衔接和加强行政事业单位资产核算的通知(财会〔2018〕34 号)［EB/OL］. 2018 - 12 - 7. http://kjs. mof. gov. cn/zhengwuxinxi/zhengcefabu/201812/t20181213_3091998.html♯.

［2］财政部.政府会计准则——基本准则(财政部令第 78 号)［EB/OL］. 2015 - 10 - 23. http://www. mof. gov. cn/mofhome/kjs/zhuantilanmu/zfkjzz/zfkjzz/201902/t20190219_3173678.html.

［3］财政部.政府会计准则第 1 号——存货(财会〔2016〕12 号)［EB/OL］. 2016 - 7 - 6. http://kjs. mof. gov. cn/zhengwuxinxi/zhengcefabu/201607/t20160714_2357356. html.

［4］财政部.政府会计准则第 2 号——投资(财会〔2016〕12 号)［EB/OL］. 2016 - 7 - 6. http://kjs. mof. gov. cn/zhengwuxinxi/zhengcefabu/201607/t20160714_2357356. html.

［5］财政部.政府会计准则第 3 号——固定资产(财会〔2016〕12 号)［EB/OL］. 2016 - 7 - 6. http://kjs.mof.gov.cn/zhengwuxinxi/zhengcefabu/201607/t20160714_2357356. html.

［6］财政部.政府会计准则第 4 号——无形资产(财会〔2016〕12 号)［EB/OL］. 2016 - 7 - 6. http://kjs.mof.gov.cn/zhengwuxinxi/zhengcefabu/201607/t20160714_2357356. html.

［7］财政部.政府会计准则第 5 号——公共基础设施(财会〔2017〕11 号)［EB/OL］. 2017 - 4 - 17. http://kjs.mof.gov.cn/zhengwuxinxi/zhengcefabu/201704/t20170425_2586955.html.

［8］财政部.政府会计准则第 6 号——政府储备物资(财会〔2017〕23 号)［EB/OL］. 2017 - 7 - 28. http://kjs.mof.gov.cn/zhengwuxinxi/zhengcefabu/201708/t20170803_2665602.html.

［9］财政部.政府会计准则第 7 号——会计调整(财会〔2018〕28 号)［EB/OL］. 2018 - 10 - 21. http://kjs. mof. gov. cn/zhengwuxinxi/zhengcefabu/201810/t20181031_3058858.html.

［10］财政部.政府会计准则第 8 号——负债(财会〔2018〕31 号)［EB/OL］. 2018 - 11 - 9. http://kjs. mof. gov. cn/zhengwuxinxi/zhengcefabu/201811/t20181115_3069973. html.

［11］财政部.政府会计准则第 9 号——财务报表编制和列报(财会〔2018〕37 号)［EB/OL］. 2018 - 12 - 26. http://www. mof. gov. cn/mofhome/kjs/zhengwuxinxi/zhengcefabu/201812/t20181229_3111340.html.

中小学校执行新政府会计准则制度的实务解析

［12］财政部.关于印发《政府会计制度——行政事业单位会计科目和报表》的通知（财会〔2017〕25 号）［EB/OL］. 2017 - 10 - 24. http://kjs. mof. cn/zhengwuxinxi/zhengcefabu/201711/t20171109_2746877.html.

［13］财政部.关于中小学校执行《政府会计制度——行政事业单位会计科目和报表》的补充规定（财会〔2018〕20 号）［EB/OL］. 2018 - 8 - 14. http://kjs. mof. gov. cn/zhengwuxinxi/zhengcefabu/201808/t20180817_2989842.html.

［14］财政部.关于中小学校执行《政府会计制度——行政事业单位会计科目和报表》的衔接规定（财会〔2018〕20 号）［EB/OL］. 2018 - 8 - 14. http://kjs. mof. gov. cn/zhengwuxinxi/zhengcefabu/201808/t20180817_2989842.html.

［15］财政部.关于印发《2019 年政府收支分类科目》的通知（财预〔2018〕108 号）［EB/OL］. 2018 - 7 - 20. http://www. mof. gov. cn/mofhome/yusuansi/zaixianfuwuyss/xiazaizhongxin/201809/t20180903_3005117.html.

［16］财政部.关于印发《政府会计准则制度解释第 1 号》的通知（财会〔2019〕13 号）［EB/OL］. 2019 - 7 - 16. http://kjs. mof. cn/zhengwuxinxi/zhengcefabu/201907/t20190723_3305846.html.